政治思想史入門

堤林　剣

まえがき

本書は慶應義塾大学通信教育課のテキスト科目「政治思想史」のために著されたものであるが、通学生用の授業でも使えると考え、一般書として刊行することにした。

フェイストゥフェイスで接することのない学生が主な読者ということで、できるかぎりわかりやすい叙述を心掛けた。だが一般的なテキストとは若干趣が異なるためにかえって読みづらいと感じる読者もいるかもしれない。そこで本テキストの特徴と「読み方」について簡単に述べておきたいと思う。

最大の特徴は（巻末）注がやたらと多いということである。最近の教科書の傾向としてはむしろ注を減らすのが一般的なので、本テキストはある意味反時代的といえる。だが、あえて時流に逆らうにはそれなりの意図がある。学問においては、ことに政治思想（史）という分野においては、一つの正しい解釈があるわけでも、一つのスタンダードな解釈があるわけでもない。多くの場合、異なる解釈の間で――それが主流であろうとなかろうと――論争が展開しており、研究者はそうした論争の中で自らの解釈を模索しなければならない。多くの教科書では、こうした解釈の多様性や論争には触れず、テキスト執筆者の解釈的立場にもとづいて叙述が行なわれる。これは教科書の性質上、また紙幅の制約上、やむをえないことなのかもしれない。

だが、本書では、あえて解釈の多様性に注目しつつ、学問的な思考プロセスに力点を置くことを目指した。つまり、「こう理解することもできるけれど、ああ理解することもできるし、見方を変えるとこうなるし、でもこれじゃ変なことになるし」といったように、可能な限り試行錯誤のプロセスも反映するようにした。ただ、どのテーマをとっても解釈は信じられないほど多様なので、当然ながらそれらすべてをバランスよく紹介することはできない。したがって、多かれ少なかれ私自身の設定した解釈枠組みに引きつける形で、取捨選択しながら、テーマと解釈を限定している。それでも、複数の視座が示されることで、読者はそれらを比較考量しつつ、それぞれのテーマと解釈について批判的に検討することが可能になるのではと期待している。

学問にとって最も重要なのはこの批判的考察（クリティーク）であって、これは研究者でも学生でも同じである。またそうであればこそ、読者には本テキストをも批判的に読んでいただきたい。そもそも私の説明が正しい保証はないし、正しい場合でもオルターナティブがないとは限らない。ただ、いきなり批判しろといわれても、手掛かりがないと困るだろう。だから、注で典拠を示している。疑問が生じた場合、解釈の妥当性を確かめたい場合、典拠にあたって自分で検証・確認していただきたい。また、異なる解釈にもとづく文献、本書で扱うことのできなかったテーマに関する文献も注で紹介しているので、興味のある方には、それらを手掛かりにさらなる知的探求を進めていただきたいと思う。

以上の理由により、注がたくさん――ひょっとすると世界一注の多い教科書かもしれないと危惧する程度には――ついているわけだが、それらをすべて読んでいたらなかなか先に進まないし、そもそも全体像が見えない、流れがつかめないという方は、注をすべて無視していただいても結構である。政治思想史の初学者はむしろそうしたほうがよいかもしれない、少なくとも初回は。あるいは、気になるところだけを参照していただくという形でも構わない。

ところで、政治思想（史）の叙述・解釈は、しばしばどのように問題を設定し、どのようなアプローチで研究対象を分析するかによって変わってくる。研究者には、多かれ少なかれ方法論に対する自覚が求められるし、方法論がジャンルとして存在することもその重要性を物語っている。したがって、本テキストでは、序論につづいて方法論の話をする（第一章）。但し、方法論に関する議論は、ややもすると無味乾燥となり、読書意欲を削ぐことになるかもしれないので、第一章の途中で読み続けるのがつらくなった場合は、いっきに飛んで本論の具体的な思想史叙述のはじまる箇所（第二章）から再開していただいて結構である。

政治思想史入門　目次

序論

「驚き」(タウマゼイン)は学問のはじまりである。(1) そして世の中には驚くべきことがたくさんある。例えばこんなふうに。

「人は日常的に殺しあわない」。

——驚かない? それならむしろ、驚かないことに驚くべきかもしれない。今日の世界では依然として秩序と安全を当然視できない地域が多く存在する。そこに住む人びとからすれば、殺しあわない方がよほど非日常的だろう。ならば、どちらが普通なのか。少し思考実験をしてみよう。

秩序と安全がある程度保障されている国においても、いろんなタイプの人間がいることは誰もが認めるだろう。身体的特徴・健康状態や社会的境遇の多様性はいうまでもなく、性格や心情にもいろいろある。真面目な人、不真面目な人、楽観的な人、悲観的な人、心の広い人、狭い人、太っ腹な人、ケチな人、法を守る人、守らない人、何でも許せる人、復讐に燃える人、利己的な人、利他的な人、お金や権力や名誉に執着する人、しない人、舞い上がっている人、悲嘆に暮れている人、勇敢な人、怖がりの人、騙されやすい人、警戒心の強い人、ズボラな人、神経質な人、自由より幸福を重んずる人、逆の人、平等にこだわる人、こだわらない人、自己顕示欲の強い人、内気な人、上から抑圧されても下を抑圧できれば問題ないと考える人、上からの抑圧も下への抑圧も耐え難いと考える人、暴力的な人、暴力が嫌いな人、信心深い人、信仰のない人、政府を支持する人、支持しない人、等々。また、共通の関心や利害からなる多様な集団も存在する。

だが、不思議ではないか。なぜこれだけ多様な人間や集団が、同じ社会で平和的に共存できるのか。対立が生じ、場合によっては殺し合いになってもおかしくはないではないか。

そこで想像してみる。価値観や気質や利害の異なる人間同士で対立が生じた場合、どのようにしてそれが暴力的事態にエスカレートしないようにできるだろう。当事者間の話し合いによってか。確かに、そのように紛争を解決できることもある。だが、話し合いで解決しない場合は？　当事者双方が信頼できる第三者の仲介によってか。確かに、そのようなケースもある。だが、そうした仲介者が見つからない場合は？　仲介者の決定に不服な人が従わなかった場合は？　それでは、警察や法に訴えることによってか。そうだ、それが最終的手段であって、こうした制度、そしてそれを裏づける国家権力があるからこそ、秩序と安全は維持されるのだ。

このように思考した人は、平和的共存に政治ないし政治権力が不可欠であると認めるようになる。だが、問題はそこで終わらない。というのも、警察と法がそもそも不正ないし不当であり、それらに従ういわれはないと考える人は、実力によってねじ伏せられるまで闘い続けるかもしれないからだ。その場合、政治権力と暴力との区別は認められず、単なる力と力の関係として対立が認識されることになる。こうした状況においては、秩序と安全は、暴力装置を掌握している一部の人間とその味方とみなされている人びとにのみ保障される――それも、警察や軍隊が抵抗する人びとを力づくで押さえつけることができる限りにおいてである。

そう考えると、多様な人間の平和的共存のためには、彼らが従う何らかの共通の枠組み、つまりルールと権力が不可欠であり、そして場合によってはこの枠組みを人びとが進んで受け入れるよう心を動かすもの――集団への帰属意識が必要、ということになる。しかもそれは大半の当事者（国単位で考える場合は国民）にとって、「自然」、

ければならない。

政治学では、これを「正当性・正統性」（legitimacy）の問題として扱う。そして今日では、正当（legitimate）な政治原理として広範に受け入れられているのが、支配者と被支配者の同一化、つまり国民に主権が帰属し、政治権力が国民全体の利益のために行使されねばならないという考え、すなわちデモクラシーということになっている（なお、国と国との関係については、国家を超えた主権的権力――世界政府――の不在に由来する複雑な問題が伴い、同じ論理が通用しなくなることがよくある）。

だが、デモクラシーをよしとする場合でも、温度差はある。積極的に擁護する人もいれば、欠陥だらけだけれど他よりましだからという理由で消極的に受け入れる人もいる（かつてチャーチルはこう述べた――「デモクラシーは最悪の政治形態である。これまで試みられてきた他のあらゆる政治形態を除くとするならば」）。また、デモクラシーにもいろいろある。代議制を前提とするもの、市民の直接的政治参加を重視するもの、国家単位のもの、国家より小さい単位のもの、国家より大きい単位のもの、大統領制を認めるもの、ウェストミンスターモデルに基づくもの、主権の絶対性を要請するもの、主権の制限を重視するもの、市民的不服従を容認するもの、容認しないもの、人権のようなリベラル的価値の優位性を説くもの、説かないもの、中央集権的なもの、分権的なもの、中間団体の役割を重視するもの、重視しないもの、市場経済と相性のよいもの、よくないもの、等々。このようにデモクラシーの現実も理念も多様である。また、理念としては尊重しつつも、現実のデモクラシーがデモクラシーの名に値しないと批判する人も少なからず存在する。もちろん、デモクラシーそのものを否定する人もいる。

いずれにしても、歴史的に見るならば、「デモクラシー」が（少なくともその名称が）かくも広範に受け入れられるようになったのは比較的最近のことである。基本的に二〇世紀に入ってから顕著となった現象であり、いわばグローバル・スタンダードになったのは、冷戦終焉後である。そして多くの場合、デモクラシーは主権国家の枠内で実現されるものとみなされている（なお、後述するように、古代ギリシアのデモクラシーは、名称こそ同じであれ、近代以降のデモクラシーとは多分に異なる）。

だが、デモクラシーと主権国家とが表裏一体である必然性はない。そもそも主権国家もまた近代の、しかも民主化以前の（西欧の）絶対主義時代に生まれた観念であり制度である。デモクラシーを主権国家から切り離して考えることは可能だし、一方を認めつつ他方を否定することも可能である。主権国家を超えたグローバル・デモクラシーという構想もあれば、国単位では大きすぎるとしてより小規模のローカルなデモクラシーを求める動きもある。デモクラシーでない主権国家についてはかつての絶対主義国家や今日の独裁国家などを思い浮かべればよい。但し、独裁的な支配を行いながらデモクラシーを唱えるケースもある。ヒトラーでさえ「ドイツのデモクラシー」や「真のデモクラシー」を標榜していたのだ。また主権国家を否定するデモクラシーの例としては、アナーキズムや一部の共産主義があげられる――もっとも、なかにはデモクラシーと距離を置くものもある。ちなみに、デモクラシーも主権国家も容認しつつ、今日の既存の国境線に異議を唱えるスタンスもある。例えば、デモクラシーないし民族自決の名において新たな主権国家の設立（分離独立）を求める場合である。

さて、どの考えが正しいのだろうか。そもそも正解なんてあるのだろうか。あるとしても、それを客観的に論証することは可能なのか。どのような論証が論証として妥当か。何をもってして根拠とするか。こうした根本的な次元でも意見がわかれるなら、正解はおろか、広範なコンセンサスすら簡単には生まれない。世の中には、自分は正しいと確信している人が多くいる。自分の立ち位置がはっきりしない人もたくさんいる。そもそも政治に興味のない人も少なくない。また、意見が対立した際、より合理性のある議論に納得する人もいれば、納得しない人もいる。そもそも合理性とは何ぞやと新たな論争がはじまる。そして理由は何であれ意見を容易に変える人もいれば、どれだけ反対の根拠が示されようと意見を変えない人もいる。

こうした多様性を踏まえれば、討議を通じて真理が明らかになるとか合意が形成されるとか考えるのは楽観的に過ぎるかもしれない。それでも、世の中には支配的な考えとそうでない考えが存在する。そして支配的な考えが往々にして現実に作用し、変容させ、また新たに現実を構成するのである。

歴史を振り返れば一目瞭然であるように、政治の理念も現実も決して固定化することはなく、時間とともに変化してきた。奴隷制も身分制も人種差別も女性差別も当たり前と思われた時代がかつてあった。先に述べたように主権国家も近代の産物であり、それが非西洋地域においても一般化したのは二〇世紀に入ってからのことである（国際連合加盟国は一九四五年設立当初に五一ヵ国、現在は二〇〇近くある）。そして、現代の支配的理念と制度が今後変化しないとも限らない。一例として一部の欧米諸国における同性婚の合法化があげられよう。

なお、第一章で説明するように、「政治的なもの」はある種のフィクションであり、それは意識的であれ無意識的であれ人間が作り出すものであるがゆえに、政治社会が今後どうなるかは決定論的ないし宿命論的に決まるわけではない。未来はわれわれの思想と行動によって形づくられる。ただ、人びとがそう自覚するか否かで変化の速度も内容も変わってくる。しかも、自覚的に行為しているからといって意図したとおりになるわけではない。むしろ、意図せざる帰結に翻弄されるのが世の常である。将来、多様性は一層顕著になるかもしれない。あるいはそれに対する反動として画一性が進むかもしれない。あるいは今日のグローバリゼーションにみられるように、ある次元では多様になり、ある次元では画一的になり、しかも両者が相即的に展開することになるかもしれない。また、変化が多くの人にとってよい状況をもたらすかもしれないし、もたらさないかもしれない。そもそも何がよくて何が悪いかという基準そのものも一様ではなく、時間とともに変化し、多様化していくだろう。また、いうまでもなく、多数派にとってよいことが少数派にとってよいことであるとは限らない。

このように世の中は変化と多様性と不確実性に満ち満ちている。いろんな人がいろんなことを考えていて、いろんな仕方で利害が一致したりしなかったり、協力したり対立したりして、現実に影響を及ぼし、また意図せざる帰結に翻弄されていく。だがこうした千変万化の現実の産物であるにもかかわらず、あるいはだからこそ現実に掉さして、政治はある種の画一性ないし統一性をもたらしている。特に主権国家内においてはそうである。というのも、一つの確定した領域内では往々にして共通の法がすべての国民に適用されるからである。

であればなおさら、政治権力が正当なものとみなされるか否かが重要となる。もちろん、主権的権力がもたらす画一性・統一性はすべての多様性を否定するものではない。むしろそれは一定の多様性を確保し保証する。問題は、どのような多様性をどの程度で認め、それをどのように秩序と両立させるかである。その際、政治的言説としては多様性に傾く場合も画一性に傾く場合も、普遍性重視の場合も固有性・個別性重視の場合もある。主権の絶対性を説くものも、主権の制限を説くものもある。こうした問題については、本論で詳しく扱う。

ここまでは主権国家の話だが、国際情勢をも視野に入れると、問題は一層複雑になる。デモクラシーがグローバル・スタンダードとなり自己決定を求める声は強くなる一方だが、それとは裏腹に個人レベルでも集団レベルでも国家レベルでも実際に自らの運命を決することは困難になっている。そもそも近代デモクラシーにおいては、その成立当初から（人口の規模や代議制のような制度的特徴ゆえ）市民一人ひとりが主権者であると実感できることは稀だった。だが世界が政治的にも経済的にも一層相互依存性を高め、一国のリーダーでさえ自国の運命をコントロールできなくなると、そうした傾向はますます顕著となる。世界唯一のスーパーパワーとされるアメリカ合衆国でさえ、例外ではない。まして小国となれば、一企業に国の命運を左右されることさえあり、国民の自己支配はもはや幻想になりかねない。

だが他方で、環境問題、エネルギー問題、食糧問題、テロ問題、伝染病問題などといった地球規模の課題も山積しており、世界中の人びとが運命を共にせざるをえなくなっているのも事実である。既存の政治システムや国際的枠組み（ウェストファリア体制）では手におえないという識者もいるが、だからといって主権国家の論理と権力構造をそのまま拡大した世界政府がおよそ解決策となりえないこと、それがデモクラシーと矛盾するということも多くの論者が指摘するとおりである。このように危機意識も強まるなか、有効にして万人が納得できるような解決策は今のところ存在しない。

「複数にして多様な人間がどのように平和的に共存するのか」。

そして――

「デモクラシーの根幹にある自己支配はいかなる意味で有効なのか。そしてどのような困難に直面しているのか」。

これまで私の書いてきたところを辿れば、これらの問いに答えを出すことがどれほど困難かは、おわかりいただけると思う。そしてそれでもなお、諦めることなく同じ問いを問い続けるのが政治という営みにほかならないということも、いくらか感じていただけただろうか。

さて、本テキストは、以上のような問題を念頭におきつつ、過去、現在と未来の政治、より広くは政治社会に関わる事柄について思考するための一助として、政治思想の多様な観念とそれらの歴史的展開について論じることを目的とする。ここでは思考に力点が置かれる。というのも、本テキストが答えや問題の解決策を提示するわけではないからである。

世の中には頭のいい人がたくさんいるし、過去にもたくさんいたわけだが、それでも政治的社会の問題が解決する気配はない。それどころか問題は増えていっているようにさえ思える。答えや解決策を導くのはそれほどに難しい。もちろん、だからといって何もなすすべがないというわけではないし、仮に絶望的だとしても何もしなくてよいということにはならない。また、解決策や未来のビジョンが存在しないわけでもない。それどころか、いろんな人がいろんなことを考え、提唱している。その意味でも世の中は多様性に彩られている。とはいえ、どれが正しいか、どれが有効かが客観的に論証されない以上、意見は容易にはまとまらないだろうし、最終的には各人が判断するほかない。こと政治の問題に関しては、専門家の意見が正しい保証はないので、なおさらである。加えて政治には次のような特徴もある。ある主張が正しかろうが正しくなかろうが、真実であろうが、虚偽であろうが、広く共有されれば、そして権力と結びつけば、多くの人間の生に大きな影響を及ぼすということである（二〇世紀において胡散臭い民族神話が政治的イデオロギーとして猛威を振るったことは記憶に新しい。あるいは、風化しつつあるのであれば、記憶にとどめておくべきだろう）。そして往々にして判断の誤りは、取り返しのつかない事態を招く。

したがって、本テキストではさまざまな思想家の理論や学説に言及するが、それはどれが正しいかを示すためではなく、読者一人ひとりが自らの思考を通じて答えを探究するための素材を提供するためである。学問としての思想を学ぶということは、単に知識を頭に詰め込むことではなく（そしていうまでもなく、試験に合格したり単位を取得したりするためでもなく）、そうした過去の思想的営為を理解したうえで批判的思考力を培うことである。したがって、思想の歴史的展開を前提としつつも、それを批判的に吟味する能力を身につけ、自ら政治や社会について適切に思考し判断できるようになることが最終的な目的なのである（もちろん、「適切」が何かということ自体議論の対象となりうるが）。また、そこから多くの現代的課題が明らかになるという想定がある。

さて、いささか大風呂敷を広げた感があるが、以上述べたことは、実は多かれ少なかれ政治思想の教科書が共通に掲げる目標といえよう。だが本テキストでは、既存の政治思想のテキストとはやや異なる叙述スタイルが用いられているので、このことについて一言述べておきたい。

世の中には政治思想史の教科書や入門書がたくさん存在する。ただ、経済学などとは異なり、どの大学でも使用されるような、いわゆるスタンダードなテキストというのはない。内容もアプローチ（方法論ないし切り口）もかなりのバリエーションがあるし、このことは、そもそも政治思想という分野に教科書的叙述は適さないことを意味するのかもしれない。

とはいえ、教科書や入門書と銘打つテキストに一定のパターンを見出すことがまったく不可能というわけではない。もっとも「スタンダード」な叙述は、「古代」、「中世」、「近代」といった時代区分を設けたうえで、プラトンから近代ないし現代までの思想家の考えを解説するというものである(2)。但し、その場合でも、個々の思想体系を可能な限り総合的に捉えようとするアプローチもあれば、「正義」、「自由」、「権力」といった鍵概念に着目しつつ、それらが個々の思想家によってどのように理解されてきたか、また時代の変化とともにそうした理解がどのように変化してきたかを描こうとするのもある(3)。さらには、思想（家）間の影響関係にフォーカスを当てるものもある。あるいは、前任者のテキスト（奈良重和『政治思想史Ⅲ』）のように、「〈啓蒙的理性〉対〈ロマン主義的理性〉」という大きな対抗図式を下敷きとしながら、近代という時代に考察を限定し、そこにおける思想の展開過程をダイナミックに叙述するアプローチもある。あるいは、川出良枝・山岡龍一『西洋政治思想史』が試みているように（これ自体新しいタイプの教科書を意識的に目指したものであるが）、「法の支配」、「迫害と寛容」、「政治と教育」といったトピックないし論点に即してさまざまな思想的要素をさまざまな時代から取り出しつつ整理・解説するというアプローチもある(4)。他にも、精神史的アプローチを採用したもの、現代の具体的な政治的課題に引きつける形で思想史に論究するものなどがある(5)。いずれも独自の切り口から創意工夫が凝らされており、すこぶる啓発的である。なので、余力があれば、こうした他のテキストも併せて読んでいただきたい。その方がより広いパースペクティブが得られるであろうし、批判的思考も一層鍛えられると思う。

だが、これら既存のテキストに共通の限界があるのも事実である。それは「政治思想（史）」・「政治理論（史）」

のテキストが基本的に西洋の政治思想・政治理論しか扱っていないということである。政治思想の通史的叙述については、その大半は古代ギリシア思想(プラトン、アリストテレスがもっとも一般的)からはじまり、古代ローマ思想(キケロなど)とキリスト教思想を経由し、中世思想(アクィナス、マルシリウスなど)に触れたり触れなかったりして、マキアヴェリにはじまるとされる近代の政治思想に進み、一九世紀あるいは二〇世紀の思想までカバーするのが一般的である。こうした叙述スタイルの原型は、一八、一九世紀にヨーロッパで確立したものである。それは西洋ないし西欧思想の伝統と連続性を彷彿とさせるものであるし、そもそもそうした効果を狙ってつくられたものであるともいえる。事実、それは西洋諸国が世界で勢力を伸長するなかで、(対内的にも対外的にも)自らのアイデンティティを明確化し、自己正当化し、自己主張していくプロセスと軌を一にしている。

それゆえ、政治思想史のイデオロギー性を指摘する研究者もいるし、最近の学問的傾向として西洋的価値が相対化されるなかで、従来の思想史叙述や「普遍性」の主張が「ユーロセントリズム」(ヨーロッパ中心主義)として批判されることも珍しくない。近年、西洋においても非西洋思想に注目する動きが活発化しているのは、こうした流れの一環として捉えることもできるかもしれない。私自身は、「ユーロセントリズム」というレッテルによって伝統的な政治思想史研究をオール・オア・ナッシング的に切り捨てるのは建設的だとは思っていない。それがイデオロギー性を帯びているとしても、「普遍性」を有していないとしても、長い間支配的な言説(フィクション)として受容され、少なからぬ政治的作用を及ぼしてきたという事実があり、それが依然として西洋のアイデンティティの一部を構成している限り、そして非西洋人のアイデンティティに対してさえ(ウェスタン・インパクト以来)多かれ少なかれ影響を与えていることを考えれば、西洋政治思想を学ぶことは、自己認識のためにも、非西洋を理解するためにも重要だと思う。

ともあれ、スタンダードな政治思想(史)のテキストで非西洋の政治思想が扱われることはめったにないという事実も依然として残り、これは問題視されてしかるべきだと思われる。もっとも、「日本政治思想史」、「東洋政治思想史」という学問分野もあるし、その分野のテキストも存在する。だが、注意すべきは、「政治思想（史）」といえば西洋のそれで、日本政治思想や東洋政治思想を扱う場合にはあえて「日本」や「東洋」という限定詞を付け加えなければならないということである。

そんな名称にこだわってないで、単に両方学べばよいではないかといわれるかもしれない。まったくそのとおりであり、是非、政治思想を学ばれる方には、そのように多様なテキストや研究書を参照していただきたい。だが、ここでさらに問題にしなければならないのは、西洋と非西洋（このように後者を大雑把に捉える West and the Rest という図式はなんだかんだいって西洋＝表、非西洋＝裏というイメージを助長しかねないが、ひとまずそれはおいて）の政治思想が比較論的に論じられることが皆無に等しいことである。一つのテキストで、西洋政治思想と非西洋政治思想を扱っていることは稀であり、両者の関係性を問うたり比較を行ったりすることはなお一層稀である。もっとも、日本政治思想史などは比較論的視座を一定程度取り入れている。というのも、日本をはじめとする非西洋諸国は、ウェスタン・インパクトという近代化の衝撃によって、否応なしに西洋の影響を政治的にも経済的にも科学的にも思想的にも受けてきているからである。したがって、日本政治思想に関しては、幕末明治以降は、当然ながら西洋の政治思想がどのように日本において受容され、変容していったかということが問題となる。もちろん、幕末以前も蘭学の受容過程がある。

ウェスタン・インパクト以来、多くの非西洋諸国は西洋的学問や制度を受け入れてきたし、今日、自国のことより西洋のことに詳しい人も多くいる（ルネサンス期の画家の名前は複数挙げられても安土桃山時代はどうだろうか）。また、西洋の思想の一部が「第二の自我」になっているかぎり、西洋の歴史を学ぶことは、自己認識の問題とも結びつく。だが、それでも差はある。西洋化したからといって完全にそうなるわけではない。いろんな仕方で融合し、変容し、それ自体重要なトピックであるが、それをここで扱う余裕はない。

さて、なぜそうした比較論的な政治思想（史）のテキスト・研究書がないかというと、それには二つの大きな理由が指摘されよう。まず学問――ことに政治思想・理論――が西洋的なものとして長い間理解されてきたこと。学問という「普遍」的なものが西洋でいち早く重視されただけと解すれば、それは必ずしも「西洋的」にはならないわけだが、にもかかわらず西洋の衝撃を通してそれが受容されたという意味においては、西洋的性格を有している。だがグローバリゼーションの加速とともに、そして二〇世紀後半以来急速に展開している西洋中心主義に対する批判と連動する形で、従来のパラダイムは広く批判にさらされている。また、非西洋的なパラダイムの構築、あるいは真に普遍的なパラダイムの創出が今日的課題として求められているという側面もある。

いま一つの理由は、比較政治思想という試みが容易ではないからである。一人の研究者が西洋と非西洋の両方をカバーするのは不可能に近い。ほとんどの研究者は、専門としては一方のある時代のある思想家や理論などに限定して論じている。また、多くの領域をカバーするためには、多くの言語を習得しなければならない。これも容易なことではない。加えて、比較政治思想の研究方法も――研究者がある程度共有できるような概念的枠組みなど――明確化しなければならない。いうまでもなく、比較するためには、比較論的視座が必要となる。むやみに比較して類似性や相違性を指摘すればよいというものではないのだ。何のために比較するのか、どのように比較するのかをある程度明らかにしなければならない。純学問的・歴史的な知見を得るためなのか。それとも、今日のグローバル的問題の解決に寄与する実践的な知を得るためなのか。いずれにしても、比較政治思想はまだ学問分野として十分に確立していないので、それを目指す場合、まずは方法論も含む枠組みづくりからはじめねばならない。

いうまでもなく、私は本書でそんな大それたことにチャレンジするわけではない。実は、構想段階ではそうした考えもあったが、私の能力を遥かに超えた無謀な計画であるということが幸いいち早く明らかになった。一〇年後、二〇年後にはこうしたテキストを書いてみたいとは思うが（おそらく共著という形で）、ともかく今回は無理なので、せめてそのための準備作業として、西洋思想史側からのインターフェイスを構築できればと思っている。もちろん、それとて容易になせることではなく、本書はそうした問題意識に支えられてはいるものの、叙述が常にそこに収斂していくわけではない。ただ、比較政治思想の研究においても有効と思われる「カテゴリー」に着目しつつ、それに引きつける形で西洋政治思想を批判的に吟味しようと心掛けている。また、その際、個々の政治思想の内容について説明するだけではなく、可能な限り、そうした思想が歴史の中でどのように曲解され、意図せざる形で特定の政治的フィクションやイデオロギーと結びついていったかという局面にも注目する。

なお、「カテゴリー」について一言。この言葉は日本語で「範疇」と訳されることもあるが、外来語として既に定着していると思われるので、本書では「カテゴリー」とする。また、アリストテレスやカントのようにそれに厳密な定義を与えることもあえてしない。むしろゆるく定義することによって見えてくるものもあると考えるからである。したがって、『オックスフォード辞書』もしくは『大辞泉』にならって、“a group of people or things with particular features in common”、（『書経』中「洪範《こうはん》」の「天乃ち禹《う》に洪範九疇《きゅうちゅう》を錫う」から）「同じような性質のものが含まれる範囲」といった程度の意味にここでは解することにする。

第一章　主題と方法

一　はじめに

方法論からはじめよう。とはいえ、一口に方法論といっても、それは多種多様であり、社会科学一般に関わるものもあれば、政治思想に特化したものもある。加えて、後者の場合でも、政治思想の方法論と政治理論の方法論を明確に区別する論者もいるし、さらに両者を政治思想史の方法論から区別する論者もいる。そして各々の方法論をめぐって果てしない論争が繰り広げられていたりする。ここでそれらすべてに言及することは当然できない。本テキストの主題はあくまでも政治思想史であり、具体的な思想史の叙述がメインである。したがって本章では、導入として最低限押さえておいた方がよいと思われる方法論的問題に触れたうえで、本論で依拠する（四つのカテゴリーを主軸とする）概念的枠組みを提示することにする。

二　社会科学の特徴——自然科学との違い

科学革命の世紀を代表する天才科学者ニュートンは、株投資にも熱心であったが、一七二〇年にバブルが崩壊した際（南洋泡沫事件）に大金を失った。彼は次のように言い放ったといわれる。「私は天体の運行なら予測できる。

だが、人間の奇行（madness）ばかりはお手上げだ」。

このように物質世界における現象や運動をうまく説明したり予測できたりするからといって、同じことが人間や社会的現象についても可能なわけではない。失敗例なら山のようにある。ベルリンの壁の崩壊を予測できた政治学者は一人もいない（一人いたという説もあるが、ここではおいておく）。ノーベル経済学賞受賞者が投資で大失敗したケースもある。また、時代は遡るが、一七八九年六月二九日に、当時パリ駐在アメリカ大使だったトマス・ジェファーソンは、本国の国務長官ジョン・ジェイ宛の報告書の中で次のように述べた。「当面の危機的事態は収拾されたので、貴兄を煩わすような重大な事件は［フランスでは］当分起こらないでしょう」。だがその二週間後、バスティーユの襲撃とともにフランス革命が勃発した。

この違いはどこからくるのだろうか。自然科学も社会科学も「科学」ではないか。ここではすこぶる議論を単純化するが――というのも、自然科学のアプローチとて一枚岩ではなく、以下に見るような主体と客体との明確な分離を前提とすることができないケースも多々ある――、両者は前提が根本的に異なっている。自然科学では研究者が研究対象のいわば外からその研究対象を分析するのに対して、社会科学では研究者は中から、つまり自らもその研究対象（社会）の一部でありながら、それを分析しようとする。そして、このように主体と客体が同一の地平上に存在すると、分析行為そのものが分析結果に対して影響を及ぼすことになるのである。いささか抽象的でわかりづらいかもしれないので、例を挙げてみよう。

ある著名な経済アナリストがデータの分析から株価は七日目に暴落すると予測し、そのことを公表したとしよう。すると、この予測ゆえに予測が外れ、株価が六日以前に暴落することになる。というのも、その予測を知った株保有者は往々にして株価が暴落する前に株を売却しようとするからである。もちろん、逆のケースも考えられる。有名投資家が株価の上昇を予測した場合、仮にそれが実体経済に裏づけられない場合でも、その予測ゆえに人びとが株を購入し、株価が上がることもある。これを「自己充足的予測」(self-fulfilling prophecy) という。

同じような現象は政治の領域でも起こりうる。選挙などでよく見られる現象だが、ある政党が優勢と報道された場合、その結果を望まない有権者が反対の投票行動に駆り立てられ、選挙結果が変わることがある。逆に、「自己充足的予測」としては、核開発競争が将来的に激化するとか、文明間の衝突が遠くない将来起こるといった予測がなされ、それが政策決定者や世論などに大きな影響を与えると、その予測が原因となって予測が現実味を帯びることも考えられる。

いずれにしても、自然科学とは異なり社会科学では正確な予測が著しく困難であることが理解できよう。もちろん、ある程度の予測が可能になる場合はあるし、それを目指す分野もあるが、確実にいえることは、政治社会現象・人間的事象には多かれ少なかれ必ず予期せざる帰結が伴うということである。

三　政治のフィクション性

政治の領域でも経済の領域でも人間の主観的・心理的要素は大きく作用するが、ここではさらに政治社会そのものが「フィクション」(fiction) として成立している点を確認することにしよう。

これは一見奇異な主張と思われるかもしれない。だがここでいう「フィクション」は、「この物語はフィクションであり、実在の人物云々」のあのフィクションとは少々趣が異なる。それは「自然」と対照をなすものであり、一言でいうと「人間の作為の産物」を意味する。(6) これは後に明らかになるように、実在の「事実」(fact) と対峙するどころか、しばしば表裏一体化する。

このように「フィクション」を捉えるのであれば、「政治的なもの」や「経済的なもの」、「文化的なもの」もすべてフィクションであることが容易に理解されよう。国家も法律も警察も軍隊も、そして株もお金も文学も音楽も、天から降ってきたわけでも、地中から湧き出てきたわけでもない。意識的か否かはケースバイケースだが、これらすべては人間がつくったものである――にもかかわらず、それが自然的ないし天与のものと認識されることがあるが、このことも重要な政治的含意を有するので、後に簡単に触れる。

もちろん、フィクションだからといってリアリティがないということにはならない。それどころか、国家というフィクションには殺傷力さえある。法律もお金も人びととの生活を大きく左右する。だが、突き詰めて考えてみると、法律は「白い紙の上に書かれた黒い文字」だし、お金も一定のデザインの施された紙っぺらということになる。紙幣の紙としての価値はどれもせいぜい数十円だろう。だが、福沢諭吉の肖像画が印刷されている紙幣は一万円の価値を有すると考えられているし、実際お店などで一万円相当の商品をそれと交換することができる。

この価値は一体どこからくるのか。日本銀行や国の権威に裏づけられているからとか、一昔前であれば金（ゴールド）と交換できるからとか、さまざまな理由を挙げることができるが、究極的には人びとがそうした価値を有すると考えているから、という主観的・心理的要因に帰着することになる。身も蓋もないと思われるかもしれないが、一万円紙幣は、一万円の価値を持つと多くの人びとが信じているから一万円の価値を持っているのである。一万円札そのものに一万円の価値が内在しているわけではない(7)。だから信用が失われた場合には、一国の通貨が暴落することもありうる――ワイマール期ドイツのマルクがいい例だ。

同じことは、法律についてもいえる。多くの人が法律を尊重しているから法律として機能しているわけであり、だれも尊重しなくなったら、その法律は効力を失うことになる。だが法律の場合は、守らないと国家権力に罰せられるじゃないか、だから多くの人が守っているんじゃないか、と反論されるかもしれない。そう、国家権力がその権力を行使できるのも、突き詰めて考えれば、人びとが国家にそうした役割を期待し、また国家の命令に従うのが当たり前だと思っているからである。実際一部の人間が従っていないということはここでは問題にならない。ここでは大半の人間が従っているという事実のほか、「従うべき」という形で当為・義務として認識されていることが重要であり、これは後に触れる正当性（レジティマシー）の問題に関わる。

そしてこれらのフィクションが究極的には言葉によって構成されているという点も重要である。いや、軍隊や警察にとって重要なのは言葉でなく、力じゃないか、とまたしても反論されるかもしれない。だが、軍隊や警察の力も、その源泉は言葉なのであり、言葉からなるフィクションに支えられているのだ。例えばランボーのような筋肉隆々たる一兵卒と老齢の司令官が殴り合いをしたら、よほどのことがない限り前者が勝つ。それでも、より大きな権力を掌握しているのは疑いもなく司令官の方だ。であれば、少なくとも（腕）力＝権力でないことは明らかだろう。そして司令官が命令すると部下は皆それに従わねばならず、場合によっては司令官の命令（それは物理現象としては空気の振動）によって多くの人間が殺戮されることになる。しかし、なぜ上官の命令に従うのか。それは従うのが当然だと部下が思っているのと、そうした命令系統を定めたルールや組織の在り方を自明視しているからである。では、それらはどこからくるのか。いずれも究極的には頭の中にある観念であり、それは言葉やイメージ（これも言葉の一種とみなす）からなっている。

もちろん、このようにリアリティがフィクションから構成されるからといって、すべてのフィクションがリアリティを有するわけではない。もしそうだとしたら、世の中は大混乱に陥る。そうではなく、世の中には信憑性のあるフィクションと信憑性のないフィクション、つまり人びとに広範に受容されているフィクションとそうでないフィクションがあるのである。

ならば信憑性はどこからくるのか。これについても、究極的には信憑性があると人びとが思っているから信憑性があるという循環的な答えにならざるをえない。少なくとも、特定のフィクションの信憑性の合理的根拠を示すことは容易ではない。政治の世界では、真理だから、合理的だからという説明ないし言説は珍しくないし、歴史的にはむしろそうした説明・言説によって特定のフィクションへの同意が調達されたという事実もある。ところが、本当に合理的に考えてみると、はたしてそれらの根拠は合理的ではない。少なくとも、そうであるとは限らない。このことを明確に示したのがヒュームという一八世紀に活躍したスコットランドの思想家である。以下、ごくごく簡単に彼のオピニオン論と理性に関する考えを見ることにしよう。

四　ヒュームのオピニオン論と理性観

デイヴィッド・ヒューム（一七一一年–一七七六年）は、その論文「政府の第一原理について」（一七四二年）において、実力が常に多数者である被支配者側にあるにもかかわらずその多数者がごく少数者によっていとも簡単に支配されているという「驚異的な現象」の原因を求めつつ、次のような結論を導き出した。「政府の基礎は世論（オピニオン）だけであり、この原則は、自由で人民的な政府にも、もっとも専制的で軍事的な政府にも一様に当てはまる」(8)。要するに、多くの人間が共有する主観的な意見（オピニオン）が権力の源泉であると説明されるのである。これは優れて近代的な権力の捉え方であるが、今日、大半の政治学者が認める権力観でもある。

ただ、こうしたオピニオンが現在の瞬間瞬間において無から生じるわけでないことも自明だ。オピニオンは確かに主観的にして非実体的である。が、だからといって誰かが好き勝手に思いつきで作り出せるものでもない。オピニオンは時間の中で、変化しながらも連続的に展開し、多かれ少なかれ歴史的に構成された文脈や思想状況に拘束される仕方で形づくられるのである。

オピニオンは歴史から生まれる。それゆえに、人びとを説得しオピニオンを形成するフィクションの信憑性もまた歴史に左右される。だからこそ、この信憑性の素因を理解するためには、オピニオンの形成過程を辿り、それを構成する言葉とその歴史（より厳密には言語慣習というコンテクスト）のなかでの作用を分析することが必要となる。

政治思想史の思想史たるゆえんは、単なる歴史的事実ではなく、歴史にある程度規定された言葉の体系とその作用を問題とするところにある。

また、オピニオンは必ずしも合理的根拠を有さない。歴史上は、非合理的なオピニオンが支配的だった例はいくらでもある。もちろん理性や合理的思考を重視する伝統が存在したのも事実であり、西洋の思想史においては、長い間、理性が正不正・善悪の認識を可能にし、人間や人間社会の目的を指示する能力として尊ばれてきた。

だがヒュームは、こうした考えを徹底的に相対化し、「理性は情念の奴隷であり、またただ情念の奴隷であるべきなのであり、理性が、情念に仕え従う以外の役割を要求することは、けっしてできないのである」と述べ、次のような挑発的な言葉まで残した。「自分の指にひっかき傷を作るくらいなら、全世界が破壊されるほうを選んだとしても、理性に反するというわけではない(9)」。

ついでに触れておくと、理性を玉座から引きずりおろしたことのほかにヒュームが成し遂げた西洋思想史上の大転換がもう一つある。それは「存在」（"is"―「である」）と「当為」（"ought"―「べきである」）との論理的な繋がりを断ち切ったことだ(10)。いや、ヒュームはそこまではいっていないし、後に「ヒュームの法則」とか「ヒュームのギロチン」と呼ばれることになる「"is"という命題から"ought"という命題を論理的に導き出せない」という原理もヒューム自身の考えとは異なるという見方もある（そもそも"is"の意味をめぐっても解釈はわかれる）。だが、少なくとも今日多くの社会科学・人文科学の領域において「存在」から「当為」は容易には導出できないという立場は広く共有されている（もっとも、現実では「勝てば官軍」的に両者が混同されることなど日常茶飯事なのだが）。

さらについでに触れておくと、本書ではそもそも"is"と"ought"とが概念的に区別される以前の思想を多く扱うため、"what is"、"what seems"、"what matters"という独自の概念を用いて分析を行なう。英語をむき出しで和文に放り込む不調法はお許しいただくとして、本論ではこれらの概念を通して思想史におけるコスモス観の変遷や moral

transformation（意識変革）を整理していく。当てはめるべき日本語や意味はその都度文脈とともに変化していくので、それぞれ必要に応じて説明することになるだろう。
とまれ、今は方法論に戻るとしよう。

五　正当性（レジティマシー）の問題

さて、政治および政治思想について考察する際には、さらに「正当性」（レジティマシー）の問題を扱う必要がある。というのも、オピニオンが権力の源泉であり、政治がフィクションであることを自覚していようといまいと、特定の支配関係を持続させ安定化させるためには、その支配関係を「自然」、「正しい」、「妥当」、「正常」、「神聖」、「しきたりだから当然」あるいは「理に適っている」と人びとに思わせることによって、「権威」（authority）を確立し、被支配者の自発的服従を調達しなければならないからである。そしてそれもまた言葉（イメージ・シンボルを含む）の作用——場合によっては、操作——によって可能となるものなのである。

実力のみによる支配がいかに不安定であるかは、次のようなことを想像すればわかる。戦勝によって支配者になった人間は、大抵の場合その支配の永続化を望む。だが、力と武勇だけが頼りであれば、いずれそれを凌駕するライバルが現れるだろうし、老衰とともにそうしたリスクも高まるだろう。また、仮に支配権を生涯維持できたとしても、後継者（伝統的には長子）が同じように維持できるとは限らない。リーダーシップの資質や人望は遺伝するわけではないからだ。

それゆえに、権力を安定的に確保しようとする支配者は、しばしば正当性の言説を用いることによって、つまり言葉によって、権威を確立し、その目的を達成しようとしてきた。その際、宗教や慣習や法などをはじめとするさまざまな言説が動員されたりするのだが、正当性の内容は時代や状況によって異なるものの、正当性の必要性そのものは今も昔も変わらない。それは、単独支配も、少数者支配も、多数者支配も同じである。そして正当性と権威は、被支配者の自発的服従を可能にするものである限り、究極的には被支配者の同意（消極的な黙認も含む）にもとづかねばならない。オピニオンが権力の源泉たるゆえんである。

したがって、正当性は常にボトムアップの構造を有する。人民主権であればもちろんのこと、王権神授の場合でも基本的な構造は同じである。王権神授説では、神が権威・権力の源泉とされ、神が権威・権力を王に授けるという言説（フィクション）によって支配が正当化されるわけだが、この言説の内容がトップダウンであっても、そうした言説が被支配者によって受容されなければ効果が生まれないという意味において、作用の方向性はやはりボトムアップになっているのである。但し、本論で見るように、言説の内容がトップダウンかボトムアップかによって人びとの主観的な政治意識も往々にして変わり、それは一定の政治的インプリケーションを持つことになる。

いずれにしても、正当性の言説が常に合理的であるとか正義や真理に適っているとは限らない。オピニオンは権力の源泉であるが、オピニオンは流動的で気まぐれなこともあり、それが正義や真理へと向かう保証はない。それどころか、虚偽が正当性の言説として用いられた例もあるし、それが虚偽だからといって政治的作用が減少したわけでもない。本当であろうと嘘であろうと、多くの人間が認めると、その事実によって一定の権力性を帯びることになるのである。こうした例はいくらでもあるが、「コンスタンティヌス帝の寄進状」は有名である。これは偽書であるにも関わらず、教皇権の世俗権力者に対する優位性を正当化するために長い間用いられたのである。(11) しかも、一五世紀にロレンツォ・ヴァッラが偽書であることを証明した後でも、すぐには信憑性を失わなかった。似たような事例は、既に古代ギリシアにも見られたし、今日においても完全になくなったわけではない。(12) イラク戦争を正当化した大量破壊兵器の存在がいい例だろう。

こうした虚偽の問題も政治思想の中で扱われることがある。本論で見るように、正義の実現という名目で嘘が認められることもある。プラトンの「高貴な嘘」はその代表例であろう。また、虚偽の問題とは異なるが、真理を訴えればそれが自ずと人びとの間で認知されるわけではないという考えから、レトリックを重視する伝統も古代から西洋にはあるのだ——"ratio et oratio"（理性・合理性とレトリック）といった形で。

ところで、以上のように言葉の力に注目するのであれば、学問も単なる机上の空論として無視することはできなくなるのではないだろうか。ケインズの次の言葉は、このことをユーモラスに表現している。

経済学者や政治哲学者の理念は、それが正しい場合でも間違っている場合でも、ふつう考えられているよりははるかに強い力をもっている。実のところ、世界はそれらの理念によって支配されていると言ってもいいのである。自分では知的な影響からまったく無縁であると信じ込んでいる実際家たちも、すでにこの世を去った経済学者の誰かの奴隷であるのがつねである。権力の座にあって天来の声を聞くと自称する気違いじみた人々も、実は数年前の三文学者が書いたものからその狂気を引き出しているにすぎないのだ。(13)

六　ファクト論

ここまで言葉の力とその政治的作用にフォーカスを当ててきたが、もちろん実力や暴力の前に言葉が沈黙することも珍しくない。言葉では現実が思うように動かないことの方がむしろ普通かもしれない。確かに、即効性を言葉の力に期待する者は、しばしば現実に裏切られることになる。もちろん、だからといって沈黙することが問題の解決になるわけではないし、それはしばしば逆効果になるだろう。政治的自由の否定は往々にして市民的自由の喪失をもたらす。正当性の言説は長いタイムスパンで——しかも意図せざる帰結を伴いながら——現実に作用するのが常である。

こうしたことを踏まえたうえで、「事実」（fact）が言葉と思想に与える影響に注目することも、政治思想の歴史的展開を理解するためには有益だと思われる。というのも、どれだけ言葉によってさまざまなフィクションやビジョンが構想されたとしても、そのリアリティはしばしば事態の推移によって——例えば、現実にどのような決断が下され、どのような行為や意図せざる帰結が生じるかによって——左右され、さらにはその後のフィクションやビジョンの在り方、言葉や思想の内容そのものも「事実」から影響を受けるからである。

先に冷戦の終焉を予測できた政治学者は一人もいなかったと述べたが、裏を返せば、当時の論者は別の多様な歴史的展開（未来）の方がより実現性があると考えていたことになる。だが一旦冷戦の終焉という事実が確立すると、多くの論者はその現実から過去を振り返る形で原因と因果関係をもっともらしく、時には必然かのように説明しはじめた。こうして、ありえたはずの歴史的展開は往々にして忘れ去られ、既成事実をもとに仕切り直しがなされる。それによって過去に対する解釈も未来に対する構想も限定され、事実レベルでの変化は、思想の在り方にも大きく作用することになる。実際、ソ連が崩壊するまでは、社会主義思想の問題点がどれだけ指摘されようともそれは一定の権威を保ち、社会主義者を自称する者も多くいたし、社会主義研究もそれなりに活況を呈していた。だがソ連の崩壊後、一気に社会主義思想まで信憑性を失い、研究も衰退していった。ソ連という現実の国家と思想としての社会主義とは同一ではないにもかかわらずである。

このように、頭の中で事実と思想（規範）、存在と当為を区別していても、事実および存在の次元で大きな変化が生じると、しばしば思想（規範）も当為も変化を被ることがある。政治学者でさえこうした傾向と無縁ではないわけだから、世論の価値基準が多大な影響を受けても何ら不思議ではない。そしてこのような現象は、フィクションのフィクション性（作為性）を忘却させる作用を及ぼすことが多い。人間がつくったものであるにもかかわらず、それが自然的なもの、人間の意志から独立したもの、あたかも物体と同じような客観的現実とみなされるのだ。既成事実は人びとの考えと想像力にまで大きく影響を及ぼすのである。

思想史研究者の場合は、歴史におけるこうした事実の作用に着目しつつも、あえて忘れ去られた過去の多様な可能性にも注目することが有益ではないだろうか。思想の内容のみに焦点を当てるのでもなく、既成事実のみに目を向けるのでもなく、思想と現実との相互作用――意図せざる帰結の影響も含め、思想がどのように現実に作用し、時に作用しそこない、また現実のなかで思想がどのように曲解され、利用されていったか――を検討すること。それによって、思想史叙述はより立体的にダイナミックになるのではないかと思う。これは歴史のアンビヴァレンスの問題でもあり、方法論的にも重視されるべき点であると思われるが、ここで詳しく論じる余裕はない。

七　政治思想史の方法論

ここまで、社会科学全般にはじまって政治学、そして政治思想が何を問題としているのかを明らかにしてきた。既に政治思想史の方法についても若干触れているが、ここではもう少し詳しく見ることにしよう。とはいえ、思想史方法論もバラエティーに富んでいるので、以下においては、本書で適用されるアプローチ――次節で説明する「四つのカテゴリー」――の前提となる論点にのみ触れることにする。

大半の政治思想史研究では、古典（的著作）が主要な考察対象となる。その意味で、一定の共通性はある。もちろん、どの文献を古典とみなすかで意見はわかれうるが、しかしプラトンの『国家』、ホッブスの『リヴァイアサン』、ルソーの『社会契約論』などのコアな必読文献に対するコンセンサスはあるといえよう。

ではアプローチの多様性はどこからくるのか。それはまさに古典をどう読むか、何のために読むのかに由来する。古典から普遍的な真理・命題を導くことを政治思想史研究の目的と定め、その目的を最も効果的に実現するための手段として方法論を位置づける論者がいる。他方、特定の観念に注目しつつ複数の古典を通時的に分析し、観念の発展過程を明らかにする形で近代の思想状況や課題を解明しようとする論者もいる。さらに、以上のようなアプローチは研究者の現代的関心から過去の知的営為を捉えようとする時代錯誤的（アナクロニスティック）なものであり、その目的も手段（方法）も間違っている――政治思想史研究の本来の目的は、過去の思想を可能な限りその歴史的文脈に即して理解し、思想ないし思想家の意図を歴史的に再構成することだと主張する論者もいる。(14)

以上、いくつかのパターンを単純化して示したが、どれが正しくて、どれが間違っているかということは一概にはいえない（と私には思われる）。ただ、異なる立場をとる論者の間で論争が繰り広げられるなかで、少なくとも露骨に現代の考えや研究者自身の問題関心を過去の思想に投影するようなアナクロニズムは避けるべき、との研究態度は共有されるようになったと思われる。いずれにしても、重要なのは、政治思想史の研究を進める際に、その目的と方法に対してある程度自覚的になることである。

と、いささか折衷的なことを述べたが、アナクロニズムを避けようとするなら、テクスト（古典を構成する言葉）を理解する際に少なからずコンテクスト（歴史的文脈・言語慣習）にも注目する必要があるという点は是非とも指摘しておくべきだろう。

次のような状況を想像してみよう。食事に招かれた客が「このワインは美味しいですね」とホストに対していったとする。この客は何をいいたかったのだろうか。そんなのわかりきっているじゃないか。文字通り、このワインというブドウを発酵させてつくった飲料が舌に快い刺激を与えているということだよ、と反応されるかもしれない。だが、この発話の意味（発話者の意図）はこれに尽きるだろうか。テクストのみに注目したのであれば、これ以上の意味は出てこないだろう。しかしコンテクストに注目すると、ひょっとすると「もう一杯ください」という意味が出てくるかもしれないのである。

「行間を読む」とか「空気を読む」という表現があるが、テクスト・言葉の十全な理解を得るためには、言明されていない部分にも注目する必要がある。思想家の言葉を額面通り受け止めてはならないことも多々あるし、沈黙（テクスト・言葉の不在）が意味を持つこともある。このような場合、テキストの一貫性や整合性に着目することも確かに有益だが、同時にコンテクストをも考慮しなければ、思想（家）の本当の意図は明らかにならない。したがって、言葉そのものに含まれる意味や論理だけに注目するのではなく、言葉を用いることによって（あるいは用いないことによって）発話者が何をしようとしているのかという、言語行為に目を向けることが不可欠なのだ。

では、ここでいうコンテクストとは何か。それは誰が何をしたかとか、どんな事件が起きたかといった歴史的事実・状況のことではない。少なくともそれだけではない。もちろん、右のような歴史的事実・状況に着目することによって思想家の意図を同定できることもある。だが、思想史研究ではしばしば、思想家がどのようにフィクションないしオピニオンに働きかけているのかという局面も重視するため、思想家の言説と既存の言語慣習（特に正当性の言説）との関係性および差異に注目しつつ、思想家の言語行為ないし言葉の意味作用を明らかにしようとするのである。これも抽象的で何をいっているのかイメージしづらいと思うので、例を挙げることにしよう。

今日、「デモクラシー」はよいものであると一般的に考えられている。冷戦の終焉を「デモクラシーの勝利」とする見方もある。だが、このようにデモクラシーが肯定的に評価されるようになったのは概して二〇世紀に入ってからであるし、冷戦期は西側陣営も東側陣営も互いにデモクラシーを標榜していたのである。もちろん、西側が掲げたデモクラシーと東側が唱えたデモクラシーは内容的には同じではない。にもかかわらず、両側ともこの言葉を用い、自らの体制の正当性を訴えた。なぜか。それは、一言でいうと、「デモクラシー」が多くの人びとの心に強く作用する言葉となっているという事実があり、ゆえにそれが正当化原理として——人びとの協力・オピニオンを調達するために——大いに有効だったからである。デモクラシー（や平和や自由や祖国愛）の名における戦争であれば人びとは協力し、士気も高まるかもしれないが、大義のない征服が名目であれば同じ効果は期待できない。一定の言葉は人びとに肯定的に受け止められ、そして心に響く。であれば、そういう言葉を自らの正当性の言説に取り込もうとするのは至極当然のことだろう。逆に否定的にして嫌悪感・敵意を誘発する言葉があれば、それを用いて敵にレッテルを貼り、自らの立場を強化するという手もある。こうした手段・方法はこれまで権力闘争の場において多くの為政者やイデオローグによって用いられてきた。

思想家は――少なくとも本書で扱うような思想家は――、彼らと違い単なる闘争手段としてなりふりかまわず言語操作を行なうわけではない。真摯に普遍的な真理や正義を求め、そのために一定の言葉の意味と意味作用を変えよう（正そう）とする場合もあれば、普遍的か否かはさておき正当と思われる目的（例えば、自由とか共通善とか平和とか秩序維持）の実現のために言葉で人びとの意識を変えようとする場合もある。

いずれにしても、既存の言語慣習、すなわち人びとが実際どのように言葉を使用しているかというコンテクストを無視しては、思想家の言葉のイノベーション（言語操作）は有効とはなりえないのだ。例えば「自由」には今日、いろいろな意味がある。思うままに振る舞う（振る舞える）ことを自由という人もいれば、政治に参加することを自由という人もいる。こうした既存の言語慣習を背景として、「真の自由とは単に自分の好き放題をすることではなく、政治参加を通じて自己実現をすることだ」と訴えた場合、この言明に含まれている言葉の意味はそれなりにメイクセンスするので、人びとはこの定義に納得するかもしれない。そして納得するのであれば、思想家の行ったイノベーション（自己実現という倫理的要素の付加）も成功したことになり、それゆえ人びとの自由に関する理解の変容を通して人びとの倫理意識・政治意識も変わるかもしれない。だが、仮に言語慣習を完全に無視して、私が「自由とは猫を撫でることである」と訴えたとしよう。この試みは既存の意味体系とは無縁なので、言語操作は失敗するだろう。もちろん、想像力の逞しい、ないし単に猫好きな人びとがこの意味を受け入れることもまったく考えられないわけではない。だが、この自由のために自らの命を捧げようとする人間は出てこないと思う。

さらに次の点も重要である。右に見たように、思想家の言葉は言語慣習を前提として意味作用をもつことになる。だが、だからといって思想家の言葉が言語慣習に完全に規定されるわけではない。確かに、思想家とて無から自らの思想を構築するわけではなく、既存の言語体系のなかで思考せざるをえないという意味において、思想家は意識そのものを言語慣習に拘束されている。にもかかわらず、思想家はその体系に基づきながらも、ある程度自由に言葉のイノベーションを行なうことができるのだ。思想は、言語慣習に対して一定の自律性を有している。

以上を認めるのであれば、政治思想史の研究にあたって、思想家のイノベーション（言語操作）を同定することの重要性もおわかりいただけるだろう。そしてそれが、言語慣習をある程度把握したうえで、それと思想家の言葉（言語行為）との差やずれに着目することによってのみ可能になるということも。だが言語慣習を把握するためには、古典だけでなく、その古典が著された時代の他の文献（大抵の場合、忘れ去られたような文献）にも注目しなければならない。本書でここまでカバーする余裕はないので、本論ではマキアヴェリやホッブスの言語操作について言及するが、コンテクストの説明は簡略化せざるをえない。

なお、思想が一定の自律性を保つのであれば、思想と歴史の理解において決定論的な見方は排除しなければならない。歴史は必然性の法則に従っているわけではないし、思想も歴史的条件に完全に規定される形で展開するわけではない。

このような例がある。一六七九年に成立した人身保護法（Habeas Corpus Act）が、イギリス憲政史上に燦然と輝く金字塔であることは疑いない。だが、これがこのような形で、またこのタイミングで成立する必然性はなかった。歴史家（兼政治家）クリス・ブライアントが最近の研究で次のような紙一重の状況を明らかにしている。人身保護法案は貴族院の三度目の審議において五七対五五の僅差で可決したわけだが、票を数える際にある太った議員を冗談で一〇人分とカウントし、しかもそれに誰も気づかなかったから成立したのである。(15) ブライアントは歴史がいかに偶然性とアイロニーに満ちているかを強調する。

だが他方、歴史が完全に偶然的であり、何もかもランダムに起きるわけでもない。右の例との関連でいえば、人身保護法案が何度も提出されていたことからわかるように、それを求める動きが既にあったわけであり、可決の偶然性も、そうした歴史的背景のなかでの事柄なのである。思想史の展開についても同じようなことがいえる。既に見たように、言語慣習が人びとの思想と行動をある程度拘束し、そうしたコンテクストのなかで言葉によるフィクションないしオピニオンへの働きかけがなされるわけだから、何でもあり、何でも可能ということにはならないはずである。とすれば、繰り返しになるが、政治思想史研究においては、歴史のアンビヴァレンスを意識しつつ、思想（家）の意図を歴史的に再構成し、そこにおける言語行為の射程をある程度明らかにすることが重要になるのではないか。

さて、大分前置きが長くなったが、次にいよいよ本書で適応する方法・概念枠組みについて説明することにしよう。

八　四つのカテゴリー――「コスモス」、「運命」、「時間」、「法」

「カテゴリー」についてはゆるい定義を用いると先に述べた。ここでは四つのカテゴリー――「コスモス」、「運命」、「時間」、「法」――にフォーカスをあてつつ、それらがどのように政治ないし統治の問題（「政治的なもの」）と関わるかを論じる。ここでいう政治や統治もゆるく定義されており、複数にして多様な人間がどのように共生するかという問題を権力との関係で捉える人間的営為、といった意味にとどめる。もちろん、「権力」という概念そのものが多義的であるが、その具体的意味については、以下の議論の個々の文脈のなかで明らかになるだろう。

さて、このように「ゆるい」定義にもとづいたカテゴリーや用語を用いることは、歴史におけるダイナミックな思想的変遷とその政治的含意を捉える際に、さらにここでは実践しない非西洋の思想との比較を行う際にも、有効と思われる。また個々のカテゴリーを実体的にも固定的にも捉えないという点も重要である。カテゴリーにフォーカスをあてるといっても、その具体的内容と構成が時間や空間や文化・文明を超えて同じように作用するとか、カテゴリーが普遍的真理を体現するとか、歴史を通じてその真理性が顕現していくとか、理性の狡知によって現実を規定している、などと唱えるつもりはさらさらない。ここでいうカテゴリーは、あくまでも便宜的なフィクションであり、考察対象を分析するための道具（概念装置）にすぎない。現実とそれを構成するフィクション、そして両者の関係性と権力性とをよりよく観察するための、いわばレンズのようなものだ。

だが、これだけではいささか抽象的に過ぎると思うので、以下、個々のカテゴリーについてもう少し具体的に説明することにしよう。

「コスモス」

「コスモス」は古代ギリシア語の kosmos に由来する言葉であり、西洋でも異なる歴史的文脈において異なる意味を有してきた(16)。だが、さしあたり重要なのはこの言葉そのものでもこの言葉の固有な文脈における意味作用でもない。問題は、分析する側のわれわれにとってこの言葉の表象する諸概念がどのようなカテゴリーを構成しているか、そしてこのカテゴリーが異なる文脈でどのように具現化され、それを通して何が見えてくるかである。

このことを念頭に置きつつ、ここではひとまず次のように一般的に捉えることにしよう。カテゴリーとしての「コスモス」とは、「特定の人間集団が自らのアイデンティティを基礎づけ、共通のルールや目的を導き、さらには人間や自然や真理や神といった大小の存在およびそれらの存在意義を宇宙論的に解釈し位置づける際に前提となる意味体系の総称」である。より平たくいえば、さまざまな存在と現象をメイクセンスするための解釈枠組みないし座標軸ということになろう。それは必ずしも合理的な原理や言説から構成されているわけではないし――もっとも、「合理的」の意味にもよるが――、すべてが言葉によって表象可能なわけでもない。むしろ、神秘的な儀式・儀礼や非合理的なシンボルやイメージによって表象されることも多々ある。そして、このようなコスモスないしコスモス観（人びとによって主観的に理解されるコスモス）が、歴史的に政治ないし共生・共同性の在り方に大きな影響を及ぼしてきたと考えられるのである。

だが、現代はコスモスが失われた時代ともいえるので、以上の説明だけだとまだぴんとこないかもしれない。日常生活の場で、いわんや政治の場で、宇宙論的な視座が求められることはめったにないわけだから、当然だろう。とはいえ、それを頭である程度理解することは可能だろうし、人によってはコスモス的なもの（あるいはその片鱗）を実感することもできるかもしれないので、次のように想像力をはたらかせてみてほしい。

目を閉じて、頭の中もしくは心の中で自問自答してみよう。自分の人生観や世界観を決定づけた出来事は何か。自分と世界の存在意義が突如明確になったような原体験はないか。眩いばかりの光とともに真理や自然の理や超自然的存在や死後の運命や世界終末後の世界がみえた、あるいは予感できたことはないか。神々や先祖に守られている、あるいは見放されているという感覚を味わったことはないか。夢のなかにアポロンか天使か女神のような存在が現れて世界の秘密についてささやいてくれたことはないか。すべてが納得でき安らぎが得られるような無の境地に達したことはないか。ふと夜空を仰いだ時に、満天の星の美しさに圧倒され、大きな存在を感じたことはないか。皇帝ペンギンや渡り鳥の生態行動から進化論によっては説明できない存在の大いなる連鎖があると確信したことはないか。すべてが決定論的に決められていて人間に自由意志なんてないと思ったことはないか。あるいは、自由意志の存在を認めつつも、究極的な事柄については究極的な存在が決めると思ったことはないか。世界も宇宙も一定の法則にしたがって動いており、それは数学的に説明がつく、あるいは宇宙の構造そのものが数学的だと考えたことはないか。(17)

ない？　では仕切り直しをしよう。文章でも音楽でも芸術作品でも何でもよい。あまりの感動のため、この世のものとは思えないと感じたことはないか。美しいものを観たり聴いたりした時に、これは私にとってだけなく、万人にとって美しいはずだと確信したことはないか。あることを経験した際に、これは偶然では説明できない、人知を超えた何かによって導かれていると思ったことはないか。人との出会いを運命的であると感じたことはないか。この世には自己利益に還元できないもの、すこぶる尊いもの、自分の命より大事なものがあると思ったことはないか。思いがけない幸運あるいは悲劇に見舞われた際に、何か大きな存在に対して感謝を捧げたり、救いを求めたりしたことはないか。死んだからといってすべてが無に帰すわけではないと思ったことはないか。現実よりリアルな夢を見たことはないか。

さて、こうした経験や感覚や観念は人それぞれなので、心当たりのある人もない人もいるだろう。ただ注意すべきは、心当たりがあるからといってコスモスの認識が得られたとはいえないことである。というのも、コスモスには次のような要素も不可欠だからだ。まず、コスモスが客観的に実在するある種の真理の体系として認識されること――つまり、私にとってのコスモスはこうだけど、あなたにとってのコスモスはああで、それは人それぞれだよね、どれもその人にとっては真理なんだよね、という立場は認められないということである。コスモスは万人にとって一つであり、真理も一つである。それはすべての存在を包摂し規定するものであり、決して主観的なものでも、個人的な趣味や世界観に還元されるものでもない。

もちろん、実際こうした客観的実在としてのコスモスが存在するかどうかは別問題だし、ここでは関係ない。先に述べたように、カテゴリーとしてのコスモスはフィクションであり、分析のための道具である。それは人間の思考の産物であり、そのカテゴリーの適用もコスモス観の特徴や多様性を浮き彫りにすることはあっても、いずれかの真理性や虚偽性を証明することはない。あくまで、カテゴリーとしてのコスモスという枠組みないし座標軸を用いて、真理の体系としてのコスモス観――繰り返しになるが、コスモス観を抱いている主体はそれが客観的実在と信じている――の特徴を捉え、分析し、それらの多様な政治的含意を明らかにするのがここでの目的である。要するに、本テキスト《はた》からみれば、コスモス観そのものは多様で可変的だが、個々のコスモス観は実在・真理の唯一性と排他性の主張のうえに成立するということである。

なぜこんなややこしいことを想定するのか。一方でコスモスを人為的なカテゴリーとして想定するのは、われわれの目標が分析だからである。本テキストの目的ひいては思想史研究の目的は、コスモスの真理性の証明でも、コスモス観の喧伝でも、それに基づいた伝統への回帰でも、社会変革への呼びかけでもない。そうではなく、学問的に、つまり可能な限り意識的に自分の先入見やコミットメントから距離を置きつつ、考察対象を分析することである。だからおよそ受け入れがたいと思う思想、胡散臭いと感じるコスモス観も考察する。それはある時代のある地域のある人びとに対して大きな影響を与え、その世界の在り方を規定したからである。そして当然ながら、こうしたコスモスは当事者にとっては分析の道具でもフィクションでもない。それはまさに自らの世界観とアイデンティティを形づくる意味世界であり、実存の基礎なのである。当事者たちが特定のコスモス観を真に受けるからこそ、そのコスモス観が一定の心理的かつ政治的作用をもたらすのだ。一部の支配者が被支配者の支配・操作の道具として手段的に用いることもあるが、それはまさしく広範にあるコスモス観が信じられているからこそ可能となる行為なのである。

さて、次章以降では、多様なコスモス観を背景として成立する多様な思想原理を個々の思想家の主張に即して具体的に検討していく。だが、ここでは今しばらく抽象的に、カテゴリーとしてのコスモスがどのような構成要素を含んでいるかについて論じることにしよう。その際、特に注目するのは「運命」、「時間」、「法」というカテゴリーである。つまり、「コスモス」というカテゴリーの中に、さらなるカテゴリーないしサブ・カテゴリーとして「運命」、「時間」、「法」が内包されるということである。とはいえこれがサブ・カテゴリーのすべてというわけではない。「自由」、「理性」、「正義」、「善」、「徳」、「権力」といったように他にも考えられるが、紙幅の都合上、これらは本章で中心的に扱う四つのカテゴリーの中で構成概念として扱う。ちなみに「自然」は、多くの思想体系において「コスモス」と同義的もしくは類似的に、あるいは「コスモス」に代わって用いられる(18)。その場合、「自然」と「コスモス」は同一のカテゴリーとみなし、「コスモス」から派生した「コスモロジー」についても同様に扱うこととする。

それでは次に、諸カテゴリー間の関係性について、ごく簡単な説明を試みよう。

「運命」

あらゆる真理、あらゆる善いもの、正しいもの、美しいものを原理として内包するコスモスの存在を想定してみる。ここでは道徳的なものと美的なものと宗教的なものと政治的なものとが必ずしも分離していない。究極の価値は究極の存在に依拠する。真理は一つであり、不変であり、普遍である。人間および人間に知覚される世界の存在意義も、人間がこの世で何をなすべきかも、すべてコスモスを支配する理によって規定されている。そしてある種必然的な力によってすべてが導かれる。人間には偶然的出来事に見えても、それは実は必然性に支配された事柄である。有限な人間はコスモスに比べれば無に等しいちっぽけな存在である。にもかかわらず、人間には幸いにも理性とか知性とか直観といった能力が与えられているため、少しばかりは自らの努力によってコスモスの掟を知る・観ることができるし、そうすることがいわば義務として求められる。

さて、こうした状況において人はどう思考し、どう行動するだろう。自分の生も共同体の行方も、何らかの外部的な力、いわば運命的なもののはたらきによって決められていると考えるのではないだろうか。なお、便宜的に、ここでは運命のカテゴリーに「神の摂理」も含む――実際は、後者に前者が包摂されるとするのが一般的ではあるが。そして、そのはたらきは「定め」のような必然的な作用として決定論的に理解されることも、「気まぐれ」・「いたずら」や「運」・「つき」のような不確実にして偶然的な作用として受け止められることもあるだろう。

もしまったく抗うことのできない定めとして解される場合、人は諦念にとらわれ、受動的ないし宿命論的な態度をとるかもしれない。不確実なものとして解される場合も、やはり人は受動的に振る舞うかもしれない。人間がどうあがこうと関係なく振り回されるのだから無駄な抵抗はやめよう、といった感じに。事実、歴史はこうした事例に事欠かないし、論理的にもこれがもっともらしい帰結にみえるかもしれない。

だが、歴史はアイロニーに満ちており、しばしば論理的もっともらしさと心理的動機は乖離する。例えば、運命を定めと解しながらも、その定めを自己の目標と捉え直し、それに能動的に向かおうとする人がいる。自分は神ないし神々に選ばれた人間であり、歴史的使命を帯びているといったケースがその典型である。あるいは、運命は盲目（fortuna caeca est）でも、一定の努力と勇気と徳によって幸運を導くことが可能だと、運命に働きかける余地が多少ながらあるのだと考える人もいる。このように運命ないし運命観の作用にもさまざまなバリエーションがあるわけだが、いずれにしても運命観がしばしばコスモス観と連動し、それが特定の仕方で人を動機づけしたりしなかったりすることがあるというのは容易に想像できよう。

なお、今のところ何の断りもなく「運命」という言葉を使用しているが、これが日本語で意味することと、それに対応する欧語が西洋の諸文脈で意味することとの間にはニュアンスのずれや隔たりが存在する。これは言葉や思想の翻訳の難しさにまつわる問題でもあり、本来であれば大きく取り上げるべきなのだが、紙幅の都合上、ここでは次の点を確認するにとどめる。

日本語で「運命」というと、「定め」のような決定論的要素も「つき」のような偶然的要素も含む。そのことは、英語の fate も destiny も fortune も chance もすべて「運命」と訳されうることからわかる。だが、英語では（また他の欧語でも）fate と destiny と fortune と chance は、異なる言葉が存在することから明らかなように、異なる意味やニュアンスを含んでいる。古代ギリシアでも「運命」と訳しうる言葉に対応する言葉はいろいろとある。例えばすぐ後で触れる「モイラ」（moira）にはどちらかというと決定論的なニュアンスがあり、「テュケー」（tyche）という言葉では偶然性の方に力点が置かれている。そこで、以下の議論では、必要に応じてニュアンスの違いを明示する一方、「運命」というカテゴリーによって右のような欧語の異なる用語や概念を表象することをあらかじめご了承いただきたい（開き直っていえば、こうしたフレクシビリティこそが「運命」をカテゴリーとして捉えることの利点である）。

「時間」

「運命」が「時間」と連動していることは自明だ。運命とはそもそも時間の流れを前提として成り立つ観念である。定め・必然は、「もう既に」決まっているという過去の要素と、「これから」そうなるという未来の要素を含んでいる。気まぐれ・偶然も「過去や現在のわけのわからない・たまたまの」出来事や「予測不可能な」未来に対する不安としばしば結びつく。だからこそ、古代ギリシアにおいて運命がしばしば時間を司る女神として表象されたのである。運命の女神（モイラ、複数形はモイライ）は三人いて、ラケシスは過去を、クロトは現在を、アトロポスは未来を司るとされた。そして彼女たちはアナンケー（必然性）の女神の娘たち、あるいはゼウスとテミス（掟・法の女神）の娘たちとみなされていた(19)。これは運命と必然性・法則性との繋がりを示唆しているといえよう（もっとも、「アナンケー」は今日われわれが想定するような絶対的必然性を意味するわけではないと解する論者もいるが(20)）。

さて、話を戻すと、運命も時間もコスモスのサブ・カテゴリーとなるのは、いずれもが宇宙論的意味体系のなかに位置づけられるからである。コスモスは存在と意味の根源ないし背景なので、運命を規定するのはいうまでもなく、時間をも内包している。これはコスモスの言説においてしばしば現世のみならず、前世についても来世についても語られることがあることから明らかである（しかも来世の方がより重視されることもある）。人生は短い――では、死んだ後はどうなるのか。生まれる前はどうなっていたのか。人類の歴史も、生命の歴史も、地球の歴史も、太陽系の歴史も、銀河系の歴史でさえ、宇宙の歴史からすれば一瞬の出来事にすぎない。であるなら、その前に何があり、地球が太陽に飲み込まれた後はどうなるのか。そもそも宇宙はどこからきたのか。こうした大きな問い――そこには小さな存在としての人間にとっての大きな問い（「いかに生きるのか」という実存的問い）も含まれる――に対して何らかの説明を提示するのが、コスモスの言説なのである。ただ後に見るように、キリスト教のコスモロジーでは、神がコスモスを超越しているために、こうした時間概念すら相対化されることになる。アウグスティヌスによれば、宇宙のはじまりの前の時間について考えること自体がナンセンスなのだ。

いずれにせよこうしたコスモス観が一定の政治的作用をもたらすことは想像に難くない。むしろ、こうしたコスモス観が人びとの政治観を形づくっているとさえいえる。コスモス観は人間や共同体の目的などを示唆するのだから、それも当然かもしれない。事実、洋の東西を問わず、長い間さまざまな地域や文化においてこうした思考は一般的なものだった。中国における「天」と「天子」、「天命」の関係は典型だろう。そうしてコスモス観の多様性は、多様な政治観と支配原理を生みだしてきた。そこには、あのコスモス観だからこの政治観、といった必然的な結びつきが存在するわけではない。だが先に見たように、一定の言説体系が前提となってこそ一定の政治的行為が正当化可能となるのであり、その意味でコスモス観は「政治的なもの」に大いに影響を及ぼしうる。しかもその際、コスモス観から直接政治に関する言説が展開される必要はないのだ。例えば、あるコスモス観が宿命論的な運命観と結びつき、受動的にして非政治的な共同体成員を生み出したとする。すると、そうした受動性・非政治性ゆえに可能となる支配——例えば、臣民の政治参加や抵抗を一切容認しない強権的支配——を受け入れる素地が生まれる。もっとも、支配者の方は往々にしてコスモスの政治的作用を意識しながら、素知らぬふりをしていたりするのだが。

「法」

ところで、このようにコスモスと運命と時間の関係性について論じる際に、人間の自由のはたらきも——当事者によって自覚されるか否か、どの程度自覚されるかはケースバイケースとして——重要とならざるをえない。強権的支配が極端な宿命論的コスモス観を前提に行われている場合でも、既に見たように、そうしたコスモス観は被支配者によって受容されなければ効果を発揮しない。究極的にはすべての支配構造はボトムアップである。だが、政治的思考が自覚されていればされているほど自由の問題は顕在化してくるのであり、コスモスや運命との関連でも自由が論じられることになる。特に運命と対決ないし対峙しようとする発想が重視された場合、その傾向が顕著となる。

とはいえ、どれだけ自由が強調され、運命との対決・対峙が勇ましく唱えられようと、人間の能力には限界がある。そもそも人間はかりそめの存在であり、この世でどれだけ成功したとしてもいずれ死を迎えることになる。その意味で人間には乗り越えられない時間の問題がある。だが、それでももがくのが、あるいは希望を持ち続けるのが人間の特質なのかもしれない。大抵の人は長生きをしたがる。また、身体的死が必然であることを認識しつつも、魂の不滅、あの世での幸福、永遠との合一、生まれ変わりなどを希求する。この世で権力や名声や富を獲得した人間の多くは、自分がこの世を去った後もその権力や名声や富がこの世において存続することを望む。こうした傾向は共同体単位でもみられる。そしてこのような時間性の問題を克服しようとする試みのなかで、しばしばコスモス的語彙とともに援用されるのが、法的言説である。詳しくは後述するが、共同体は時にある種のコスモロジーに裏打ちされた法的言説に依拠しつつ、「死なない王」、「不滅の国家」といった法的フィクションを用いて、時間の支配を試みるのである。

さて、支配の永続化、共同体の存続、ひいては社会的紐帯の強化という側面が重視されるのであれば、当然ながら義務の問題も無視できなくなる。そして義務もまた時間および法、そしてコスモスと密接に関連している。コスモスが義務の対象と内容を規定することは既に触れたとおりだ。そうした義務は過去と現在、あるいは現在と未来の自由を何らかの仕方で架橋したうえで、縛りつけ制限する。これらの縛りや制限には一定の自己犠牲が伴う――がもちろん、自己犠牲が共同体成員間で平等に負われるとは限らない。支配者が被支配者に要請する非対称的な犠牲もある。

このわかりやすい縮図が、人びとの日常的に交わす約束である。どんな単純なものであっても、約束はそれを守る将来的な義務が生じるという意味において、時間性と自由の制限の問題をはらんでいる。共同体の次元では、それがさらに正当性の問題と結びつくため、コスモスおよびそれを体系的・制度的に表象する法が重要となってくるのである。よく持ち出される伝統という時間概念（「古き良きもの」、「昔からあるから正しい」）もまた、過去という時間性に訴えることによって現在と未来の支配の正当性を担保しようとする試みである。

なお、近現代への歩みの中で、もはやコスモスや超世俗的な法（自然法、神法など）に依拠できなくなると、また伝統の紐帯原理としての機能が低下すると、時間と義務と自己犠牲の問題はアポリア（難問）として現れることになる。しかもデモクラシーの展開とともに現在の人民の同意や利益が尊重されればされるほど、問題は深刻化する。地球環境問題ひとつとっても、なぜ今生きている人びとが将来の（まだ生まれていない）人びとに対して義務を負い、彼らのために自らの利益や福祉を制限ないし犠牲にしなければならないのか――コスモス観が存在しない、あるいは広く共有されないところでは、こうした問いに対する答えが容易に得られないのである。人民主権の台頭、コスモスの衰退ないし多様化によって、運命も時間も法も新たな意味と機能を獲得すると同時に新たな難問を抱えることになったのだ。そしてそれはデモクラシーの深化とともにますます解きがたくなっていく。

だがそれについては、本論のなかで順を追って説明することにしよう――われわれの知るデモクラシーが生まれる、はるか昔の時代から。

第二章　古代ギリシアの思想状況

一　神話世界から民主政治へ

運命と人間

まずは、ギリシア神話の世界からデモクラシーへの変遷過程を辿っていこう。つまり、ホメロスが『イリアス』と『オデュッセイア』を編纂したとされる紀元前八世紀から、デモクラシーがアテナイで最も華々しく開花した紀元前五世紀までの時期である。

古代ギリシアの神々は至って人間くさい。正義と調和的秩序の守り手を標榜する一方、愛情に溺れることも、嫉妬に狂うことも、気まぐれに振舞うことも、裏切ることも、場合によってはあからさまな不徳行為に及ぶことさえある。神々の間でいざこざが絶えることはなく、人間がそうした神々の闘争のとばっちりを受けることも稀ではない。人間が操り人形のように振り回されることもしばしばだ。つまり、人間は神々によって定められた運命に従うほかないという悲惨な（しかしどこか滑稽な）境遇に置かれるのである。

それでは、この世において人間の自由と自律、つまり運命に多少なりとも抗う力は完全に否定されていたのだろうか。なるほど、ホメロスの叙事詩『イリアス』でも、人間は――アキレウスのような女神を母に持つ英雄でさえ

――神々の定める運命に翻弄されるのが常である。それどころか、この運命からは時に神々自身すら逃れることができない(21)。にもかかわらず、人間が完全な受動的存在とみなされるわけではない。例えば、『イリアス』には次のような一文が登場する。「わたしはそなたがもし率直にわたしのいうことを聴いてくれるのなら（エイ・ケ・ピテーアイ）、なんとかその腹立ちをおさめさせたいと願って空から降ってきた(22)」。これは女神アテナがアキレウスに語る言葉だが、確かにここではアキレウスの意志がある程度尊重されている。仲手川良雄によると、現代の文献学の第一人者ブルーノ・スネルはこの最後の三語（エイ・ケ・ピテーアイ）に、「ホメロスにおける神と人間との自由な関わり方の本質」を、そして「ヨーロッパ的自由の源」を見ている(23)。さらに『イリアス』では、通常「自由な」と訳されるギリシア語「エレウテロス」が四回登場するが、これもまた古代ギリシア人の自由の意識を表したものだとされる(24)。

もし運命がすべてを決するのであれば、人間には自由だけでなく責任もなくなる。ひどいことをしても、そうせざるをえなかったのなら、本人を責めるわけにはいかない。確かに『イリアス』では神々および運命の力が重視されるあまり、人間の責任が問題にならないことがある。それどころか、不幸な境遇にある人間が神々を責めることさえある。

例えば、トロイアの王プリアモスは、スパルタの王妃ヘレネに向かって「わしの思うにはそなたに罪はない、責はアカイア〔ギリシア〕勢との悲しい戦いを、わしの身に起こされた神々にある」という(25)。トロイアの王子パリスと駆け落ちしたヘレネを奪い返す名目でギリシア人が攻めてくるにもかかわらずである。しかもヘレネはヘレネで、駆け落ちしたのは自分が好き好んでパリスに心移りしたからではなく、恋愛の女神アプロディテに恋心を吹き込まれたせいだと考えている(26)。

さらにギリシア軍の総帥アガメムノンまでもが、アキレウスの愛妾ブリセイスを奪ったのを――それがアキレウスを激怒させ、彼の戦闘拒否が戦局を不利にするのだが——神々の仕業だという。「だがその責はわしにではなく、ゼウスならびに運命の女神（モイラ）、そして闇を行くエリニュスにある。その方々が集会の場でわしの胸中に無残な迷い（アテ）をうちこまれたのであった——このわしがアキレウスの受けた恩賞（の女）を奪い取ったあの日のことだが」(27)。確かに神々は人の心の動きまで操ることもあるとはいえ、そろいもそろってこの言い分が通るならもはや何でもありである。

しかし、神々の方はこのような人間の責任逃れを、まして神々への責任の擦りつけを黙って見過ごしたりはしない。神々の支配から逃れられる者が存在しない一方、完全に自由を奪われる人間もおらず、したがって責任は常に問われるのだ。『オデュッセイア』の冒頭で、最高神ゼウスはこういう。「いやはや、人間どもが神々に罪を着せるとは、なんたる不埒な心掛けであろう。禍いはわれらのせいで起こるなどと申しておるが、実は自らがおのれの非道な振舞いによって、定まれる運命を超えて（受けずともよい）苦難を招いておるのだ」(28)。

それにしても人間の生は楽ではない。むしろ本質的に悲劇だといってもよいくらい苦悩に満ちている。一方で運命が圧倒的な力で迫ってくる。しかし他方で自由な存在としての自覚が求められる。そしていざ主体的に判断し行動すると、そこからは意図せざる帰結が生じ、再び運命に翻弄されることになる。にもかかわらず、責任は依然として問われる。

常識的に考えると、こうした運命と自由と責任との間の緊張対立関係を何らかの形で解消するのが得策と思えるかもしれない。例えば、自由を完全に否定して宿命的になれば大分気が楽になるだろう、プリアモスたちのように。しかし、その緊張対立関係を解消するどころかそれをより先鋭化して捉え、そのことがもたらす精神的重圧に耐えながら人間と人間の条件について考察するところに、古代ギリシア思想の特徴がある。

もっとも、ホメロスが前八世紀頃にすでにそこまで考えて『イリアス』と『オデュッセイア』を著したかというと、それは何ともいえない。少なくとも叙事詩の主たる目的がそうした思想的考察でないのは確かだ。しかし、ホメロス本人の意図が何であれ、遅くとも前五世紀までには一部のギリシア人の間でこうした問題が明確に意識されるようになり、運命と自由と責任との関係を明らかにする知的営為がはじめられていたことは紛れもない事実である。そして以後、こうした思索は西洋思想を形づくる中心的課題の一つをなすことになった。

さて、以上の議論がデモクラシーとどう関係しているかというと、実は直接的にはあまり関係していない。民主政治の成立期については諸説あるが、前六世紀末のクレイステネスの改革以降とする点において専門家の意見は大体一致している。ただ、クセノフォンやアリストテレスが意味するような明確な主張としてのデモクラシー（デーモクラティア）、そして国制（制度）としてのそれについては、前五世紀中葉にアテナイにおいて成立したとみるのが妥当と思われる。[29]「デーモクラティア」という言葉が登場したのもその頃だといわれる。

にもかかわらず、この議論がデモクラシーと無関係でありえないのは、デモクラシーを担った前五・四世紀のギリシア人のエートス（広く共有された心的態度）――デモクラシーの精神――が、ホメロスの時代から数世紀にわたって醸成されたギリシア的エートスの延長線上に、いわば受容と変容のプロセスを通じて生じたからである。このようにデモクラシーの制度だけでなく、その背後にあってそれを支えるエートスにも注目するのであれば、ホメロスの叙事詩において人間がどのように描かれているかを理解することも十分意味を持つことになる。そこでもう少しホメロスとお付き合いしてみよう。

デモクラシーのエートス

『イリアス』を読んで驚くのは、アキレウスのような英雄だけでなく遥かに身分の低い者までもが、王に対して比較的自由に苦言を呈することだ。もちろん、ヒエラルヒーや階層意識が存在しなかったからではない。それどころか、当時（ホメロスの生きた時代もトロイア戦争が行われたとされるより遥かに前の時代も）多くの王国が林立していたギリシアの社会は階層的に組織されており、各々は自らの身分に相応しい役割を期待され、また何よりも分をわきまえねばならないとされていた。だからミュケナイ王にしてギリシア軍の総帥であるアガメムノンは、自分より身分の低いアキレウスから愛妾を奪うことができたのである。アガメムノンは言い放つ。「そなたの手柄の印である頬美わしいブリセイスは、わしが自らそなたの陣屋へ赴いて連れてゆく。さすればそなたも、わしとはいかに身分が違うかを悟るであろうし、また他の者たちもわしに対等に口をきいたり、面と向かって等し並に振舞うことを遠慮するであろうからな」(30)。ただし、アキレウスはこれをただ黙って受け入れるわけではない。彼はこれを機に戦うことを拒否するし、また面と向かってアガメムノンを批判するのである。いや、罵詈雑言を浴びせるといった方が正確だろう。

このように身分制が重んじられつつも、王に一方的に平伏して従ったりするのではなく、文句をいえる（さらには兵役を拒否できる）という点は瞠目に値する。だが真に驚異的なのは、アキレウスより遥かに身分の低い者までが面と向かって王を批判できたということである。例えば、一兵卒のテルシテスは王アガメムノンを大声でこう罵るのである。

アトレウスの子〔アガメムノン〕よ、一体なにがまだ不足だというので、またしても苦情を並べておられるのか。あなたの陣屋には青銅の器がぎっしりと詰まっているし、われらアカイア勢が敵城を陥せば、必ず真先に選りすぐってあなたに献ずる女たちも、陣屋に溢れているではないか。その上になお、たとえば馬を馴らすトロイアの何者かが、わしかあるいは誰か他のアカイア兵に捕らえられた息子のために、イリオスから持参する身の代の黄金までも欲しいというのか。それともおのれの愛欲をみたすために、ひとり気儘に囲えるような若い女を望むのか。いやしくも将たるものが、アカイアの男の子らを危難にさらすようなことがあってよいものではない。さておぬしたち、腰抜けの恥さらしどもよ、おぬしらはもはやアカイアの男ではない、アカイアの女子《おなご》たちと呼んでやるが、なんとしても船に乗って故国へ帰り、この男はトロイアの地に置き去りにして、己れの分け前を貪らしておこうではないか。(31)

もちろん、こんな言いたい放題を言ってただで済むはずはなく、その直後にオデュッセウスに叩きのめされ、テルシテスは涙をこぼし、辛酸を嘗める。にもかかわらず、こうした反骨精神は古代ギリシア人の自由な気風を表しているといえるかもしれない。岩田靖夫はテルシテスの話に言及しつつ、「貴顕に対するこの不敬の精神、もしくは、不敵の精神こそ、民主主義を生み出した原動力ではなかろうか。……自分自身の考えをもち、それに従って生きるというこの態度、権威や権力に従ってではないという態度、これが、ギリシア人が人類にもたらした新しい文明の基礎であったのである」と述べている。(32)もっとも、テルシテスがアガメムノンを批判した後にこっぴどい目にあったことを考えれば、ホメロスのメッセージはむしろ「身分の低いものは文句を言わずに分をわきまえろ」であると解釈することもできるのであって、何でもかんでもデモクラシーに結びつけるわけにはいかない。

とはいえ、テルシテスのような「不届き者」がリアルな登場人物として描かれていること、そして民主政治においては貴賤・貧富の別なく公の場で自由に発言することが基本原則として尊ばれる点に鑑みれば、ある種の影響関係を見て取ることもできよう。少なくとも、こうしたエピソードが後のギリシア人のみならずヨーロッパ人のアイデンティティ形成において、参照点ないしインスピレーションの源となったのは事実である。

ただ、影響関係は必ずしも類似的なものの間にのみ存在するわけではないことも忘れてはならない。例えば、戦争や僭主政の経験がポリス（古代ギリシアの都市国家）のアイデンティティ形成に寄与し、自由な市民が現れるための前提条件をなしたと考えることもできる。[33] 古代ギリシア人にとってそもそも自由とは単に個人が思うままに振舞うことではなく、各々の市民がポリスの一員としての役割と責務を自覚しつつポリスの運営に積極的に関わることを意味していた。しかもポリスの法に従うことが自由であるとの考えも一般的であった。こうした考えは個人のアイデンティティがポリスのそれと一体化し、ポリスの自由・独立が自らのそれと不可分に結びついているという「運命共同体」的意識があってはじめて成り立つのだが、戦争がそのような意識の形成に役立ちうることは容易に想像できるだろう。また、僭主が貴族の力を抑えるために民衆を味方につけようとし、商工業の発展や都市化を促すような政策を実施したり、宗教的行事（後の悲劇上演に発展するようなものを含む）を執り行ったりすることによって、図らずもポリス的・市民的意識の涵養に貢献した点も見逃せない。さらには、僭主の恣意的支配さえもが、失われた自由と法の支配のありがたさを改めて民衆に自覚させる契機となったと解することもできる。[34]

ペルシア戦争がギリシア的アイデンティティとポリス市民としての自由意識の高揚に大いに貢献したのは疑いの余地がないだろう。しかし同時に、そのようなアイデンティティと自由意識がある程度存在していたからこそ、不利な戦況においてもギリシア軍の士気が低下せず最終的な勝利につながったとする見方もある。そうした見方は当時からあり、それこそ「歴史の父」ヘロドトスが力説した点でもある。[35] ただ、彼の記述には途方もない誇張が紛れ込んでいることも多々あり、そこでは史実を伝えるということ以上に、ギリシア人のアイデンティティを強化するためのイデオロギー的試みがなされていた点が指摘できよう。ちなみにこのイデオロギーは、曲解や再解釈を加えられながら時代を超えてヨーロッパのアイデンティティに組み込まれていくことになる。

ともあれ、ヘロドトスの歴史叙述は当時のギリシア人の自由や政治に関する考えを理解するうえで、貴重な資料を提供する。わけても、自由平等（イセーゴリア）が存在していたからこそアテナイはペルシア戦争を通じて強国へと変貌しえたのだという主張は、注目に値する。

かくてアテナイは強大となったのであるが、自由平等〔イセーゴリア〕ということが、単に一つの点のみならずあらゆる点において、いかに重要なものであるか、ということを実証したのであった。というのも、アテナイが僭主政下にあったときは、近隣のどの国をも戦力で凌ぐことができなかったが、僭主から解放されるや、断然他を圧して最強国となったからである。これによって見るに、圧政下にあったときは、僭主のために働くのだというので、故意に卑怯な振舞いをしていたのであるが、自由になってからは、各人がそれぞれ自分自身のために働く意欲を燃やしたことが明らかだからである(36)。

また、古代ギリシアを代表するもう一人の歴史家トゥキュディデスは、ペロポネソス戦争を主題とした著作『歴史』の中で、アテナイ民主政の黄金時代を体現する軍人・政治家ペリクレスが次のように述べたと報告している。

われわれが享受している政体は、隣国の法律を模範するようなものではなく、むしろわれわれ自身が他の人々の模範になっているのである。そして少数者ではなく、多数者によって治められているがゆえに名称においては民主制と呼ばれている。しかしながら、法律上では私的係争の面で全員に平等の権利が与えられているものの、評価に際しては各人が何事かに名声を博するに応じて優先的に公的栄誉〔役職〕を与えられるのであって、能力よりも階級によって評価されるのではない(37)。

このように、デモクラシーでは公の場における発言の自由・平等（イセーゴリア）が尊ばれ、すべての市民が自由に政治に携わることが基本理念とされる。しかも、能力主義により名誉は出自ではなくポリスへの貢献度を基準として授けられる。また、アリストテレスが『政治学』で述べているように、「支配を受けることと支配を行うことを交替にする」ことが原則となるため、公職も抽籤で任命されることになるのである。(38)

今日的な発想からすると、籤で役職を決めるのは偶然性に共同体の運命を委ねる無謀な策と思われるかもしれない。だが、古代ギリシア人にとって籤による決定は、その起源において神々の判断を仰ぐという行為でもあった。(39)まさに、コスモスへの一定の信頼が前提にあって成立するロジックといえよう。そしてそれは市民が共同生活するなかで、意志の統一と判断の根拠づけ、さらには行動の動機づけを促す働きを担っていたと解することもできるのである。

とはいえ、そうした宗教的意味合いは民主政において次第に失われ、籤による決定の危うさも十分に認識されていたため、軍事と財務のポストに関しては籤ではなく選挙で決められていたのも事実である。したがって、この点もあわせて考慮すると、実際は、コスモスへの信頼がある程度存在しながらもそれに全面的に寄りかかるのではなく、一定のリアリズムないし経験知とのバランスを重視する形で政治を行っていたと考えるのが妥当だろう。(40)政治とは人間が主体的に行う行為でもあるという自覚は古代ギリシア人にも当然あったわけだし、過去の経験を反省し、成功や失敗の原因を解明する試みのなかで、自ずと政治に固有なロジックも発見され、政治的思考も鍛えられていったのである。逆に近代においても戦争の時など「神のご加護があらんことを」といったレトリックが用いられるのは珍しくもないし、ナショナリズムにおいては一層強力な形で政治が神話と結合することがある。だがこれについて後に触れる。

古代のデモクラシー

古代ギリシアにおいては、ポリスの統一と防衛のために人びとがポリスへの帰属意識を持ち、進んで自己抑制を受け入れることが不可欠とされていた。市民には個人の利益よりポリス全体の利益を優先する、あるいは両者をある程度同一視するような徳ないしエートスが求められ、それを一定のコスモス観が裏打ちしていたのだ。したがって、古代ギリシアのデモクラシーは今日のデモクラシーと似て非なるものである。共通しているのは名称だけだという論者もいる。また、古代にはそもそも人権という概念すら存在しなかった点もしばしば強調される。確かに、今日のデモクラシーと比較した場合、むしろ違いの方が目立つかもしれない（その本質的な差異については、順を追って説明する）。

だがそれでも、市民による自己統治という根源的な理念は共通している。特にアテナイでは個人の自由も比較的広範囲に認められていた。仲手川良雄は、「パレーシア」（自由に語る）という個人的自由のニュアンスをも含む言葉がアテナイにおいて前五世紀の二〇年代初めに現れ、それがイセーゴリアより頻繁に使用されるようになったという興味深い事実を指摘している。(41) また、アリストテレスはデモクラシーの基本原則が自由であると説明する際に、自由の要素の一つは「各人自分が欲するように生きることである」と述べている。(42) これはスパルタで尊ばれていた自由とはまるで違う。なぜなら、スパルタにおける自由とはもっぱらポリスの法への服従を意味し、法に規制されない私的な活動は極端に狭い領域でしか認められていなかったからだ。トゥキュディデスによればペリクレスはこうしたノモクラティア（法の支配）としての自由を一方的に強調するスパルタを批判し、アテナイにおけるバランスのとれた自由――ポリス意識に裏づけられた政治的自由を優先しつつも、個人的自由を尊重するもの――を擁護した。

但し、こうしたバランスのとれた自由は必ずしも現実のものとしてアテナイに常に存在していたわけではない。それはペリクレスも十分に承知しており、だからこそ彼はその重要性を訴えたともいえる。問題は、政治的自由と個人的自由とのバランスが非常にデリケートであり、それが崩れると自由は放縦に転化し無秩序が到来するということである。民主政は衆愚政に堕し、大衆の気まぐれな意志と決定が安定した法に取って代わる。さらに民衆煽動家に導かれた多数の貧者が少数の富者を抑圧するようになり、しまいには民主政そのものが崩壊し、代わって僭主政あるいは寡頭政が台頭することによって市民の政治的自由も個人的自由も失われてしまう。

ちなみに、これはプラトンやアリストテレスが描く民主政の堕落の道筋である。もしこれが避けがたい運命として理解されるのであれば、問いは単に民主政をいかに維持するかではなく、そもそも民主政が望ましいのかという存在理由にまで及ぶ。実際、プラトンとアリストテレスは（程度の差こそあれ）民主政に対して批判的であった。不安定で放縦と無秩序を招来する可能性が高いというだけでなく、正義と徳に基づいた善き生を営むのに必ずしも適していないと考えたからである。もっとも、だからといってプラトンとアリストテレスの思想が民主的要素を含んでいないわけでも、民主政の考察において重要な示唆を与えないわけでもない。そのことは後の議論で明らかになるだろう。

そもそも民主政に限らず、政治について合理的な考察を加える際、この二人は避けて通れない存在としてわれわれの前に立ちはだかる。なぜなら、政治（および哲学、倫理、宗教――これらはすべて繋がっているものとして解される）の学問的理解・探究に必要な用語や概念やカテゴリー、思考原理や理論的枠組みを最初に体系的に示したのがほかならぬプラトンとアリストテレスだからである。彼らが政治学を、そして哲学や倫理学などその他多くの学問領域を発明したといっても過言ではないのだ。少なくともそれ以後、近代に至るまで西欧の学問はプラトンとアリストテレスの提起した問題およびパラダイムに応答する形で発展してきたことは否定できない。いささか誇張があるとはいえ、「ヨーロッパの哲学的伝統はプラトンへの一連の脚注からなっていると一般的に特徴づけても差し支えはなかろう」というホワイトヘッドの言葉には一理ある。(43) またそうであるからこそ、今日一般的な政治思想の通史的記述の多くはプラトンとアリストテレスの説明からはじまるのである。

ミュトスとロゴス

さて、かなり大雑把な説明となったが、思想史ではこうした変化の過程をしばしば「ミュトス」（神話、物語）から「ロゴス」（言葉、理性、論理、理法）への移行として説明する。つまり、神話に依拠した非合理的な人間・世界理解から、人間理性を駆使した合理的な人間・世界理解への移行である。そこからロゴスとデモクラシーとの親和性が強調されることもあるが、デモクラシーが市民の発言の自由と言葉による多数者の説得のうえに成立していることを考えれば、それもある程度納得がいく。

だが、ことはそう単純ではない。民主政治で重視されるロゴスが哲学者の尊ぶロゴスと同じであるとは限らないし、合理的思考が神話的解釈を完全に駆逐したとも限らないのである。むしろロゴスとミュトスは混在していたと考える方が自然だろう。現代人でさえ一方で科学技術に頼りつつも、他方で非合理的なものを容易に受け入れているのだからなおさらである。縁起を担いだり占いを信じたりどころではない、二〇世紀において科学と神話が悲劇的な仕方で結びついたことを忘れてはならない。

さらにはより根本的な次元でオーソドックスな思想史叙述が相対化されることもある。例えば、そもそも古代ギリシアに西洋の思想的起源を求めること自体が神話的であるという批判がある。ある人は、エジプトやメソポタミアの文明からの影響、一一、一二世紀以降の古典復興運動におけるイスラム文化の影響、ヨーロッパの歴史におけるさまざまな知的断絶などを無視して、あたかもヨーロッパ文明が古代ギリシアを起源として連綿と続いてきたかのように語るのはアナクロニズム以外の何でもないという。またある人は、西洋が自らの文化的優位性を主張し、自らのアイデンティティ形成とともに非西洋に対する支配を正当化するために一八世紀以降に捻出されたイデオロギーないし大きな物語に過ぎないと主張する。そしてまたある人は、アテナイのパルテノン神殿をデモクラシーの殿堂とみなすような解釈はそうしたアナクロニズムの極みであり、それがいかに実態とかけ離れているかを、近年

の考古学調査によって得られた新たな知見に依拠しつつ批判する。(44)

これらの指摘はいずれも傾聴に値すると私は思う。そして、既に述べたように、プラトン・アリストテレスからはじまるオーソドックスな通史的記述も一八、一九世紀に確立したものであり、その背景にあるイデオロギー性に対してわれわれは無自覚的であってはならないだろう（たとえ著者自身が主観的には純粋な学問的営為として展開していたとしても）。

しかし、だからといってオール・オア・ナッシング的に先行研究の知見やオーソドックスな通史的記述を棄却してよいということにはならない。と、少なくとも私はそうも思う。何世紀にもわたる学問的探究と不断の批判的吟味を通じて蓄積され鍛えられた知の体系は、ちょっとやそっとのイデオロギー批判で吹き飛ぶようなものではない。ならば、学問的に価値があると考えられている部分とイデオロギー的に利用されている部分とは区別すべきだろう。さらに、たとえイデオロギー的な言説がどれだけアナクロニズムに彩られていようとも、そうしたアナクロニズムはまさにある時代、地域、文化に固有のフィクションを如実に反映しているのだから、そこに内在するイデオロギー性を考察することも政治思想史研究としては十分に有意義たりうる（これは前章でも強調した点である）。したがって、一方でわれわれは可能な限りアナクロニスティックでない解釈を尊重しつつ、他方で実際アナクロニスティックに解釈されたものについても、そのコンテクストに即してアナクロニズムが含意するイデオロギー作用に注目することにする。

以上を踏まえつつ、先へ進もう。

おそらく神話的な解釈は、デモクラシーの最盛期においても依然として続いていたはずだ。また、アテナイのみならず他のポリスでも、大半の市民によって重視されたロゴスは学問的なものではなかったと思われる。だが前六世紀におけるミレトス学派（タレス、アナクシマンドロス、アナクシメネスなど）の登場とともに、一部のギリシア人による自然＝コスモスを司る原理の哲学的探究がはじまったのも事実である。彼らは意識的に従来の神話的解釈を相対化していったが、そうした合理的思考ないし合理的エートスが次第に一般市民に伝播し、彼らのロゴス観に影響を及ぼした可能性はある。多くの自然哲学者は同時に政治家や法律家や技術者としても活躍しており、他の市民と接する機会が多かったのだ。あるいはあべこべに、哲学的探求の素地となるような合理的思考が広くギリシア市民の間に浸透していたから、自然哲学者たちが登場したのだと考えることもできる。(45) もしかしたら、これらのことが相即的に（他の要因とも連動しつつ）展開していたのかもしれない。いずれにしても、前五、六世紀にさまざまな領域と人間集団の間で（ミュトスと混在しつつも）ロゴスの比重が大きくなっていったことは否めないだろう。

ところで、ロゴスとは何か。もともと多義的な用語だが、大きく分けて二つの側面がある。まず、言葉や理性といった人間の能力ないしその能力の前提となる知的要素。そしてコスモス＝自然を司る原理(46)（理性的法則）や「世界に内在する合理的秩序」・「物事の本質的な存在構造」といった客観的存在・実体としての理。一見対照的な内容だが、後者（理・合理的秩序）を認識するために前者（言葉・理性）が不可欠になるという意味で、両者は密接に関連しており、また言葉も理性も恣意的なものではなくなる。

なお原理（principle）はラテン語の principium に由来し、それ自体古代ギリシア語「アルケー」の訳語である。アルケーは「はじまり」とか「自然の根源」を意味する。アルケーの具体的内容に関しては、自然哲学者の間でも意見はさまざまであり、それを水に求める者、無限者に求める者、空気に求める者、火に求める者、とさまざまであった。とはいえ、結論はばらばらでも、彼らは同じものを追い求めていたのだ。生成変化する世界と現象の多様性の背後にありながら、それらを統べる不変の実体・本質——それがロゴスであり、原理である。なお、「アルケー」という言葉を最初に使用したのは、タレスの弟子アナクシマンドロスであるといわれているが、アナクシマンドロスこそギリシア的「コスモス」を発見した人物であるという見解もあることからもわかるように、アルケーとコスモスは密接不可分のものとして捉えられていた(47)。

そして当然ながら、自然＝コスモスを理性的秩序と解しそれを合理的に説明する試みは、「神々の気まぐれ」に振り回される運命（観）の相対化をもたらした。現象界にみられる生成変化も偶然性も、もはや人間臭い神々の仕業ではなくなった(48)。だが、こうしたミュトスからロゴスへの移行は神話的解釈の否定を含意しつつも、神自身の否定に発展することはほとんどなかった。それどころか、自然哲学者にとって神ないし神々の存在は哲学的探究の大前提をなし、神と自然が同一視されることも珍しくなかったのである。当時は自然が（今日とは大分異なり）「魂をもつ活きた自然」と理解されることも一般的だったのだから、驚くにはあたらない(49)。否定されたのは特定の神観であって、それが新たな神観に取って代わられたというだけのことなのだ。クセノパネスにいたっては擬人的神観に代わって、唯一にして超越的な神ひいてはアリストテレスの「不動の動者」を予感させる神観まで主張している(50)。

もっとも、自然哲学にもさまざまなバリエーションがあり、以上の図式にきれいに収まらないケースもある。さらに哲学史的観点からすれば、イオニア学派、ピュタゴラス学派、エレア学派、原子論者らの違いにも触れる必要がある。だが紙幅の関係上、ここでは話を単純化せざるをえない。したがって以下においては、前述の思想的変遷と時間意識および政治・法の問題とがどう連関ないし連動していったかに焦点を絞る。

古代ギリシアの「時間」

まずは、時間に関する古代ギリシア人の考えを概観してみよう。有名な類型として、「ヘレニズムの円環的時間」と「ユダヤ＝キリスト教の直線的時間」というものがある(51)。確かに、巨視的にみればこうした類型は成立しうるだろうし、ヘレニズムとユダヤ＝キリスト教の時間意識の対照性を浮き彫りにするというメリットもある(52)。だが、実は古代ギリシアの時間意識が常に円環的であったわけではない。そしていつ円環的になったかに目を向けることで、はじめて見えてくるものもあるのだ。

まず注目すべきは、ホメロスの時代（前九世紀頃）にもヘシオドスの時代（前七、八世紀）にも円環的時間意識は存在しなかったということである。[53] 真木悠介によれば、「ホメロスの叙事詩においては、人間の生のはかなさと宿命性とが力強く表現されているにもかかわらず、〈時間〉という抽象化された観念はあらわれ」ず、「測定しうる数量としての〈時間〉などというものはなかった」。[54]

だが先に述べた自然哲学者の登場とともに、時間には数量性と可逆性という側面が与えられた。古代ギリシアの円環的時間意識はここから生まれる。その萌芽はアナクシマンドロスの言葉にみられ、[55] ピュタゴラス学派が明確にし、[56] そしてエムペドクレスにおいてついに完成を遂げた——といわれるが、実はエムペドクレスの著作は断片としてしか伝わっていない。[57] ともあれ、彼らに共通していたのはピュタゴラス学派の「万有は数である」という主張に現われているとおり、コスモスを数によって合理的に把握しようとする態度である。後のプラトンとアリストテレスにも通じる、[58] こうした数量性を重視する合理的な時間概念こそが、ただの輪廻にとどまらないギリシア的円環の特徴なのだと真木はいう。[59] それが自然哲学者たちのやはり合理的なコスモス観の展開と連動する形で生成した、との解釈はごく自然であろう。

そしてさらに興味深いことに、この混沌と多様性のなかに合理的な秩序を見出そうとする意識は、当時の政治経済の変革にも通底しているという。この頃、イオニア地方の諸都市国家において貿易商業は目覚ましい発展を遂げていた。それは一方で万物を数量化し「普遍化する力」としての貨幣を生み出し、他方では新興の商人層と貴族層、氏族と氏族の衝突を激化させ、伝統的な部族社会を解体していく。同じ民主化の動きはギリシア半島でも激しく、エーゲ海の両岸で諸都市国家は私的な復讐を超え「客観化された正義と不正の基準によって相互につぐない合うようなシステム」の確立を迫られていた。その先駆がアテナイにおけるソロンの改革、「法による支配」のはじまりである。

　こうした状況に呼応して、アナクシマンドロスは秩序だった合理的なコスモス観の鍵を時間に求める思考様式を生んだとの真木の指摘は、彼を含む自然哲学者が政治の理論を展開しなかったという留保はあるものの、傾聴に値する。少し長いが引用しよう。

> ミトレス学派の哲学的な探究がもともと、宇宙の多様性をそこに還元しうるような共通性の追求にはじまっていたことはよく知られている。そのものを質料的な還元基としての〈水〉に求めたタレスにたいして、アナクシマンドロスの画期はそれを間・質料的なシステムの一般性のうちに、すなわち万物を秩序づけてゆくいわば「形相的」な普遍性としての〈時間《クロノス》〉に求めたことにあるだろう。……
>
> すなわちそこではそれぞれの物が、たとえそれ自体としてはどのようにかけがえのない固有の質をもつものであっても、それらをいわば外的に同型化することをとおして、この〈神々の永遠のたたかい〉に秩序をもたらす法（法則）の客観性が想定され、このように普遍化された universalistic 秩序の尺度として〈時間《クロノス》〉が考えられている。
>
> それはまさしく、ソロンをはじめとするこの時代の改革者たちが現実の社会において求めつづけてきたもの、すなわち、共同態《ゲマインシャフト》的な統合の限界をこえて普遍する市民社会《ゲゼルシャフト》的な秩序の原理そのものに他ならない(60)。

　アテナイの民主政は、こうした時代状況と思想的変遷の延長線上に成立したのである。前六世紀末のクレイステネスの改革が民主政確立の重要な契機となったことは既に述べたが、前五世紀前半のペルシア戦争を通じてアテナイは国力を高め、勝利後はその強大な海軍力と経済力を背景に民主的ポリスとして最盛期を迎える。同時にアテナイはギリシア世界における哲学と文化の中心地となり、各地から知識人をひきつけることになった。そうしてソフィスト、悲劇詩人、トゥキュディデス、そしてソクラテス、プラトンらが活躍する舞台はととのえられたのだ。

アテナイにおける政治の理論

ソクラテスについて、キケロは次のような有名な言葉を残している。「哲学を初めて天上から呼び降ろし、町に据えつけ、さらには家の中にまで入れ、哲学に、人生、倫理、善なるものと悪なるものについて尋ねるよう仕向けたのだ」(61)――これは自然哲学者の哲学的探究心を引き継ぎつつも、ソクラテスがその視点・焦点をコスモスから人間および人間社会の在り方に移したことを象徴している。が、同様のことは多かれ少なかれソフィストとトゥキュディデスについてもいえるし、人間の魂の問題を徹底的に考察したという意味では悲劇詩人も同じである(62)。

しかしソフィストもトゥキュディデスも悲劇詩人も、大半の政治思想史のテキストではさほど注目されない。確かに彼らは、今日われわれの考えるような政治理論を展開しなかったかもしれない（しかもソフィストの著作は断片的にしか残っていない）。だがだからといって彼らが政治に関する理論的営為に無関心であったとするのは、「理論」の内実をせまく捉えすぎてはいまいか。

「理論」は英語で theory、古代ギリシア語で theoria であるが、これは「観る」を意味する動詞 theorein に由来する。「理論」をより広く、物事の本質ないし性質を合理的に、省察を加えつつ探究する知的営為とその産物とみなすなら、ソフィストやトゥキュディデスが目指したものもまた理論である（なお哲学の領域では、近年ソフィストの知的営為が再評価されるようになっており、ソクラテスに批判された浅はかな詭弁家というイメージは払拭されつつある(63)）。また、政治思想の分野ではしばしば、古代アテナイにはデモクラシーの実践はあったが理論はなかったとする言説が聞かれるが――プラトンとアリストテレスの政治学は政治の原理的考察であり、デモクラシーに特化したものではないこと、またデモクラシーに対して批判的な視座を有していたことから、ここではカウントされない――トゥキュディデスもソフィスト（特にプロタゴラス）もれっきとした「デモクラシーの理論」を展開したと主張する、ファラーとユーベンのような研究者もいる。(64)

こうした意見も取り入れつつ、以下においては、悲劇詩人、トゥキュディデス、ソフィストの考えについて触れてみたい。但し、これらのうちのどれをとっても、そこには膨大な研究の蓄積があり、しかも多様な（しばしば相矛盾する）解釈が存在する。当然ながら、それらをすべて紹介することはできない。それどころか、大まかな特徴と流れを概観することとさえ困難である。したがって、ここでは本テキストで注目しているカテゴリーと政治的なものを重視しつつ、いささか単純化した図式を提示し、私なりの解釈に即して特に重要と思われる箇所に光を当てることにする。

“what is”“what seems”“what matters”

さてここからは、先に述べた“what is”“what seems”そして“what matters”を用いて個々の思想を考察していこうと思う。これらはいわば器のようなもので、その時々で中身がころころ変わるため、明確な定義を与えることができない。最終的には読み進むうちにそれぞれの何たるかを掴んでいただきたいのだが、いくら器とはいえ少なくとも料理を盛るのか花を生けるのかくらいは見当がついてないとそもそも読みづらいかもしれない。本を放り出されては私もいささか困るので、少々乱暴でも簡単な説明を試みることにする。

現実、いや哲学的に正確を期すなら現象界（“what seems”）に生きる人間には、何かしら大切に思うもの（“what matters”）がある。名誉や権力や生命など現象界と結びついたものをひたすら追求することもあるが、現象界とは異なる次元に何かが存在する（“what is”）と知ったとき、人は現象界を凌駕するような理想、価値、目的にも眼を向け、目指すことができるようになる。

個々の思想のダイナミズムはこれら三つの要素の関係性、特に“what is”――プラトンはこれをイデアと呼び、キリスト教は神と讃えた――をどこに位置づけるかによって生まれてくるのではないだろうか。この考えが妥当かどうかは、これからの記述をたどりながらともに思考していただきたいと思う。

既にみたようにホメロスの時代においては、神々による支配とその秩序を前提として人間世界と人間の行為が説明されていたため、運命は一般的に抗いえないものと理解されていた。もちろん、テルシテスのような自由の精神も一定程度認められてはいたが、概して人間は神々と運命に振り回される受動的存在であった（少なくとも言説上は）。

だが自然哲学者の登場とともに、自然・コスモスを合理的に理解する試み、生成変化する現象の背後にある客観的秩序（“what is”）を哲学的に考察する過程がはじまる。自然哲学者にとってコスモロジカルな規模で把握される“what is”は同時に“what matters”であり、“what matters most”であった。但し、この時代においては、こうした自然哲学者にとっての関心事は、ポリス市民一般の“what matters”とは必ずしも符合しなかった。

さて、アテナイにおいてデモクラシーが成立すると、全アテナイ市民（奴隷、女性、子供、在留外国人を除く）が政治に参加し、法も政策も市民の多数派意見によって決定されるようになる。それはすなわち、市民一般にとっての“what matters”が政治の在り方を規定するということだ。

そしてアテナイが強国となり市民が自信をつけるなかで、人間は運命に一方的に振り回されるのではなく、一定の知性と徳をもって行動すれば、ポリスの運命を市民自ら決することができるという発想が芽生える。政治的秩序は単に天与のものではなく、人間が自ら創り出し、維持するものでもあるという、自律と人為の考えが台頭してくるのである。(65) そうした態度は人間知性の可能性に目を開かせただけではない。政治や法・慣習・約束（ノモス）や経済といった現象ないし経験的認識（"what seems"）に市民が共同して積極的に働きかけること、そうしてポリスの目的を追求するとともに、個人とポリスの利益の調和を実現することをよしとする共通認識を人びとにもたらしたのである。

これによりアテナイはますます栄華を誇り、人間と政治（"what seems"）に固有な論理の探究と、人間の自律性への自覚が進んでいく。そして多数者が権力性を帯びるにつれて、人びとを教育し望ましい市民像へと導くような文明が開化した。それが市民を説得するための術（弁論術）、国力の盛衰の因果関係を明らかにする歴史書、民主政治を前提としつつ人間と神々・コスモス（"what is"）との関係を新たな仕方で捉える悲劇作品である。

ここで説かれるのは市民同士のインタラクションを通じた秩序形成と都市国家の共同運営、そのための自己抑制であり、こうした人間知性への信頼は常に自律を前提としている。対して、人間の能力への過信ないし人間の傲慢（ヒュブリス）は危険なものとして強く戒められた。もし政治やポリスの在り方が人間の意識的行為に左右されるなら、人間の判断力は大きな責任を担うにたるものでなければならない。だが運命に翻弄され、行為が意図せざる帰結をもたらすときには、人間の能力の限界が鋭く自覚されることになるだろう。

ならば人間は次のように問い続け、答えを求め続けなければならない。すなわち人間には何がどこまで可能なのか、どのような判断が賢明であり、どのような行為が行き過ぎ（ヒュブリス）になり危険を招くのか、不測の事態（運命）とどう向き合えばよいのか、コスモスや神々との関係はどのようなものなのか、市民はどのような徳を習得すべきか。悲劇詩人、歴史家のトゥキュディデス、ソフィストたちは、まさしくこうした知的営為に挑んだ存在だったのではないだろうか。そうだとするなら、政治思想史のテキストに彼らを登場させない理由はない。

二　悲劇詩人

ギリシア悲劇とアテナイ

悲劇詩人といえばアイスキュロス（前五二五年－四五六年）、ソフォクレス（前四九六年－四〇六年）、エウリピデス（前四八〇年－四〇六年）が有名である。アイスキュロスが最年長で、ソフォクレス、エウリピデスという歳の順だが、後の二人はほぼ同世代人である。彼らが毎年アテナイの大ディオニュシア祭に悲劇を書き下ろし、何度も最優秀賞の栄誉に与かっていたこと、現代までほぼ完全な形で残っている作品があわせて三〇篇以上もあることは、それだけ時間と空間を超えて多くの人びとを魅了してきたことの証といえよう。いうまでもなく、これらの作品群を一、二のキーワードを中心に解釈したり整理したり、いわんや政治の問題にひきつけて理解しようとするのはナンセンスだし野暮と思われるかもしれない。だが、ここではそうした荒業の限界と問題性を十分自覚しつつも、あえてチャレンジしてみる。

まずギリシアの悲劇作品について一般的にいえることだが（もちろん例外はある）、個々のプロットないし筋が同時代の事件や人物を彷彿とさせる場合でも、根本的テーマは人間と神々・コスモスとの関係にあり、その意味でギリシア悲劇は宗教劇と位置づけることができる(66)。多くの場合、神々の定める正義や秩序（ディケー）、そして運命（モイラ、テュケーなど）の支配が大きく取り上げられ、人間はしばしばヒュブリス（傲慢、行き過ぎ）を諌められる存在として(67)、コスモスの原理ないし運命に従うべき、そして従わざるをえない存在として描かれるのである。

また、外面的ないし制度的にもデモクラシーとの類似を見て取ることができる。多くの論者が指摘しているように、悲劇はアテナイのデモクラシーとともに発展したいわばデモクラシーの一制度といっても過言ではない(68)。それは大ディオニュシア祭という国家行事の一環として上演され、アテナイの全市民が参加すべきイベントとされていた。スポンサー（コレーゴス）は富裕な市民から選ばれ、出演者も観劇者も市民だった。合唱隊（コロス）は練習期間中、兵役を免除されたし、観劇手当制度によって貧しい市民にも観劇代が国庫から支給された。また、上演は競争（アゴーン）という形で行われ、順位は市民・観衆の代表によって決定された。そして、優勝した詩人は市民として最高の栄誉に浴することができたのである。こうした一連の特徴は、デモクラシーの制度にとって要となる民会および法廷と一定の共通性を有しており、しかも悲劇詩人が「教師」（ディダスカロス）と呼ばれ、市民に知恵と助言をもたらし市民の徳を向上させる役割を担ったということからも、いかに悲劇上演が市民教育に寄与したかが想像できよう。(69)

それでは、悲劇作品の内容について簡単にみてみよう。先に述べたように、悲劇はある種の宗教劇であり、神々が頻繁に登場する。また、ストーリーのネタないしモチーフはしばしばホメロスの叙事詩より引かれる。だが、それは決して単なる焼き直しでも、脚色でもない。というのも、登場人物やキーワード（「運命」や「ヒュブリス」など）が同じでも、それらの表象作用わけても政治的含意は著しく異なるからである。(70)神々の形づくるコスモスやディケーが確固たる背景としてあるという点では共通しているかもしれないが、そこにおける人間の位置づけ、そして神々の位置づけも異なる。端的にいうと、人間はより自律している。少なくともそうした自覚がある。つまり、人間はもはや運命に対する単なる受動的な存在であることをやめ、自分達の共同決定と行為の帰結に対する責任を深く自覚しているのだ。(71)

ではいかにしてこうした変化が生じたのだろうか。あるいは自然哲学者の影響が指摘できるかもしれない。だがそれ以上に、デモクラシーというロゴス重視の政治が行われていること、そしてアテナイがギリシア世界（ないし地中海世界）きっての軍事的・文化的大国になったという現実とそれに対する自負があっただろう。

さて、自らの能力、決断と責任において世界に働きかけ、それが莫大な富と権力と輝かしい文化をもたらすと、人は往々にして有頂天になったり傲慢になったりするものである。いつの時代にも多かれ少なかれみられる現象だが、成功した人は自信過剰になりがちである。そして自信過剰や傲慢が祟り、いわば成功が原因となって失敗が生じることがある。しかもいざ予期せざる運命に翻弄され、危機が到来すると、今度は逆に極端な無力感や虚脱感に襲われ自信も希望も失ったりする。

アテナイも例外ではなかった。戦況で不利になればモラルが低下する（前四三一年からは三〇年近く続くペロポネソス戦争がはじまる）。繁栄による格差拡大が共同体の紐帯原理を弛緩させていれば、上でも下でも自己抑制と自己犠牲の精神は忘れられる。当事者の間で責任逃れや擦りつけが横行し、個々の市民の利害と公（ポリス）の利害との調和を維持するのが一層困難になっていく。

悲劇はこうした危険性に対して警鐘を鳴らし、成功においては傲慢を諌め、逆境においては希望の拠りどころを示すものである。また、そうであるがゆえに、大半の悲劇作品は愛国心を鼓舞したり現状を無批判的に正当化したりするようなプロパガンダ的要素とは無縁で、むしろアテナイ市民ないしギリシア人の価値観や政治を相対化する、つまり自己批判の契機を多く含んでいたのだ(72)。そしてこれは人間と神々との正しい関係を模索する行為でもあった。以下、こうした問題を念頭に置きつつ、具体的に作品に即して悲劇の政治性について検討してみよう。

アイスキュロス『縛られたプロメテウス』

まず、人間の自律意識の展開という文脈でよく引き合いに出されるのがアイスキュロスの『縛られたプロメテウス』である。これは神々の間におけるいざこざの話で人間が登場するわけではないが、「あまりにも人間どもを愛しすぎた」プロメテウスが主役である。この神は天界から火（知性、技術、文化のメタファー）を盗んで人間に与えたという咎で最高神ゼウスにより過酷な刑に処されている。岩山に張りつけにされ、猛禽に腸をついばまれるが、プロメテウスは神であり死ぬことがないので、痛みだけがひたすら続く。傷は夜に治り、翌日再び内臓をえぐられるのだ。そうしたなか、これを見かねた仲間の神々がゼウスに謝罪し許しを請うことをすすめるが、プロメテウスは勇ましく次のように答えるのである。

崇め敬い、へつらうがよい、権力者にはいつもな、
だが、私には、ゼウスなどたいしてか、いや全く関係ないのだ、
勝手にしろ、威張らしとけ、もう暫くの間だけ、
好きなようにな、もう長くはないのだから、神々を支配するのも(73)

こうした反抗的態度を人間の自律や専制批判、ひいてはデモクラシーないし共和主義の精神と結びつける解釈はルネサンス期以降頻繁にみられるようになる。近現代においてもゲーテ、バイロンからニーチェ、マルクスに至るまでこのプロメテウスを称賛している。こうした後代の潮流に対しては近代的人間観を過去に投影するアナクロニズムとの批判もあり、実際その批判が妥当するような例も多く存在する。にもかかわらず古代ギリシア人が一定の自律意識を確立し、運命に抗して自由を追求することをよしとするエートスを形成していたと考えることは、決して牽強付会とはいえないだろう。

なお、「プロメテウス」という言葉はギリシア語で「先見・予見」を意味する。そしてその名のとおり神たるプロメテウスは予見能力を備えているのだが、それにもかかわらず運命の力を逃れることができないという点も意味深長である。

だが、私は何をいっているのか、何もかも未来のことを私ははっきり
前から十分知っているのに。何一つ思いがけない禍が
来るわけはないのだ、身に振り当てられた運命は
できるだけ平気でもって辛抱するほかはない、必然の力には
抗《はむか》おうと効《かい》がないのは、百も承知のうえなのだから(74)

神ですら逃れられない運命（最高神ゼウスも例外ではない(75)）から人間が逃れられるはずがない。だが、運命が必然的に支配するのであれば、やはり人間は受動的な存在にならざるをえないのではないか。確かに、未来の出来事が事前に定められているのであれば、しかもそれを予見できるのであれば、人間において抵抗はおろか、夢も希望も勇気も無くなるだろう。確実に戦場で犬死にすることがわかっているのにそこへ自発的に赴く人間は少ない。明日死ぬことがわかっているのに、人生の長期計画を立てる人間はいない。それゆえか、プロメテウスは人間に火（知性、技術、文化）を与えながらも、予見能力は授けなかった。むしろ注目すべきことに、プロメテウスは人間の心の中に「盲の希望」を植えつけた。こうして人間は未来を予見できず、しかし希望を持つことができるようになる。この希望は「盲」ゆえ合理的根拠を持たない。だが、まさにこのことが人間をして逆境に強くさせるのである(76)。もちろん、「盲の希望」があるからといって運命が好転するとは限らない。だが、希望のないところでは好転の可能性すらなくなるだろう。

政治的危機に際しても、ポジティブな精神的エネルギーが不可欠となるのは容易に想像できよう。政治において不測の事態は必ず生じる。人間は運命から逃れられないし、運命を制御することもできない。とはいえ、人間は完全に受動的な存在でもない。危機に直面しても、人間的努力によってダメージを極小化することができるかもしれ

ない。逆境を順境に好転させることさえできるかもしれない。そうであれば危機意識は有用となるし、神々がそう簡単に助けてくれないと知っているなら、政治が人間の作為であるという意識が強ければ強いほど人間自身による自助努力と危機管理が求められるだろう。順境における傲慢（ヒュブリス）と逆境における絶望は、いずれも確実に破滅をもたらす。傲慢は不運の回避を、絶望は不運からの脱却を不可能にするからだ。(77)

ところで、ヒュブリスの危険性は人間の歴史的経験からも学べることであり――後述のトゥキュディデスは歴史の分析からそれを強調する――警戒は怠るべきではないが、絶望的な状況においてなお希望を持つことはいかにして可能になるのか。合理性には頼れない。人間はできる限り合理的に思考し、主体的に問題解決に取り組むべきである。だがそれでも絶望的と判断される場合、合理性は希望をもたらさないどころか絶望を裏づけることにすらなるだろう。だからこそ「盲の希望」が必要となるのであり、しかもそれを可能にするのは最終的には神々への信仰ないし信頼であると悲劇詩人は考えたのではなかったか。つまり、ディケーとコスモスという神々に担保された"what is"が、人間的事象と人間共同体（"what seems"）に秩序と安定をもたらす最終的な拠りどころとなるということを悲劇作品は市民に教示し、市民の信仰心（神々の秩序と運命への畏敬の念）を鼓舞したのではないだろうか。

ソフォクレス『オイディプス王』

もちろんこうした主張がすべての悲劇作品に通底しているわけではないが、少なくとも『オイディプス王』には前述のモチーフがはっきりと立ち現れている。

『オイディプス王』はソフォクレスの作品である。ストーリーそのものは有名なのであらましは最小限にとどめる。(78)主人公は「テュケー（運命）の息子」オイディプスであり、明敏にして正義を尊ぶ人間である。それゆえ、「父を殺し、母を犯すべし」とのアポロンの神託を受けると、恐ろしい運命を避け神託が成就しないようにありとあらゆる策を講じる。だがよかれと思って行ったことがことごとく裏目に出、しかも自らの判断と行為が原因となってオイディプスは父を殺害し、母を娶ることになるのである。だが、この真実（アレーテイア、“what is”）にオイディプスは長い間気づかず、神託が現実となった後にも主観的臆見（ドクサ、“what seems”）にとらわれ、父親を殺害した犯人を捜すために尽力する。そしてクライマックスにおいておぞましい真実の発見（アナグノーリシス）が逆転（ペリペテイア）をもたらし、自分の正体が明らかになると、オイディプスは嘆きながら自らの両目をくり抜くのである。

さて、現代人ならこうした悲惨な結末に悲惨さ以外のものを見ないかもしれない。「最悪の運命だ」、「神も仏もないのか」いや「なんて理不尽な神なんだ」と反応するかもしれない。だがこの作品が今日依然として広く読まれるだけでなく、劇場でも演じられ、映画やテレビドラマにもなっていることを考えると、現代人の精神にも強力に訴える普遍的なものが表現されているのかもしれない。確かにストーリー展開は見事だし、クライマックスは衝撃的である。そして、人間の能力なんかたかがしれている、どれだけ努力したところで意図せざる帰結に翻弄されるという現実とその意識は今も昔も変わらない。しかしこうした時代を超えた「普遍的」な魅力がこの作品にあることを一方で認めつつも、他方でやはり現代人には容易に理解できない世界観ないし思想がここで表明されていることも見逃してはならない。しかも、その理解困難な箇所がこの作品の政治性を理解するうえで重要なのである。

まず注目すべきは、オイディプスが失明することによって、逆に真実が見える存在になるということである。いわば心眼によって“what is”を観るという神的能力を神より分け与えられるのだ（続編『コロノスのオイディプス』では運命愛を通じて盲目のオイディプスが誰よりも真実を見ることができるようになり、ダイモーン〔神霊〕へと変貌する）。川島重成が説明しているように、『オイディプス王』[79]は「アポロンの神託をめぐっての人間の無知（運命が見えないということ）と神の全知が織り成すドラマ」である。そしてアポロンの神託の成就は、われわれの常識的反応とは裏腹に神の正義と秩序（ディケー）の存在証明を意味するのである。

とはいえ、古代ギリシア人にとってもオイディプスの悲劇が悲劇的なのは間違いない。誰もその生涯を真似たいとは思わないだろう。にもかかわらず、オイディプスがどうあがこうと、どう果敢に運命に抵抗しようと、アポロンの神託がいやおうなしに成就するという物語は、神の偉大さを人びとの心に印象づけ、神への畏敬の念を呼び起こす心的作用をもたらしたと考えられる。それはある種の宗教的体験といってよい。だから、ソフォクレスに一定のペシミズムが見られるにせよ、それを神々のディケーやコスモスへの信頼の揺らぎないし喪失と解するのはアナクロニズムであると思われる。(80) もちろん、ソフォクレスの意図や古代ギリシア人の心性を確実に知ることも、したがって多様な解釈のうちどれが正しいかを確定することも不可能だが、私自身は以下の川島の解釈が最も妥当だと考えている。少し長いが引用しよう。

この悲劇が投げかけている問いは、この世界はテュケーに支配されているのか、それともそれは宇宙的調和に、神的秩序に、ディケーに従っているのか、である。前者であるならば、道徳も宗教もその意味を失うほかはない。この悲劇は、ライオスとオイディプスに与えられたアポロンの信託が真実を言い当てていたことを明らかにするというかたちで、その問いに対して明白な解答を与えるのである。そのような神的秩序が存在するとは、この悲劇全体の主張であるのみならず、これはまた第二スタシモンで高唱された信念であり、祈りにほかならない。もしこの判断が正しければ、第二スタシモンに繰り広げられた思想は、この劇の登場人物であるコロスのものであるとともに、『オイディプス王』の劇構造そのものによって表現された詩人ソポクレスの思想を正しく反映したものと言えるであろう。(81)

アリストテレスは『詩学』で、優れた悲劇においては発見（アナグノーリシス）と逆転（ペリペテイア）が連動して起こり、しかもその際に哀れみと怖れによる受難・感情のカタルシスが最も効果的に引き起こされると述べている。[82]このカタルシスとは「浄化」を意味し、ある種の快を伴う宗教的・倫理的作用とも解釈しうるが、[83]こうしたカタルシスによって当時の観劇者は悲惨などんでん返しから（現代人には想像困難かもしれないが）逆にディケーとコスモスへの確信と畏怖、神々の偉大さを感じ取ることができたのではないだろうか。

さて、本来であれば『オイディプス王』に現れる「ヒュブリス」（傲慢、行き過ぎ）の問題も検討しなければならないが――「驕るこころ〔ヒュブリス〕は専制君主を生む」（八七三）という意味深長な台詞があり、その解釈も多様である[84]――紙幅の都合上、ここでは前の議論との関連で次の点を確認するにとどめる。

人間の自律性と政治の人為性が自覚化されるなかで、市民は人間の知性と責任において最善を尽くさねばならないし、リスクを極小化（ヒュブリスを回避）するための知識もわきまえておく必要がある。[85]だが、よかれと思って行為したからといってよい結果が帰結するわけではない。オイディプスの例にもあるように、皮肉にもそれが原因となって悲惨な状況がもたらされることもある。そして人間の理解を超えた運命の力に翻弄され、人間の知性を駆使してもどうにもならない局面に達した時にこそ、神的秩序へのある種の信仰にもとづいた飛翔（leap of faith）が必要となるのである。逆境における希望も、復讐の連鎖の切断も、怒りの鎮静も、赦しも、これがなければ到底実現しえない。しかもアテナイのようなデモクラシーでは、一人もしくは少数のリーダーがこうした資質を具えていればよいというわけではない。それは政治の在り方、ポリスの命運に大きな影響を及ぼす多数者たる市民によって共有されなければならないのだ。それゆえに悲劇の上演は国家行事であり、また市民教育の手段であったといえるのではないだろうか。

アイスキュロスのオレステイア三部作

次に、悲劇作品に現れる時間と法の問題についてごくごく簡単に触れることにしよう。既述のように、古代ギリシア世界の円環的時間概念については本来であればよりミクロな考察が必要となる。そしてギリシア悲劇に限定しても、やはり解釈は一様ではない。円環的時間概念にもバリエーションがあるが、さらには悲劇における無時間性、非歴史性、あるいは逆に固有の歴史性を指摘する研究者もいる(86)。ここではあえてどの解釈が妥当かについて論じず、その代りに時間概念と関わりのある円環的現象、つまり復讐の連鎖という問題について、今までの議論との関連で言及することにする。

復讐や怒りというモチーフはギリシア悲劇のさまざまな作品の中に登場する。そもそも復讐の女神たちはギリシア神話の世界では最も古い神々の系譜に属している。神ないし自然の掟が破られたりすると（特に肉親殺し）、復讐の女神たちはいきり立ってそれを犯した者を処罰するために追い回す。また呪いという形で復讐の連鎖が世代を超えて継続するさまもギリシア悲劇ではよく描かれる。アイスキュロスのオレステイア三部作（『アガメムノン』、『供養する女たち』、『慈みの女神たち』）はその典型であるが、以下において復讐の連鎖がどのように断ち切られるかに注目してみよう(87)。

ここでもあらましは最小限にとどめる。第一作目の主人公アガメムノンはミュケナイの王であり、トロイア戦争を勝利に導いたギリシア軍の総大将でもある。彼は呪われたアトレウスの息子であり、そうした因縁もあってか、トロイアへ出航の際、逆風を収めるために娘を生贄として捧げるという殺人行為に及ぶ。これを赦せないアガメムノンの妻は愛人と結託して、トロイから帰還した夫を殺害する。しかしこの復讐は新たな復讐を呼び、第二作ではアガメムノンの息子オレステースが母親とその愛人を殺める。これはアポロンの命令に従った行為であり、正義に適った行為とオレステースは認識していた。だが、復讐を果たすや否や、オレステースは復讐の女神たちに執拗に取りつかれることになる。というのも、母親殺しも当然肉親殺しであり、復讐の女神たちの掲げる正義に反するからである。このようにしてオレステースは二つの相対する正義観、対立する神々の主張の前に苦悶する。だが、第三作では紆余曲折の末、アテナイの守護神にして理性の女神であるアテナが、アテナイ市民の代表者からなる法廷に決定を委ね、票が同数に割れて拮抗すると、議長のアテナ自身の投じた一票によってオレステースは無罪放免となるのである。この判決に対して復讐の女神たちは不満を抱き激昂するが、最終的にはアテナの説得により皆が赦し合い、復讐の女神たちは慈みの女神たちに変貌する。終幕の合唱ではすべてを見通す最高神ゼウスと運命がアテナイに平和をもたらす賛歌で終わる。

女神アテーナーの国びとには、お供えの灌ぎの品も
〔女神の方々の祠には未来永劫にわたって明かりも絶えず、〕
このようにして、すべてを見守るゼウスとモイラとがひとつになってご加護を垂れたもう。
今こそ、私たちの歌に合わせて、喜びの声を挙げるがよい。(88)

ハッピーエンドである。しかも、アテナイ市民に判断が任されるところにアイスキュロスのデモクラシーへの思い入れが見て取れる。ただ注目すべきは、市民単独ではなく神（アテナ）とのコラボで問題解決に至ったということである。いかんともしがたい悲しみと怒りから復讐心に燃える人たちを和解に導くのは容易でないが、もっともらしい正義を双方が掲げる場合、問題の合理的解決は一層困難となる。激しい感情を前にして人間の論理と倫理は往々にして無力である。したがって、そのような状況においてこそ、赦しや和解そして共生・共同性の実現のためには、超越的なるものへの信頼が不可欠である——「人事を尽くして天命を待つ」ではないが、これこそが神とア

テナイ市民との連携が含意するところではないだろうか(89)。

さて、ここで登場するアテナイ市民の判事の例は、アテナイ民主政における法の位置づけとその重要性を示唆するものでもある。否、これはアテナイに限らず、多かれ少なかれ他のポリスについていえることである。誇張と自己正当化の論理を伴いつつも、スパルタ兵について述べられた次のヘロドトスの有名な言葉は、このことを如実に物語っている。

そもそもわがギリシアの国にとっては昔から貧困は生まれながらの伴侶のごときものでありました。しかしながらわれわれは叡智ときびしい法〔ノモス〕の力によって勇気の徳を身につけたのであります。この勇気があればこそ、ギリシアは貧困にも挫けず、専制に屈服することもなく参ったのでございます。……ギリシアに隷属を強いるごとき殿の御提案は、絶対に彼らの受諾するところとはなりませぬし、さらにはたとえ他のギリシア人がことごとく殿の御意に従うことがあろうとも、スパルタ人のみは必ず殿に刃向い戦いを交えるであろうということでございます(90)。

ソフォクレス『アンティゴネー』

とはいえ、いうまでもなく法的プロセスによる決着が常に双方の納得できる正義の判決いわんやハッピーエンドに帰着するわけではない。法にも正義にもいろいろあり、それらが時には相互に矛盾したり、人間同士の深刻な対立を招くということを古代ギリシア人は承知していたし、それは悲劇作品の中でも表現されている。その最たる例がソフォクレスの『アンティゴネー』である。ここでは主人公アンティゴネー（オイディプスの娘にして妹）が主張する「神々の掟」と国王クレオンの主張する「王のお触れ」が真っ向から対立し、最終的にはアンティゴネーの自殺（アンティゴネーの婚約者はクレオンの息子だが、彼も自殺）に終わる。ハッピーエンドのハの字もないが、ここでの二種類の法の性質と対立の意義については、気が遠くなるほど多様な解釈が存在する。特に論争の的となるのは以下の一節である。

ゼウス様があのようなお触れをお出しになったわけではさらさらなく、
地下の神々と共におわすディケー様が、
人間界にかような掟をお定めになったわけでもない。
殿様のお触れと申しても、殿様も所詮死すべき人の身ならば、
文字にこそ記されてはいないが確固不抜の神々の掟に
優先するものではないと、そう考えたのです。
神々の掟は、昨日や今日のものではない、時を越えて
生きている、その由来など、誰も知りません。
私は、誰のにせよ人間の意向を恐れるあまり、この神の掟を破って、
それゆえ神々から罰を受ける、そんなことはすまいと考えました。(91)

アリストテレス以来、アンティゴネーは「自然法」、クレオンは「実定法」（国家の制定法）を主張したとの解釈がある。(92)例えば、アリストテレスは『弁論術』の中でアンティゴネーに言及しつつ、次のように述べている。

これ〔実定法〕に対し共通な法とは、自然における法のことである。つまり、人々がお互いに共同生活を営む

とか、協約を交わすということがない場合にも、自然における共通の正しさとか不正といったものが存在していて、すべての人々は、それがあることを朧気ながら予知しているのである。例えばソポクレスのアンティゴネであるが、彼女が、兄のポリュネイケスを埋葬することは、たとえ禁制であるとはいえ、正しいことである、なぜなら、自然においてはそれが正しいことなのだから、と言ったのは、明らかにこの正しさを意味しているのである。(93)

だが他方、こうした解釈はアリストテレスによる曲解ないし意図的操作にもとづいたものであるとして、異議を唱える研究者もいる。そもそもソフォクレスは「自然法」という言葉を用いていないし、ここでいう「文字にこそ記されてはいないが確固不抜の神々の掟」は自然法とは区別されるものであり、それはむしろ「自然」ではなくローカルな慣習と神（ポリスの守護神）に結びつけられた「神聖な慣わし」、「宗教的儀式に関する法」を意味するに過ぎないと。すると、『アンティゴネー』(94)における対立はむしろ（実定法の一種である）「慣習法」と「制定法」の間のものとして解されるべきことになる。また、ソフォクレスの意図──彼がどちらの法を重視していたのか、あるいはそもそもそのように優劣を考えていたかどうか──をめぐっても多様な意見が存在する。(95)さらには「自然法」という概念がいつ成立したかということに関しても研究者の間で意見の一致が見られるわけではない。ストア派やキケロが重視したような自然法の起源が、プラトン／アリストテレスに先立つのかどうかさえ判然としない。またプラトンとアリストテレスとの間の溝も深く、プラトンの法観念は自然法概念とは無縁であると考える論者もいる。この解釈にしたがえば、自然法の最初の主唱者はアリストテレスということになる。(96)

私にはどの解釈が妥当かを判断する能力はない。ただ、この時代において「自然」（ピュシス）と「法」（ノモス）がしばしば対立的ないし対照的なものとして捉えられていたことは大半の研究者が認めるところだ。また、ソフォクレスの真意が何であれ、自然法という概念がアリストテレス以降、西洋の思想的伝統において大きな影響を長い間及ぼしてきたことも否定しがたい事実である。ただソフォクレスがディケーやコスモスに対する信頼を重視していたという先の前提にもとづいて、彼の意図に関する私なりの考えを述べるのであれば、次のようになる。

『アンティゴネー』は一方の法の他方の法に対する優位性を主張しているわけではない。少なくとも、それがすべてではない。彼はむしろ容易に解消しえない（またしてはならない）ジレンマの提示を通じて、まさにジレンマをジレンマとして受け止める精神、そうした緊張対立関係に耐えつつ真理を探究する精神の必要性を訴えていたのではないだろうか。また、こうした緊張対立関係を保つことによってこそ、自己を相対化しつつ真理ないし答えを探求しつづける精神的エネルギーが生まれるとソフォクレスは考えたのではないか。もしそうだとすれば、『アンティゴネー』は市民に答えを導くよりも、安易な答えに飛びつくことを戒め問いを投げかけるものとして著されたといえるだろう。そしてこれは、人間の能力と同時に有限性も強く自覚する悲劇詩人らに多かれ少なかれ通底する問題意識だったように思うのだ。

三　トゥキュディデス

次にトゥキュディデス（前四六〇年頃－三九五年頃）に注目してみよう。

悲劇詩人同様、トゥキュディデスの著作はアテナイのデモクラシーという現実ならびにある種のコスモス観を前提としている。彼もまた運命との対峙を主題化し、ヒュブリスや復讐の問題を考察するとともに人間の能力の可能性と限界について論じた(97)。そして、人間の共同営為によるポリスの秩序形成と秩序維持の問題、およびその支えとなるべきエートスに注目した点(98)、また現状を無批判的に擁護するようなプロパガンダとしてではなく自己相対化ないし自己批判を促すことを旨としている点でも共通している。

ただ、違いも多く存在する。一方が詩劇で他方が史書という叙述形式の違いは当然として、先の類似点についても意味合いの違いが認められる。例えば、トゥキュディデスは自然の力・法則のはたらきを認めつつ、考察をもっぱら人間的事象に限定したうえでそれを人間知性によって理解可能なものとしている。[99] したがって人間的領域で生じる諸問題に対しても、人間的視座から事実に着目して合理的な説明と解決の糸口を求めようとする。トゥキュディデスが科学的・実証的アプローチを採用したといわれるゆえんである。[100] したがって、悲劇詩人とも「歴史の父」ヘロドトスとも異なり、トゥキュディデスの歴史叙述において神々（の介入）はさほど重要な位置づけを与えられない。運命も神的・宿命論的なものとしてではなく、人間知性を駆使しても予見できない事態、つまり多分に偶然的要素を含む「テュケー」として捉えられるのである。

また時間概念に関しても、円環的ではあるが力点は特定の人間的事象の反復性におかれる。彼によれば人間の本性は不変的で、歴史は繰り返す——したがって歴史記述を積み重ねることで、それらのパターン（つまり人間的事象に固有のロジックないし傾向）、わけても国の盛衰を左右する因果法則を析出し描出することが課題の一つとなる。その過程でポリスとポリスとの関係、さらにはデモクラシーにおけるリーダーの役割と意義についても考察が加えられるのである。だがこれらの論点をすべて扱うわけにはいかないので、以下、今までの議論と関連する箇所に注目しつつ、話を進める。

トゥキュディデスの『歴史（ペロポネソス戦争の歴史）』は八巻にわたる未完の史書であるが、彼は「歴史」（historia）という叙述形式・探求方法を用いることにより、固有の“what is”と“what seems”の捉え方を提示したと思われる。というのも、究極の実体としてのコスモスや神々の秩序（“what is”）を否定しないまでも考察の対象から外し、いわば確信犯的に人間の政治的生（戦争も含む）という“what seems”の領域に焦点を絞ったからである。それどころか、ある意味ではこうした二元論的発想そのものを相対化したといえるかもしれない。

多くの場合、“what is”に対置された“what seems”は仮初めの現実として存在感を希釈される。だがトゥキュディデスによれば人間の政治的生は十分にリアルであり、少なくとも人間自身にとって“what is”に劣らない意味を持ちうる。彼は超越的な“what is”をひとまず留保し、“what seems”の領域における事実の分析に集中する。そしてこの分析を通じてトゥキュディデスはまさしく“what seems”といえる表面的な知（事実誤認に由来する無益あるいは有害な臆見・ドクサ）と、より真実性と不変性を有するという意味での“what is”的な知見とを見分けようとしたのである。(101) 大半のアテナイ市民にとっては自国の存亡の機が最大の関心事（“what matters”）なのだから、また彼らと彼らのリーダーの判断・行為がアテナイひいてはギリシア世界の運命・行く末に絶大な影響を及ぼすのだから、それも立派な“what is”的な関心事であるとトゥキュディデスは考えたのではないだろうか。少なくとも、政治的現象を考察に値するリアリティとみなし、そこに内在する論理・パターンの理解と問題解決へ向けて尽力したのは確かである。今日、若干のアナクロニズムを含んでいるとはいえ国際政治学の分野でトゥキュディデスがリアリズムの先駆けとみなされるゆえんである。(102) 以上を踏まえつつ、トゥキュディデスの言葉に耳を傾けてみよう。

まず、彼は『歴史』の意義を次のように主張している。

決して詩人たちが事件について誇張して賛美しているものとか、物語的史家〔ヘロドトス〕たちが真相よりも耳に訴えることを目指して述作したものの方を信じてはならない。これらの史家の物語ることは検証不可能であり、その大部分は時間の経過ゆえに物語的要素に圧倒されており、信じがたいのである。しかも最も明白な証拠〔事実〕に基づく私の叙述によって、往古の状況としては十分に明確に解明されたと考えるべきである。(103)

事実にもとづく叙述は無味乾燥にならざるをえず、面白みに欠けるかもしれない。にもかかわらず、そこで明らかにされるのは不変的にして真に有益な知見なのだ——トゥキュディデスはこう訴える。

それゆえ本書は物語めいていないので、恐らく聴いて余り面白くないと感じられるであろう。しかし、ここに生起したことについて、また人間性に基づいて、いつか再び生起するはずの、これに類似し近似したことについて、明確に見究めようと欲する人がいつか現われて、これを有益だと判断してくれれば、それで十分であろう。これは、一時の聴衆の喝采を争うためではなく、永遠の財産として書きまとめられたものである。(104)

さて、ここでは「人間性」という言葉が用いられているが、こうした人間に内在する本性が一定の不変的要素を含んでいるために、歴史の反復性が根拠づけられることになる。(105) 例えば、ケルキュラの内乱に関する次の記述を見てみよう。

かくして内乱を通じて多くの過酷な事件が、もろもろのポリスを襲った。かかる事件は、人間の本性が同一である限りおこるものであり、また将来も起こるであろうが、それぞれの状況の変化に応じて、その程度が更に激しかったり、穏やかであったり、その外形は多様であったりする。(106)

このように歴史は繰り返す。ただ、人間本性も歴史の反復性も、決定論的・宿命論的な仕方で規定されているわけではない。もしそうであるなら、人間による知的営為も政治的行為も努力も勇気も希望もすべて無意味となり、自由は単なる幻想ということになる。だが、トゥキュディデスにとって自由は個人レベルでも共同体レベルでもなくてはならないものであるし、また具体的な状況において政治を望ましい方向へと導くための「判断力」(グノー

メー）という知的能力・政治的資質の役割も繰り返し強調される。(107)

ゆえに、トゥキュディデスにおける人間本性の不変性とは、厳密な意味でのそれではなく、むしろ人間心理の一般的傾向と解すべきであろう。また、そのように解するのであれば、次のようなことが問題となっていることも明らかになろう。

一般的傾向として人間の情念（「オルゲー」――私欲、怒り、恐怖、復讐心、名誉心など）は理性的判断を曇らせる。特に戦争や疫病などによって危機に直面した際には、人は往々にして情念に突き動かされ、その主観的意図とは裏腹に自分およびポリスにとって危険な状態を招くことになる。ではどうすればよいのか。一方でトゥキュディデスは情念の力を無視してはならないという。それを無視した理想や正義の言説は空理空論に過ぎないと。だが他方、彼はそうした人間の心理的傾向とその作用を意識しつつも、特定の状況下において何が可能であり何がそうでないかを見極めたうえで、理性的にして賢明な判断を下さなければならないという。求められるのは特定の原理に頑なに固執することでも、原理を無視することでもない。そうではなく、経験から得られた知見をクリティカルに吟味し、置かれた状況の中で実現可能と思われる最善の選択肢を選ぶことである。こうした判断力（グノーメー）の重要性は繰り返し強調されるが、一例をあげてみよう。

そして幸運が対等である場合でも、相手に対する優越感のおかげで『知性（クシュネシス）』が『勇敢（トルマ）』を更に強化してくれるが、しかし『知性』は『希望（エルピス）』よりは『判断力（グノーメー）』に信を置く。『希望』は万事窮した場合には力となるが、それ以上に確実な予見を提供してくれるのは、現実に立脚した『判断力』である。(108)

さて、以上に鑑みれば、次の有名なくだりに出てくる「人の世の習い」・「自然の摂理」・「自然の法則」という表現も、単なる強者による弱者の支配を正当化することを目的としたものではないということがわかるだろう。

正義は力の等しい者の間でこそ裁きができるのであって、強者は自らの力を駆使し、弱者はそれに譲る、それが人の世の習いというものだ。(109)

まず神の配慮の厚さについて言えば、吾々もけっして諸君に劣るものではないと考える。なぜなら吾々の主張と行動には、神に対する態度にせよ、人間に対する要求にせよ、人間として規範からはずれたものは何ひとつないからだ。つまり吾々の考えでは、神にせよ人間にせよ、支配する力を持っている所では必ず支配を実行するという、自然の摂理のとおりに動いているのであり、ただその事実を吾々が知る方法として、神の動きは想像による、人間の動きは現実に見る、という違いがあるにすぎない。この自然の法則は、吾々が定めたものでもないし、誰かが定めたものを吾々が最初に実行したのでもない。我々はそれを過去から受け継ぎ、そして未来への永久の遺産として伝えるために、今それを実行しているだけであって、諸君にせよ他の誰にせよ、吾々と同じ状況に置かれれば、吾々と同じ行動をとるだろうと確信している。それゆえ、神の配慮に恵まれないという不安など、吾々には当然ながら無縁である。(110)

これは隷属か滅亡かを迫られたメロス島代表の悲痛な訴えに対して返されるアテナイ使節の言葉である。ここには圧倒的な軍事力の差がもたらす現実の過酷さがすこぶるリアルに描かれているが、はたしてトゥキュディデスのいわんとしていることは「強者が弱者を打ちのめすのは世の常なんだから、うだうだ言っていないで現実を受け入れ、服従しなさい」ということなのだろうか。そういう解釈も確かに存在する。だが、既述のようなトゥキュディデスの意図を考えれば、これはむしろ強者たるアテナイ市民に対して判断力の適切な行使を説く、いわば思考を促すための問題提起と解するべきではないだろうか(111)。

機会があれば人は必ず支配しようとする。これは人間本性であり、真実である。だが、これはあくまでも人間の一般的性向についての真実であり、必然的にそうなるわけではない。それどころか支配欲を野放しにすることで不利な状況が生じるのであれば、むしろそうした一般的性向を抑制ないし制御することこそ真実に適っている。つまり、原理の有効性と適用範囲は状況ごとに判断しなければならないのであり、アテナイが大国へと変貌する過程においては正当となりえた強者の論理も、スパルタという大国のライバルが存在する（前四一五年の）状況においては通用しなくなるのである。したがって、力のほぼ等しい二大国が拮抗するなかでは、正義の拘束のようなものが有効となりうるし、自国の利益を考えるのであれば、強者の論理に向かうような人間本性はむしろ抑制すべきなのだ(112)。

なお、こうした判断力（「思慮」・「プルーデンス」と言い換えることもできよう）は、ヒュブリスや運命と対峙する際にも不可欠となる。アテナイ市民に向けられたスパルタの代表の言葉に注目してみよう。

それゆえに諸君は、本来のポリスに加えて獲得した新領土を含む現有勢力のゆえに、幸運もまた常に諸君に味方すると考えるべきではない。思慮ある人間であれば、繁栄は不安定なものだと考えて安全を計るものであり、また不運に遭っても、人並み以上に賢明に対処することができよう。そして戦争というものは、自分が手を出したいと欲する部分だけに限定できるものではなく、運命が導くままに従事せざるをえないのだと考えるであろう。それゆえ、かかる人々は戦争に勝利しても自信過剰の増長は慎むがゆえに、蹉跌することは稀であり、幸運の続くうちに結末をつけるに相違いない。アテナイ人諸君、諸君は今、吾々に対して、このように為すのが良策なのだ。もしも吾々の説得に従わず、その場合には大いに起こりうることだが、諸君が蹉跌することになれば、今の成功さえも幸運によって勝ちえたのだと後世の人に見られるだろう。それを恐れよ。諸君は武力と叡智との確固たる名声を後世に遺すことも可能なのだから(113)。

『歴史』においてペリクレスはグノーメーを体現したリーダーとして描かれている。一方、ペリクレス亡きアテナイにおいてはリーダーも一般市民もこの資質を十分に発揮せず、私欲や名誉心などが横行するなかでポリスが一体性も自己抑制も失っていく様子がリアルに記述されている(114)。これはもちろんトゥキュディデスがアテナイを見限ったからではない。むしろ、『歴史』執筆の動機は、アテナイが危機に瀕するなかでなおもその支配権と偉大さを維持することを目指し、それに役立つ知見を提示することにあったといえよう。だからこそ批判も鋭さを増すのである。そして、デモクラシーでは市民全体が政治に携わるゆえ、市民にもグノーメーが要求されることになる。それはリーダーと信頼関係を構築するためにも不可欠な要素であり、また市民に対して政治的決定へのコミットメントと責任意識を要請するものである(115)。しかも、まさに運命と対峙する際にこのことが重要となるのである。ペロポネソス戦争開戦前にペリクレスはこう訴えていた。

それにしても私は今なお同様か類似のことを提言すべきだと考えているし、また諸君のうちで私の意見に説得された人々に対しては、仮に失敗するようなことがあっても、共同で決議したことを支援し続けてくれるように私は要請する。さもなければ、成功した場合にも、その洞察力に自分も関与したと誇るべきではない。なぜなら、事件の推移は人間の思考に劣らず、不可知な方向へ進む可能性があるからであって、それゆえにこそ

吾々は予想に反する事件に遭遇すると、その責任を運命に帰するのが通例になっている。(116)

既述のように、トゥキュディデスにとっての運命とは「テュケー」であり、不可避的な不測の事態を意味する。その最たる例はペストである。というのも、判断力に長けているペリクレスにとってさえ、それは想定外の災難だったからである。あるいは、フーコーが指摘しているように、トゥキュディデスの「テュケー」はある種の「リスク」でもある。(117)そして政治にはリスクがつきものであり、それとどう対峙するかによって国の命運が左右されることもある。こうしたトゥキュディデスの訴えは、逆境においてペリクレスが開戦前に危惧したとおりモラルを低下させたアテナイ市民に向かって投げかける、次の言葉に現れているといえよう。

また私に対して立腹し続けるべきでもない。この私に諸君も賛成して開戦したのである。そして敵が侵入して来て、隷従を拒否した諸君に対して危害を加えたとしても、これは当然のことである。ただし、吾々の予想を超えて、この疫病が起こり、あらゆる事件の中で、これだけは吾々の予想を超える事件であった。そして、この疫病のために私に対する憎しみが相当に増大したことも私は承知しているが、これは不当なことである。もしも諸君が何か予想外の成功を収めた場合にも、その成功を私に帰するのでなければ。しかし天変地異は不可避なこととして耐え、敵からの危害には勇敢に対応すべきである。このポリスにとっては、これらは以前から習慣になっていたことであって、今この時に諸君によって妨げられてはならない。諸君、銘記せよ。このポリスが全人類の中で最大の名声を博しているのは、災難に屈せず、戦争では最大の労苦を費やしたがゆえであることを。そして吾々が今この時に盛者必衰の理によって敗れることがあったとしても、この偉大な国力の記憶は永久に後世に伝えられているであろう。(118)

最後に、トゥキュディデスが判断力の必要性を訴える際に、なぜ史書という叙述形式を選んだかについて考えてみよう。彼が一定の方法論的自覚をもって歴史を著し、それがヘロドトスや悲劇詩人らとの対抗を意味し、人間的視座から事実重視の解釈を試みたことについては既にみたとおりである。いうまでもなく、トゥキュディデスは単にいつ、どこで、誰が何をしたといった事実の集積に終始したわけでも、いわば「客観的」な歴史を描こうとしたわけでもない。彼は人間の一般的性向や歴史の蓋然的法則を想定したが、描写においては個々の状況における特異性と詳細にこだわった。両者の相互作用の中でさまざまなアクターが何を考え、どのように行為し、そこから実際何が帰結したか。当事者の現状認識（"what seems"）と実際の原因（"what is"）とのギャップがどのようなものであったか。リアルに描き出されたそれは、時に作られた物語よりも強い求心力を持つ。トゥキュディデスの筆を通じて歴史を追体験した読み手・聞き手は、自然にそうした問いへと導かれたのではないだろうか。

現在を理解するためには過去を理解しなければならない。歴史的知見なくしては自らを知ることも、未来へ向けての正しい判断を下すこともできない。だが、歴史はまったく同じようには繰り返さないし、盲目的に従えば正解に辿り着ける先例などありはしない。であるならば一層、政治に携わる人間には個々の状況において臨機応変かつ適切に判断できるような資質・能力が求められる。トゥキュディデスは、そうしたグノーメーを磨くには史書が最も適していると考えたのだ。その意味で、悲劇作品とはニュアンスが異なるが、『歴史』もまた市民教育を目指したものといえる。なぜなら史書はある特定の状況において何が可能であり、何が可能でなかったか、何が実際起こり、何が起こりえたか、不測の事態に対して人びとはどのように反応したか、それは妥当だったか否か、このように事実と可能性に関する吟味を促し、市民の自己理解と判断力の醸成に寄与しうるからである。(119)

四　ソフィスト

さて、次はソフィストについて。一体いつになったらプラトンに入るのかと思われるかもしれないが、ソクラテス／プラトンの主たる論敵はソフィストだったので、もう少しご辛抱願いたい。

紀元前五世紀にアテナイを舞台として活躍したソフィストたちだが、彼らはどのような主張を展開したのであろうか。既に述べたように、ソフィストの著作は断片としてしか残っておらず、しかも長い間プラトンをはじめとする後代の著述家の（否定的バイアスのかかった）レンズを通して解釈されてきたため、その全貌を正確に捉えることは困難である。[120] 報酬をもらって弁論術など政治や生活に役立つ実践知ないし技術を教えたり、「ピュシス」（自然）と「ノモス」（法、慣習）の対比を強調したりしたことはしばしば一般的特徴としてあげられる。だが、彼らは学派を形成していたわけではなく、その主張も多種多様である。なかにはかなり原理的・抽象的なレベルで知の在り方、認識方法、倫理、ポリス、神などについて論じた者もいる。さらには、「理性の力によって既存の体制や習慣を批判し、宗教や道徳を問い直した古代における啓蒙思想家」と評されるべき人物もいる。[121]

ここではプロタゴラス（前四九〇年頃－四二〇年頃）というペリクレスとも親しかったとされる初期のソフィストにフォーカスを絞る。というのも、「プロタゴラスは、われわれの知る限り、世界史における最初の民主的政治理論家であった」[122]というファラーの評価はさておき、彼の主張は今までの議論、そして後続のプラトン、アリストテレスの議論と興味深いコントラストを示していると思われるからである（もっとも、トゥキュディデスとの類似性が指摘されることはあるが）。

プロタゴラスは「人間はすべてのものの尺度である――あるものについてはあるということの、あらぬものについてはあらぬということの尺度である」（断片一）[123]という有名な言葉を残している。これは何を意味するのだろうか。この言葉をめぐっても多様な解釈が存在し（この前置きもはや様式美といえそうだが学問とはそういうものであり、したがって本書で「多様な解釈」という文言はあと数十回ほど登場する）、それが哲学的に深遠なことを意図していたかどうかについても学者の間で意見はわかれる。とはいえ、プロタゴラスが（ソクラテス以前の哲学者）パルメニデスの存在論と対峙しつつこの主張を展開したということは間違いないだろう。

かなり話を単純化するが、パルメニデスは、人間の感覚的現象という見せかけの領域（「死すべき者どもの思わく（ドクサ）」）を超えたところに無時間的にして不生不滅、単一不動な存在、いわば真理（アレーテイア）が存在すると考えた。しかもこれは「理性」（ヌース）によってのみ認識可能であると。これについては有名な断片も残されているが説明は省略する。[124] ここで注目すべきは、パルメニデスが究極の"what is"を追求し、"what seems"の存在・実在性そのものを否定したということである。

さて、これに対してプロタゴラスは感覚重視の立場から"what seems"を擁護し、そもそも究極の"what is"（パルメニデスのいう存在・真理）を人間は認識することができないと主張することによって、人びとの関心（"what matters"）を"what seems"に向けようとするのである。これはある種の「人間中心主義」ないし「相対主義」を意味するが、「人間万能主義」では決してない。[125] というのも、彼は人間の認識能力の範囲と限界を定めたうえで、人間的に可能かつ望ましい行為・事柄を個人とポリスの両次元で実現する方法を模索しているからである。ゆえに「身内の事柄についてはもっともよく自分の家を治める道をはかり、さらにポリスの事柄については、これを行うにも論じるにも、もっとも有力有能の者となるような熟慮（euboulia）」が重視されることになるのである。[126]

なお、プロタゴラスの相対主義とは、主観的に認識される真理がすべて同等の価値を有するとか、感覚を超えた存在が実在しないといった主張に帰結するものではない。後者に関していえば、彼の神に対する言葉が示唆的である。「神々については、存在するとも存在しないとも、またいかなる姿形をしたものであるのかも、私は知りえない。それを知るのには妨げとなることが多い――事柄が不明瞭であるうえに、人間の生命は短い――からである」(断片四)[127]。この発言によってプロタゴラスは「不敬神」の罪に問われたと伝えられているが[128]、彼が唱えたのは不可知論であって、無神論ではない。ここで求められるのは人間の感覚では認知できないものに対する判断停止であり、否定ではないのだ[129]。したがって、知りえないことについては判断停止し、知りうることについては「熟慮」することが要請されているのであり、この「熟慮」こそがプロタゴラス的な知を意味しているのである。加藤守通によれば、ここでいう「熟慮」とは「不変不動の絶対的真理との関わりを欠き、パルメニデスやプラトンがいうところの変転するドクサの領域で機能する実践知」であり、アリストテレスの「賢慮・思慮」(フロネーシス)とも一定の類似性を示している[130]。

もし主観的に判断される真理についても熟慮が関係してくると解するのであれば、その価値は必ずしも同等ではなく、優劣も問われうることが明らかになろう。特に共同体レベルでは市民の共同営為が求められるため、正義と節制のような徳も共有されなければならない。こうした徳はポリス全体の主観(法・慣習や共有されたエートス)には依拠しえても、個々の成員の主観的判断に委ねられはしないだろう。であればこそ、徳の教育も重要となり、それをロゴス・説得によって教授できるような知者(ソフィスト)やペリクレスのごとき有徳なリーダーも求められるのである[131]。

また、こうした徳が重視されるからこそ、その性質と成立過程も探求課題となり、ノモス(法・慣習・約束)とピュシス(自然)との対比も重要な論点として扱われることになる。そしてプロタゴラスは、ポリスの存立にとって不可欠な市民の道徳的・社会的観念は、経験を通じて人為的に形成されたノモスであり、先天的な資質(ピュシス)ではないと考えたとされる。もっとも、そろそろ読者も慣れてきたと思うが、逆の解釈も折衷的な解釈もある[132](プロタゴラスは、政治的資質を含む人間的能力や正義がいかにして人間の間で共有されているかを神話に依拠して説明するが、これが彼のロゴス重視の議論や不可知論と矛盾していないかどうかをめぐるさらなる論争にはここでは触れないことにする(133)。いずれにしても、プロタゴラスがノモスを重視し、それが人間の自然に由来する利己的・反社会的な傾向を抑え、統御するのに不可欠と考えていたのは確かである。それゆえに彼は言葉の力を信じ、「徳の教師」を自称しつつ説得による市民教育に従事したのである。

なお、こうしたノモス重視の立場は、後続のソフィストたちにおいて必ずしも踏襲されなかった。それどころか、後期のソフィストはしばしばピュシスのノモスに対する優位を主張し、強者支配を自然の名において正当化することもあった(134)。その代表格がカリクレスとトラシュマコスであり、彼らこそがプラトンの『国家』において激しく批判される論敵となるのである（プラトンは初期ソフィストのプロタゴラスとゴルギアスに対しては、反駁しつつも一定の敬意を払っている(135)）。こうした状況について、加藤守通は次のように述べている。

皮肉なことに、ペリクレスの死後アテナイ民主主義がデマゴギーへと流れていったように、プロタゴラスとゴルギアスといった初期のソフィスト以後、ソフィストたちは、言葉の威力を過信し、権力を盲目的に追求するデマゴーグ的な存在に変質してしまったように思われる。アテナイ市民ならば誰でも自由に集会に参加でき、そこでの決定が国の方針を決めるといった、当時のアテナイ民主主義において、一般大衆の誤謬を指摘しかれらを正しい方向へと導くよりも、むしろかれらに迎合して、かれらの支持を得るほうがたやすく、しかも安全であった。その結果、政治家もソフィストもこの方向へと走ることになったのである。ソクラテス、プラトンそしてアリストテレスのソフィスト批判には、こういった背景があるのである(136)。

これはソフィストにおいて現れたヒュブリスの問題といえるかもしれない。

第三章　プラトン

一　知の探究者プラトン

ようやくプラトン（前四二七年－三四七年）に辿り着いた。多くの政治思想史のテキストはここからはじまるが、それはプラトンの著作が多く残っているうえ、本格的な政治理論が展開されているからである。本書ではせっかくそれ以前とその周辺の話もしたので、それらも踏まえつつ検討を進めていきたい。

まず、これまでの図式に即して論点を示すならば、プラトンはプロタゴラスともトゥキュディデスとも対照的に、究極の存在（"what is"）を何よりも重視し、人びとの目（"what matters"）をそこへ向けようとした。そして現象界（"what seems"）を原理的に相対化しつつ、"what is"に近づくための方法を模索する。このように"what is"と"what seems"との大きな隔たり、神と人間との知における断絶を強調するプラトンにとって、"what seems"から実用的な知を析出しそれを政治や生活に生かすことを説くソフィストは論敵にならざるをえない。曰く、「われわれ人間にとっては、万物の尺度は、なににもまして神」なのである(137)。したがって、プラトンによれば、ソフィストは「知者を真似る者」にすぎず、彼らの掲げる知も単なる「思わく」（ドクサ）ということになる(138)。

ところで、こうした主張はプラトンの著作においてソクラテス（前四六九年－三九九年）の言葉として現れるが、ソクラテスの思想とプラトンのそれとをどう区別するかについては諸説ある。よく知られているように、プラトンの師匠ソクラテスは著作を残さなかったので、われわれは基本的にプラトンの筆を通してしかソクラテスの言葉に接することができない。プラトンの著作の大半は対話篇であり、多くはソクラテスが主役となっている（後期になると登場回数は減るが）。なお、プラトンの初期の著作の方がソクラテスの思想をより忠実に反映しているとはいえるものの、具体的にどこがどちらのものかということに関しては学者の間で意見がわかれる。ここではこうした論争には立ち入らず、総じてソクラテスが非政治的で、プラトンが政治的であったという点を指摘するにとどめる。

もっとも、これとて「政治的」をどうとらえるかによって意味合いが変わってくる。ソクラテスは「不知の自覚」を標榜しつつ(139)、いろんな場所でいろんな人びととインフォーマルな形で議論をしたのであり、アテナイの民会や法廷といったデモクラシーの制度を通じて働きかけたわけでも、政治家のアドバイザーになったわけでも、具体的な政治的提言を行ったわけでもない。にもかかわらずソクラテスは、「魂への配慮」が最重要課題でありそれこそが政治の問題であるとの立場から、ペリクレスに対して批判的であったうえ、次のように主張した。

ぼくの考えでは、アテナイ人の中で、真の意味での政治の技術に手をつけているのは、ぼく一人だけとはあえて言わないとしても、その数少ない人たちの中の一人であり、しかも現代の人たちの中では、ぼくだけが一人、ほんとうの政治の仕事を行なっているのだと思っている(140)。

とはいえ、以下取り上げる政治的構想はプラトンのものと考えるべきだろう。少なくとも、中期の対話篇『国家』で展開された政治理論にはプラトンの思想が色濃く反映されているとよくいわれる。ちなみに、プラトンは若いころ政治的リーダーとして活躍する夢を抱いていたが、現実のアテナイ政治に失望し、またソクラテスの死刑に衝撃を受けた後は、研究・教育という形でポリスに働きかける道を選んだ——途中、シュラクサイで哲人統治を説く試みも三度あったが、いずれも失敗に終わった。そして「アカデメイア」という学校を創設し、コスモロジカルなスケールにおける“what is”の探究に専心した。そこではコスモスも神も自然も人間も魂も真理も徳も正義も善も美も考察の対象となり、究極の原理・知の解明が目指された。いうまでもなく、政治は大きな全体の一部にすぎない。それにもかかわらず、プラトンは政治を重視し、ある意味でその固有な理論体系を構築しようとしたといえる。ただ、忘れてはならないのは、それが彼のコスモス論を前提として成立するものだったということである。したがって、本書では、スタンダードなテキストにならい、まずは『国家』、『政治家』、『法律』などで展開されるプラトンの政治理論に注目するが、最後にそれが彼のコスモス論と密接不可分な関係にあることを確認する。

ところで、大半の市民が“what seems”（権力、名誉、富といった外面的なもの）に関心（“what matters”）を示すなか、人びとの関心対象を“what is”に向けさせようとすること（プラトン曰く「魂の向け変え」）は、ある種の moral transformation の要請を意味する。[141] これは本書においても重要なモチーフとなるものであるが、にもかかわらずまたしても英語のまま用いることをご容赦いただきたい。ともかくこの moral transformation の実現が政治ないし権力作用によって目指されるときに、さまざまな問題が提起され、後の時代に顕在化する深刻なアンビヴァレンスが引き起こされることになる——と、先の内容を少し予告しておく。

二　対話篇の意義

さて、『国家』を中心にプラトンの政治理論を吟味するといったが、われわれはこの著作が（彼の大半の著作と同様）対話篇であるという点を忘れてはならない。いわゆる学術論文形式で著された書物ではないのだ。そして、リヴィオ・ロセッティも力説しているように、対話篇としての特徴を無視し、読者や研究者が各々の関心に引きつけて全体の一部分のみを理論として抽出し議論すると、プラトン自身の意図とその思想的意義を見失う危険性が生じる。(142) 以下、ごく簡単に対話篇であることの意義について、私なりの説明を試みたいと思う。

プラトンの対話篇の中にはスピーチの寄せ集めに近いものや、ソクラテスが長々と演説調に語るものもある。『国家』にもそうした要素は見られるものの、そこでは総じて対話者間のキャッチボールが頻繁に行われ、またそれが重要な意味を持っているように思われる。

さて、学術論文であれば、往々にして仮説や命題がまず提示され、考察者の統一的視点にもとづいた単独の声によってその合理的な論証が試みられる。もちろん、論証の過程で論敵の主張が紹介されたり論駁されたりすることもあるが、これとて単独の声のなかに取り込まれる形でなされる。こうした形式はアリストテレスの著作に特徴的であるといえるし、今日の学問の標準的な手続きになっている。そのメリットはモノフォニーゆえの明晰性であるといえよう。

だが、対話篇の形式はこれとはやや異なる。いうまでもなく、全体のシナリオは著者が自らの統一的視点から定めたものであり、対話者もそのなかでそれぞれにあてがわれた役を演じているにすぎない。にもかかわらず、声の複数性が前面に現れることによって学術論文とは異なる状況が生み出されることになる。

『国家』の主役はソクラテスだが、論敵のソフィストらにも人格と声が与えられ、両者は正義をめぐって議論をする。プラトンの主張は基本的にソクラテスが代弁しており、ソクラテスはソフィストらの主張が自己矛盾していることを示す——つまり相手の土俵で相手をやっつける問答法という手法で、誤謬と問題の所在を明らかにしていく。(143)

ところが、ソクラテスは不知を標榜しているため、最後まで答えがわかりやすい定式として明示されることはない。以下に見るように、哲人統治、財産・妻女・子供の共有や教育プログラムといった具体的な政策案も提示されるが、もっとも核心的な事柄（「イデア」）の説明については比喩（「洞窟の比喩」、「太陽の比喩」、「線分の比喩」など）が用いられる。しかも、最後の最後にエルという実在したかどうかすら定かでない兵士の臨死体験談が「ミュトス」（物語、神話）という形で紹介され、それがいわばそれまでの議論のフィナーレを飾るのである。

学術論文形式に親しんできた読者の多くはここで拍子抜けする、もしくはちゃぶ台をひっくり返す。さんざん合理的な議論を重ねてきたのに、結局一番肝心なことを論証していないし、それどころか最後に物語・神話で締めくくるとはなにごとだ、と（実際、学生の間でもよく見られる反応である）。だが、次のような狙いがあったと想定すれば、この結末もある程度腑に落ちるのではないだろうか。

そもそも対話篇の目的は、究極の存在（"what is"）を著作のなかで明証的かつ自己完結的に示すことではない。プラトン自身も人間のロゴス（言葉・理性）だけでそれを完全に認識できるとはおそらく考えていない。ロゴスは探求に不可欠な手段だが、探求すべきものはロゴスを超えたところ——あるいは、コスモロジカルな次元におけるロゴスないし「ヌース」（理性）にあり、したがって人間のロゴスには限界がある。『メノン』という対話篇のなかで、ソクラテスは次のように述べている。

しかしぼくの言っていることにしても、たしかな知識にもとづくものではなく、ただ比喩を使って推量しているだけなのだよ。けれども、正しい思わくと知識とは別ものだということ自体は、けっしてたんなる推量ではないつもりだ。いや、もしもこのぼくに、自分が知っていると主張できるようなことが何かあるとしたら——そんなものはわずかしかないだろうが——、とにかくこのこともまた、ぼくは知っていることの一つに数えるだろう。(144)

ここで語られているのは、確信と不知の自覚との葛藤ないし緊張である。ソクラテスの態度は、わかりやすい答えを求める人間にはひどく頼りなく映るかもしれない。だがこの葛藤と緊張を抱えるからこそ、ソクラテスは哲学的探求へと駆り立てられるのだ。そしてそれはソクラテス一人のものではない。緊張はソクラテスと論敵のソフィストとの間にも生じ、したがって対話篇そのものがこれを内包しながら議論を進めていくのである。

人間のロゴスには限界がある。それでも複数の人間がともにロゴスを駆使しつつ探求に向かうなら、確実な知にも、あるいは究極の存在にもより近づくことができるかもしれない。哲学を哲学たらしめ深化させる鍵は、この対話による探求という共同作業そのものにある。

そして対話篇の最大の効果は、おそらくそのプロセスの鮮明で克明な描写によって、読者をも対話の一員に引き込んでしまうことではないだろうか。読者に求められているのは、ただソクラテスの意見に頷くことでは決してない。自らの思考を通じて真理や正義を探究しなければ、真理も正義も本当の意味で知ることはできないし、血肉化しない。いくら正義に適った行動をとっていても本人がそれに無自覚であるなら、決して正義を理解しているとも正しい人間ともいえないのと同じことである。そう確信するプラトンは、読者を対話のなかに、そして哲学的探求の旅に引き込んでいく。

読者は生き生きと描かれた議論を追体験し、ソフィストらの主張がドクサ（誤謬）であることを自ら検証する。あるいは手ごわいソフィストとの論争が白熱する場面では、そこに生まれる緊張と葛藤を共有し、自ら思考する。プラトンの手引きで、読者は一方の否定や他方による安直な解決を求めず、矛盾に耐えながら思考する方法を学んでいく。それは思考力とともに直観や道徳的性質を磨くことにつながり、ある種の moral transformation をも可能にするだろう。

そうしてついに読者は、プラトンがテクストのなかに書き記したあらゆる意見の先に、新たな知見と問いを見出することになる――それさえもテクストの心的作用であるといえるなら、これこそプラトンが対話篇を著した狙いであった、と解釈するのは牽強付会だろうか。だが少なくともちゃぶ台をひっくり返す必要はなくなるように思う。

三　プラトンの政治理論

正義論

前置きが長くなった。それでは次にプラトンの政治理論の内容について検討することにしよう。ところで、これだけ対話形式の意義について語った直後にプラトンの政治理論を図式的に解説するのは心苦しい限りだが、紙幅の関係上、いや教科書の性質上、致し方ないのでお許しいただきたい。ただ、対話篇の魅力と威力を理解していただくために、読者には是非プラトンの著作を読んでもらいたい。

まずは『国家』について見てみよう。『国家』の主題は正義である。正義とは何かという問いをめぐって、ソクラテスとソフィストらが議論をするという筋書きになっている。ソフィストの意見は多様であり、正義を強者の利益と同一視するような（トゥキュディデスの『歴史』でもおなじみの）正義観も登場する。ソクラテス／プラトンは例によって相手の矛盾を指摘することによってそれらを論駁しようとする。

一方、彼ら自身の正義論はこうだ。正義はいかなる状況においても不正義にまさり、正義とは最高の「善きもの」に属するものである。したがって、「そこから生じるいろいろの結果のためばかりでなく、むしろずっとそれ以上に、それ自体をただそれ自体のためにもつ値打ちのあるようなもの」である。(145) つまり、正義はそれ自体が目的であり、仮にそれが報酬や評判などと矛盾するとしても尊ばなくてはならない。そして最も極端な例を挙げる――たとえ「鞭打たれ、拷問にかけられ、縛り上げられ、両目を焼かれてくり抜かれ、あげくの果てにはありとあらゆる責苦を受けたすえ、磔にされる」としても正義の方に価値があるというような。(146)

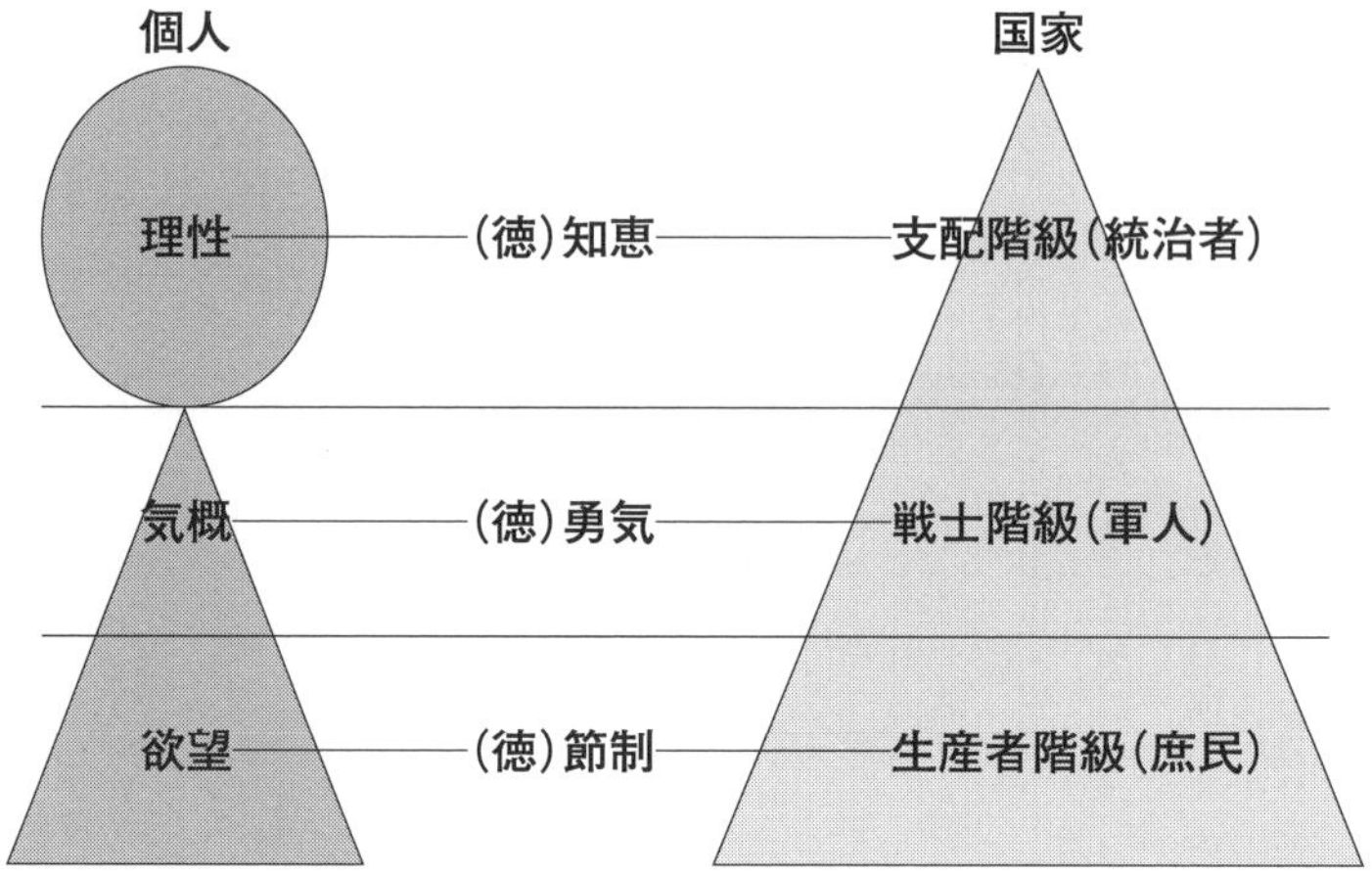

〔図1〕

容易に想像できるように、この論証は一、二の定式や数行のロジックの展開によって完結するわけではない。岩波文庫版でいえばざっと六〇〇ページを超える議論が続く。以下、要点のみをごくごく簡単に追ってみよう。

まずは、個人の正義と国家の正義とをアナロジーとして捉える必要性が説かれる。それを図式化すると以下のようになる〔図1〕。人間の魂には三つの部分――「理知的な部分」、「気概的な部分」、「欲望的な部分」――があり、国家には三つの階層――「守護者・統治者」、「補助者・戦士」、「生産者」――がある（なお、「守護者」が上位二階層を意味することもある）。これら三つの階級と三つの魂の部分とは対応関係にあり、しかも各々のレベルで追求されるべき共通の徳――知恵、勇気、節制――がある。さて、正義が可能となるのは、こうした関係性のなかで上のものが下のものを支配し、調和が実現する場合である[147]。

いうまでもなく、ここではデモクラシーを特徴づけるような平等原理は尊重されない。むしろ能力に応じた身分制が正当化される。プラトンによれば、皆が皆同じ能力を有しているわけではないので、同じ役割を担うのはナンセンスということになる。

統治は理性を最大限はたらかせポリスの正しい在り方を認識でき

る人間が行なうべきであるし、こうした人間は決して多く存在しない。他方、勇気と気概を持ち戦闘に長けている人間は戦士となり、統治者のリーダーシップのもと国防に務めるべきである。それ以外のマジョリティーは生産者・庶民となるが、彼らには徳として欲望をコントロールする節制のみが求められる。そして繰り返しになるが、上が下を支配し調和を実現することによって、個人レベルでも国レベルでも正義が実現するのである。

さらに、こうした支配服従関係を実現する際、統治者は被治者に対して嘘をついてもよいという。有名な（あるいは悪名高い）「高貴な嘘」という考えである。もちろんその目的は支配者層の利益ではなく、ポリス全体の利益と幸福でなければならない。例えば身分制を受け入れやすくさせるために、そもそも人間は三種類の資質の異なる種族（金、銀、銅・鉄の種族）からなるとの物語を教え込むようなことである。(148) 但し嘘は薬のようなものであり、支配者だけに許される手段とも説明されている。(149)

しかし、国全体のためとはいえ、これが一体正義の名に値するのか。プラトンの国家観は反民主的どころか全体主義的ではないか――事実、プラトンを全体主義のイデオローグとして批判する研究者もいるくらいなのだ。疑問はもっともである。だがここではとりあえず以下の点を押さえておこう。まず、上が下を支配するといった場合でも、それが問答無用に、いわば強権的になされるわけではない。ある種の同意が求められるのであり、(150)「高貴な嘘」はこの同意を調達するための一手段ともいえる。つまり、下の者は上の者の能力・資質を認めて、支配されることに自ら同意するのである。また上の者は下の者を搾取するのではなく、全体の利益（共通善）のために奉仕しなければならない。そして究極の目的は「魂への配慮」である。プラトンがデモクラシーに批判的であったとはいえ、もっとも敵視したのが魂の堕落をもたらす僭主政であったことも忘れてはならない。

それでもやはり、二一世紀に生きる人間は次のように反論するかもしれない。何が共通善・正義であり、何が国全体にとって望ましいかは皆で（民主的に）決めるべきではないか。また、魂の問題は個々人の判断に完全に委ねられるべきではないか。そもそも「高貴な嘘」はプロパガンダ的洗脳ではないか。

これはすこぶる今日的な発想である。もし二一世紀のギリシア人が同じことをいっていたら、そう論すのが本人と世界平和のためである。だがプラトンにとってこれは時代背景やイデオロギーの問題では断じてなく、存在そのものにかかわる問題なのだ。タイムマシンで現れたわれわれに詰め寄られようと、当時のデモクラシー擁護者が熱弁をふるおうと、おそらくプラトンの返答はかわらない。彼はいうだろう。人が認識していようといまいと、客観的にして不変的な真実在、究極的な倫理基準が存在するのだ。正義も善もこの一部であって、人がどうこうできるものではない。だから、問題は正しく認識することであり、デモクラシーとは関係ない（少なくとも必然的な関係性はない）と。プラトンは、そうした究極の実体・原型を「イデア」とか「エイドス」と呼ぶ。これは現象界を超越したところに存在する真の存在（"what is"）であり、それを認識するために不可欠とされるのが理性であり、哲学なのである。そしてそれを正しく用いることのできる人間は――繰り返すが、そう多くない。

プラトンは美や善や正義について次のようにいう。世の中には「美しいもの」、「善いもの」、「正しいもの」が存在する。だが、それらは完璧ではない。完璧なのは「美そのもの」、「善そのもの」、「正義そのもの」といった原型つまりイデアだけである。現象界に「美しいもの」、「善いもの」、「正しいもの」があるとしたら、それはイデアを分有しているからであるが、イデアそのものは現象界には存在しない。(151)

といい切ってしまったが、やはりここでも解釈の多様性に触れるべきかもしれない。対極的な解釈によれば、イデアは超越的・実体的なものではなく、単なる仮説・理想にすぎない。このように、現実には存在しないが目指すべき理想・努力目標として、あるいは複雑な現象を分析し特徴をつかむための（ウェーバーのいう「理念型」のような）作業仮説として捉えれば、イデアは現代人にとっても想像可能だし、有用性もある。

だが、本書はプラトンのコスモス論の（プラトンにとっての）重要性を認めるので、イデアは単なる仮説・理想ではなく、それこそが真の存在・リアリティ・"what is"であるとの解釈に与する。それにしたがうならば、有名な洞窟の比喩に見られるように、プラトンにとってはむしろわれわれの自明視する現実（現象界）こそが実体らしき実体を伴わない見せかけの世界（"what seems"）、影・幻想ということになるのである。

哲人統治論――教育論、政体論

さて、こうしたイデア観はどのような政治を要請するのだろうか。ドクサ（見せかけ）にとらわれずイデアを認識するためには、極めて優れた叡智が必要であり、まさにそれを可能にするのが哲学であるという点は既に確認した。また、少数の才能に恵まれた人間しか哲学をマスターできないことも見た。皆が皆、天才数学者になれるわけではないのと同じである。それでは誰が統治者になるべきか。プラトンはこの問いに対して明確な答えを提示している――有名な哲人統治論（哲人王論）である。

哲学者たちが国々において王となって統治するのでないかぎり……あるいは、現在王と呼ばれ、権力者と呼ばれている人たちが、真実にかつじゅうぶんに哲学するのでないかぎり、すなわち、政治的権力と哲学的精神とが一体化されて、多くの人々の素質が、現在のように二つのどちらかの方向へ別々に進むのを強制的に禁止させるのでないかぎり、……国々にとって不幸のやむときはないし、また人類にとっても同様だとぼくは思う。(152)

では国のリーダーに値する哲学者とは一体いかなる人物なのか。先に数学者にたとえたが、プラトンは実際に数学・幾何学を重視し、そうした合理的思考がイデアの認識に大いに役立つと考えていた。だがしかし、他方でイデアはいわば形式的ないし静的な論理によって理解できるものではないともいう。そもそも、プラトンが重視するロゴスもヌースも――さらにはコスモスも――静的なものではない[153]。だから、単に頭がよければ一夜にして認識能力を修得しイデアを認識できるわけではない。このことは次のような「善のイデア」（究極のイデア、イデアの中のイデア）の性質に鑑みれば当然であろう。

このように、認識される対象には真理性を提供し、認識する主体には認識機能を提供するものこそが、〈善〉の実相（イデア）にほかならないのだと、確信してくれたまえ。それは知識と真理の原因（根拠）なのであって、たしかにそれ自身認識の対象となるものと考えなければならないが、しかし認識と真理とはどちらもかくも美しいものではあるけれども、〈善〉はこの両者とは別のものであり、これらよりもさらに美しいものと考えてこそ、君の考えは正しいことになるだろう[154]。

認識の対象となるもろもろのものにとっても、ただその認識されるということが、〈善〉によって確保されるだけでなく、さらに、あるということ・その実在性もまた、〈善〉によってこそ、それらのものにそなわるようになるのだと言わなければならない――ただし、〈善〉は実在とそのまま同じではなく、位においても力においても、その実在のさらにかなたに超越してあるのだが[155]。

このように、「善のイデア」は真理さえもはるかに超えて存在する。こんなとんでもないものを認識するには、いくら天才でも素質（プラトンはしばしば「自然的素質」という）だけでは不十分である。子供の頃からそれを導き、開花させてくれる手が必要なのだ。そこで語られるのが教育である。プラトンによれば、統治者は総合的にして全人格的な教育によって初めて輩出される。したがって、教育プログラムには数学・幾何学だけでなく文芸も音楽も体育も含まれている。そして次に哲学的問答法（ディアレクティケー）の教育が施され、さらに実習期間が続く。統治者養成の教育は五〇歳を超えるまで続くという[156]。

これら統治者の卵たちは、皆同じ学校に通い、勉強も食事も寝泊りも一緒にする。しかも金儲けは禁じられ（そのかわり生活のための労働からは解放される）、財産共有制が徹底される。さらには性生活もコントロールされ、婦人は共有、結婚も家族も認められない。生まれた子供もポリスの子供として共有される。そして極めつけが優生学的なポリシーである。つまり、優秀な男と優秀な女ができるだけ多くの子供をつくり、資質の劣る人間はできるだけ子を設けないようにするのである（なお、パートナー選びもやらせの籤引きというある種の「高貴な嘘」によって行われる[157]）。

今日、いくら才能を褒めそやされたとて誰がこうした教育とライフスタイルを喜ぶだろう。だがこれはエリートが潤うためのエリート教育ではない。その目的は、ポリス全体の利益――究極的にはすべての成員の魂のケア――のために身も心も捧げてくれる統治者の養成にあるのだ。

だが教育される本人たちはともかく、妻女の共有などとは甚だしい女性蔑視ではないか、というお怒りもあろうかと思う。ところがプラトンはある種の男女平等論者なのである。というのも、アリストテレスも含み、長い間西洋の思想的伝統において男性優位が基調をなしてきたなかで、プラトンは女性も資質と能力があれば統治者になれると主張したからである。これは当時の常識に真っ向から対立する考えであり、ソクラテス／プラトンも非難を覚悟で唱えるが、その正当化の論理は傾聴に値する。

どうやらわれわれは、われわれ自身に向かってこうたずねることもできそうだね――禿頭の人たちと長髪の人たちとでは、自然的素質は同じであって反対ではないのか、と。そしてわれわれがそれは反対であると同意したら、それなら禿頭の人たちが靴作りをすれば長髪の人たちにはその仕事を許さないのか、あるいはまた、長髪の人たちが靴作りを仕事とするなら、他方の人々にはそれをゆるさないのか、とね。……もともとわれわれはあのとき、自然本来の素質が同じであるとか異なっているとかいうことを、けっしてどんな意味での異同でもよいと考えていたわけではなくて、ただ当の仕事そのものに関係するような種類の相違と類同だけに、注意しなければならないというつもりだったからではないかね？……男性と女性の場合についても同じように、もしある技術なり仕事なりにどちらかが一方がとくに向いているとわかれば、そういう仕事をそれぞれに割り当てるべきだと、われわれは主張するだろう。けれども、もし女は子供を生み男は生ませるという、ただそのことだけが両性の相違点であるように見えるのならば、それだけではいっこうにまだ、われわれが問題としている点に関して女が男と異なっているということは、証明されたことにはならないと主張すべきだろう。(158)

つまり、男女に身体上の違いはあるかもしれないが、統治者に求められる資質がそれに規定されることはなく、女性の中にもイデアの認識能力が具わっている者は存在するという。

以上みてきたように、『国家』では哲人王による統治が唱えられ、それは真の存在を志向するもので、しかもそれは実現可能な構想とされている。だがプラトンの後期の著作（特に『政治家』と『法律』）になると若干ニュアンスが変わってくる。一方で哲人統治がベストであるとの意見は保ちつつも、人間の拭いがたい可謬性により注意を向けることで次善策も模索する必要がでてくるのだ。(159) 詳しく論じる余裕はないが、後期に入ると『国家』より法律の担う役割が大きくなってくる。そして『政治家』では、後にアリストテレスを経由して西洋政治思想に絶大な影響を及ぼすことになる政体論（国制の分類）が展開される(160)〔図２〕。

プラトンはここに次のような優劣をつける。(161) すなわち、王政＞貴族政＞法律遵奉的民主政＞法律軽視的民主政＞

寡頭政＞僭主政――したがって、次善策の次元では、民主政は法を守る国制としては最悪だが、法を無視する国制としては最善とされるのだ。

四　プラトンのコスモス論――運命、理性、自由

以上、かなり大雑把ではあるがプラトンの政治理論の要点をまとめた。次に問題となるのは、こうした政治理論が彼のコスモス論とどう関わるかである。先に述べたが、『国家』は「エルのミュトス（物語・神話）」で終わる。[162]また、『法律』にも『ゴルギアス』にも『パイドン』にも類似した「終末論的神話」（eschatological myth）といわれるようなミュトスが含まれている。そして『政治家』を含む他の多くの著作にも別種のミュトスが含まれる。[163]これはどう理解すべきであろうか。

さて、いまや誰も驚かないと思うが、プラトンのミュトス（物語・神話）の意義と位置づけをめぐっても実に多様な解釈が存在する。一方に、あまり重要ではなく学問的検討に値しないとか、合理的な思考が苦手な人を説得するために挿入された（子供にとっての童話のような）ものとする見方がある。しかし他方に、そして最近の研究動向ではこちらの方がメジャーになりつつあるように思われるが、ミュトスとそこで展開されるコスモス論がプラトンの思想の根幹をなし、彼の政治理論を理解するうえでも無視しえないという見方がある。[164]本書はこの後者の立場に立つ。

	比較的よい政体 法に従った支配	比較的悪い政体 法を無視した支配
単独者支配	王政	僭主政
少数者支配	貴族政 （上流者支配政体）	寡頭政 （少数者専制政体）
多数者支配	民主政 （法律遵奉型）	民主政 （法律軽視型）

〔図 2〕

ところで、プラトンはイデアと哲学重視の立場から悲劇や伝統的神話（ホメロスやヘシオドス）に対して辛辣な批判を繰り広げることがある。有名なのが『国家』に登場する詩人追放論である。(165)自らも頻繁に神話に依拠する一方、このことがプラトンにとって矛盾とならないのは、彼の展開する神話が理性と合理性に力点をおき、哲学・政治学と連動ないし呼応関係にあるからである。その意味で、プラトンのミュトスはロゴスと対立するどころか親和性を有し、しかもリアリティを有するものとされる。時には『ゴルギアス』のように、神話が真実およびロゴスとして語られることさえあるのだ。(166)逆に合理性を基調とした自然哲学に対しては、一定の敬意は払いつつも虚しい試みと批判している。(167)この場合、プラトンにとっては理性の誤った使用、合理性の誤った認識、もしくは目的の誤った設定ということになるのだろう。

加えて、プラトンには『ティマイオス』という、コスモスそのものを中心的に論じた著作がある。そこではコスモスや神々や魂や人間や時間や空間などの創造過程を含む壮大なミュトスが語られるが、これもまた「理に適った物語・神話」（「エイコース・ミュートス」）であるとされ、コスモスおよびその創造者・製作者（デミウルゴス）による創造の合理性が説かれる。(168)本来であれば『ティマイオス』で展開されるコスモス論が『国家』などの著作における政治理論と具体的にどう関係しているかについて論じるべきであろう。『ティマイオス』が『国家』と連関していることは、『国家』に特徴的な政治の議論が『ティマイオス』にしばしば登場することからも自明であると思われる（そもそも冒頭の文章からしてそうである）。そして『ティマイオス』は後に古代ローマの思想家キケロによってラテン語に訳され、また中世においてもキリスト教思想に大きな影響を与えた。そもそも西ヨーロッパにおいて、古代から中世に散逸せずに伝わったプラトンの著作は『ティマイオス』だけであり、その意味でも重要な著作の一つである。だが残念ながら本書ではそこまで扱う余裕はないので、ここでは問題と射程を極力限定し、もっぱら『国家』の「エルの物語」に注目することにする。(169)

まず「エルの物語」のあらすじについて述べよう。このミュトスは、『国家』の最終巻（第一〇巻）の最後の最後、しかも魂の不滅が説かれた後に出てくる。既述のようにエルは戦士であり、自らの臨死体験、つまりあの世で目撃したことについて語る。

人間は死ぬと魂が身体から離れ、ある不思議な場所（牧場）へ赴き、そこで裁判官らによって裁きを受ける。牧場には天上界につながる穴が二つ（入口と出口）、地下界につながる穴が二つあり、生前に正義に適った生き方をした人間は天上界で、不正な行いをした人間は地下界でそれぞれ一千年過ごすことになる（度を越した極悪人のみ、地下界での滞在期間がさらに延長される）。いうまでもなく、天上界は天国のような幸福に満ちたところで、地下界は地獄のような苦痛と恐怖に支配されるところである。そして、このような天国ツアーと地獄ツアーが終わると、魂たちは再び牧場に戻ってきて、地上（現象界）での新たな生をはじめるための準備に取り掛かる。

魂たちははじめにアナンケー（必然）の女神の鎮座する宇宙の中心へと旅立つ。アナンケーの女神の膝の中には紡錘があり、娘の運命の女神たち――過去を司るラケシス、現在を司るクロト、未来を司るアトロポス――が、はずみ車の複数の輪の回転を助けながら歌によって調和をもたらしている。しばらくすると、魂たちはラケシスのところへ誘導され、そこに到着すると、籤とさまざまな生涯の見本を持った神官より次のように告げられる。

これは女神アナンケーの姫御子、乙女神ラケシスのお言葉であるぞ。命はかなき魂たちよ、ここに、死すべき族がたどる、死に終わるべき、いまひとたびの周期がはじまる。運命を導くダイモーン（神霊）が、汝らを籤で引き当てるのではない。汝ら自身が、みずからのダイモーンを選ぶべきである。第一番目の籤を引き当てた者をして、第一番目にひとつの生涯を選ばしめよ。その生涯に、以後彼は必然の力によって縛りつけられ、離れることができぬであろう。徳は何ものにも支配されぬ。それを尊ぶか、ないがしろにするかによって、人はそれぞれ徳をより多くあるいは少なく、自分のものとするであろう。責めは選ぶ者にある。神にはいかなる責めもない(170)。

なお、生涯の見本については、ありとあらゆる種類がある。美しい人間、強い人間、僭主、金持ち、乞食、さらには動物の生涯もある。神官の言葉からもわかるように、いい籤を引いた魂には多くの選択肢が与えられ、条件が有利になる。だが、貧乏籤を引いたからといってこの世の終わりというわけではない。魂の数より籤の数が多いため、多少ながら選択の余地はあるし、神官は次のようにもいうからである。

最後に選びにやって来る者でも、よく心して選ぶならば、彼が真剣に努力して生きるかぎり、満足のできる、けっして悪くない生涯が残されている。最初に選ぶ者も、おろそかに選んではならぬ。最後に選ぶ者も、気を落としてはならぬ(171)。

そして実際、魂たちがどのような生涯の見本を選んだかをエルは伝える。アガメムノンは（そしてオルペウスもタミュラスもテラモンの子アイアスもテルシテスも）人生にはもう懲りたということで動物の生涯を選んだ。オデュッセウスは生前絶好調だったがバーンアウトし疲労気味という理由で「厄介ごとのない一私人」の生涯を選んだ(172)。これらの例はおそらく伝統的神話のパロディーだと思われるが、次の例には重要な哲学的教訓が込められている。

第一番の籤を引き当てた魂は、多数の選択肢の中から最大の僭主の生涯を選択する。その結果彼には、数々の禍に見舞われ自分の子供たちの肉を食らうという運命が定められることになる。そしてしばらくしてそのことに気づくと、その魂は神官の忠告に反して「運命を責め、ダイモーンを責め、およそ自分以外のものならすべてに八つ当たり」するのである。(173)だが、なぜ当たり籤を引いたのにこのような悲惨な状況が生まれてしまったのだろうか。結論からいえば、この魂は前世において哲学を蔑ろにし、魂に十分に配慮せず、したがって正しく判断する能力を鍛えなかったからである。決して前世の行いが悪かったわけではない。それどころか、この魂は天国ツアーから戻ってきた者であった。前世の行いに対する賞罰はツアー段階で完了するのであり、地上における次なる生には持ち越されないのである。

さて、こうしたストーリー展開はまさにプラトンの思想における哲学と運命と自由との関係を象徴しているといえよう。先の魂は前世において、よく秩序づけられた国制のなかで生活していたため、真理や正義の知の探究に勤しまなくても、習慣ないし惰性によって正しく振る舞うことができた。その結果、天国ツアーという報酬を得たのである。だが、まさしく真理や正義の知を自ら探究しなかったために判断力は鈍り、長期的には運も尽きることになった。

プラトン曰く、天国ツアー参加者の少なからぬ者が同じような境遇に陥る。逆に地獄ツアーの参加者は、多くの苦しみを味わうと同時に他人の苦しみを目撃するので、正しい判断ができるようになることもしばしばある。こうして、「多くの魂にとって善い生涯と悪い生涯とが入れ替わる」のだが、これはプラトンが運命の不可抗力を一方で認めつつも、他方で人間の自由意志を重視していることを意味している。つまり、籤の結果は人間の意志や力によってはどうにもならない運命的なものとして甘受するしかないが、その与えられた運命の範囲内でどの選択肢を選ぶか、現象界に降りてから定められた境遇のなかでいかにベストを尽くすかは個人の自由の問題であり、したがってその個人の責任の問題なのである。そして自由意志を正しく行使するためには、まさに知を愛し求めること、哲学することが不可欠となる。プラトンによれば、運命は断じて宿命ではなく、必然と自由は哲学を介して両立可能となる。(174)

もし人がこの世の生にやって来るたびごとに、つねに誠心誠意知を愛し求め、そして生の選択のための籤が最後のほうの順番にさえ当らなければ、おそらくはこうしたあの世からの報告から考えて、その人は、ただこの世において幸福になれるだけでなく、さらにこの世からあの世へと赴くときも、ふたたびこの世にもどって来るときにも、地下の険しい旅路ではなく、坦々としてなめらかな天上の旅路を行くことになるだろう。(175)

以上、ごく簡単に「エルの物語」の内容とそのプラトンの思想における位置づけについて論じた。だが、これで正義に関するプラトンの議論が強化されたと考える読者はどれくらいいるだろうか。現代人のパースペクティブからみれば、このミュトスはにわかに受け入れがたいものだろうし、次のような疑問も残るかもしれない。拷問され目をくり抜かれることになっても正義を求めなければならないといったのに、なぜ最後になって正義に対する報償（天国ツアー）の話をするのか。結局あとで一千年幸せに過ごすために正義を行なうのか。一貫性はどこにいった。

これについてプラトンは反論を予想してか、「エルの物語」をはじめる前に、正義がそれ自体として価値があることは既に論証済みであると述べている。(176) そのうえで、彼は正義が実際は多くの報酬をこの世でもあの世でももたらすとして、ミュトスの説明に移るのである。(177) これが説得的かどうかはさておき、こうしたプラトンにおけるミュトスの重要性を認める研究者のなかには、死後の報酬が道徳的に行為するためのインセンティブとして有効たりうるかどうか、といったことをロジックの問題として考察する者もいる。(178)

確かに、道徳的義務の根拠を明らかにすることは、現代に生きるわれわれにとっても切実な問題である。来世のことを視野に入れずして——極端ないい方をすると、死んだら何もかも無に帰するという立場から——共時的そして通時的（世代間を含む）義務を合理的に基礎づけることは果たして可能だろうか。

本書ではこの問いを多少意識しつつも、答えは提示しない。私には答えがわからないし、私の知る限り万人が納得するような答えを持っている人間は今のところいないからである。だが、コスモスを想定するしないにかかわらず、政治的・道徳的義務（そして正当性）の根拠についてさまざまな思想家がどのように理解してきたかについては触れる。その場合、義務（と正当性）の問題はしばしば時間の問題と表裏一体となって現れることが明らかになるだろう。

プラトンのコスモス論と政治理論との関係については、まだまだ論ずることがたくさんある。時間概念ひとつをとってみても、例えば『ティマイオス』には次のような意味深長な記述がある。

> ところで、このようにして生まれて来たもの（宇宙）が生きて動いていて、永遠なる神々の神殿となっているのを認めたとき、それの生みの父は喜びました。そして上機嫌で、なおもっとよくモデルに似たものに仕上げようと考えたのです。すると、モデルそのものは、まさに、永遠なる生きものとしてあるので、そのようにまたこの万有をも、できるだけそれと同性質のものに仕上げようと努めました。ところで、かの生きものの場合は、その本性まさに永遠なるものだったのでして、そのような性質は、じっさい、生成物に完全に付与することのできないものでした。しかし、永遠を写す、何か動く似像のほうを、神は作ろうと考えたのでした。そして、宇宙を秩序づけるとともに、一のうちに静止している永遠を写して、数に即して動きながら永遠らしさを保つ、その似像をつくったのです。そして、この似像こそ、まさにわれわれが「時間」と名づけて来たところのものなのです。(179)

ここでの時間は円環的に構想されており、それがコスモス論の重要な特徴をなしていると同時に政治理論とも関係していると思われる。だが紙幅の関係上、ここでは「エルの物語」で見たようにプラトンが現世を超えた宇宙論的スケールで時間を捉えていたということ、そしてそれが霊魂不滅論と相まってある種の輪廻思想に結実したという点を確認するにとどめる。(180)

五　プラトンの思想の運命

ナチズムとプラトン

プラトンの思想が後世においてどのように受容されていったかについては、他の思想を扱う段で適宜（といってもかなり選択的かつ断片的に）触れる。ただ、「ヨーロッパの哲学的伝統はプラトンへの一連の脚注からなっていると一般的に特徴づけても差し支えはなかろう」というホワイトヘッドの言葉に誇張があるにせよ、その果てしない影響範囲のことを考えると、その一端を示すことすら困難であるということはいうまでもない。弟子のアリストテレスはもちろんのこと、ストア派、新プラトン主義、キリスト教思想、ユダヤ思想、イスラム思想、ルネサンス思想、ケンブリッジ・プラトン主義、等々と枚挙にいとまがない。また、プラトンの直接的影響——つまり、積極的受容という形での継承（批判的継承を含む）——とは別に、プラトンを否定的に捉えそれと対決する形で間接的に影響を受けつつ展開された思想も実にたくさんある。

ここでは本書の重要なテーマの一つでもあるmoral transformationとそのアンビヴァレンスの一側面を明らかにするために、主として二〇世紀前半のヨーロッパにおける「プラトンの政治化」とその思想的含意に注目する。

佐々木毅がその著書『プラトンの呪縛』で詳説しているように、プラトンは一九世紀以前においては理想主義的ないしユートピアンな哲学者というイメージで理解されるのが一般的であったが、二〇世紀に入ると（ことに第一次世界大戦以降）、「プラトンは夢想する理想主義者から容赦のないリアリストへと変貌し、俗にいうところの神棚にあげて拝んでいるわけにはいかなくなった」[181]。その最たる例がナチスおよびその支持者によるプラトンの政治的利用であり、そこではプラトンの哲人王とヒトラーとを類比的に捉えるような極端なケースまで見られた。しかもそうした動向に加担したのは政治権力者や扇動的プロパガンディストだけではなかった。少なからぬ知識人や学者も加わったのである。哲学者ヨアキム・バネスの著作『ヒトラーの闘争とプラトンの国家――国家社会主義の自由のための運動のイデオロギー的構造についての一研究』（一九三三年）は、そのタイトルが既にこうした状況を物語っているといえよう（なお、ナチズムの支持者の中には神学者も見られた[182]）。

だが、なぜこんなことが起こりえたのだろうか。ナチズムはゲルマン神話やアーリア人至上主義のような非合理的言説と、すこぶる合理的な技術や制度（高度なテクノロジーと兵器、近代的な軍隊と官僚制度）とを接合し、さらには優生学的な思想をも取り入れた全体主義的かつ国家主義的なイデオロギーである。それは人びとに対して単なる外面的服従だけではなく、内面的服従をも要求し、もはや抑圧を抑圧と感じなくなるまで、あるいは服従を自ら欲するようになるまでイデオロギーの内面化を推進しようしたのである（いうまでもなく、国家権力に敵視された個人や集団は端的に排除されたり抹殺されたりした）。

なるほど、これはプラトンの思想にみられたような神話と理性の融合、優生学的要素、「高貴な嘘」による内面的服従の調達、そして人びとの意識（考え方、感じ方、関心の対象）そのものを変革する moral transformation という考えを彷彿とさせるかもしれない。だが以下に示すように、そうした類似性はあくまでも表面上のものであり、両者間にはおよそ埋めがたい大きな溝が横たわっている。存在論的にも認識論的にも次元が異なるとさえいえる。それでも、プラトンの名において、もしくはプラトン的な思想ないしイメージの援用によってナチズムが正当化されたという事実が存在する限り、プラトンの思想がどのように政治的に利用されたか、またなぜ利用されえたかを理解することは、政治思想研究における重要な課題となりうる。

“what seems”の混乱

その場合、当然ながら時代状況・時代精神——わけてもドイツにおいてナチスの台頭を可能にした諸条件・諸要因——は無視しえない。敗戦による経済的打撃、広範な貧窮、民族的プライドの損傷、精神的トラウマ、政治の混乱、スケープゴート探しや英雄待望論の出現などを一方であげることができる。また他方、よりプラトンと関連した要素として、ドイツの教養市民層におけるプラトンのプレステージ、エリート教育における古典学の重視もあげられよう。だが、ここでは（紙幅の都合上）本書のテーマと密接に関連した——そして二一世紀に生きるわれわれにとっても他人事とはいいがたい——現代社会の知的状況にフォーカスを絞りたいと思う。そのためにはウェーバーが『職業として学問』や『職業としての政治』で追求した、学問がどこまで人びとの期待にこたえられるかという問題に改めて向き合う必要がある。

まず理解すべきは、現代の学問が「いかに生きるべきか」といった最も根源的な問い——古代ギリシア哲学における中心的問いであったと同時に、今日の人間にとっても依然として“what matters”に関わる究極の実存的問い——に対して何も答えを提示しない、提示しえないということである。ウェーバーが述べているように、究極的価値に関して学問は沈黙せざるをえないし、競合する世界観の間での優劣を学問的・合理的に判断することはできない(183)。

加えて、学問が著しく専門分化した現代においては、もはやルネサンス期（あるいは近代のある時期）までのように、複数の領域にわたる専門知識を一人の人間が収めるのはほぼ不可能となっている。大学で授業を受けたことのある人間なら誰でも知っているように、どの領域もそれ自体多様な分野からなっており、その各々の分野もさらに多様な下位分野にわかれる。すると、例えば、政治学の専門家が最新の物理学を理解できないのは当然として、同じ社会科学という領域に所属しているとされる政治学者と経済学者との間でもコミュニケーションが成り立たないことは決して珍しくない。それどころか、政治学者同士でも分野が異なると容易に理解し合えなくなったりする（努力すればできる場合でも、多くの研究者は自分の研究分野に沈潜し、他の分野にあまり関心を示さない）。

このように現代の学問は「タコツボ」化（丸山眞男）しており、[184]学問を通じてはせいぜい部分知しか得られない。これはある意味で近代に特徴的な合理主義・合理化精神（多くの価値領域が神学やコスモス論からから自律し、個々の価値領域の固有の論理を追求していく過程で顕著となる現象）の必然的帰結である。[185]むろん、それでもなお学問も政治学も重要で有意義なのだが、これについては徐々に明らかになると思う。[186]ともかくも、そうだとすれば、政治も社会も道徳も宗教も科学も自然も総合的に捉えたいと思う人間にとって、現代の知的状況はすこぶるフラストレーションのたまるものとなろう。実存的問いや生の統一的把握を追求する人間にとっては、学問の意義そのものが疑われるかもしれない。

そうした人びとの眼にプラトンが魅力的に映ったとしてもなんら不思議はないだろう。プラトンの思想は部分も全体も両者の関係性も扱っている。政治も倫理も科学も自然もすべてダイナミックに統合される。実存的な問いに対しても、現世を超えた永遠の相のもとで、宇宙論的なスケールで答えようとしている。これに比べれば、現代の学問はミジンコのようなものだと思う人がいてもおかしくはない。ことに第一次世界大戦後のドイツ――“what seems”の領域がカオスの様相を呈し、社会の秩序も安定も失われ、今までよりどころにしてきた価値も揺らぎ、プライドも傷つけられ、方向性を失っている――においては、少なからぬ人間にとってプラトンやプラトン的言説が輝かしい、いや神々しいものにさえ見えたに違いない。“what seems”の領域が極端に混乱しているとき、人びとは救いを求めて“what is”もしくは“what is”的なものを志向する。特に当時のドイツでは他の伝統的な価値や宗教の求心力が低下するなか、なまじプラトンの権威が保たれていただけに、それは人びとの心に響くとともに政治的利用の恰好な標的となったといえよう。

“what is”の不在

つまり、“what seems”をめぐる究極的な問いに学問が答えられなくなった現状は、近代以降、人びとが共通の前提としうるコスモロジーが失われたという“what is”にまつわる問題と重なっているのである。これは多様性の問題とも密接に関わり、さらには近代主権国家の特徴とも表裏一体の関係になる。また実のところ、これはプラトンの思想のみならず、宗教や芸術など、超越的なるもの、聖なるもの、崇高なるものについてもいえることである。現代の理性では合理的に答えられなくなった問いが立てられるとき、そうしたものが本来の意図やコンテクストと切り離して持ち出され、人びとに語りかける強い力を利用されるのである。

そうとすれば、こうしたプラトンの政治的利用がアナクロニズムの極致であることは明らかだろう。細かいことは省略して話を思いっ切り単純化すると、プラトンとナチス的プラトンとの構造的差異は、次のように図式化できる。

プラトンは下（“what seems”たる現象界）から上（イデア）へ向かう形で“what is”に近づこうとし、政治をそのための一手段とした。対して、ナチスは“what is”という本来は上のもの（超越的、普遍的なもの）を下に引き下げることにより、“what is”的なものを政治的支配の一手段とした。そして、“what is”は正不正や善悪の基準を示すものでもあるため、それが引き下げられることにより、その内実を認識し判断する最終的決定権が国家権力の担い手に掌握されることになるのである。

だが本来プラトンによれば、真善美と正義を体現する“what is”は客観的な存在であり、人間の意志によって変えられるようなものではない。いわんや権力者の判断によって左右されることなどありえないのだ。そして既に見たように、“what is”は現世的な時間も空間も超越したところに存在し、したがってプラトンがどれだけ国家の在り方と役割を重視しようと、究極的にはそれをも超えたところに魂の目が向けられなければならない。また、そうであるがゆえに、哲人統治も「高貴な嘘」も、そして上からの moral transformation も正当化されることになるのである。こうした moral transformation は、イェーガーにならって「パイデイア」(ないし“conversion”)と呼ぶこともできようし、「内なる国制」の確立こそがプラトンの究極の目的であったということもできよう(187)。

だがナチズムにおいては、この国家を突き抜けてそれを相対化するベクトルが失われ、逆に国家が聖性を帯びることになる。つまり、超越的なもの、聖なるもの、崇高なるものが国家を絶対視させるための手段と化し、「世俗宗教」というアイロニカルな現象がもたらされるのである。

プラトンが共同体(わけても守護者階級)における利害関心の一致を重視し、それが彼の政治的構想にとって不可欠な要因となっていたことは事実である。しかしその内実は全体主義的なものとはまったく異なる。「魂への配慮」が最優先事項であり、知を愛し求めるように魂を向け変えようとする、それはまさに“what is”への接近ないし合一を意味し、現世的な政治権力との自己同一化を迫る専制とは、あらゆる意味で対極に位置するからだ。プラトンによれば、市民が同じ価値を共有し、同じ目標に向かっていれば、国家は個人のような統一的存在となり、個々の成員が全体の名において抑圧されたり排除されたりすることはなくなる(守護者たちにおける財産と妻女と子供の共有も同様のロジックによって正当化される(188))。プラトン自身の言葉に耳を傾けてみよう。

だから一般に、最も多くの国民がこの『私のもの』や『私のでないもの』という言葉を同じものに向けて、同じように語るような国家が、最もよく治められている国家だということになるね。……そうするとまた、一人の人間のあり方に最も近い状態にある国家、そうだということにもなるわけだね。——たとえば、われわれの一人が指を打たれたとする。そのとき、身体中に行きわたって魂にまで届き、その内なる支配者のもとに一つの組織をかたちづくっている共同体が、全体としてそれを感知して、痛められたのは一つの部分だけであるの

に、全体がこぞって同時にその痛みを共にする。(189)

しかしナチズムのように国家そのものを神聖視・絶対視した場合、もはや個の痛みが全体の痛みとして感じられることはない。それどころか全体のために――より厳密には全体を標榜する部分のために――個が犠牲に供されることが当然とみなされる。あるいは、個が進んで犠牲を払うような集団的意識が形成されるよう、国家権力側が上からの moral transformation を推進することになるのである。

プラトンの思想が魅力的であればあるほど、その核となるコズミックな世界観を骨抜きにして異なるコンテクストに植え替えられたとき、社会に深刻なひずみを生じさせることになる。それを本書ではアナクロニズムとアンビヴァレンスの問題と呼び、この思想史叙述を通じて繰り返し問い返していくだろう。たとえばプラトンにも劣らぬくらい魅力的なルソーの思想は、プラトンにも似た同質性重視の国家観を展開し、(190)その結果プラトンと同じように政治的に利用され、プラトンと並ぶ全体主義のイデオローグとして批判にさらされることになる。バートランド・ラッセルは「ヒトラーはルソーの帰結である」とまで述べた。(191)だがルソーにまつわるアナクロニズムとアンビヴァレンスは、ルソーの章で触れることにしよう。

ともあれ、「プラトンの政治化」にまつわる問題性を、そもそもプラトンの思想の前提にある道徳的実在主義を無視したところに求めるジョン・ワイルドの指摘は興味深い。佐々木毅が説明しているように、第二次世界大戦末期あたりから、既述のようなプラトンの政治的利用に危惧を抱く一部の英米系のリベラルな学者（その大半は古典学を専門としない研究者）が、プラトンを全体主義のイデオローグとして批判するようになる（カール・ポパーの『開かれた社会』におけるプラトン批判は有名である）。(192)それに対して、多くの古典学者がプラトン批判のアナクロニズムを指摘する形で反論を展開し、そこから大きな論争が繰り広げられていった。こうした状況のなかで、ハーバード大学教授のワイルドは、論争に加わった双方がともに近代に特徴的な主観主義・主意主義・懐疑主義・脱合理主義に陥っており、プラトンが想定していた絶対的真理の存在と実在の秩序への信頼を欠如していること自体を問題視したのである。(193) 本書のテーマに引きつけて換言すれば、つまりワイルドはコスモスのある種の復権を唱えたことになる。もしコスモスの不在が凄惨な政治現象に一役買っているのなら、現代においてコスモスを復活させることは有用なのだろうか。

さて、これは近代の思想状況そのものをトータルに批判する試みであり、すこぶる大胆にして野心的であるが、本書ではこうした主張が容易に成立しえない理由が徐々に明らかになっていくだろう。

第四章　アリストテレス

一　万学の祖アリストテレス

プラトンはソクラテスの弟子であったが、プラトンにも恐ろしく優秀な弟子がいた。アリストテレス（前三八四年－三二二年）である。アレクサンドロス大王の家庭教師を務めたことから当時の名声のほどがわかるが、その業績と後世への影響もまた、師プラトンに勝るとも劣らないものであり、ホワイトヘッドの言葉も「ヨーロッパの哲学的伝統はプラトンとアリストテレスへの一連の脚注からなっている」と修正した方がよいと思いたくなるくらいである。プラトン同様、アリストテレスもまたコスモス論を展開するとともに、政治学も倫理学も自然科学も射程に入れたダイナミックな知の体系を構築しようと試みた。その著作名（『カテゴリー論』、『命題論』、『分析論前書・後書』、『トポス論』、『ソフィスト的論駁について』、『自然学』、『天界について』、『生成と消滅について』、『気象論』、『魂について』、『動物誌』、『形而上学』、『ニコマコス倫理学』、『政治学』、『弁論術』、『詩学』、『アテナイの国制』等々）からも守備範囲の広さが窺い知れよう。後に「万学の祖」と称されるゆえんである。

中世のスコラ哲学は、キリスト教化したアリストテレス哲学といっても過言ではない。また近代以降、新たな学問体系が編み出される際にも、多くの場合アリストテレスと対峙する形でなされた。政治思想の分野では、今日依然として新アリストテレス主義者と呼ばれるような論者がいる。但し、アリストテレスの学問が古代から中世、近現代へと連綿と受け継がれていったと考えるべきではない。というのも、これもまたプラトン同様、アリストテレスの大半の著作は西ヨーロッパにおいては古代末期に散逸したからである。アリストテレスおよびアリストテレス関連の著作の多くは一一世紀以降、「再発見」される形で中世の学問に絶大な影響を及ぼすことになるが、少なからぬ文献がイスラム世界やビザンツから入ってき、アラビア語やギリシア語からラテン語への翻訳が積極的になされた時期があったことも忘れてはならない(194)。アリストテレスの政治思想が集約されている『政治学』がラテン語に訳されたのは一三世紀に入ってからなのだ(195)（なお、現存するアリストテレスの著作は、全体の三分の一程度とされている。対話篇は断片しか残っていない）。

アリストテレスやアリストテレス主義の後世への影響については後に触れるとして（といっても断片的かつ選択的にであるが(196)）、まずはアリストテレス自身が構築した思想体系を見てみよう。

二　プラトンとの相似と相違

最初に押さえておくべきことは、アリストテレスが師プラトンから大きな影響を受けつつも、単にそれを継承したわけでないということである。それどころか、プラトンの思想体系の根幹をなす原理や概念や方法に対してさえ批判を加えている。それは後述するように、イデア論にまで及ぶものであり、したがってアリストテレスの“what is”理解もプラトンのそれと大きく異なっている。彼がこのことにすこぶる自覚的だったことは、次の言葉からもわかる。

真理の確立のためには、しかしながら、親しきをも滅することがむしろいいのであって、それがわれわれの義務でもあると考えられるであろう。殊にわれわれは哲学者・愛智者なのであるから。けだし、真理も、親しきひとびとも、ともにわれわれにとって愛すべきものではあるが、真理に対してより多く尊敬を払うことこそが敬虔な態度なのである。(197)

この違いは、当然ながら、政治思想の内容的相違としても表れる。とはいえ、プラトン的イデア論を否定しつつもイデア的なもの（アリストテレスのいう「形相・エイドス」）は重視したという点で、トゥキュディデスやソフィストらと比較すれば、アリストテレスははるかにプラトンに近い。また、イデア的なものとその合理性に実在（"what is"）の究極の根拠を求めるという点でも（この立場を「主知主義」という）、一定の連続性ないし類似性を認めることができる。その意味で、アリストテレスはプラトンの思想を批判的に継承したとするのが妥当だろう。

さらに、moral transformation の問題については次のような図式化が可能になると思われる。これまでのところで、程度にも質にも差があるとはいえ、プラトンも悲劇詩人も、そしてトゥキュディデス、プロタゴラスもみな、ある種の moral transformation を目指していたことを確認してきた。ただ、その程度と質の差は理論的にも実践的にも大きな違いをもたらし、一見類似した徳（抑制、判断力、深慮、正義など）にも異なる位置づけが与えられることになった。

まず悲劇詩人は "what seems" の領域に見られるリスク（特にヒュブリスに由来するそれ）に注意を喚起しつつ、市民の意識（"what matters"）をコスモスないし神々のディケー・秩序（"what is"）への信頼につなげようとした。トゥキュディデスは超越的なコスモスを考察の対象から外し、もっぱら分析を人間的事象（"what seems"）に限定し、そのなかに一定のパターンないし傾向性（経験的次元における "what is"）を見出し、リーダーと市民の判断力を鍛えることを喫緊の課題（"what matters"）として訴えた。プロタゴラスもコスモスや神々（"what is"）に対する不可知論という立場から、考察の対象を感覚的世界（"what seems" ないし人間が主観的に理解する感覚的実体としての "what is"）に限定し、人間に認識可能でポリスでの共同生活にとって必要不可欠と思われる徳・思慮に市民の目（"what matters"）を向けさせようと試みた。三者に共通しているのは、そしてプラトンと決定的に異なるところは、アテナイの民主政を擁護ないし前提とした点である。

もちろん、プラトンとてアテナイ民主政の存在そのものを否定したわけではない。が、市民に対して根本的な変革、つまりラディカルな moral transformation を伴う魂と政治の変革を求めたという点で、特異な立場を堅持している。これは人間がどこまで変われるかという問題とも関わっており、プラトンとトゥキュディデスを比較すると違いが浮き彫りになるだろう。

既に見たように、トゥキュディデスは、変わらぬ人間性の一般的性向（特に理性的判断を曇らせるような情念）を想定しつつ、それといかに対峙しつつ判断力を鍛えるかということを課題とする。つまり、人間には改善できても拭い去ることのできない性向が具わっており、それを無視した政治は空虚、いや有害無益なものになると考えるのである。対してプラトンは、まさにトゥキュディデスが前提とするような人間本性そのものの変革を訴え、それが可能だと考える（もちろん、オプティミスティックにそう考えるわけではないが）。一見すると根拠薄弱な主張だが、プラトンにとってはイデアが真実在であり、その政治学の根底にコスモロジーがあればこそ、それは根拠薄弱どころか真理ないし真の現実に適った試みとなる。そうした思想体系において自由は「魂への配慮」を可能にする不可欠の能力として尊ばれるが、その自由は民主政に特徴的な自由とは異なる。したがってデモクラシーも原理的なレベルで相対化されるのである。

アリストテレスの唱える moral transformation は、人間の魂を "what seems" から、より本質的な "what is" へ導こうとしている点で、プラトンの考えと近い。プラトン同様、アリストテレスも事実性や経験則に収斂しない合理的根拠ないし目的を最も重要視したといえる。だが決定的に違うのは、プラトンが現象界（"what seems"）とイデア界（"what is"）との距離ないし断絶を強調したのに対して、アリストテレスは"what seems"の中に"what is"が内在するという形で、感覚的実在ないし事物・事象（「個物」「質料」）とイデア的なものとしての叡智的実在（「エイドス」「形相」）とを統合的に捉えたということである。アリストテレスにとって目の前の現象・経験的事象は、これら両者が結びついたまま、ともに自己実現していく過程にほかならない。したがって"what is"の何たるかを捉えるため、"what seems"の多様なあり方を観察・分析することが非常に重視されるようになる。

こうした多様性に注目する視座を得たアリストテレスは、政体論を展開するに際してこう訴える。「研究すべきは、最善の国制のみならず、現実的に可能な国制でもあり、そしておなじく、すべての国家にとって、いっそう実現しやすく、いっそう共通な国制でもあ」り、「必要なのは、現にある国制から直接出発して、人びとが納得ずくで参与できるような秩序を導入することである」と。[198]そしてこの視座が善の多様性と政治的多元性の主張と結びつき、民主政に比較的親和性のある政治理論と教育論を生み出していくのだが、これは後に詳しく述べる。ここでは簡単にプラトンとの相違がスケッチできれば十分だ。

ではそのアリストテレスによる政体論とは一体いかなるものだったのか。

三　アリストテレスの政体論

まず注目に値するのは、プラトンの政体論をある程度継承しつつ、アリストテレスが次のような類型化を行った点である[199]〔図3〕。

なお、「これらの逸脱した国制のなかで、どれがもっとも悪しきものか」という問いに対しては、プラトン同様

	正しい国制 公共の利益のために支配	逸脱した国制 支配者のための支配
単独者支配	王政	僭主政
少数者支配	貴族政	寡頭政
多数者支配	ポリテイア・国制	民主政

〔図 3〕

「僭主政」と答え、僭主政＞寡頭政＞民主政の順に劣ると述べている。彼によると、民主政は逸脱した国制のなかで「逸脱がもっとも穏健なもの」ということになる。(200)しかし他方で、僭主政の特徴を明らかにするのみならず、歴史的事例の分析を通じて僭主政を維持するための方策すら、まるまる一章を費やして論じている。(201)自分の価値観から距離を置き、現実の多様にして個別的なあり方をも注視するアリストテレスの面目躍如といったところだろう。

それでは、正しい国制についてはどのような順位が想定されるのであろうか。実は複眼的視座と多元性・多様性を重視するアリストテレスにとって答えは単純ではない。一方で支配者がすべての人を徳において凌駕するような存在であれば、王政や貴族政が望ましい。(202)だが他方、こうした理論上ベストな国制は現実には存在しないし、実現可能性も乏しい。そもそも国制が純粋な形で存在すること自体ほとんどないのだ。したがってプラトンとは異なり、アリストテレスはより経験的事実に即しつつ、現実の、そして現実に可能と彼が考える国制について語ることになる。類型は類型として前提にしながら、その多様にして混合的なあり方を示すのである。

だが同時に彼は、普遍的に妥当し実現可能な原理を求めることも忘れない。法の支配、(203)自由にして平等な市民による相互支配、徳に応じた善き生の共同追求などの重要性は声高に主張される。(204)そして多数者支配のメリットを強調し、それを成立させている「国制」(政体一般としての国制と同じ名称を使っているので紛らわしいが)を、正しい国制の類型のなかで実現可能なベストな政体と位置づけるのである。アリストテレスにとって「民主政」は、多数の貧民による支配という否定的な側面を持つが、それでもプラトンと比較すれば、正しい多数者支配により近い国制として肯定的に評価されている。

ではアリストテレスはそもそもどういった根拠で多数者支配を擁護したのか。彼は次のようなメリットを指摘する。

多数者は、そのひとりひとりがすぐれた人とは言えないけれども、それでも全員が集まれば、かの少数者よりは――個人としてではなく、全体として――勝ることがあってよいからである。たとえて言えば、全員の各自がもちよった会食が一人の出費でまかなわれた会食よりも勝るようなものである。つまり、大勢であれば、それぞれが徳と思慮の一部を分けもち、全員が集まれば、その集団があたかも多くの手足や感覚をもつひとりの人間のようになり、性格や思考に関しても同様に一体となることがあってもよい(205)。

また、専門知識の有益性を認めつつも、政治の領域においては、専門家でない人間が正しく判断することが可能だとし(206)、次のような例を挙げる。

たとえば、家のよしあしをするのは、それを建てた者だけではなく、それを使用する者が――すなわち家政の長がそれを使用するのであるが――むしろもっとよく判定できるし、舵は船大工より舵取りのほうが、料理は料理人より招かれた客のほうがもっとよく判定できるのである(207)。

だが既述のように、国制・政体が純粋な形で存在することはほとんどなく、正しい多数者支配としての「国制」

とて例外ではない。実際の「国制」は、富者支配の寡頭政と自由を求める民主政との混合形態であるとされ(208)、それがもっとも望ましい（実現可能な）政体であり続けるためには、（極端な富者でも貧者でもない）中間層による支配が決定的に重要であると述べるのである(209)。これは『ニコマコス倫理学』で説かれる中庸の概念、および共同体紐帯原理としての友愛とも関係している(210)。

なお法の支配については、単に法律をよく制定するだけでは十分ではなく、人びとをして法を守らせるようなエートス、つまり遵法精神に裏打ちされた法秩序が実現しなければ意味がないという(211)。ごもっともな指摘であるが、アリストテレスは現実重視の立場からさらに条件を課す。彼によればそうした遵法精神は一夜にしてなるものではなく、しかも法の変更は人心からの乖離につながりその力を弱める危険性を伴うので、（技術革新の場合とは異なり）現状を少なからず尊重しつつ慎重に行わねばならない(212)。しかもその際、それぞれの政体に適した――例えば民主政には民主政の、寡頭政には寡頭政の――精神があり、そうした精神のなかで習慣づけや教育が行われなければ法律も十分な効果を示さないというのである(213)。

このことは、国家（ポリス）が国家であるためには、市民の間で一定の理念が共有されていなければならないという主張とも連動している。しかもそうした共通理念を実現維持するためには教育も立法者の役割も重要視される(214)。これは一見プラトンに接近しているように見えるが、アリストテレスが国家の多元的特性を主張している点で両者は決定的に異なる。アリストテレス曰く、

> 国家がいっそう一つになる方向へ進んでゆけば、国家でなくなるのは明白である。なぜなら国家は自然本来的に一種の多さ〔集合体〕であるから、いっそう一つになりゆくなら、国から転じて家となり、家から転じてひとりの人間になろうからである(215)。

そしてこの立場からアリストテレスは、プラトンの妻子共有や財産共有の主張を批判するのである(216)。こうして分類の仕方や用語を師匠から踏襲しながらも、アリストテレスは彼独自の学問体系のなかでそこに新たな意味を与えていく。

四　アリストテレスの自然観

さて以上から、アリストテレスの方がはるかにプラグマティックかつ穏当で、現代のわれわれの感覚により近いと思われるかもしれない。あるいは、現象ないし経験的事実に注目するという点でトゥキュディデスやプロタゴラスと近いという印象を受けるかもしれない（既述のように、アリストテレスの「思慮」とプロタゴラスの「熟慮」の類似性が指摘されることもある）。

だが、これはあくまでも表面的あるいは部分的類似性に過ぎない。というのも、繰り返すがアリストテレスにとって事物・事象はイデア的なもの（「エイドス」「形相」）と不可分の関係にあるからである。したがって、さまざまな事物・事象を特徴づける原理やパターンを経験的・帰納的に明確化・整理する一方、それぞれが固有の原因や「目的」（「テロス」）を内包しており、「自然」（あるいは「実体」）に規定された目標に向かって成長していく――少なくともそうなる潜在的可能性を有している――ことを主張する。

このように、何かしらの超越的な存在が根源的な秩序を司っており、それが人間の生のあり方に影響を及ぼしているとみなす世界観は、悲劇作家やプラトンのところでコスモス論として扱ったものに似ている。だが、アリストテレス自身は「コスモス」という単語を「自然」とは異なる文脈で用いることもあるため、これをコスモスと呼ばずにおく。アリストテレスのいう「自然」とは、もちろん単なる即物的自然でも非理性的な情念や欲望でもない。

それは目的や運動原理を内包し、「形相」やロゴスや神に導かれる存在である。(217) アリストテレスの理論は、この自然的存在の運動と変化に力点が置かれている点でプラトンとは異なり、それをイデア的なものと関連づけた点でトゥキュディデスともプロタゴラスとも異なっている。この変化のプロセスは、「可能態」から「現実態」・「完成態」への生成発展として説明されることもある。

少しわかりづらいかもしれないので、比喩を用いて説明してみよう。プラトンの思考は数学的・幾何学的であるのに対して、アリストテレスのそれは生物学的であるとよくいわれる。これは両者のイデア的なものの捉え方の違いを象徴している。プラトンはイデア界と現象界との乖離を強調し、前者が真実の（実在する）世界、後者が影のような（非実在的な）世界とするわけだが、数学のアナロジーはこれに対応している。例えば三角形について考えた場合、その本質を理性的かつ観念的に把握することはできるが（三角形の定義）、現象界たるこの世には完璧な三角形というものは存在しない。どれだけまっすぐな定規を使っても、完璧な三角形を描くことはできない。

それに対して、アリストテレスは形相が質料に内在していると考えるので、生物学的なアナロジーが有効となる。例えば樹木の種子の場合、土に埋めて水と太陽の光を与えると芽や葉が出、茎が伸び、最終的には立派な木に成長する。種子は種子として一つの現実態・完成態をなしているが、樹木の観点から見ればそれは樹木の形相を内在した可能態ということになる。したがって樹木の生成発展は、可能態としての種子から現実態・完成態としての樹木への運動の過程（発展の相）として捉えることができるのである。なお、同様のことが人工物についてもいえるとアリストテレスは考える。例えば、木材が可能態で机が現実態・完成態といったように。

このように、すべての自然的存在は目的に向かって運動している（あるいはその潜在能力を持っている）。しかも、異なる種類の自然的存在は異なる目的を目指し、それらの間で上下関係があり、下位の存在は上位の存在の手段となるような階層的秩序が想定されている。そしてこの自然的な階層秩序のなかで、言葉を持つ唯一の動物である人間は、善と悪、正と不正を知覚し、そうした観念を共有することで家やポリスを形成することができるため、高いランクに位置づけられる(218)。

こうしたアリストテレスの考えは「目的論的自然観」と称されるが、これが彼の政治学も倫理学も含む学問体系を根底から規定しているため、人間はもちろんのこと、国家（ポリス）も自然的なものとして理解されることになるのである。「国家は自然によるものの一つであり、そして人間は自然によって国家的（ポリス的）動物である」という『政治学』の有名な言葉は、このことを如実に物語っている(219)。そして人間にとっても国家にとっても目的は善であり、善く生きることであり、最高の目的たる最高善は幸福であるとされるのである。しかも、「人間は自然によってポリス的動物である」ゆえ、個人はポリスから離れて善き生を営むことも追求することもできない。それどころか、アリストテレスによれば、全体は必然的に部分に先立つのであるから、個々の市民や家よりポリスが先立つのが自然であり(220)、したがってポリスがあっての個人ということになるのである(221)。だとすれば、幸福も単に個人的に理解され追求されるものではなくなる。それは徳・卓越性（アレテー）と表裏一体であり、現代のように、個人の主観とプライベートな活動に引きつけて語られうる「ハッピー」な感覚とは大分異なるのだ。

こうしたことからも、アリストテレスにおいて政治学と倫理学とがいわば表裏一体のものだったことが理解されよう。『ニコマコス倫理学』の中でも頻繁に政治および政治学の重要性が説かれ――それは「棟梁的」な位置づけを与えられる(222)――、しかもこの著作の最後の最後で「では、この〔政治の〕議論に移ることにしよう」と述べ、『政治学』が続編をなすことが予告されるのである(223)。また、次のように moral transformation の問題が政治との関連で論じられることもある。

われわれは最高善が政治の目的とするところであるとなしたのであるが、政治とは市民たちを一定の性質の人

間に、すなわち善き人間、うるわしきを行うべき人間につくるということに最大の心遣いをなすものなのだからである。(224)

したがって、以下では、『ニコマコス倫理学』の議論とも関連づけながら、アリストテレスの政治思想について検討することにする。

五　アリストテレスの政治思想

アリストテレスは、形相を重視する点で師匠プラトンと似ている。だがプラトンはそこから、形相を正しく認識できる一握りの頭の良い人間（哲人王）しか支配する資格はない、と結論づけた。アリストテレスはこの結論をどのように避け、多数者支配を擁護したのだろうか。

既述のとおりアリストテレスは、料理などにたとえて多数者の方が適切な判断を下せることもあると主張した。だが経験的にそういえたとしても、プラトンへの原理的な批判としては弱い。くわえて、そもそも宇宙論的スケールで語られるアリストテレスの目的論的自然観は多数者支配と整合するのだろうか。アリストテレスの「コスモス」論にしたがえば、地球を中心とする月下界は生成消滅と偶然性の起こりうる領域だが、月より向こう側の世界は永遠不滅にして必然性の支配する領域である。そして自然的存在からなる階層秩序の最高峰に君臨するのは――自然そのものを超越した神はひとまずおいておくとして――天界（コスモス）を構成する星々である。(225)このように序列的に天上界が月下界に優越するのであれば、その不変の必然性を認識することでより高位の存在に近づけるはずであり、プラトン的なイデア中心主義、そしてそこから帰結する哲人統治を正当化せざるをえなくなるのではないだろうか。

アリストテレスは一方でそうした見方を完全には否定しない。既にみたように、支配者がすべての人を徳において凌駕するような存在であれば王政や貴族政が望ましいと述べている。だが他方で、そのような人間は現実には存在しないし、仮に存在したとしても、神のような存在であればポリス的生活には馴染まないともいっている。(226)では、やはりアリストテレスは原理的次元でプラトンを論駁し、自らの主張を根拠づけることはできないのだろうか。アリストテレスは単に経験則ないし「常識」(227)に則ってプラトンを批判的に継承しているだけなのだろうか。

確かに、そのように評する論者もいる。だが、アリストテレスのイデア批判が原理的次元における批判の試みであること、そしてそれが彼の政治理論とも連動している点は見逃してはならない。アリストテレスがプラトンのイデア論を相対化しつつ、個物を質料と形相の合成物と捉えたことについては既に述べた。――そして人間もポリスも善を志向する自然的なものとして理解されている点も。また、あらゆるイデアが究極的には一元論的に善のイデアに収斂していくというプラトンの考えに対してもアリストテレスは批判的である。(228)さらには『形而上学』という書物の中で、論理的・存在論的視座からもかなり込み入ったイデア批判を展開している。こうしたイデア批判の評価については正直なところ私の理解を超えていて、相変わらず多様な解釈のうちどれが妥当かについてここでは判断を留保せざるをえない。とはいえ、成功しているかどうかはさておき、アリストテレスがこのように原理的次元でプラトン批判を行ったことは彼の政治学にとって重要な意味をもってくるので、以下、その点に注目してみよう。

アリストテレスのプラトン批判――ロゴスの多元性

さて、強靭で堅固な理論に対する有効な批判とは、しばしばそうした理論の前提そのものを疑うものである。アリストテレスがこのように考えたかどうかは知らないが、彼のイデア批判はまさにプラトン哲学の前提そのものに向けられている。そして、イデア的なもの（形相）の多元性を擁護する立場から、大まかに以下のように図式化できる学問の分類を提示したのである〔図４〕。

理論的学問の特徴は、「それ以外の仕方においてあることのできないもの」を対象としている点にある。(229) つまり、対象は必然的なものであり人間の主観に左右されないため、そこでは厳密な論証が可能となるし、また求められる。アリストテレスの考えでは、論理学、自然学、形而上学、生物学などが理論的学問に含まれる。

実践的学問と制作的学問は、「それ以外の仕方においてあることのできるものごと」を対象とする。ここでは非必然的なものが対象なので、厳密な論証は求められない。なお、実践的学問においては行為それ自体が目的であるのに対して、制作的学問においては実践の手段としての技術が問題になるという点で両者は異なる。

理論的学問	論理学、自然学、形而上学、生物学など
実践的学問	倫理学、政治学
制作的学問	修辞学、詩学、医学

〔図 4〕

以下、政治学と倫理学をともに含む実践的学問に話を限定しよう。確かに、今日の常識に照らしても、政治学や倫理学で必然的な事柄が問題となることは滅多にない。善き生を実現するためには何が必要か、いかに行為すべきか、と問うた場合、かくかくしかじかのことが唯一にして真の答えで、それを論理的に導いて適用すれば目的が達成されるということにはならない。例えば、選挙権年齢を考えた場合、一八歳と二〇歳のどちらが真理かを問うてもあまり意味がない。道路交通法において左側通行にするか右側通行にするかという問題も同様である。重要なのはある程度の合理性とどちらかに統一することであり、みんながそのルールを尊重することである。アリストテレスであれば、こうした問題をみんなで決めた方が遵法精神も芽生えると考えるであろう。

いずれにしても、実践的学問を理論的学問から区別することにより、必然性が支配し厳格な論理が求められる領域から政治と倫理が切り離され、政治と倫理に固有の論理が追求できるようになる。しかも、$E=MC^2$ のような普遍的法則を政治や倫理の領域に持ち込まずにすむため、プラトンのいう哲人統治も必然的な要請ではなくなる。むしろ政治的・倫理的事柄に関しては多くの場合、市民全般の同意ないし了解が必要とされ、しかも単に知ることではなく善く行うこと（また、そう習慣づけられること）が重要となる。そしてこれらの課題に現実に応えられるものとしてアリストテレスが挙げたのが、徳に裏打ちされた多数者支配、そして相互に支配し支配されるという政体（つまり「国制」）――プラトンとは対照的な結論だったのである[230]。

ここで市民に求められるのは数理的頭脳というよりは、一定の不確定的ないし非必然的要素を含む状況に応じて、自らそして共に判断し選択する能力である。だからこそアリストテレスは、理論的学問で追求される知恵（ソフィア）――これは「直知（ヌース）プラス学（エピステーメー）」とされるが、ここではこれ以上立ち入らないことにする[231]――から区別される思慮（フロネーシス）を重視するのだ。非必然的なものと関わるなかで、実践や意志的（随意的）行為、選択、倫理的性状（エートス）、徳を可能にするのはこの思慮にほかならない[232]。アリストテレス曰く、徳も「一種の〈選択〉なのであり、ないしは〈選択〉を欠きえないもの」なのである[233]。

ところで、選択は非必然的な状況でしか生じえない。すべてが必然的に生起するのであれば、選択もへちまもないだろうし、判断も思慮も意味をなさなくなるだろう[234]。それでは逆に、すべてはランダムで偶然的なのだろうか。この世には原理原則もへちまもへったくれもないのだろうか。今までの議論からもわかるように、アリストテレスは当然そうは考えない[235]。非必然的であっても政治・倫理の領域には一定のパターンや尊重すべき原理・目的がある。そして実践的学問も学問である限り、そこでは論理・論述（ロゴス）が重要となる。ただ、それはまさに実践ないし行為という非必然的なものに関するロゴスなので、理論的学問で要請される厳密な論証は不可能であると同時に不適切である。アリストテレスは次のように述べる。

政治学の考察の対象であるうるわしいことがらとか正しいことがらとかは多くの差異と揺曳を含んでおり、それはひとびとをして、かかるものは単に人為（ノモス）的にのみ存して本性（フュシス）的には存しないものであるかの感を抱かしめるほどである。「善きもの」「善きことがら」といっても、やはり、このような揺曳といったものを含んでいるのであって、いろいろの善からかえって害悪が生じている例も決して少なくはない。……われわれは、それゆえ、かかる性格のことがらを、かかる性質の出発点から論じて、だいたい荒削りに真を示すことができるならば、つまり、おおよそのことがらを、おおよその出発点から論じて、同じくおおよその帰結に到達しうるならば、それをもって満足しなければならないであろう。……すなわち、そのことがらの性質のゆるす程度の厳密を、それぞれの領域に応じて求めることが教育あるものにはふさわしい。(236)

なお、非必然性が原理原則やロゴスの否定を意味しないとはいえ、偶然性の問題は残る。では、偶然性とは一体何なのだろうか。実はこの問題は今日においてもまだ決着を見ておらず（少なくともすべての哲学者や理論物理学者が納得できるような一つの解答は示されていない）、そもそも偶然性が存在するのか否かという次元でも意見はわかれる。なにせアリストテレス自身の議論が諸著作を通じて一貫していないのだ（例えば、あるところでは偶然性の存在を認め、別のところでは否定するといったように）。だが、瞠目に値するのは、後の哲学者や神学者や科学者の議論の枠組みとなるような精緻にして合理的な偶然論をアリストテレスが既に展開しているということである。(237)もちろん、それは完璧ではない――だからこそ論争の対象となるのだが。こうした偶然性の問題を明らかにすることは、アリストテレス思想の全体像を理解するうえでは重要であるし、非常に興味深いテーマではあるが、本書の主題とはいささか位相を異にするので、ここでは彼の実践的学問との関連で偶然性と運命についてごくごく簡単に述べるにとどめる。

運命との対峙

さて、われわれは古代ギリシアにおいてどのような仕方で偶然性や運命、不測の事態やリスクが論じられてきたかについて既にいくつかのパターンを見てきた。そして、危機や逆境とどう立ち向かう（べき）かという問題にも触れたが、アリストテレスもまたこの問題を扱っている。『ニコマコス倫理学』では次のような問題が提起される。

幸福とは学習とか習慣づけとかその他の何らかの訓練によって得られるものであるか、それとも何らかの神のさだめ（テイア・モイラ）、ないしは運（テュケー）によって与えられるのであるかという問題も生じてくる。(238)

アリストテレスは一方で、幸福が外的な善（友や富や政治的な力や容姿や生まれのよさなど）に左右されることがあるという。これは運の問題である。だが他方、テュケーに翻弄され、試練にさらされる可能性は認めつつも、最終的には（よほど運が悪くないかぎり）(239)徳・卓越性によって幸福を勝ち取ることもできると述べるのである。まことに、運不運のうちにわれわれの「よく」と「あしく」とが存在するのではなく、人間生活が運を必要とするのは既述のごとく付加的なものとしてなのであって、幸運のために決定的な力を持つものはやはり卓越性（アレテー）に即しての活動にほかならず、その反対もまたこれに準ずるのである。(240)

また、『政治学』にも次のような記述が見られる。

人はそれぞれ、徳と思慮をもち、それらに従って実践することに応じてまさにそれだけの幸福が与えられるということである。われわれは神をその証人とする。神は幸福であり、至福である。しかし、それはなにひとつ外的な善によらずして、ただ神みずから自身のゆえに、本性上神に固有ななんらかのあり方によってそうなのである――けだし幸運と幸福は、まさにこのことによって必然的にたがいに異なるものでなければならない。なぜなら魂の外にある善きものは偶発、遇運にその原因を負うのであるが、遇運から、遇運のわざゆえに「幸運になる人はありこそすれ」正しくなったり、節制的になったりする人はだれもいないからである。(241)

もちろん、それが平坦な道であるとは限らない。だが、興味深いことに、アリストテレスは後のストア派を彷彿とさせるような仕方で、自分次第で苦難の中にさえ幸福を見出すことができると訴えるのである。

もしひとが数多くの大きな不幸を、苦悩への無感覚のゆえにではなく、高貴であり矜持高きがゆえに平然として堪えるならば、かかる不幸のなかにおいてもうるわしさは輝き出るのである。(242)

法と時間

以上、アリストテレスの実践的学問について簡単に見たが、まだ彼の思想における法と時間の問題が残る。もっとも、法については既に法の支配や遵法精神の重要性に触れた。ただ、多くの研究者はアリストテレスが、後のストア派やキケロそしてローマ法、さらには中世と近代のある時期まで政治と倫理的言説の中核をなすことになる

「自然法」概念の提唱者であるという。アリストテレス自身は「自然法」という言葉を稀にしか使用しない。だが、以下のように述べているのも事実である。

市民社会的な「正」にも自然法的（フュシコン）なそれもあるし、人為法的（ノミコン）なそれもある。自然法的なそれは、いたるところにおいて同一の妥当性を持ち、それが正しいと考えられているといなとにかかわらない。(243)

ここではしかし、これ以上この問題を追求しない。というのも、既に「目的論的自然観」に関連して述べたように、アリストテレスの思想体系においては月より向こう側の永遠不滅にして必然的な世界が人間の生きる月下界の上位にあるわけだが、両世界の関係性が必ずしも明確に説明されていないからだ。「不動の動者」たる神（この神がいかなる存在であり、宇宙・世界・人間とどう関わるかについても諸説ある）の位置づけも容易な解釈を許さない。こうした不明瞭さゆえ、アリストテレスのコスモス論・神学は後代の論者によってさまざまに解釈され、さまざまに曲解され、さまざまに援用され、さまざまな道徳・宗教・政治の言説に取り込まれていくのだが、自然法もそうした過程でさまざまな意味と意義を獲得していった。なお、時間については、偶然性同様、すこぶる抽象的にして子細な検討が施されている（特に『自然学』第四巻一〇 – 一四章）。ここでもまた、時間とは何か、それは存在するのか、存在するとすればどのような特徴を有しているか、といったふうに考察がなされており、後にアウグスティヌスからハイデガーまで多くの論者に影響を及ぼすことになる。だが、この問題も本書の主題から外れるので（また、紙幅の都合上）省略せざるをえない。(244)

観照的な活動

最後に、アリストテレスのコズミックな議論との関連で人間的生の二形式について言及し、本節を終えることにしたい。『政治学』では「政治的生」と「哲学的生」とのどちらが望ましいかという当時の論争に触れつつ、どちらにも一理あるというバランスのとれた答えを示している。(245)「政治的生」とは、積極的に政治に携わり、実践を重視する生き方である。「哲学的生」とは、「すべての外的なものから解放された生、たとえば観想的生」を意味し、先の学問の分類でいえば、理論的学問を追求するような哲学者にふさわしい生ということになろう（ただ、哲学的生には実践的な側面もあるとされる）。こうした図式は『ニコマコス倫理学』でも大きく取り上げられる。そして既述のようにアリストテレスは政治的生を称揚し、徳・善・幸福・正義・思慮と政治とが不可分であることを強調している。

にもかかわらず、他方で彼は究極的には観想的な活動が優先されるべきと述べる――「まことに、政治とか知慮〔思慮〕とかを最高視するごときは、人間が宇宙における最善なものならざるかぎり、不条理というべきだろう」(246)。こうした主張をプラトン的影響の残滓として重要視しない解釈も存在するが、アリストテレスにとってはやはり人間も政治もポリスも、究極的にはコスモス論的にして神学的な目的論的体系のなかに位置づけられるのではなかっただろうか。しかも観照的な活動を行うことができる人間には、他の動物とは異なる目的と地位が与えられているのだ。

人間以外の諸動物はかよう〔観照的〕な性質の活動を完全に欠如しているがゆえに幸福にあずからないということもまた、その一つの証左となる。つまり、神々にあってはその全生活が至福なのであるし、また人間にあっては神のかかる活動の何らかの似姿がそこに存しているかぎりにおいて至福なのであるが、人間以外の諸動

物はいずれも全然観照的な活動に参与しないがゆえに幸福を有しない。(247)

但し、繰り返しになるが、神・コスモス・政治・人間の関係性は必ずしも明瞭に示されていない。またそうであるがゆえに、後代においてさまざまに解釈され、神学から経験科学まで含むありとあらゆる知的活動に影響を及ぼすという運命を辿ることになったのである。

六　アリストテレスの思想の運命

前章で、二〇世紀においてプラトンが全体主義のイデオローグに仕立て上げられた様子をみた。アリストテレスは、二〇世紀においては同じような運命を辿らなかった。政治における実践知の重視、多元性の擁護、自由にして平等な市民による政治参加の肯定などに鑑みれば、当然と思われるかもしれない。佐々木毅の『プラトンの呪縛』も、後半でアリストテレス的立場からプラトン批判を展開したハンナ・アレントの思想を紹介している。また今日、政治思想の領域でアリストテレス主義者は多く見られても、プラトン主義者には滅多にお目にかからない。

では、アリストテレスの思想は穏当にして安全であり、悪い意味で政治的利用されることはなかったのだろうか——もちろん、ここでの「悪い意味」には現代のリベラル的立場からの価値判断を含む。そうとはいえないだろう。ここでは二つだけ例を挙げることにしよう。

アリストテレスは『政治学』の中で「女性に対する男性の関係であるが、自然によって男性は勝り、女性は劣るからして、前者は支配する者、後者は支配される者である」と述べている。(248)こうした考えが長い間西洋の思想と現実において男性優位を正当化するのに一役買っていたということは否定できないだろう。その意味では、能力主義の立場からある種の男女平等を訴えていたプラトンの方が「まとも」ということになるのかもしれない。だが、プラトンの方がむしろ例外であり、男性優位は長い間当然視されていたのであって、アリストテレスだけを非難するのはアンフェアだしアナクロニズムだという反論もありえよう。いずれにしても、男性優位を正当化する言説として一定の作用を及ぼしたことは依然として否定できない。

第二の例はアリストテレスの自然奴隷説である。彼曰く、「他のもののものであることのできる者――このゆえに、事実彼は他のもののものなのであるが――、理知を〔彼みずから〕もつことはないが、それを理解する程度に理知に与る者、これが自然による奴隷であるからである」(249)。これとて、古代において奴隷制がほとんどの人間にとって自明視されていたことを考えれば、驚くべきでも問題にすべきことでもないのではないか、こうレスポンスすることも可能かもしれない。確かに、アリストテレス本人を非難するのは的外れかもしれない。だが、アリストテレスのこの自然奴隷説が、スペインによるインディオ支配の正当化論理として用いられたことは忘れるべきではないだろう(250)。もちろん、アリストテレスの思想に依拠しつつ奴隷支配を批判することも十分可能だし、事実そのように論じる者もいる。だが、ここで注目すべきは、どんな思想でも、それが一定の権威を獲得すると、さまざまに政治的に利用される可能性が生じるということである。いかなる思想もアンビヴァレンスから逃れることはできない。

第五章　ワープ！

一　「人民の利益」——超光速時空旅行《ワープ》の道しるべ

この章ではいささかアクロバティックなことを試みることになる。というのも、これまでのペースで叙述を続けると、四単位科目相当の紙幅をはるかに超過してしまうからである。スタンダードな教科書では、アリストテレスの後、ヘレニズム（ストア派、エピクロス派など）、ローマ（キケロ、アウグスティヌスなど）と中世（アクィナス、マルシリウスなど）の思想に触れてから、初期近代（ルネサンスと宗教改革）、近代、現代へと話が進む。その場合、ルネサンス期に活躍したマキアヴェリの思想が近代政治学の嚆矢として位置づけられるのが典型的なパターンであり、そこからホッブス、ロック、ルソー、ヘーゲル、マルクス、ミル、トクヴィルなどの思想が扱われることになる。近年の傾向としては、共和主義思想にも力点がおかれるようになっている。[251] また、中世政治思想を中心に扱ったテキストも充実してきている。

なお、中世政治思想に関しては、これに特化した慶應通信のテキスト科目があるので、通信生の方は是非それを履修するか、もしくはテキスト『ヨーロッパ中世政治思想』を読んでいただければと思う（慶應の図書館に所蔵）。一般読者の方には、上記通信テキストの執筆者・鷲見誠一による一般書『ヨーロッパ文化の原型』、そして通信科目「ヨーロッパ中世政治思想」の現担当者・田上雅徳による講義録テキスト『入門講義・キリスト教と政治』をおすすめする。あわせて将基面貴巳『ヨーロッパ政治思想の誕生』もご参照いただきたい(252)。

さて、本書では（おそらく同業者が見たら卒倒するような仕方で）アリストテレスからマキアヴェリまでワープする。とはいえ、何の前触れもなしに一八〇〇年以上ひとっとびするのはさすがに気が引けるので、今までの議論と関連づけながらギャップを埋めておきたいと思う。

第三章、第四章でみたように、プラトンもアリストテレスも、正しい統治は共同体全体のためになされるものであると主張した――支配者が自らの利益のみを追求することは許されない。両者の違いは多くあるものの、この点においては一致している。さて、ここですこぶる乱暴なことをいうと、一部の例外を除いて、こうした考えは基本的に後の政治思想（少なくとも古典と称されるもの）に共通している。ローマの共和政期においても帝政期においても、キリスト教中心の中世においても、絶対王政期においても、そしてもちろん近代以降においても、被支配者・民の利益は常に尊ばれるべきものとして政治思想の中に取り込まれる。ただ、いうまでもなく、民が誰を指すか、どのような形でどの程度政治に携わるのか（あるいは携わらないのか）についてはコンテクストごとに変わる。

古代ギリシアのデモクラシーでは市民が直接政治に参加し、ポリス全体の利益を追求することが正しいとされた。建前上は、と但し書きをつけたくなるのは、この市民が一部の成人男子のみを指し、古代ギリシアからローマ時代までは奴隷制が存在していたからだ。奴隷が市民でなかったことはいうまでもない。その古代ローマでも、共和政期のみならず帝政期においてさえ、権力の源泉は人民（市民）に帰属するとされていた。ただ、統治に直接に参加した人民はやはり限られており、帝政期に入ると次第に人民の権威・権力が皇帝に移譲されるというロジックが一般化するようになった。これは後に触れるように、ある種の代表制の生成を意味し、権力の源泉と権力の行使との分離を露わにするが、依然として人民には正当性原理として重要な位置づけが与えられていた。

中世になると、政治的権威・権力の源泉は神に求められるようになる。だがキリスト教が弱者にやさしい宗教であることもあり、やはり民のことを第一義的に考えることが統治の正しい在り方とみなされた。絶対王政期においても、そして王権神授説においてさえ、民は王国ないし王の政治的身体の不可欠な一部分として尊ばれる。但し、それは頭でも口でもなく下腹部とか手とか足としてであり、しかも王が民を体現（embody）しているとされたために、民は独自の利益や声をもつ自律した存在とはみなされていなかった。中世・初期近代においては「団体理論」や共和主義思想などによって、市民の一定の自律性を正当化する言説も存在したが、絶対主義はまさしくこうした言説の否定のうえに成立したのである。なお、典型的な絶対王政の政治思想において王は神の代理人とみなされるが、このことと右のこととは必ずしも矛盾しない。それどころか、ある時期からは代表の理論を介して、つまり王が国民に対して神を代表し、同時に神に対して国民を代表するというロジックによって王権（王の主権）そして王の命令・法の絶対性が正当化されるに至ったのだ（ホッブスの固有の代表観念と絶対主義理論ついては後述する）。

だがその後、革命や改革などを通じて、近代から現代へと時代が進むなかで、人民・国民主権が正当性原理として支配的になっていく。受動的な国民は能動的な市民となり、代表制を介してではあるものの、市民が自らの意志を表明し、市民全体のための自己支配が求められることになる。

いや、そんなの嘘っぱちだ。古今東西を問わず、人民の利益が第一義的に追求されたことなんかないじゃないか。大半の支配者は自分の野心や野望にもとづいて自分の利益を優先しているじゃないか。こう反論する読者もいるかもしれない。

確かに、こうした反論を裏づける歴史的事例はいくらでもある。自らの栄光や名誉や富のために過酷な搾取や戦争によって民衆を苦しめた支配者は山のようにいる。またいうまでもなく、言説のうえで人民がリスペクトされているからといって、実際にリスペクトされるとは限らない。これは否定しがたい「現実」である。だが、それでも言説上人民が一定の位置づけを与えられることが支配者・為政者にとっても被支配者・人民にとっても（よかれあしかれ）大きな意味を持ってくるのである。

まず支配者についていえば、本音であろうとあるまいと「人民・国民のため」と訴えることによって人びとの支持と協力が得られるのであり、それは権力を獲得・維持するためにも不可欠な手段・方法となる（なお、権力者同士の闘争もしばしばどちらが正当な人民の代表者かをめぐって繰り広げられてきた——後の章でフランスの具体的な例を見る）。政治的権力・権威の源泉が世論であり、被支配者の自発的服従であるということを思い出そう。「俺様は力・金・名誉を獲得してやりたい放題の人生を送りたいからお前らみんなついてこい！」と公言する為政者を積極的に支持する人がどれだけいるだろうか。ちなみに、「平和」についても似たようなことがいえる。「戦争」を美化し自己目的化する言説が存在しないわけではないが、大抵の場合、支配者は「平和」の名において戦争したり侵略したりするのだ。このように、行為とその行為を正当化する言説とを区別しつつ、両者の関係性を捉える必要がある。そして、正当化の言説があるがゆえに行為が可能となることも往々にしてある点を忘れてはならない。

また、人民にとっても人民を尊重する言説が存在するからこそ、それに依拠しつつ一定の権利要求を行なったり、連帯して運動を起こしたりすることが可能となるのである。もちろん、思い通りにことが運ぶとは限らず、むしろ多くの場合、大量の犠牲が払われる形でしか変化は生じないわけだが、にもかかわらず今日、人民が自ら意志を表明して（明示的同意によって）自らの代表者としての為政者・立法者を選ぶことが自明視されるくらいには、「現実」も変わったのである（なお、こうした間接的な自己支配が、人民の自己統治の名に値するかどうかについては意見がわかれる）。

そしてもう一つ忘れてはならないのは、人民・国民重視の言説が権力闘争の手段であると同時に、それは為政者も人民・国民も含む多様なアクターの思考様式そのものをある程度規定しているということである。つまり、こうした言説は単なる道具ではなく、あらゆるアクターの思想と行動の（正当化の）範囲と可能性を左右するフィクションとしての「現実」をもなしているということである。

二　三つのテーゼ

さて前節を踏まえるならば、このようにいえるのではないだろうか――「政治思想は総じて、被支配者をも含む共同体全体の利益や善を正しい統治の目的としている」、と。

これから一八〇〇年を一息に語るという荒業にはいるわけだが、その後の近代も含めた本書の議論を支える三つのテーゼをここで示しておきたい。右を第一のテーゼとするなら、第二第三は以下のようになる。すなわち、「大半の政治思想は共同体を危機から救い、永続的な安定と秩序を保障するものとして構想されること」、「にもかかわらず往々にしてそれが現実のなかで思想家の意図に反して歪められ、共同体を新たな危機に陥れると、その危機に応答する形でまた新たな思想が生みだされること」である。第一のテーゼはともかく、第二、第三のテーゼはさらに説明が必要だろう。

第二のテーゼは、本書で扱う政治思想のほとんどが危機の時代に構想されたこととも関係している。ある共同体が危機に瀕している時、わけても既存の制度や政治的手法によっては問題解決が不可能と思われる時、人は往々にしてオルターナティブを模索する。どのようにしたら危機から脱却することができるのか。どうしたら二度と同じような危機を迎えずにすむのか。こう考えるのは当然であろう（第三章でみた二〇世紀におけるプラトンの復権もこのことと無関係ではない）。そして多くの思想家は、今の危機に耐え未来に危機を招かぬような、つまり共同体の長期的安定性を実現できるような新たな政治社会やモラルのビジョン・理論を提示しようとする。

第三のテーゼは、そのような思想家の努力が現実と結びついた時に問題となる。思想家は共同体を危機から抜け出させ、安定を永続的なものとするために最適な権力・権威のあり方を探究し、主張する。だが、現実には意図せざる帰結が必ず生じる。思想家の意図と為政者の思惑がずれ、そこからさらに民衆の理解がずれ、あるいは理由は何であれ思想は曲解され、利用され、現実に影響しまた影響されて、思わぬ姿へと変貌していく。そしてすべてのアクターが不測の事態と対峙するなか、ついには思想家の意図と裏腹に、新たな危機の到来すら引き起こしてしまうことがある。するとまた別の思想家が——稀に同一の思想家が——危機を脱するために、新たな構想を提示するのだ。

このように人間社会は運命に翻弄されながら、異なる構想・思想を交互に展開する傾向にある。興味深いのは、こうした動きが多くの場合、権力の絶対性と制限性の間を行ったり来たりする振り子運動の形をとることである。イメージがわかないかもしれないので、次のような状況を想像してみてほしい。例えば、ある王国で民衆が圧制に苦しんでいるとする。国王の暴政に耐えかねた者たちが反発し、権力の制限や均衡を旨とする新しい体制をつくる。だがその体制が長期化ののち腐敗し、混乱状態に陥ると、また人びとは強いリーダーシップを持つ人物やグループに絶対的な権力を委ねて問題解決を期待する風潮が生まれる。そして彼らが与えられた権力を好き勝手に振るいはじめて国を危うくすると、また権力の制限が唱えられるようになる。後にこの国の歴史を振り返る人間の眼には、政治権力がまさに絶対と制限の間で揺れる振り子に映るだろう。

以上、すこぶる単純化した図式を三つのテーゼとの関連で示したが、もちろん実際の歴史において事態ははるかに複雑であるし、単なる繰り返しや循環としてではなく、固有の仕方で不可逆的に変化していくものである——これを進歩というかどうかは論者によって異なる。本章ではワープをするために、この複雑な側面に十分な紙幅を与えることはできない。だが、以下、運命論との関係についてだけ触れておこう。

既述のように、古代ギリシアにおいて「運命」は多様な論者によって重要なモチーフとされた。もちろん、その意味内容も多様であり、「モイラ」のように必然的要素が強調されることも、「テュケー」のように偶然的な要素が強調されることもある。が、それでも次の点はある程度共通しているだろう。つまり運命を人間には予測もコントロールもできない危機やチャンスとして受け止めながらも、人間はそれに対して完全に受動的なのではなく、信仰や判断力や愛智や思慮や徳などによってある程度幸運・幸福を引き寄せる、あるいは不運・不幸を回避することができるという考えである。これはしばしば「運命と徳・卓越性（アレテー）」といった対ないしコントラストとして捉えられ、さまざまな言説の中で主題化されていくことになる（以下、これを便宜的に「運命‐徳パラダイム」と称することとする）。

　そしてこのコントラストの一方に肩入れし、アレテーによる運命の克服といった積極的な態度を称揚するようになればなるほど、moral transformation の要請も強くなる。この要請の仕方には大まかに三つのパターンがあると思われる。すなわち、目を上に向けさせる方法、目を下に向けさせる方法、そして両方の視線を統合する方法である。やはりこれだけだと抽象的すぎるので、既に挙げた例を引きつつ説明しよう。第一の目を上に向けさせる方法は、プラトンの立場といえる。この世の「現実」ではなく、この世を超越したイデアの世界に「真の現実」を求め、そこへ魂を向き変えさせる形で moral transformation を要請するからだ。逆に、第二の下に目を向けさせる moral transformation は、トゥキュディデスやプロタゴラスの立場と合致する。いわば現象界の中に一定の基準やパターンを見出し、その「現実」の中で思慮や判断力を鍛える必要性を訴えるからである。そして第三のパターンが、アリストテレスの立場である。

　いうまでもなく、いずれかの方法から必然的に善もしくは悪が帰結するわけではない。歴史的には、善にも悪にも三者三様に加担したといえよう。ただ、先の危機の問題と同じように、ある立場から不正や無秩序が帰結した場合は、それへのリアクションとして別の立場や方法が主張されるようになり、またそこから問題が生じた場合にはさらに別の立場・方法へと、変動や振幅が見られることになるのである。

以上のことを踏まえたうえで、一八〇〇年分の議論の検討に移るとしよう。

三　ヘレニズムとストア派

ヘレニズム期の思想を一言で要約するのは容易ではない。近年、ヘレニズム研究が目覚ましい発展を遂げている点を考えるとなおのことである。また、残存テクストの希少性と解釈の多様性というお馴染みの問題もある。また、キュニコス派、エピクロス派、懐疑派、ストア派といったようにさまざまな潮流があり、それぞれのなかにもいろんなバリエーションがみられる。これらに共通する要素を強いてあげるとすれば、それはヘレニズムの思想家が概して政治に背を向ける形で自然や幸福を求めたこと、またポリスという特権的にして排他的な共同体（ポリス内で市民は平等だが、非市民や非ギリシア人は排除）にこだわらず、多くの場合個人主義的な仕方での観想的生を称揚したことである。だが、もちろん自然や幸福やその獲得方法についての考えは一様ではない。ちなみに、こうした思想が現れた背景として、アレクサンドロス大王による帝国の建設とギリシアにおけるポリスの衰退ないし形骸化があったことは無視しえないだろう。ポリスへの参加を通じてしか人間は最高善を追求・実現できないと説いたアリストテレスの教え子のアレクサンドロス大王がポリスを破壊したのだから、歴史はアイロニーに満ちている。

さて、ここでは本書の議論ともっとも密接に関連するストア派の思想にごくごく簡単に触れるにとどめよう（なお、ストア派の創始者はゼノン〔前三三六年－二五四年〕とされ、後世への影響という意味ではクリュシッポス〔前二八〇年－二〇六年〕が重要であるが、彼らの著作は断片的にしか残っていない）。

ストア派の特徴として際立つのは、都市国家としてのポリスを超えたコスモス（宇宙、世界）へのコミットメントを中心に人類一般に対しての友愛を説いたことである。彼らの多くは「コスモポリテース」（世界市民）を標榜し、コスモスを支配する普遍的ロゴスとしての自然法を尊んだ（但しエピクロス派はデモクリトスにならい原子論を唱え、自然法の存在を否定したし、キュニコス派のディオゲネスはいささか異なる立場から「コスモポリテース」を自称した）(253)。

そしてストア派もまた、先にみた「運命－徳パラダイム」に注目した。但し、ここでいう「運命」も「徳」も特殊ストア的な意味を有している。コスモス観そのものが異なることを考えれば当然かもしれないが、「運命」（eimarmene）はより必然的・決定論的・宿命的なものとして理解され、人間は基本的にそれに抗うべきでない、あるいはそれを愛し求めるべきだとされる。運命が必然的なら抗うもへちまもないだろう――そもそも選択肢がないではないかと反論する読者がいるかもしれない。ごもっともな反論である。実は、運命がどの程度必然的なのか、そもそも人間の自由意志の存在が認められているのか否か、認められているとしたらどの程度か、という点をめぐってストア派の間でも、そしていうまでもなく研究者の間でも意見の一致は見られない(254)。

とはいえ、コスモス観そのものについては、大まかにいって次のような共通点をあげることができよう。ストア派にとってコスモスは神的存在であり、自然ともロゴスとも一致する――それどころか、コスモスと神と自然とロゴスが同一視されることもある。これはある種の汎神論（pantheism）ともいえよう。

したがってストア派が「運命－徳パラダイム」に出した結論は、単純化してしまえばこのようになる。この世界は実体的なものであると同時に神とそのロゴスに支配されている。そしてこの世界の中に存在する人間も理性（ロゴス）を分け与えられているゆえ、それを使用して自然とそれが体現する正義すなわち自然法（国家の法ないし人定法を超えた客観的にして普遍的な正しい法）に従わねばならず、またそうすることによって運命（＝摂理）と徳、そして自然に従った生を営むことが可能になるのである。

さらに時間概念との関連でいえば、ストア派は円環的にそれを理解し、しばしば永劫回帰を主張していた(255)。なお、具体的なライフスタイルとしては、「ストイック」という今日的表現がストアに由来していることからもわかるように、情念に振り回されない禁欲的な生き方が求められ、その結果得られる「アパテイア」（心の平安）こそが幸福であり目的とみなされる。

ところで、叡智界（イデアの世界）と現象界との分離を認めず、むしろ現象界そのもののなかにロゴス・正義・自然法が偏在するとのストア派の思想はアリストテレスの思想を彷彿とさせるかもしれない。確かに、イデア的な“what is”と現象的な“what seems”を統合的に捉え、人の目を“what seems”に内在する“what is”に向けさせようとする目的論的構想において一定の類似性を見出すことは可能だろう。それでも、両者には重要な違いが存在する。まずアリストテレスとは対照的に、ストア派は政治的生を軽視し観想的生を称揚した――但し、キケロによってストア思想は政治性を強めることになるが、それは後の記述にゆずる。さらにストア派がアリストテレスと異なるのは、コスモスを階層的には構想しなかった点である。ストア派にとって、月の向こう側とこちら側との原理上の区別はなく、同じロゴスと法と正義がコスモス全体を貫徹すると考えられていた。つまり、アリストテレスが異なる次元における異なる原理や法則の支配を想定したのに対して、ストア派はすべてを統合的・一元的に捉えたのだった。(256)

四　ローマの政治思想とキケロ

そろそろローマに移ろう。そして本節ではキケロの思想を中心に検討を進める。

共和政末期に活躍した古代ローマの代表的思想家・政治家キケロ（前一〇六年－四三年）は膨大な著作群を残している。それは哲学、倫理学、政治学、法学、修辞学を含む多様な領域にわたっており、中世、ルネサンス期、近代のヨーロッパ文化に絶大な影響を及ぼすことになる――また、そのラテン語は流麗にして格調高く、多くのエリート教育機関では、今日でも依然として修辞（レトリック）の模範として教授されている。

長い間、プラトン、アリストテレスとならぶ偉大な思想家として扱われてきたキケロだが、しかしその思想のオリジナリティーという意味では、多くの研究者が指摘するように、意外と際立ったものがない。むしろ彼の最大の功績は、古代ギリシア、ローマのさまざまな知識を吸収し、整理し、統合し、後世に伝えたことであるといわれる。特に古代ギリシアのさまざまな思想（ことに著作の散逸した思想家のそれ）については、キケロの著作を介して中世、近代へと継承されていったといっても過言ではない。キケロはしばしばストア派の思想家と称されることもあり、またプラトンを敬愛した思想家としても知られているが（イデア説だけは受け入れなかった）、確かにそうした影響を彼の思想に見出すことは可能である。但し、それらを受容し自らの思想に組み込む過程で、自ずとニュアンスの変化は生じることになる。以下、ごくごく簡単にその内容について見ることにするが、その前に、まず古代ギリシアの思想がどの程度古代ローマの思想に影響を与えたかについて、これまたごくごく簡単に見ることにしよう。

よく指摘されることだが、古代ローマ人は長い間、ギリシア人に対してある種のコンプレックスを抱いていた。自国文化よりギリシア文化の方が優れているという認識が広く共有されていたのである。だが、こうしたコンプレックスはむしろ向学心のばねとなり、ローマ人はギリシア文化から積極的に学び、模倣しようと努めた。哲学においても、芸術においても、文法・修辞においても、神話・宗教においてさえそうした傾向が見られた。いくつか例を挙げてみよう。

今日、われわれが美術館などで目にする古代ギリシア風の彫刻の大半は、古代ローマ人による模倣である。古代ローマの多くのエリートはギリシアの学問と文化について学び、さらにはギリシアに留学したり（カエサルなど）、ギリシア人の家庭教師を雇ったりすることも珍しくなかった。歴史家ポリュビオスはスキピオ・エミリウスの家庭教師、後に政治的アドバイザーを務めた——なお、ポリュビオスはその著書『歴史』でローマの成功の原因を混合政体に求め、後の政治思想に大きな影響を及ぼすことになるが、ここでは立ち入る余裕はない。また、古代ローマの代表的詩人ウェルギリウス（前七〇－一九）は、ホメロスの叙事詩から多くの要素（文体を含む）を取り入れる形で、ローマ建国神話を描いた長編叙事詩『アエネイス』を著す――そもそも主人公にしてローマの建国の父アエネアスは、ギリシア神話・叙事詩に登場するトロイアの英雄である。また、古代ローマ人は土着の神々をもギリシア神話の神々と融合させようとした。ゼウスはユピテル（ジュピター）、アプロディテはウェヌス（ビーナス）、アルテミスはディアナ（ダイアナ）、アレスはマルス（マーズ）、等々と名を変えてローマ神話に活躍の場を移したのである――ちなみに、アエネアスの母は女神アプロディテ＝ウェヌスとされる。ただ、ウェルギリウスあたりからラテン語もラテン文学も洗練された文体と固有のアイデンティティを確立するまで発展し、ローマ人は自国語と自国文化に対する自信を得、ギリシア・コンプレックスから解放されるようになったともいわれる。だがギリシア語とギリシア文化のプレステージはその後も長い間保たれ、ギリシア語に堪能であることが教養の証とされ（皇帝ネロも元老院などでギリシア語で演説をすることがあった）、紀元後六世紀に編纂されたローマ法典（ユスティニアヌス法典）にもしばしばギリシア語が登場する。

こうした背景があるなかで、しばしばローマ文化のオリジナリティーとしては、道路網や水道橋や闘技場の建設、そして何よりもローマ法の編纂が指摘される。概してプラグマティックな国民であったとされるが、この点についてもさまざまな解釈があるので、政治思想に話を戻すことにしよう。

ローマの「運命－徳パラダイム」

まずは、「運命－徳パラダイム」について。この古代ギリシアにおいて広範に受容されていたパラダイムは、古代ローマにも継承されていった。もちろん、ローマでの受容過程は一定の意味変容を伴った。後のマキアヴェリの議論でも重要となるので、ここでごくごく簡単にそのプロセスについて触れる。まず、用語の問題だが、「運命」

のギリシア語「テュケー」はラテン語の「フォルトゥナ」（fortuna）と対応し、「徳」のギリシア語「アレテー」はラテン語の「ウィルトゥース」（virtus）に対応する（「運命」は「宿命」に近い「ファトゥム」（fatum）となったり「幸運」に近い「フェリシタース」（felicitas）となったりすることもあったが、ここでは話を単純化せざるをえない[257]）。

さて、古代ローマでも「運命‐徳パラダイム」は政治的言説や文学など広範な分野で用いられたが、もともとはギリシアからの借り物であったため、紀元前二世紀ごろまではあまり定着しなかったとされる。だが、キケロの時代になると政治的言説においては一般的にみられるようになる[258]。しかし、ラテン語の「運命」（フォルトゥナ）と「徳」（ウィルトゥース）は独自の出自を持つゆえ、ローマ的「運命‐徳パラダイム」はギリシア的パラダイムと異なるニュアンスを含むことになった。例えば「フォルトゥナ」はもともとは女神でもあったが、「テュケー」は稀に擬人化されることはあっても女神とはみなされなかった[259]。また既述のように、古代ギリシアでは「テュケー」は人間にふいに襲いかかってくる危険や危機というどちらかというとネガティブなものとして理解されていたのに対し、古代ローマでは「フォルトゥナ」はどちらかというと幸運・好機というポジティブな意味を持っていた（今日の英語の言葉 fortune はこうしたポジティブなニュアンスを保持している）。とはいえ、時とともにローマでも「フォルトゥナ」はネガティブに解されうるようになり、より多義的な言葉へと変貌していく。

「アレテー」に関しては、古代ギリシアでは道徳的要素を多分に含む資質と理解されていたが、古代ローマの「ウィルトゥース」（virtus）は、その語源「ウィル（vir）＝男」からわかるように、「男らしさ」という勇ましい要素を色濃く反映し（今日の英語でも virile、virility は男らしさを意味している）、しばしば軍事的な資質とも結びつけられていた。もちろんギリシア語の「アレテー」と対応させられる過程で、道徳的なニュアンスを獲得し、時代とともに一層多義的になっていった点は「フォルトゥナ」と同様である。なおキリスト教の影響によって意味変容はさらに顕著となった。「ウィルトゥース」が今日の英語の「バーチュー」（virtue）であることからも、このことは容易に想像できるだろう。さらにアイロニカルなことに、今日、女性の貞操が virtue と表現されることもある。

キケロの政治思想

そろそろキケロの話に移るが、右のようなローマ化した「運命‐徳パラダイム」はキケロによっても受容され、徳（ウィルトゥース）の解釈も独自の展開を見せることになる。『運命について』という著作では運命・偶然性に関する哲学的考察、そしてストア派の運命論・宿命論の分析が本格的に行われており興味深い内容ではあるのだが、残念ながら省略せざるをえない[260]。ここでは、後にマキアヴェリが相対化する徳目をいくつか列挙するにとどめよう。

特にキケロの主著『義務について』、『国家について』、『法律について』で強調されている徳とは、正義・公正を尊び、誠実であり、気前よく振る舞い、約束を守り、（権力者が）愛されるように努めることである。なお、徳の自然性ないし自然的基礎もしばしば強調されるが、そこにストアの影響を見て取ることができよう。例えば『法律について』でも、「徳は完全な理性であり、このことはたしかに自然に根差すことだからである」と述べられている[261]。

また、次のような精神的態度もすぐれてストア的といえよう。

総じて勇敢で偉大な魂というものはとりわけ二つの事柄に認められる。第一は外的なものへの軽蔑である。そのような人は信念として、立派で適正なこと以外のなにものに対しても感心も切望も希求もすべきではない、また、いかなる人物、精神の惑乱、運命にも屈してはならない、と心に決めている[262]。

とはいえ、既述の通り、キケロは初期のストア派とは異なり、観想的生と同時にまさに男らしさを重視した。そのことは、右の引用文の続きを読めば一目瞭然である。

第二は、いま私が述べたとおりの心境に達した上で取りかかる業績である。それはすなわち、一方で偉大にしてきわめて有益であることはもちろん、同時にしかし、きわめて困難で、苦難に満ち、命そのものと命に関わる多くのものを何度も危険に曝すものである。

このことはまた、政治的生の要請とも連動する。

実際のところ、私の言う平静を求めて公務から身を退き、閑暇の生活に逃れる人々はいまも多く、過去にも多かった。このような人々の中には、きわめて名高く頭抜けた第一人者たる哲学者もあり、厳格で慎重な人々もあったが、国民のすることにも指導者たちのすることにも耐えられなかった。……ただ、より安易で、安全で、他の人々にかかる負担や迷惑の少ないのが閑暇に生きる人々の人生であるのに対し、人類にとってより実り多く、名声や偉大さを目指すにより適しているのが国政や大事業達成のために身を投じた人々の人生である。[263]

しかもこうした主張が、先に示した第一テーゼとも呼応している点は注目に値するし、プラトンへの言及も示唆的である。

国事を司ろうという人々はプラトンによる二つの教えを胸にとめておくべきである。一つは、市民に有益なことを保護すべく、何をするにもすべてはこれを目指し、自己の利益を忘れること、いま一つは、国家全体に配慮し、一部を保護する一方で他を見捨てぬようにすること、である。(264)

さて、この調子で引用していると引用集になってしまうので、少し抑制したいとは思うが、キケロがストア的なコスモロジー、自然法観、神観念などを継承しつつもそれらを政治および法律の議論に結びつけていく点は重要なので、そうした考えを示した引用文をもう一つ紹介することをお許しいただきたい。キケロは、至高の神によってつくられた人間が理性的動物であると述べてから次のようにいう。

こうして、理性よりも優れたものはなく、それは人間にも神にもあるものだから、人間と神の最初の結び付きは理性によるそれということになる。理性を共有するもののあいだでは、正しい理性もまた共通である。そして正しい理性が法律であるから、わたしたち人間は法律によってもまた神と結び付けられているとみなすべきである。さらに、法律を共有する者は法をも共有する。そしてこれらのものを共有する者は、同じ国家に属するとみなされるべきである。もし彼らが同じ命令権と権限に従うなら、なおのこと、そのように考えなければならない。じっさい、彼らはこのような天の秩序、神聖な意志、強大な神に服従する。したがって、わたしたちはこの全宇宙を、神々と人間とが共有する一つの国家とみなさなければならない。(265)

そして、こうした宇宙論的視座から法律について論じるキケロは、自然法が普遍的な法規範を示すと同時に客観的な正義を体現しているとし、その基準に即して人定法――ローマ市民のための市民法・公民法（jus civile）、そして帝国内の諸民族をも対象とする万民法（jus gentium）――が定められなければならないと訴える。これはまた、自然（法）、普遍的正義という究極の基準により法そして政治が根拠づけられると同時に、その基準によって法も政治も相対化されうることを意味する。後にアウグスティヌスもフォローした点だが、正義を欠いた法律は盗賊の間で共有される規則と何らかわらないとされるのだ。(266)

以上の議論は、さらに人民・市民・国民重視の考えと連動する。キケロによれば「国家とは国民の物」である。(267)しかも、国民とは単なる人間の集合体ではなく、「法についての合意と利益によって結合された民衆の集合」である。キケロの国家観が、今日のような領土とか権力機構によって定義される国家と異なる点は押さえておくべきだろう。「国家」という訳語を当てているので必ずしも自明ではないが、近代国家を表すstateという言葉も概念も当時は存在せず、むしろ自由な市民が正義と法の観念を共有する形で水平的に結合する人（倫）的共同体、つまりres publicaやcivitasやpopulusという観念が用いられたのである。

さて、ワープ中なのでそろそろキケロを卒業しなければならないが、最後にキケロもまた政体の在り方について論じ、しかも共和政の危機という現実と対峙するなかで市民の自由を安定的に維持する政治形態を模索したことは押さえておくべきだろう。これは第二テーゼと関わる点であるが、彼は権力へのチェック機能を重視し、単一政体にしばしば見られる変動・循環を回避するためにある種の混合政体を擁護したのである。(268)プラトン、アリストテレス以来の政体論、そしてポリュビオスの混合政体論の影響をここに見て取ることは当然可能である。なお、本来であれば、キケロにおける市民宗教と鳥占い、そして腐敗防止およびmoral transformationのための教育と陶冶の議論にも触れるべきだが、ワープはそれを許さない。これについては、マキアヴェリやルソーを扱う章で簡単に扱うことにする。

さて、（またしても）本来であれば、ここでローマ法について論じるべきである。ローマ法がヨーロッパのみならず非ヨーロッパ世界にも及ぼした影響に鑑みればなおのことである。だが、数ページで紀元前五世紀の一二表法から紀元後六世紀のユスティニアヌス法典に至るローマ法の展開過程を概観することも、その後のヨーロッパ政治思想への影響について説明することも不可能である。他方、ローマ法の政治思想史的意義を完全に無視することもできない。したがって、本書では、次のキリスト教と中世の議論の中で選択的に言及することにする。

五　キリスト教と中世

古代ギリシア・ローマからの価値転換

キリスト教がヨーロッパの政治思想ひいてはヨーロッパの精神文化に与えた影響は計り知れない。ユダヤ＝キリスト教は、宗教であると同時にギリシア哲学と並んで西洋文明および西洋のアイデンティティを形づくった基底的思想・精神的支柱とみなされるのが一般的であり、当然ながらその影響は政治のみならず、あらゆる非政治的領域に（精神の内奥にまで）及ぶ――否、それは第一義的に非政治的なものであり、にもかかわらず政治に大きく作用したというべきかもしれない。さて、このようなとてつもなく大きなテーマをここで正面から扱うことはできない。したがって、以下においても今まで通り、本書の議論との関連でつまみ食いし、しかもワープ速度で見える部分にのみ目を向けることにする。

まず注目に値するのは、キリスト教がそれまでの自然観・世界観ないしコスモス観を根底からひっくり返すほどの価値転換をもたらしたということである。もちろんキリスト教思想と古代ギリシア・ローマの思想との間には一定の類似性や影響関係が認められるものの、この自然観・世界観・コスモス観の根源的な転換は、そこに存在する人間の位置づけをも根本的に変えることになった。これは次の例からも明らかである。

古代ギリシア・ローマのコスモス論においては、基本的にコスモスが自然や神（の秩序）と同一視されている。例外もあるが単純化すると、ロゴス（理性）やアルケー（原理）もそこに内在し、始まりも終わりもない円環的にして永遠的なものというコスモス観が一般的だったといえる。対してユダヤ＝キリスト教では、神がコスモス・自然そのものを、そしてそのなかに含まれるすべての存在——人間を含む——を創造した究極の存在とみなされる。これらすべてを無から創造した（creatio ex nihilo）とされる神は、当然コスモス・自然より大きい存在であり、時間も空間も超越している——なにしろ時間も空間も神が創ったのだ（もちろんキリスト教の解釈も気が遠くなるほど多様性に富んでいるが、こちらもばっさり単純化せざるをえない）。

ともあれ、目下注目すべきは、キリスト教の神が全知全能の神であり、唯一神であり、正義も善も愛も、そして政治的権威・権力も、すべてが神に由来すると考えられる点である。この世（現世）とこの世のすべての被造物は、神の計画に基づいてつくられたものであり、歴史（現世的時間）もその計画にしたがって展開する。一切は神の摂理に導かれ、いずれ迎える終末において、人間は天国に昇る者と地獄に落ちる者とに選別される（最後の審判）。選ばれた者、救済される者は、永遠の生命と至福を与えられることになる。

ここでは世界の始まりと終わりが想定されるため、時間概念も直線的になる——というよく知られた図式すら実は一筋縄には語れないのだが、ワープ中の身としてはそれを丁寧に辿る余裕はない。[269] ただ、この直線的時間概念を旨とする時間論および目的論的歴史観・歴史哲学を本格的に展開したのはアウグスティヌス（前三五四年－四三〇年）であり、これが後世の神学的な時間論・歴史観にも世俗的な時間論・歴史観にも大きな影響を与えたことは事実である。[270] また、この世の幸福よりあの世の幸福の方が価値があるとするキリスト教においては、“what is”の根拠が神という超越的・超自然的存在（究極の“what matters”）に求められ、現世としての“what seems”が相対化され、魂の目を上に向けさせるという意味での moral transformation が要請される。人間にとって魂への配慮が究極にして喫緊の課題となり、現世的なもの、政治的なものは、著しく相対化されることになる。

魂への配慮、という言葉で読者はプラトンを思い出すだろうか。超越的なイデアと魂の向き変えを訴えたプラトンの思想、そして自然のあらゆる事物に形相と目的の内在を認め、さらにそれらを階層的に秩序立てたアリストテレスのコスモス観などは、先程の単純化したギリシア・ローマの思想よりはむしろキリスト教の世界観と親和性があるように映るかもしれない。事実、アウグスティヌスをはじめ多くの神学者はプラトンの思想（多くの場合、新プラトン主義）[271]とキリスト教思想との接合を図ろうとし、中世においてはアリストテレスが超越や普遍の問題――例えば普遍と個別の関係性――に多大な影響を与え続けた。

しかし両者の思想とキリスト教との決定的な相違は、それぞれが現世に見出した価値の大きさにある。プラトンによって魂への配慮はまず何よりも政治の課題として追求され、アリストテレスはポリスを離れては人間の幸福も善も成り立たないと訴えた。彼らにとって、ポリスという共同体において人がどう生きるべきかという問いには計り知れない重みがあったのである。だがキリスト教は、この此岸と彼岸の秤の傾きを逆転させた。プラトンのいう千年後に生まれ変わる天国ツアーとキリスト教徒が希求する神による永遠の救済との間の断絶は、最初の印象以上に大きく深いのである――ちなみに、アウグスティヌスは輪廻転生という考えそのものを強く否定した。

だとすれば、こうした宗教思想がありとあらゆる領域に浸透した時、人間の行動原理と政治の正当性原理はどう変容するのだろうか。そもそもここから政治的なものが帰結しうるのだろうか。こうした疑問さえ生じるかもしれない。

だが以下にみるように、キリスト（教）の教えそのものがどれだけ非政治的であろうと、それが人びとの価値観を根本的に規定することによって、神の愛を紐帯原理とする新たな共同体の構想がもたらされた。そしてそれが間接的に――また教会などが制度化される過程でより直接的に――政治性を帯びることになった。しかも後に触れるように、キリスト教思想はさまざまに応用・援用され、政治的にも利用されていく。その意味で、キリスト教思想は、歴史において政治を相対化したり正当化したりと実にアンビヴァレントに「現実」に作用してきたのである。

キリスト教思想のアンビヴァレンス

歴史におけるキリスト教思想のアンビヴァレンスは、他の思想と同じくテクスト（この場合は聖書の言葉やローマ法などの影響によって政治化した宗教的言説）とコンテクスト（中世における聖俗関係や帝権・王権の台頭）との緊張関係から生まれる。

聖書には次のような言葉が記されている。(272)

「だれかがあなたの右の頬を打つなら、左の頬をも向けなさい」（マタイ五・三九）
「敵を愛し、自分を迫害する者のために祈りなさい」（マタイ五・四四）
「人にしてもらいたいと思うことは何でも、あなたがたも人にしなさい」（マタイ七・一二）
「このように、悔い改める一人の罪人については、悔い改める必要のない九十九人の正しい人についてよりも大きな喜びが天にある」（ルカ一五・七）

いずれもイエスの言葉だが、新約聖書で重視される神の愛と隣人愛が表現されている。これらはキリスト教倫理のコアをなすもので、共同性に結びつく理念が含まれてはいるものの、政治の権力性とは無縁である。このようなキリストの教えは、前節で見たローマ的な徳（ウィルトゥース）概念にさらなる変容をもたらした。というのも、プラトン、アリストテレス、キケロらによって重視された徳目（知恵・思慮、勇気、節制、正義）が「枢要徳」として継承されると同時に、キリスト教的徳として新たに「信仰」、「希望」、「愛」が加わり、「七元徳」となったからである。このキリスト教的徳は「対神徳」と呼ばれることもあることからわかるように、キリストの福音を前提として成立する徳であり、理性を超えたキリスト教的コスモロジーに基礎づけられている。つまり、キリスト教的徳は人間の道徳や倫理に還元されるものではなく、神の恩寵によって可能となる魂の救済、つまり神との垂直的関係によって成立するのだ。よく指摘されることだが、これは一見人間の地位低下をもたらすようで、その実、徹底した個人の精神の内面重視につながる考えである。(273)

ただ、これらの非政治的価値とて政治と全く関係がないわけではない。このような態度を重視する人間が多く存在すれば、それは自ずと政治的インプリケーションを持つだろうし、世俗的権力より己の良心の声（＝神の命令＝神に対する義務）に従うべきという立場は、場合によっては権力者に対する不服従や抵抗の論理に転化しうる。こうしたアンビヴァレンスは「皇帝のものは皇帝に、神のものは神に返しなさい」（マタイ二二・二一）というイエスの言葉によっても象徴される。人びとの外面的行為は世俗権力の管轄だが（例えば、国家は国民から税金を徴収することができる）、精神的内面は神聖な領域で権力の介入を許さない。この原理によって、キリスト教は世俗権力の存在を認めることができるし、権力側もキリスト教を容認することができるようになる。そうしてローマ帝国はコンスタンティヌス帝以降、キリスト教化していく。だが、政治権力が一線を越えた場合、精神の領域に立ち入ろうとした場合、そしてキリストの教えが蔑ろにされた場合、キリスト教は権力批判や不服従・抵抗の論理に転化するポテンシャルをもっている。事実、暴君放伐論《ほうばつ》がキリスト教的に正当化されることも珍しくなかった。

またキリスト教が宗教としても、思想ないしイデオロギーとしても広範に受容されるようになると、政治（権力）の正当性原理も変容し、言説上、権力の源泉は人民から神へシフトしていく。例えば、新約聖書の「ローマ書」一三章には次のような言葉が記されている。

「人は皆、上に立つ権威に従うべきです。神に由来しない権威はなく、今ある権威はすべて神によって立てられたものだからです」（一三・一）

「従って、権威に逆らう者は、神の定めに背くことになり、背く者は自分の身に裁きを招くでしょう」（一三・二）

「権威者は、あなたに善を行わせるために、神に仕える者〔神の代理人、minister of God〕なのです。しかし、もし悪を行えば、恐れなければなりません。権威者はいたずらに剣を帯びているのではなく、神に仕える者として、悪を行う者に怒りをもって報いるのです」（一三・四）

この支配者＝「神の代理人」という表現は、中世から絶対王政期にかけて、世俗的権力の絶対性を正当化する際に幾度ともなく援用された。今日においては否定的に捉える見方もあるが、本来は権力の絶対性の正当化を意図したわけでも、そうした帰結が必然なわけでもないという点を忘れてはならない(274)。それは非政治的なテクストが政治的なコンテクストに置かれ相互に作用し影響し合った結果生まれた、いうなればアンビヴァレンスの産物なのである。

六　アウグスティヌス

さて、直接に権力を問題にしていなくとも、後の西洋政治思想に大きな影響を及ぼすことになったキリスト教の重要な論題がある。これまでの本書の議論とも関係する、神の計画・摂理と人間の運命との関係である。そしてこの点について以降何世紀も続く果てしない論争の基礎をつくりあげたのが、ローマ教会の神学的基礎を整えた最も著名な神学者アウグスティヌスであった。

キリスト教の神は、ギリシア・ローマの気まぐれにして人間臭い神々とは異なり、全知全能であり完璧であり、歴史も何もかもを支配している。したがって、運命も単なる偶然とはみなされなくなる。それどころか、そもそも偶然性の存在を認めるかどうかという問題すら生じてくる。もし神が全知全能で、時間と空間を超越していて、自らの計画にもとづいて世界を創造し、歴史のすべての事柄を最初から最後まで見通しているのであれば、偶然の存在する余地はなくなるだろう。運命の変転は偶然的なものではなく、単に有限な存在である人間の無知に由来する臆見に過ぎないということになる。古代末期に活躍したキリスト教思想家ボエティウスやアウグスティヌスはこのように考え、運命概念を摂理概念に包摂しようと試みた。彼らによれば、運命と対峙しそれを克服しようとするのはナンセンスである。むしろ人間の目的・使命は摂理の理解に努め、それに従うことにあるのだ。だが神の摂理を十分に理解することなど到底不可能なわけだから、理不尽に見えようと運命を甘受し、不幸も耐え忍ばなければならない。(275)

しかしここで、二つの大きな難問が浮上する——悪の問題と自由意志の問題である。これらは実に多くの論争を引き起こした難問であり、当然ながら、ここではごくごく簡単にしか触れることができない。

世の中は悪に満ちている。これは誰もが認める事実であろう。しかし、神が世界の創造主なら、どうして悪が存在するのだろうか。神が悪の原因なのか。そうでないなら、一体どこからどのようにして生じたのか。こうした問いは古代ギリシア時代から既に提起されていた。(276)だが神を全知全能とするキリスト教において、この問題は一層緊張を伴って現れた——後に「神義論」（ライプニッツ）という形で定式化されることになる問題である。全知全能とするかわり悪の創造主としての責めも神に負わせるのか、神を免罪するために神の力によらない領域の存在を認めるのか。だがもし真に神の摂理がすべてを支配しているというのであれば、人間が自ら考え行動する余地は失われる。人間は単なる受動的な存在に、いわばプログラムのまま動くロボットになる——そして自由はもはや単なる幻想となりはてる。

さて、ここでは論争そのものに言及する余裕はないので、アウグスティヌスの考えにのみ触れる。右の二つの難問に対して、アウグスティヌスは自由意志論という形で答えた。確かに神は全知全能であり、正義と善の源であり、悪とは無縁である。だが神は人間を愛し、「神の似姿」（Imago Dei）に人間を創造したため、神的な能力、つまり自由意志と理性という能力が人間に授けられた。理性は善悪の認識・判断を可能にする。そして人間は自らの自由意志によって善き行為を行うことが期待される。しかし自由意志によって悪をなすことも可能なのであり、事実、最初の人間アダムは罪を犯した。このようにして悪の起源が人間に求められると同時に、人間は自由な存在と理解されることになったのである。なお、このように自由意志を認めた場合でも、人間による善行と自助努力によって魂の救済が可能なのかどうかという問題もあり、これも大きな論争へと発展していく。ここではこれ以上この問題に踏み込まないが、アウグスティヌスの自由意志説が後のヨーロッパ思想に大きな影響を及ぼしたことだけは押さえておきたい。「アウグスティヌスこそヨーロッパ自由論の枠組みの決定者である」といわれるゆえんである。[277]

最後に、この自由論を含むアウグスティヌスの壮大なキリスト教的歴史哲学と政治との関わりについて触れておこう。アウグスティヌスは、神への愛にもとづく「神の国」と自己愛にもとづく「地の国」の相克と最終的な「神の国」の勝利という形で、神の摂理の歴史における働きを説いた。しかも政治共同体の在り方については、一方でキケロに倣いつつ、「法についての合意と利益によって結合された民衆の集合」という紐帯原理を重視した。そうして有名な（そして先に見たキケロの主張とも類似する）「〈国家〉＝〈盗賊団〉説」が帰結するのである。[278]アウグスティヌスはこう問いかける――「正義が欠けていれば、王国は大盗賊団以外の何であるか」と。[279]

したがって、アウグスティヌスを政治学における「リアリズム」の伝統のなかで語る時、つまり正義とか道徳の言説に依拠せず、むしろペシミスティックな人間観に基づいて政治共同体の構成原理を模索した思想家として理解する時にも、そのリアリズムの指すところには注意が必要だろう。確かにアウグスティヌスは、アダム以来堕落した人間の「罪に対する罰と矯正」として政治を捉える局面もある。ただ忘れてはならないのは、こうした議論の前提も全体の枠組みも神学的なものに裏打ちされており、その意味で彼のそれと現代の（コスモロジーの欠如した）リアリズムとは大分異なるということである。

七　トマス・アクィナス

さて、中世盛期にはトマス・アクィナス（一二二五年頃－一二七四年）という、これまたキリスト教史のみならず政治思想史においても必ず大きく扱われる神学者が登場する。キリスト教思想とアリストテレスの思想とを統合する形で、彼もまた壮大な神学体系を構築し、そこには政治に関する言説も含まれていた。ここでは『君主の統治について』を中心にみてみよう。

トマスは、「人間は本性上、政治的（ポリス的）動物である」と記したアリストテレスに倣って「人間は、他のすべての動物にもまして、自然本性上、集団のなかで生活する社会的および政治的動物である」と述べる[280]（トマスが独自に加えた「社会的動物」という語の意味するところは重要であるが、ここでは省略する[281]）。こうしてトマスは政治的支配の自然性を認めつつ、アウグスティヌスの原罪思想に由来するペシミズムと政治的リアリズムを回避し、共通善を志向する独自の政治思想を展開することになったのである。

またトマスは、プラトン・アリストテレス以来の政体論についても論じている。但し、アリストテレスが現実可能な政体としては多数者支配の「国制」を最良の政体としたのに対して、トマスは神と王との類似性という観点から王政を積極的に擁護する[282]。しかもユリウス・カエサルとアウグストゥスという、共和主義の伝統ではどちらかというと否定的に評価される人物にも好意的に言及する[283]。だがそれも時代背景と執筆意図（『君主の統治について』が「君主の鑑」論としての助言書・教育書であることも忘れてはならない[284]）に鑑みれば驚くに値しないかもしれない。

われわれにとって重要なのは、具体的な統治形態が何であれ、トマスにおいてはアリストテレス同様、共通善と

（民衆の）善き生が統治の目的とされている点（第一テーゼ）である。「民衆に善をもたらすことが王の義務」であり、そこでは有徳な支配者、善きキリスト者としての君主が求められるのである。なお、徳は君主のみならず、民衆の間でも共有されねばならないものであり、「会い集う民衆の目的は徳にしたがって生きること」と説かれる。但し、先に見たように、ここで重要なのはキリスト教化した徳であり、究極の目的はあの世における幸福なのである。(285) なお、トマスはこの世でも積極的に共通善を追求する必要性を訴えるなかで、支配者には以下のような目標と役割を定める。

人間がこの世で善く生きる生活が、目的としては、天上において約束されているところの浄福の生活へと向けられているように、人間に必要とされる何らかの個別的善、例えば富や利得、健康や弁舌の才、学問といったものは民衆の善という目的に向けられているのである。それゆえもし上述のように、究極目的に関する管理を司る者がその目的よりも下位にある目的の管理を担う人びとの上に立ち、その人びとを命令によって指導しなければならないとすれば、そこから明らかとなるのは王は聖職によって司られるところのいわば支配と統治には服従しなければならないが、他方においてすべての人間的職務に関しては、それらを管理し、自己の統治上の命令権によって指導しなければならないということである。(286)

また、こうして究極の目的が重視されればこそ、トマスは先述の「ローマ書」一三章の一節を君主を有徳な行為へと結びつける理由とする。そして君主の善き統治の報酬は世俗的な名誉や人間的栄光ではなく、神によってあの世で与えられる最高の名誉と栄光――天上の報酬――であると説くのである。(287)

ではどのようにすれば、君主による善き統治や民衆による共通善の追求が実現するのだろうか。それには、彼の思想における自然法の位置づけが重要になる。トマスがアリストテレスの目的論的自然観を受容したこと、また政治的支配の自然性を肯定したことから、自然とそれを司る法やロゴスの重要性をも認めたことは容易に想像できるだろう。だが、キリスト教において神は自然とロゴスを超えた存在であり、したがって超自然の自然に対する優位性、神への信仰の人間理性に対する優位性が当然ながら前提とされる。これはややもすれば合理的思考そして人間的領域の自律（政治の領域を含む）の否定にもつながりかねないし、事実そう考えた論者もいる。

だが、『神学大全』に記された有名な言葉――「恩寵は自然を廃さず、むしろそれを完成する」――からもわかるように、トマスはキリスト教的な前提から出発しつつも、超自然と自然、信仰と理性とを調和させることにより、神の超自然的秩序の下位層をなす自然的秩序（政治的領域を含む）に一定の自律性を与えていた。彼によれば、人間理性はそもそも神から分け与えられた神的能力であり、自然法もまた「理性的被造物における永久法の分有」である（なお永久法は「宇宙の支配者たる神の側における被造物の合理的指導（統治理念）」とされる）。したがって人間は理性によって自然法を認識し、自然法を上位規範としつつ人定法を定め、政治社会を自らの自由と作為的行為によって形成維持し、共通善を追求することが可能なのであり、またそうせねばならないのだ。(288)

なお、トマスが運命論、運命と徳、運命と自然法の関係をどう捉えたかに関しても触れるべきかもしれないが、ここでは省略せざるをえない。(289)

また、中世政治思想史のテキストに必ず登場するジョン・ソールズベリー（一一一五年頃‐一一八〇年）、マルシリウス・パドゥア（一二七五年頃‐一三四三年）、ウィリアム・オッカム（一二八五年‐一三四七年）を無視するのはけしからんと思われるかもしれないが、やはり紙幅の都合上、省略せざるをえない。余力のある方は是非参考文献を参照していただきたい。(290)

八　キリスト教思想とローマ法のアンビヴァレンス

言説による権力の強化

先を急ごう。そして今度はワープ・スピードで、近代国家の原型となるような王国が台頭する過程において、どのように宗教的言説および法的言説が利用されていったかを簡単に追うことにしよう。とはいえ、「近代国家の原型」という眼差しで過去に遡るのはある種のアナクロニズムを伴うわけであり、本来であれば中世における多様な言説と共同体の在り方を当時のコンテクストに即して検討しなければならないのだが、紙幅の関係上、視角を限定せざるをえない。

宗教的言説に関しては、既にみた「ローマ書」一三章が援用されたことは容易に想像できるだろう。権威・権力の源泉が神に求められるなかで、君主が「神の代理人」を名乗ることは当然ながら権力の正当化に寄与するし、さらには王と王国に聖性が賦与されるという効果もある。[291] また、王国が「神秘体」(corpus mysticum)――キリストの体に由来し、教会やキリスト教徒の共同体を意味する――とみなされることによって、王国も王も人民も神聖な存在となり、政治共同体の紐帯原理(祖国愛や王家への愛着・忠誠)も一層強化される(これをナショナリズムないしネーション意識の原型とみなす研究者もいる)。[292] さらに王が頭で、その他の共同体成員が胴体や四肢、心臓や胃などを構成し、王が判断と命令の役割を担うといった身体的メタファー(なおこれにはかなりのバリエーションがあり、特に聖職者の位置づけが争点になったりする)[293] による権力構造の説明・正当化も一般的であった。他に両剣論、そして「神のごとく、無から何かを作る」という宗教的言説に由来する権力理論も重要だがここでは省略する。[294]

だがこうした宗教的言説だけで王権の伸長が可能になったわけではないし、そもそも宗教的言説は権力理論という形に再構成される必要があった。その際重要となったのが、ローマ法の知識であり、宗教的言説および教会法はローマ法をいわば下敷きとして体系化され、そこから新たな権力の言説が生まれたのだった。このプロセスが本格化したのは、一一世紀末のローマ法典の「再発見」以降である。

西ヨーロッパで散逸していた古典古代の著作の多くが一一世紀末から一三世紀にかけて「再発見」され、受容されていったことを思い出そう。「一二世紀ルネサンス」とも形容されるこの展開は、ビザンツやイスラム世界から入ってきた文献をラテン語に訳し、それを独自の仕方で再構成するという知的活動を誘発し、政治、倫理、文学、芸術のみならず宗教にも大きな影響を及ぼしていく。トマスのアリストテレス受容もこうしたコンテクストのなかでなされたのである。

さて、ローマ法のリバイバルにより、新たな権力の言説が創出されることになるわけだが、それが多くの場合、教会法学者によって教会を制度化したり教皇権力を強化したりするためになされたという点をまず押さえておこう。そもそもこの時代、王はまだ（少なくとも正当性の言説上は）脇役に過ぎない。九世紀以来、西ヨーロッパ世界は（ローマ）教皇と（神聖ローマ）皇帝を二つの中心とする楕円的構造をもったキリスト教共同体（respublica Christiana）と理解されていたが、制度面（権威の体系や組織のネットワーク）でも人材面（字が読めルールに則って組織を円滑に運営できるプロ集団）でも、優位に立っていたのは教皇・ローマ教会側であった(295)。

話をすこぶる単純化すると、まず教会法学者が、教会法および権力の言説をローマ法にならって体系化しはじめる。その言説が今度は、教皇と時折ライバル関係にあった皇帝によっても自らの権力伸長のために援用・応用されていく。さらにこれを、次第に教皇からも皇帝からも独立を欲する国王（また後に簡単に触れる都市国家）が利用しはじめる。こうして、およそ政治とは縁遠いような宗教的言説が近代国家の誕生を準備することになる。何やら風が吹けば桶屋が儲かる的な話に思えるかもしれないが、その展開ははるかに合理的に説明がつくのだ。

では、ローマ法はどのように新たな権力の言説の構築に役立ったのだろうか。いくつか例をみることにしよう。

まずは、王法理論（lex regia）について。六世紀に編纂されたユスティニアヌス法典には、法学者ウルピアヌス（一七〇年－二二八年）が起草したとされる次の格言が含まれている――「君主の欲するところのものは法の効力をもつ」、「君主は法の拘束を受けない」。ウルピアヌス自身が権力の絶対性の擁護を意図したかどうかについては諸説あるが、目下重要なのは、この格言が教皇や皇帝の権威・権力の「絶対性」（といっても文字どおり絶対的なわけではないが）の正当化のために用いられたということである。

また、もともとは聖書の表現に由来し、教皇と司教の役割分担を示す言葉として用いられていた「横溢する権力」（plenitudo potestatis）は、次第に法的用語として使用されはじめ、一二世紀以降は教会法学者によって教皇の首位性や裁治権を正当化するための用語となり、ついには教皇が人定法のみならず自然法や神法をも超えて法を制定しうる権力と解されるまでに至る。[296]「絶対権力」（potestas absoluta）という、非常事態における超法規的な権力行使を認める概念が生じたのもこうした流れを受けてのことだ。[297]そしてこうした新しい権力理論は皇帝や君主を触発し、同じような語法によって世俗権力側も権力伸長のための理論武装をしていったのである。ゆえに「横溢する権力」や「絶対権力」を近代的主権概念の原型ないし先駆とみなす研究者もいる。[298]フランス王フィリップ四世（在位一二八五年－一三一四年）が起用した南フランス出身のローマ法学者らは、王法理論に依拠して王の絶対的権力を正当化しようとした。[299]「フランス国王は自らの王国において皇帝である」（Rex Franciae imperator est in regno suo）といった格言も、この時代に現れたものである。

またローマ法に由来する「団体（universitas）理論」もさまざまなアクターによって――教皇、皇帝、国王のみならず、都市国家、公会議、修道会、教区、議会、大学、職業団体などによっても――共同体・団体の自律・自治と永続性を主張するために用いられた。[300]この理論を本格的に展開したのは、またしても（一三世紀の）教会法学者であるが、彼らは「擬制的人格」（persona ficta）という形で団体が法的人格を持つと主張したのだった。[301]このように法的フィクションとして団体が捉えられる場合、その個々の成員が入れかわっても団体そのものは依然として存続する。つまり、自然人を必然的に拘束する生命の時間を超え、団体が法的に永遠と不死を獲得することが可能になるのである。「団体は死なない」（universitas non moritur）という表現はこうした特質を如実に物語っている。(302)

そして王国が団体となり、しかも先の「神秘体」や身体的メタファーと結びつくと、今度は王は「自然的身体」（body natural）と「政治的身体」（body politic）の二つの身体を持つというフィクションが形成される。つまり生身の人間としての王（「自然的身体」）と、法的・宗教的に構想される王（「政治的身体」・王位）とを区別するのだ。それによって、前者が滅びたとしても後者の不死性・永続性は確保され、「決して死ぬことのない王」（rex qui nunquam moritur）が誕生することになる。(303)表現だけをみるとまるで非現実的でＳＦか何かのようだが、この点における中世の想像力はまったく合理的である。

こうした法的フィクションがいかに王権にとって（また他の支配権にとっても）都合がよいかは一目瞭然だ。正当性の次元で支配権が根拠づけられれば、老衰や死、ライバルの出現や後継者の無能といった運命的要因によって振り回されるリスクは減る。しかも「君主の欲するところのものは法の効力をもつ」、「君主は法の拘束を受けない」といった格言により、王権の絶対性も担保されるのだ。望んだことが法となり、しかも自分はそれに縛られず、そして死なない王――彼を止めるものは何もないかに思える。

言説のアンビヴァレンス――権力の絶対化と相対化

にもかかわらず、王権は無制限ではないし、恣意的支配が容認されるとも限らない。むしろ王権の絶対性を擁護する大半の論者は恣意的支配を否定するのだ、少なくとも理論上は。ここで法的フィクションのアンビヴァレンスに目を向ける必要がある。

そもそも先のウルピアヌスの格言には続きがある――「君主の欲するところのものは法の効力をもつ、彼の支配権について定められた王法（lex regia）にしたがって、人民が君主にその全支配権と権力とを与えたからである」（Quod principi placuit, legis habet vigorem; utpote cum lege regia, quae de imperio eius lata est, populus ei et in eum omne suum imperium et potestatem conferat）。これからわかるように、君主の「全支配権と権力」は、もともとは人民から授けられたものなのである。

いうまでもなく、権力の絶対性を擁護しようとした論者はこの文言にしたがって、人民による権力の移譲が不可逆的なものであると主張した。一度もらってしまえばこちらのものだ、というわけである。しかもローマ法には権力の神的起源に関する記述もあるので、それと併用して主張をさらに強固にしようと試みた(304)。だがこの文章は諸刃の剣だった。同じ箇所から、君主が本来の目的（公共善の追求など）を果たさず恣意的に振る舞った場合は人民が権力を取り返すこともできる、という論理を導くことも可能なのである(305)。さらにいえば、これは人民主権の正当化にも転用できる論理であり、事実そのように主張した論者もいる。この両義性を危惧してか、一六世紀に「主権」（sovereignty）概念を定式化したジャン・ボダンは、「決して死ぬことのない王」に言及しつつも王法理論に対しては批判的だった(306)。

そしてこれと同様のアンビヴァレンスは「王の二つの身体」にも潜んでいた。というのも、王が恣意的に権力を行使した場合、「政治的身体」としての王の名において、「自然的身体」としての王を批判することが可能になるからである。事実、イングランド革命初期において、清教徒（議会派）は「われわれは王を守るために〈王〉と戦う」というスローガンを掲げてチャールズ一世（生身の人間としてのイングランド王）の率いる軍隊と闘ったのだ(307)。

さらに同様のパターンは王の財産にまで及ぶ。なにしろ中世においては「国庫は決して死なない」という表現まで登場するのである。王の政治的身体と同様、法的フィクションとなった王の財産は人間的な時間の制約を受けず、連続性と永遠性をこの世において獲得する。歴史家カントロヴィッチは次のように述べている。

「王位」とか「国庫」といった抽象物は、時間のなかの無限の連続性、そして時間を超えた永遠性を示しているのだが、そうした無限の連続性、永遠性は、それまでのように天使の国、つまり仮構的な神学の天使により抽象化されるのではなく、より世俗化されたかたちで、人間の国のものとして、すなわち仮構的な法学の人格として示されるようになったのである。(308)

そして皮肉なことに、王の財産は国庫という法的フィクションとして構想されることによって、生身の人間の王から自立していき、いずれは王自身も自由にして完全なる処分権を失うことになる。

一方団体理論はといえば、ローマ法に由来する「すべての人に関わることは、すべての人によって承認されねばならない」(Quod omnes tangit ab omnibus approbetur) という法諺——といってもローマ法の文脈を完全に無視して援用されるのだが(309)——および「より大きくより賢明な部分」(maior et sanior pars) という集団的意志決定の原理と結びつくことにより、多数者もしくは賢明な意志を尊重する固有の代表理論と権力制限論に帰結することとなった。これは後に都市国家の自治の正当化や一四世紀の公会議主義の原理にもなり、一部の研究者は近代の代表制・同意理論や立憲主義にもつながる考えだとしている。

また、権力制限という意味では、慣習法や自然法も重要な役割を果たしたことを付言しておこう。多くの法学者はローマ法だけでなく、長い間中世社会のルールとして機能してきた慣習法（そして封建法）も重視していたし、それらの関係性を考慮しながら教会法や世俗法を構想するのが一般的であった。確かに、一二世紀末あたりから一部の教会法学者が統治者（もしくは統治組織）によって制定された法（ius positivum）の慣習法に対する優位性を主張するようになったのも事実である（但しこうした考えがヨーロッパの広範囲で定着するまではかなり時間がかかり、適用の時期も度合いも著しい地域差があった）[310]。それでも一二世紀において大半の法学者は依然として君主と臣民との契約関係を旨とする慣習法を多かれ少なかれ尊重し、君主は自国の法と慣習を守る神聖な義務があると考えていた。その意味で君主は法に拘束され、恣意的に立法することは許されない、と。

また、法の源泉として人民を重視する言説も当時からみられた。一二世紀の代表的教会法学者グラティアヌスは、人民が法をつくることもできるし、法が有効となるのは人民がそれを承認した時だと明言したのである[311]。ただ実際上、人民が立法に携わることは稀であり、法学者も大抵の場合は統治者が新たに法をつくる局面に注目した。その際、教会法や世俗法の合理性や公正性を判断するための道徳的規範としてはたらいたのが自然法である。中世を通じてこの自然法の観念もローマ法の影響を受け、万人に適用されるべき法の基準として理解されるようになっていった（なおローマ法にも自然法への言及があるが、記載が必ずしも一貫していないので、お約束どおり学者の間で多様な解釈がある）[312]。

イタリアの都市国家とローマ法

さて、ワープも終わりに近づいたが、最後に北中部イタリアの都市国家（コムーネ）がどのようにローマ法を援用し、（一一世紀頃から徐々に台頭してきた）都市の自治を正当化していったかをごくごく簡単に見ることにしよう。

一四世紀までには多くのコムーネが事実上、神聖ローマ皇帝の実効的支配から自立し、自治を行なっていたが、そのステータスを法理論的に正当化できないという問題があった。つまり、立法権は依然として皇帝に帰属し、コムーネが自ら定めた法（都市の条例など）は上位者たる皇帝の承認を必要とするという制度が（形骸化していたもの）存続していたのである。

しかし、一部のローマ法学者が次のようにコムーネの自立と自治を主張しはじめる。「今日、イタリア、とくにトスカーナ地方のいかなる都市国家も〔皇帝の〕支配権 dominium を認めず、それ自身のうちに自由な国民〔人民〕populus liber および純粋命令権 merum imperium を有し、そして皇帝が世界において有するものと同様な権力を都市国家において有する」[313]。これはバルトルス（一三一三～四年－一三五七年）というローマ法学者の言葉だが、彼やその弟子バルドゥス（一三二七年－一四〇〇年）らは、団体理論、擬制的人格概念や独自の同意理論などを導入することによって「都市はそれ自身の皇帝である」（civitas sibi princeps）という正当化原理を確立していったのである――これは王が皇帝に対抗する際に用いた正当化原理「王は自らの王国において皇帝である」（rex in regno suo est impertor regni sui）の応用版ともいえる[314]。また、バルドゥスの場合、既述の「神秘体」という宗教的言説をも援用し、それを人民と等置した[315]。このように法学者は都市の自治を正当化するためにさまざまなイノベーションを行なったのだが、それらに言及する余裕はない。したがって、以下では、バルトルスの同意重視の理論にのみ注目することにする。

バルトルスは、人民の黙示的同意ないし慣行・習いに由来する慣習法と、皇帝の意志から生じる皇帝法とが同様の効力を有することを示唆したローマ法の法文に依拠しつつ、都市国家の自治立法権を正当化するわけだが、その論理展開は単純化すると次のようになる[316]。まず、慣習法（そしてその法的な拘束力）の主要な原因として人民の意志である黙示的同意を挙げ、これが上位者（皇帝）の承認を必要としない点を指摘する。次に、都市の条例も人民の（明示的）同意に起因するので、慣習法と同じ拘束力を持ち、同じように上位者の承認を必要としないと説明する。慣習法と条例との違いは、単に前者が黙示的同意に由来し、後者が明示的同意に由来するという違いに求められる。そして、「黙示的同意と明示的同意は、〔法制定においては〕等値され、かつ同一の力をもつ」（tacitus et expressus consensus aequiparantur et sunt paris potentiae）との主張によって、都市の人民は自由に立法できるという原理が導かれ、都市国家の立法権が正当化されることになるのである。

本書ではマルシリウス・パドゥアの政治思想を扱わないと述べたが、イタリア都市国家の独立・自由の言説におけるスコラ主義の影響について論じる際には彼を無視しえないと考える研究者がいる。クェンティン・スキナーがその代表例であるが、彼はマルシリウスがトマス・アクィナスとは大分異なる主張を展開しているとしつつも、アリストテレス主義の立場から都市国家の自治と人民主権論を擁護したとして、バルトルスと同列に論じている(317)。とはいえ、これは数多くある解釈の一つにすぎない(318)。ここで注目したいのは、マルシリウスもまた立法における市民の同意の契機を重視したということであり、この原理的主張に関しては研究者の間でも一定のコンセンサスがあるといえる。

さて、このような市民・人民の同意を重視する言説は、都市国家だけでなく、王国でも次第に支配的になっていく。そしていうまでもなく、近代とは人民主権論が一層重要性を増し、国王とて「神の代理人」のみならず「人民の代表」を標榜せざるをえなくなった時代であった。その過程で代表制の理論も変容していくのだが、これについては後の章で検討することにしよう。

第六章　マキアヴェリ

一　梟雄か共和主義の英雄か——マキアヴェリの多面性

マキアヴェリ（一四六九年－一五二七年）の著作を読んだことがなくとも、「マキアヴェリズム」や「マキアヴェリスト」という表現を耳にしたことがある人は多いのではないだろうか。「マキアヴェリズム」は権謀術数を彷彿とさせ、「マキアヴェリスト」は打算的で腹黒い人間に対する罵り言葉として用いられるのが一般的だ。確かに、マキアヴェリはその著書『君主論』のなかでこうしたイメージに符合するようなことを述べている。

人間は寵愛されるか、抹殺されるか、そのどちらかでなければならないということである。なぜならば、人間は些細な危害に対しては復讐するが、大きなそれに対しては復讐できないからである。それゆえ、人に危害を加える場合には、復讐を恐れなくて済むような仕方でしなければならない。(319)

このように君主は野獣の方法を巧みに用いる必要があるが、野獣の中でも狐と獅子とを範とすべきである。それというのも獅子は罠から自らを守れず、狐は狼から身を守れないからである。……それゆえ賢明な君主は信

> 義を守るのが自らにとって不都合で、約束をした際の根拠が失われたような場合、信義を守ることができないし、守るべきではない。……そしてこの狐の性格を良く心得てそれを巧みに潤色し、秀れた偽善者、偽装者たることが必要である。人間というものは非常に単純で目先の必要によってはなはだ左右されるので、人間を欺こうとする人は欺かれる人間を常に見いだすものである。(320)

極めつけに腹黒いのは、このように脅したり騙したりしつつも、民衆からは「慈悲深く、信義に厚く、人間性に富み、正直で信心深く見える」必要性を強調している点である。しかもそれはそんなに難しいことではないという。

> それというのも大衆は、事柄を外見とその結果とからのみ判断するものだからである。そしてこの世にはかかる大衆だけが存在し、大衆が支持する場合にのみ少数者は初めて影響力を持つことができるのである。(321)

被支配者のオピニオンが権力の源泉であることは既に確認したとおりであるが、マキアヴェリはさらに踏み込んでオピニオン操作の重要性を説く。そして「すべての人々は君主の外見に従って君主がどのような人間であるかを知り、少数の人間だけが君主が実際どのような人間であるかを知覚している」ので、側近が忠実で口が堅ければ問題は生じないという。現代では暴露のツールとルートが格段に多いので、リーダーは余計にこの点に気を配るべきかもしれない。元米大統領ケネディとクリントンは同じ欠点を抱えていたというが、クリントンの方は世界中で大騒ぎになり、ケネディの側近たちは彼のイメージを守り切った。

さて、ここに列挙したマキアヴェリの言葉だけに注目するのであれば、彼が時代を通じて聖職者のみならずさまざまな論者から非難されてきたのは当然と思われるかもしれない。毒舌のバートランド・ラッセルは『君主論』

はギャングの手引書」といったらしい――が、この頻繁に引用される言葉は（私の知る限り）ラッセルの著作のどこにも記されていない。アイザィア・バーリンの論稿「マキアヴェッリの独創性」に含まれる引用文が唯一の典拠とはいえ、バーリン自身も典拠を示していない。実はバーリンの引用は一種の名人芸というかバーリンでなければ許されないレベルの自由な解釈をよく行なうので、それを一〇〇パーセント信用してよいものか微妙である[322]。ただ、単に私の無知に由来する事実誤認の可能性も否定できないので、間違っていたらバーリン先生ごめんなさいである。それはともかく、マキアヴェリの場合もあることないことといわれてきたという背景がある。

だが他方、以上のような潮流に反して、マキアヴェリを肯定的に評価した論者もいないわけではない。例えば、ハリントン、ミルトン、スピノザ、ルソーといった一七・一八世紀の思想家を挙げることができる。彼らはマキアヴェリの共和主義的な側面を評価するわけだが、ルソーに至っては次のように述べている。「マキアヴェリは、国王たちに教えるようなふうをして、人民に重大な教訓を与えたのである。マキアヴェリの『君主論』は共和派の宝典（le livre des républicains）である[323]」。

さらに一八・一九世紀以降になると、特にドイツやイタリアで国家統一を説く論者によって肯定的に評価され、二〇世紀においても政治や国家の固有な論理を析出し、政治を道徳から切り離し、科学的、実証的アプローチを確立した思想家として称揚されることもあった[324]。また次元は大分異なるが、現代日本でもリーダー的資質を解説する実用書やビジネス成功の秘訣を明かすハウツー本などで、（孫子や信長とともに）マキアヴェリが注目されることがよくある[325]。マキアヴェリは読む側の視線の向きによってまるで違う顔をみせるかのようだ。だがそれは何に起因するのか。

二　『君主論』と『ディスコルシ』

以下においては、近年のマキアヴェリ研究に目配りしつつ、本書の主要テーゼに引きつけて論じることにしたい。一九七〇年代以降、政治思想の分野ではマキアヴェリは共和主義を唱えた思想家として再評価されるようになっており、その際、『君主論』だけでなく『ディスコルシ』（『ティトゥス・リウィウスの最初の一〇巻に関するディスコルシ』）という著作も大きく扱われる。『君主論』はメディチ家の小ロレンツォ（一四九二年―一五一九年）に献呈されたアドバイス書であり、君主による「スタート」（stato―地位、権勢、支配権力[326]）の維持・拡大を目標としている。それに対して『ディスコルシ』の主題は、自由と共和政の擁護であった。

容易に想像がつくように、研究者の間では、なぜ同一人物がかくも異なる内容の著作を著したのか、両著は単に矛盾しているのか、それともそれらを整合的に解釈することは可能なのか、などをめぐって論争が繰り広げられてきた。

一部の論者は、執筆意図に着目する形で――『君主論』と『ディスコルシ』は、いつ、誰のために、何の目的で書かれたのかという問いを意識しつつ――齟齬の原因を解明しようとする。マキアヴェリは一四九八年に、わずか二九歳で共和国フィレンツェ政庁第二書記局員に抜擢され、すぐに第二書記局長に昇格する――またその直後、「軍事十人委員会」担当の書記官も兼任することになる。以後、主に外交の舞台で活躍するが一五一二年にメディチ家がフィレンツェに復帰すると職を解かれた。だが政治的野心を持ち続けたマキアヴェリは、メディチ家に自分を売り込むために、いわば就活の一環として『君主論』を執筆する。他方、『ディスコルシ』の執筆もほぼ同時期に開始されるが、就活に失敗し政治的野心が挫折を強いられたこと、また「オリチェラーリの園」というサークルの文人らとの交流が深まったことにより、執筆活動に専念するようになる。したがって、『君主論』は政界復帰を目的とした自己PR本、それに対して『ディスコルシ』こそマキアヴェリの真意に適った書物だと解すれば、少なくとも矛盾は解消される。もちろん、ここでは話を極端に単純化しており、実際この種の解釈にもさまざまなバリエーションがあり、もっとニュアンスに富んでいる。

ほかにも例えば、『君主論』を有事の政治学（国家防衛を優先し危機から脱却するための方法を論じた書）、『ディスコルシ』を平時の政治学（一定の安定を前提に自由の実現・維持とその制度的保障を論じた書）といった形で両著の特徴の違いを説明したり、あるいはミクロにそれぞれの記述を分析・比較し、矛盾や整合性の論証を試みたりする研究書もある。

だが、目下のところ重要なのは、このような多様性があるにも関わらず、近年の研究では基本的にマキアヴェリが共和主義者と位置づけられていることである。そして本書でもこの立場をとるが、問題を限定せざるをえないので、まずは議論の枠組みから説明する。

今までどおりコンテクスト重視のアプローチをとるが、すべてをカバーするのは不可能なので、ここでは「運命－徳パラダイム」を中心に論じる。そして、マキアヴェリの言説上のイノベーションを『君主論』の分析を通じて見たうえで、ごくごく簡単に『ディスコルシ』における共和主義の特徴を明らかにする。

また、次の大枠も前提としておきたい。前章において三つのテーゼを提示したが、マキアヴェリにはそれらすべてが妥当するといえよう。第一テーゼは政治思想の目的が共同体全体の利益（共通善）を追求するというものだったが、後に見るようにこれはまさしくマキアヴェリの立場である。第二テーゼは、多くの政治思想が危機の時代に構築されたというものだが、マキアヴェリの場合これはあえて説明するまでもないほど自明である――彼はまさにイタリアが対内的にも対外的にも問題を抱え、危機に繰り返し見舞われる時代に生き、そのなかで政治思想を構築していった。そして第三テーゼは、危機に際して絶対的権力を容認したり、権力の恣意化を防ぐために権力制限を求めたりといった振り子運動を旨とするが、マキアヴェリの場合、一人の思想家のなかでこうした揺れもしくは二面性が見られ、しかもそれが政体循環論や円環的時間概念と連動し、複雑な様相を呈することになる。(327)

また、コスモス論との関連では、近年の研究で興味深い指摘がなされている。マキアヴェリはその非道徳的言説ゆえ、また市民宗教――つまり宗教の政治的利用――の重要性を唱えたことから、シニカルな無神論者であるとか（ローマ多神教的な意味で）異教徒であるといった解釈がかつては一般的であった。友人宛の手紙に記された「私は自分の魂より自分の祖国を愛する」という言葉は有名だし、死ぬ直前にも、天使や神の恵みを受けた退屈な連中と天国で過ごすより地獄で古典古代の偉人らと永遠に暮らすことを望むといったとされる。(328)彼岸志向にして瞑想的なキリスト教徒の行動様式やローマ教会に対して批判的な言葉を残していることからも、マキアヴェリの無神論的ないし異教的イメージは定着していた。

だが、モウリツィオ・ヴィローリというマキアヴェリ研究の第一人者の最近の研究によると、マキアヴェリはキリスト教徒であり、しかもその信仰と彼の政治思想は矛盾しないどころか密接に関連しているということになる。ヴィローリは、当時のフィレンツェには「共和主義的キリスト教」（republican Christianity）と称するべき、この世の栄光と祖国愛を尊び市民の共通善を求めることをよしとするキリスト教が存在しており、マキアヴェリはそうしたキリスト教の神を信じていたと説明する。(329)しかも、彼はキリスト教および政治における「刷新」（renovatio）の必要性を説き、それが自由を愛し、自由な生を営むための内面的力と徳をもたらすのに寄与すると考えていたとされる。

なお、『マキアヴェリ的コスモス』（*Machiavellian Cosmos*）の著者アントニー・パレルは、マキアヴェリのコスモス論がプラトンやアリストテレスやキリスト教のそれとは異なり、ルネサンス期に広く見られた前近代的な占星術的コスモロジーに由来するものであるとして、それとの関連で「運命‐徳パラダイム」も説明しようと試みている。興味深い解釈ではあるが、本書では主として「市民的人文主義」（シヴィック・ヒューマニズム）の言説との関連でマキアヴェリの政治思想を検討することにする。

三　マキアヴェリの“what is”、“what seems”、“what matters”

だがそうするにあたって、まずはいつもの図式をマキアヴェリにも適用してみよう。たった今みたマキアヴェリにおけるキリスト教やコスモスに関する解釈が正しければ、彼はある種の超越的な“what is”の存在を認めていたことになる。とはいえ、マキアヴェリはそうした“what is”を“what seems”（特に“what matters”としてのこの世の栄光と祖国の自由・安寧）に優先させる考えは認めない。宗教など、“what is”は単なる政治の手段ではないとはいえ、少なくとも祖国の自由・安寧に貢献することが期待されるのだ。その限りで、彼の眼差しはもっぱら政治現象（“what seems”）に向けられていたといえよう。そして繰り返しになるが、マキアヴェリにとっての最大の関心事（“what matters”）は祖国の自由・安寧であり、その目的に寄与するものとしてある種の徳——ここには先の宗教的な徳も含まれうる——を重視した以上、彼が政治を道徳から切り離したという解釈はまったく妥当性を欠くことになる。

ここで読者はトゥキュディデスを思い起こすかもしれない。マキアヴェリと彼との共通点はかなり多く、二人を政治的リアリズムの嚆矢にして代表的論客とみなす者も多い。まず、二人とも祖国愛に燃えていること。そして“what seems”を注目すべきリアリティと定め、もっぱらそこに実証的ないし歴史的考察を加えて一定の原理やパターンを導き出そうとしていること。[330] それも、単に「ありのままの現実」を追認したり正当化したりするのではなく、析出した原理をもとにある種の moral transformation を求めていること。そして、人間本性の不変性を考慮する際には人間のダークな側面を強調し、可能な moral transformation に一定の枠組みを設けていること。[331] トゥキュディデスのところでも述べたが、古代やルネサンス時代の人物に現代的な意味のリアリズムを当てはめるのはただのアナクロニズムである。だがここに挙げたような共通点を指して「リアリズム」というのであれば、彼らは——そして後に触れるホッブスも――紛れもないリアリストということになるだろう。
ではマキアヴェリの目指したmoral transformationとはどんなものだったのか。ここではマキアヴェリが当時の言語慣習を前提としつつ、どのようにそれに働きかけ、言葉のイノベーション（言語操作）を行なおうとしたかという点に焦点を絞りたい。そしてそれを明らかにするために、市民的人文主義の言説を知っておかねばならない。

四　人文主義の伝統

市民的人文主義とは、一五世紀初頭にフィレンツェを中心に台頭したイデオロギーである。が、困ったことにその特徴・独自性や起源をめぐって研究者の間で意見がわかれている。

人文主義に「市民的（civic）」という形容詞を冠したこの思想は、共和主義的自由と政治参加、そして市民的徳を特に重視する。代表的な人物としては、コルッチオ・サルターティ（一三三一－一四〇六）、レオナルド・ブルーニ（一三七〇年－一四四四年）、ポッジョ・ブラッチョリーニ（一三八〇年－一四五九年）らの名前が挙げられる――とここまでは概ね同意があるのだが、問題はこのイデオロギーがどれほど画期的で影響力を持っていたかである。

一方で、こうした思想的展開が中世から近代への画期をなしたと主張する研究者がいる。ハンス・バロンという、そもそも「市民的人文主義」という言葉を造語した研究者がその立場だ(332)。彼らによれば、市民的人文主義者によってフィレンツェのイデオロギーは政治色の強い共和主義的なものに変えられていったということになる。例えば、フィレンツェの起源は長い間ユリウス・カエサルの駐屯地とされ、ローマ帝国の象徴としてのカエサルが英雄視されていたのに対し、この人文主義者たちはそれをローマ共和国やエトルリアの都市共和国に求める。そしてカエサルは英雄ではなく暴君とみなされるようになり（これはマキアヴェリの場合も同様である）、共和主義的自由の擁護者としてカエサル暗殺者のブルートゥスの名誉挽回がはかられるようになるという(333)。

だが他方、市民的人文主義の画期性より、それ以前の思想的潮流との連続性や類似性を強調する研究者もいる。例えばフランシス・オークリーという研究者は、市民的人文学者に大分先立って共和政を擁護したりフィレンツェの起源を共和政ローマに求めたりした著述家の存在を明らかにしている。加えて、一五世紀の多くの人文主義者が共和主義的自由にコミットしていなかったこと、さらにはブルーニやサルターティといった代表的な市民的人文主義者でさえ言行が一致していなかった点を指摘している。(334)

ここではこの論争に立ち入らないが、本書は一五世紀以前の人文主義の伝統と同時に前章でみたような都市の自治に関する法的言説が、当事者らの自覚がどうであれ、市民的人文主義の前史をなしているという立場をとる。ただ間違いなくいえるのは、一五世紀初頭、フィレンツェをはじめとする多くのイタリア都市国家で重要な政府の役職に就いたのはストゥーディア・フマニターティス（studia humanitatis）と呼ばれる人文主義的教育を受けた人たちだったということである。この教育で重視されたのは文法、修辞、詩、歴史、道徳哲学などであり、キケロを筆頭とする古典古代の作品が模範や考察の対象となった。そして一五世紀末においてもこうした潮流は続いていたため、人文主義的学問に造詣の深かったマキアヴェリは若くして高官になることができたのだ。

以下、ごくごく簡単に人文主義の台頭と古典古代的「運命－徳パラダイム」の復権のプロセスに注目してみよう。(335)

五　人文主義の運命論

「市民的人文主義」とは区別される「人文主義」は、いうまでもなく一五世紀にはじまったわけではない。ペトラルカやボッカチオといった世界史の教科書にも登場するイタリア・ルネサンス期の代表的人文主義者が活躍したのは一四世紀のことだ（また、法学における人文主義もあるがここでは触れない）。彼らは必ずしも市民の「政治的生／活動的生」（vita activa）を声高に唱えたわけではないが、中世のキリスト教的運命論とは大分異なる、そして後に市民的人文主義者にも継承されていく運命論を唱えた。

この変化はしばしばダンテとの比較で説明される。ダンテの『神曲』においては、カエサルを暗殺したブルートゥスとカシウスがキリストを裏切ったユダとともに地獄の奥底に送られ、魔王の三つの口で永遠に噛み砕かれ続ける。ローマ帝国の復権を夢見ていたダンテにとってカエサルへの裏切りはキリストへの裏切りに並ぶ究極の大罪であり、しかもその罪に最も苛酷な罰が与えられていることからもわかるとおり、運命をキリスト教の神の摂理に包摂するコズミックな調和が依然として信じられていた。

だが、ペトラルカやボッカチオら一四世紀の人文主義者は、古典古代の運命概念を復活させ、それを偶然的で不安定にして人間を翻弄するようなものとして捉えるようになる。と同時に、彼らは運命（の女神）は勇敢にして「徳のある男」（vir virtutis——virtus ＝徳の vir も男を意味することを思い出そう）に対して微笑むという古典古代の言説も蘇らせた。彼らはローマの伝統（特にキケロ、サルスティウス、セネカらの主張）にしたがい、運命は「良き女神」（ボーナ・デア）になりうる、運命の女神がほほ笑んでくれれば栄光、名誉、権力、富がもたらされると考え、そのような幸運を招く資質として「ヴィルトゥ virtù」（これは virtus のイタリア語）そして何よりも「ヴィル」（男らしさ）を重視したのである。(336)

こうした変化はペトラルカがアウグスティヌスと交わした想像上の対話に見て取ることもできる。(337)

アウグスティヌス「君は人間的な栄誉と自分の名前の不朽とを人並み以上に望んでいる。」
ペトラルカ「その点ははっきり認めます。いかなる処方によってもこの欲望は抑制できません。」
ペトラルカ「人間の名誉だけで充分である。私はこれを熱心に求め、人間として人間的なもの以外は望まない。」

アウグスティヌス「おお、それを正気で言っているとしたら何という不幸者だろう。不滅の財を望まず、永遠なものに目を向けないとすれば、君は全く地上のものだ。お前のことはもう決心した。もはやいかなる期待も残っていない。」

いうまでもなくここでペトラルカは自分で自分につっこみを入れているわけだが、彼個人の内面的葛藤はさておき、ダンテの世界観との乖離は明らかだろう。脳内アウグスティヌスこと彼自身のキリスト教的価値から逸脱しながらも、人間的・地上的な名誉欲を肯定するペトラルカの姿勢は、まさに運命に挑み自ら栄光を勝ち取ろうとする「徳のある男」の姿にほかならない。こうして古典古代的な「運命‐徳パラダイム」は一四世紀に再生され、キケロやサルスティウスやリウィウスらの徳に関する言説とともに積極的に受容されていく。この潮流は一五世紀の市民的人文主義にも継承され、いよいよマキアヴェリが意味転換を行なう前提を形成するのである。

六　君主の「ヴィルトゥ」――『君主論』

さて、かなり話を単純化したが、この「運命‐徳パラダイム」を背景としてマキアヴェリがどのように「ヴィルトゥ」概念を再定義ないし操作していったかに注目することにしよう。

まず、一方でマキアヴェリが当時の言語慣習を部分的に踏襲している点を確認しよう。彼はローマ的な「運命‐徳パラダイム」に忠実に、運命（の女神）は気まぐれであり思いもよらない仕方で人間を振り回すが、だからといって人間は完全に受動的な存在ではなく、自由意志によって半分はコントロールすることができるという――「人間の自由意志は消滅せず、したがって私は運命はわれわれの行為を半分裁定するが、他の半分、あるいは半分近くはわれわれによって支配されているとみるのが正しいと考える」[338]。そうであれば、人間自らの判断と行為に対する責任も鋭く自覚しなければならなくなる。シェイクスピアの『ジュリアス・シーザー』でカシウスがブルートゥスに向かって述べたように、失敗した場合、その原因は「自分の星にではなく、われわれ自身にある」のである[339]。

そして運命の女神を魅了し支配しようとする者には、何よりも「ヴィルトゥ」（徳）として「ヴィル」（男らしさ）が問われる。マキアヴェリの次の言葉は、いささか乱暴な表現が含まれるものの、この伝統に即したものであるといえる。

運命は変転する。人間が自らの行動様式に固執するならば運命と行動様式とが合致する場合成功し、合致しない場合失敗する。私の判断によれば慎重であるよりも果敢である方が好ましいようである。なぜならば運命は女神であり、それを支配しておこうとするならば打ちのめしたり突いたりする必要があるからである。運命の女神は冷静に事を運ぶ人よりも果敢な人によく従うようである。それゆえ運命は女性と同じく若者の友である。若者はあまり慎重でなく、より乱暴であり、しかもより大胆にそれを支配するからである[340]。

このように、マキアヴェリの主張はローマから継承した人文主義の伝統に則る部分が少なくないが、形式的にも『君主論』は「君主の鑑」論の伝統、『ディスコルシ』は古典（リウィウスの『ローマ建国史』）を参照枠組みにするという人文主義的スタイルをそれぞれ踏襲している。この限りで、彼の著作は自らが前提とするコンテクストに非常に忠実である。

だが同時にマキアヴェリは、すこぶる自覚的に、伝統から逸脱し新しいことにチャレンジしている。『君主論』では「他の人びととの議論の仕方と非常に異なった形で」君主がどう統治すべきかについて論ずると述べ、『ディスコルシ』でも「いままで誰もがはいっていったことのない道を切り開こうと決心した」と記している。[341] その際、「想像よりも事柄の現実的真理に即するのが適切」であると、[342] つまり“what seems”に内在する“what is”的なものに注目する必要性を説く――トゥキュディデスを彷彿とさせるアプローチであるが、マキアヴェリがトゥキュディデスを読んだかどうかは定かでない。ともかく、マキアヴェリは次のように続ける。

多くの人々は実際見えもしないし、知覚されもしない共和国や君主政を頭に描いている。しかしながらどのように生きているかということと、どのように生きるべきかということとは非常にかけ離れているので、なされるべき事柄を重視するあまりなされている事柄を省みない人は、自らの存続よりも破滅を招くことを学んでいるようなものである。[343]

そして「君主は自らの地位を維持しようとするならば良くない人間たりうることを学び、必要に応じてこのような行動をとったりとらなかったりする必要がある」と訴えるのだが、この主張がまさしくヴィルトゥの言語操作を通じてなされるのである。

まず人文主義者（市民的人文主義者を含む）のヴィルトゥ概念だが、彼らはプラトン、アリストテレス、キケロらによって重視された「枢要徳」（知恵・思慮、勇気、節制、正義）を唱え、特にキケロに依拠しつつ支配者が正義・公正を尊び、しかも誠実であり、気前よく振る舞い、約束を守り、愛されるように努めることの重要性を強調した。またキリスト教的徳（信仰、希望、愛）が同時に、時に融合する形で尊ばれることも珍しくなかった。

対してマキアヴェリは、ヴィルトゥの重要性は認めつつも、伝統的な理解ではスタート（支配権力）を維持・拡大することも危機的状況において祖国を守ることも困難になると考え、ヴィルトゥの意味内容を変えることによって人の意識をも変えようとするのである。そして本章の冒頭でも触れたように、君主は半人半獣にならなければならない、時には獅子のように暴力に訴え、時には狐のように虚偽を巧みに操らなければならない、このように状況に応じて臨機応変に判断し行動するための資質としてヴィルトゥを捉えるのである。

ちなみにこの獅子と狐の比喩は、キケロの『義務について』で否定的ニュアンスを込めて用いられたものを、マキアヴェリが逆転させているのだ[344]。

「美徳と思われる行為も自らの破滅を招くことがあり、悪徳と思われる行為から自己の安全と繁栄とが生じる場合がある」という「事柄の現実的真理」を認めるのであれば、人文主義者が称揚した徳とは真逆のこと、つまり必要に応じて不誠実になり、約束を破り、気前よく振る舞わず、愛されるより恐れられることが求められるのである。

このようにヴィルトゥを理解するのであれば、日本語の訳語として「徳」は不適切かもしれない。事実、邦訳においては文脈に応じて「才幹」、「力量」、「力」などの訳語があてられたりする。だが、マキアヴェリが別の言葉を用いるのではなく、既存の言語慣習（「運命‐徳パラダイム」）に依拠しつつヴィルトゥという言葉のイノベーションを行なっている点がみそである。というのも、まさに一般的に親しまれ、しかも心に強く作用する言説をうまく利用・操作してこそ、効果的に人びとの意識を変えることができるからだ。

もう一つ忘れてはならないのは、マキアヴェリが「悪徳と思われる行為」を自己目的化したわけではないことである。彼にとってあくまでも目標はスタートの維持・拡大であり、獣の方法はその目標を達成するための手段に過ぎない。だからこそ、彼はしばしば「必要な場合」という限定詞とともに新たなヴィルトゥの必要性を説くのである。逆にいえば、必要でない時は、伝統的な徳を尊重すべきということになる。

　君主、特に新しい君主は、人間が良いと考える事柄に従ってすべて行動できるものではなく、権力を維持するためには信義にそむき、慈悲心に反し、人間性に逆らい、宗教に違反した行為をしばしばせざるをえない、ということを知っておかなければならない。

それゆえ君主は風のままに、運命の変化の命ずるところに従って自らの行動を変更する心構えを持つ必要がある。そしてすでに述べたように可能な限り好ましい行為から離反せず、しかし必要な場合には悪事をもあえて行なうことができる心構えを持つ必要がある。(345)

七　人民の「ヴィルトゥ」――『ディスコルシ』

さて、次に『ディスコルシ』に目を転ずることにしよう。既述のとおり、『ディスコルシ』の主題は自由と共和政の擁護である。したがって、第一テーゼは明示的に現われることになる。マキアヴェリによると、「民衆は君主よりも賢明で、また安定して」いるうえ、「国家が領土でもその経済力でも大をなしていくのは、かならずといってよいほどその国家が自由な政体のもとで運営されている場合に限られているのを、われわれは経験から知っている」のである。(346)また、興味深いことに、キケロを次のように好意的に引いている。「トゥリウス・キケロの言うように、人民とはたとえ無知であったにしても真実を把握する能力を有する。そして人民が信頼に足るとする人物が、彼らに真理を告げさえすれば、やすやすと説得されうるものなのである(347)」。人民の判断力に対する信頼は繰り返し強調される点であり、ヴィルトゥも人民の資質――ある種の「公共心」――として称揚される。(348)マキアヴェリはローマ共和国が自由と偉大さを実現できたのもヴィルトゥによるところが大きいという。共和国では個人の利益より公共の福祉を優先するエートスが支配的であり、これもまた国家の発展に寄与したとされる。(349)

とはいえマキアヴェリは、共和政体を実現すればすべてがうまくいくといったようなオプティミズムとは無縁である。ヴィルトゥがなければ運命に翻弄されるという図式は『君主論』も『ディスコルシ』も同じである。そしてマキアヴェリは、自分の時代の精彩に欠ける共和国と古代ローマの輝かしい共和国との相違を次のように説明し、警鐘を鳴らす。

というのは、人間が能力（ヴィルトゥ）に欠けるようなばあいは、運命は自分のもっている力を思いのままに発揮するものだからである。また、運命は〔きまぐれで〕、変わりやすいものなので、共和国も君主国もそれにつれて移り変わるからである。したがって、古代の実例に深い執着をもつ人物が現われて、ローマ人の例にならって、太陽がめぐる〔毎日毎日〕を、運命がわがまま勝手にふるまう余地をなくすようにその力を規制するようなことでもやらない限り、現代の国家はいつまでも運命のいたずらにふりまわされていくことであろう(350)。

マキアヴェリには、円環的時間概念も相まってか、人間がどうあがこうと自由や繁栄は永遠には続かないという運命観がある。しかし危機の時代にあって、共同体の延命措置あるいは再生の方法について彼が思索を繰り返してきたのも事実である。しかも『ディスコルシ』では、『君主論』において扱われなかった主題が徹底的に論じられる――法律と制度だ。『君主論』では「すべての支配権……の重要な基盤をなすものとして良き法と良き軍隊とがある。そして良き軍隊のない所に良き法はありえず、良き軍隊のある所良き法があることになり、したがって法について論ずることは後にして軍隊について論ずることにする」と述べ(351)、もっぱら軍隊に関する議論に終始し、法についての本格的な議論はついに出てこなかった。だが『ディスコルシ』ではまさに法と制度（オルディニ）が共同体の生命線を握るのだ。

マキアヴェリは一方でヴィルトゥを有する市民とリーダーが存在することの重要性を唱える(352)。だが、それだけでは十分ではなく、ヴィルトゥを維持できるような、そしてそうした有徳な市民とリーダーを継続的に輩出できるような法律制度と教育が重要になると考える[353]。そして彼は制度論を説きながら、一三世紀末よりフィレンツェ政治理論のオーソドクシー（正統説）となっていた考えを根底から覆し、当時としては極めてラディカルな主張を展開するのである。

つまり、市民的不和が党派抗争を誘発し自由に対する重大な脅威となるゆえ不和は徹底的に排除しなければならないというオーソドクシーに対して、マキアヴェリは自由の実現と維持は、まさしく対立そしてその制度化の帰結であると訴えたのだった[354]。彼はこのことを歴史的考察を通じて示そうとする――「平民と元老院の対立により、ローマ共和国は自由かつ強大なものになった」のであり、したがって自由にとって対立は「どうしても避けられない必要悪」なのだと[355]。もちろん、対立が存在すれば自動的に自由が実現するわけではない。うまくデザインされた制度のもと、一定のヴィルトゥを共有することによって可能になるのであり、歴史（特に共和政ローマのそれ）の分析を通じて、彼は法律制度のあるべき姿を明らかにしようとする。そして（名前は挙げないものの）ポリュビオスの政体循環論に依拠しつつ、混合政体――君主政と貴族政と民主政の要素を組み合わせ、権力の均衡と相互抑制を可能にする政体――の優位性を示そうとするのである[356]。

そして『ディスコルシ』の制度論は、以上のような平時において共同体を安定させる策であると同時に、国家的危機に直面した場合の対処法としても構想されている。後にルソーも同様の主張を展開するが、古代ローマ史を語るなかでマキアヴェッリは独裁官を共和政の制度として――特に緊急事態において不可欠な制度として――擁護する。彼はこう述べている。

実際、そのほかのローマの諸制度のなかで、臨時独裁執政官の制度は、ローマが広大な版図を領有するようになった要因と考えられ、かつ［その言動として］挙げられる。なぜなら、このような制度がなかったなら、ローマは、ただならぬ危機をとても乗りきることはできなかったからだ。共和国で普通行われている政治上の手続きは、その運びがのろのろしたものなので、審議会にしても行政官にしても、どんなことでも自分たちだけで事を運ぶことができず、たいていのことは互いの承認をとって行動する仕組みになっている。それで、これらの人びとの意志の統一をはかるために、かなりの時間が必要となる。こういうのろのろした方法は、一刻の猶予も許されないばあいには、危険きわまりないものである。したがって共和国は、その制度のなかに臨時独裁執政官のような役職を、かならずつくっておかねばならないのである(357)。

今日、「独裁」という言葉には法を無視した専制的支配というイメージがつきまとっているので意外と思われるかもしれないが、マキアヴェリはこれが法律制度の軽視につながらないどころか、これなしでは法律制度も自由も維持できないと考えたのである。

臨時独裁執政官の権力が法律上の手続きをふんで授与され、個人の恣意に基づいてつくりあげられるのではない限り、この臨時独裁執政官という制度は、つねに国家にとっては有益なものとなる。なぜなら、国家を毒するのは、〔独裁的に〕創設された行政職であり、また非常手段で設けられた権力であるからである。合法的な手続きを踏んでつくられたものならなんの心配もない(358)。

独裁官は、国家的危機から脱却するために必要と判断すれば裁判なしに誰でも有罪にし処刑することすら許されたが、にもかかわらず遵守しなければならないルールがあった。独裁官には六ヶ月という任期が定められていたうえ、その権限は危機から国家を救うのに必要な範囲にしか及ばなかった。「元老院や民会の権限を削減したり、旧来の制度を廃止して、新しい制度をうち出すような、現行の統治形態に悪影響を与えることは、許されていなかったのである」(359)。

このようにマキアヴェッリは、独裁官の役割を共和国と法的秩序を守るための一制度と捉えた。言葉遊びに聞こえるかもしれないが、独裁官には法的秩序を守るための――回復するための――超法規的措置の権限が与えられ、したがって独裁官は僭主から明確に区別される。前者は共和国の不可欠な制度だが、後者は共和国の敵である。だからこそ、マキアヴェリは（天才軍人であり、ローマの領土拡張に大いに貢献した）カエサルを「ローマではじめての僭主」として激しく非難したのだった(360)。マキアヴェッリにとって重要なのは自由と共和国の維持・拡大であり、単なる領土や軍事力の維持・拡大ではないことが理解できよう。

八　マキアヴェリと宗教

だが、以上のような制度とヴィルトゥ（力量と公共心）と祖国愛が存在したとしても、まだそれだけでは十分でないとマキアヴェリは考えた。その彼が強調したのが、宗教の役割である。マキアヴェリがキリスト教をどう捉えていたかについては諸説あるが、古代ローマ人による宗教（異教）の政治的利用を賞讃したのは確かだ。そのことは、彼がローマを建国したロムルスよりロムルスの後継者にして政治に宗教を導入したヌマの方がローマの発展に貢献したと述べていることからもわかる。

ローマの歴史をよくよく吟味するなら、軍隊を指揮したり、平民を元気づけたり、善人を支持したり、悪人を恥じいらせたりするのに、どれほど宗教の力が役にたっているかがわかるであろう。ロムルスかヌマか、ローマはそのどちらの君主に負うところがより多いのかを論ずるならば、私は、むしろヌマを筆頭に推すべきだと

信じている。(361)

国家が存続するためには戦争に勝たねばならないし、危機から脱却するためにはしばしば非常時立法を制定する必要がある。そしてそのいずれも、宗教の力を借りねばうまくいかないことを古代人はよく理解していた。「人間の力よりは、神の方を尊重」している場合、誓いを守る精神はより強靭なものとなり、戦況が不利な場合でも兵士は祖国を見捨てなくなる。「法律にふれるよりは、誓いを破ることをはるかに恐れ」るからである。また、賢明な人間にとって有効性が自明な立法でも、他の人びとにとってそうだとは限らないので、「頭のよい人物は、このような壁を取りさるために神の力にたよることになる」。(362)

このようにして、「ヌマがもたらした宗教こそ、ローマにもたらされたしあわせの第一の原因だ」、「なぜなら、宗教がすぐれた法律制度をローマにもたらす下地となったからであり、その法律制度は国運の発展をまね」いたからだ、とマキアヴェリは述べる。しかも興味深いことに、こうしたmoral transformationは洗練された文化に親しんでいない人間において、より効果的に実現しうると説いている。(363) 後述するように、これはルソーの考えとまたしても興味深い符合を示すことになる。

マキアヴェリの市民宗教論（ここでは仮にこう呼ぶことにする）の特徴を理解するうえで、もう一つ無視しえない点は、古代ローマにおける鳥占いという宗教的儀式に対する彼の評価である。鳥占いは「民会を開いたり、新しい国家事業を起こしたり、軍隊を派兵したり、一大決戦を挑んだり、平時戦時をとわず重大事件を処理する」際に行われたのだが、マキアヴェリは『ディスコルシ』のなかで特に戦争の行方を占うそれに注目する。

古代ローマ人が鳥占いをいかに重視していたかは、リウィウスの『ローマ建国史』のみならず、キケロの記述からもわかる。(364) 共和政ローマにおいて卜占はある種の国事行為であり、基本的に元老院のイニシアティブで機能していた。そして卜占官はしばしば上層階級出身者であったが、世襲制は敷かれず、地位も官職の一つとみなされていた。つまり、祭司職も他の世俗的な官職同様、国家的目的を遂行するための一制度だったのである。

さて、戦争に勝つためには兵士の士気が高くなければならず、そのためには「神の加護で勝利が約束されている」と信じることが重要となる。そこで鳥占いを行ない、鶏が勢いよく餌をついばめば吉兆を意味し、そうでなければ決戦はさしひかえるべきと解される。だがもちろん、これはしばしば操作され、吉兆を導くために鶏にはしばらく餌を与えないといった処置がとられた。キケロはこうした操作を欺瞞と批判したわけだが（『卜占について』第二巻）、マキアヴェリは逆にそれを賞讃した――「鳥占いを行なうことは、決戦の場に兵士たちを確信をもっておもむかせる目的以外にはなにもない」(365)。またそのような考えから、マキアヴェリは鳥占いを蔑ろにした執政官プルケルが処罰されたのは当然という判断を下す。第一次ポエニ戦役の時、プルケルは鶏が餌をついばもうとしないことに腹を立て、「〈それなら鶏が水を飲むか飲まぬか見てやろう〉と言って、鶏を海の中にほうりこんでしまった」のだが、これは市民宗教の制度そのものを貶める行為だからである。

いうまでもなく、ここでは鶏の振る舞いが本当に神意を告げているかどうかということは、問題にならない。これも「高貴な嘘」といえるだろうか。究極の真理（イデア）を実現する手段としてしか虚偽を認めないプラトンなら否定するだろう。だがマキアヴェリは、祖国の安全と繁栄に資する行為ほど高貴なものはないと考えるのではないだろうか。

第七章　ホッブス

一　百年の混乱とホッブスの野心

本章ではトマス・ホッブス（一五八八年－一六七九年）の政治思想を検討する。ホッブスが生きたのは一七世紀であり、マキアヴェリの時代から一世紀以上経っている。先程のワープと比べればたかが一世紀と思われるかもしれないが、この間にヨーロッパ世界は大きく変わっており、ここでもプチ・ワープが行われていることを押さえておく必要がある。

一六・一七世紀ヨーロッパの様相をかつてなく一変させたもの、それはマキアヴェリの存命中に火蓋が切られた宗教改革にほかならない。マルティン・ルターの書き記した数枚の紙きれが、ローマ教会・教皇を宗教的権威の中心とする巨大なキリスト教共同体（respublica Christiana）を分裂させ、理念上も実際上も大いに揺るがしたのだ。だがだからといってコスモスの終焉が叫ばれたわけでも、世の中が急速に世俗化したわけでもない。大半のヨーロッパ人は依然として敬虔なキリスト教徒であり続けたし、場合によっては以前より一層宗教的価値を重んじ、現世的幸福を軽んじるようにさえなった。ただ、一度はじまった多元化の波を止められるはずもなく、宗教の領域も世俗の領域もこの波にのみ込まれていく。ローマ・カトリックとプロテスタントとの対立は、多くの地域で宗教戦争へと発展した。一方イギリスやフランスなどの王国はますます中央集権化し、王権はローマ教会からの自立を画策する。さらに、農業、商業、産業、科学技術、航海技術、印刷技術などの著しい進歩によって富・権力・知の配分関係や社会構造が流動的になる。価値観の多様化の波はますますどこまでも広がっていく。

こうした世界で、人びとは激しくぶつかり合い、絶え間なく争い続けていた。神の名において迫害する者、神や良心の名において抵抗する者、あの世での魂の救済を真剣に求める者、権力伸長など世俗的目的のために宗教を利用する者、人民の名において権利を要求・正当化する者、人民の名において抵抗する者——さまざまなアクターがさまざまな動機にもとづいて行動し、さらに国家間の緊張や戦争も相まって、多くの国で平和や秩序の維持が困難になっていった。

最も宗教戦争の暴風に翻弄された国の一つがフランスだろう。対立、決裂、虐殺、内乱——政治は混迷の一途を辿る。だが一六世紀後半にジャン・ボダンが「主権」（sovereignty）概念を定式化した後、一七世紀のルイ一四世が宗教的・政治的多元化の大波をいわば力技で止めてしまう(366)。それを可能にしたのは混乱のなか一世紀かけて絶対化されたフランスの王権であり、ブルボン朝のアンシャン・レジーム（旧体制）は一八世紀末のフランス革命まで存続していく。だがそれはまた別の話である。

ではイギリスはどうだったか。イギリスの一七世紀は文字どおり激動の世紀だった。王党派と議会派の対立は内乱へと発展し、一六四九年に国王チャールズ一世の処刑とともに共和政が成立する。だがそれも長続きせず一六六〇年に王政復古、一六八八年には再び革命が起き（名誉革命）王朝が変わる。

ホッブスの主著『リヴァイアサン』が刊行されたのは一六五一年、まさにこの危機の時代まっただなかのことだった。ホッブスは激動のさなかで安定的平和の実現を求めつつ自らの政治思想を展開し（第二テーゼ）、そしてまた国全体の利益、人民の利益の実現が政治の目的であるとして（第一テーゼ）、次のように述べる。

主権者の職務（オフィス）は、（それが君主であれ合議体であれ）、かれがそのために主権者権力を信託されたところの、目標に存する。それはすなわち、人民の安全 the safety of the people の達成であって、かれは、自然の法によってそれへ義務づけられ、その法の創造者である神に対して、しかもかれのみに対して、それについて説明するように義務づけられる。しかし、ここで安全というのは、生命のたんなる維持ではなくて、各人が、コモン－ウェルスに危険や害を与えない合法的な勤労によって自己のものとして獲得する、生命のその他のすべての満足をも意味するのである。(367)

加えて、ホッブスは振り子を絶対的主権の方へ引きつけようとする（第三テーゼ）のだが、だからといって伝統的な――つまり王権神授説的な――言説に回帰するわけではない。彼は『リヴァイアサン』の「献辞」で「一方の側ではあまりにおおくの自由を、他方の側ではあまりにおおくの権威を、それぞれ主張する人びとにかこまれている」と述べ、「あまりにおおくの権威」を主張する王権神授論者から距離をとろうとする。(368) また「あまりにおおくの自由」を主張する論者――ヘンリー・パーカーなど人民全体を代表する議会に主権が帰属すると訴える人びと――に対しても批判的である。後に見るように、実はさらに共和主義的自由や団体理論や神に依拠しつつ自由を求める人びとにも批判の矛先は向けられている。(369)

混乱を収束させ平和と秩序を恒常的に保つためには、国家の一体性を実現し、権力および最終的決定権が一ヶ所に集中していなければならない。立法権や執行権はもちろんのこと、宗教そして場合によっては学問的論争に関する決定権まで究極的には主権者に帰属する必要があるとホッブスは説く。だが世の中がますます多元化し、相容れない思想やコスモス観が競合するなか、既存の枠組みをもとにそれを実現することはもはや不可能である。

そこでホッブスはすこぶるアンビシャスかつ大胆な理論構築を試みる。彼は超越的・永遠的にして神的な“what is”は人間の認識能力を超えているとして、この世・現象界（“what seems”）における人間とその（自然的）能力に人びとの目（“what matters”）を向けさせ、安定的な平和と秩序を人間理性の使用によって実現しようとする。その点では、トゥキュディデスやプロタゴラスらも目指したところとそう違わない。ホッブスの革新性は、国家を人間（の作為）による人間のためのものと捉え、神や摂理を持ち出さずひたすら科学的・合理的に基礎づけようとしたことにあるのだ。その意味で、彼はまったく新しい学問体系の構築を目指したといえる。こうしたアンビシャンは次の一文からみてとることができよう。

よく建築する技術は、人類が（いかにまずしいものでも）建築しはじめてからずっとあとに、諸材料の性質や、形と割合のさまざまな効果についてながく研究した、勤勉な人びとによって観察されて、理性の諸原理からひきだされたが、それと同様に、人びとが、不完全で無秩序にもどりやすいコモン－ウェルスを構成しはじめてからずっとたって、その構成を（外部的暴力によるばあいをのぞいて）永続的なものとするための、理性の諸原理が、勤勉な省察によって発見されるだろう。(370)

彼が科学的な論証という方法を選んだのは、価値が多元化し混乱と内乱を引き起こす時代にあって、それら競合する価値観の壁すべてを飛び越えて人びとの理性に訴えかける普遍的な説得力がそこにあると信じたからである。そしてこれはある種の moral transformation の要請とも連動するが、このことについては後に触れる。

二　近代国家の諸要素

さて、ホッブスの政治思想の具体的内容を検討する前に、まずは今までのストーリー展開との関連でその位置づけを確認してみよう。

ホッブスはしばしば近代国家の基礎理論を構築した思想家といわれる。これは「近代国家」をどう捉えるかによって一理あったりなかったりする。また、「近代」を「前近代」、「中世」といった概念とどう区別するかによってニュアンスが変わってきたりする。あるいは、そもそもこうした概念や時代区分が恣意的で無意味と考える者にとっては、こうした問題設定そのものが間違っているということになる。「中世」的なものが何かにもよるが、ホッブスの思想に中世的要素を見出すことも可能という指摘もある（また、ホッブスの理論にとって神の存在はいらないという解釈もあれば、不可欠という解釈もある）。お馴染みの解釈の多様性である。

前章のマキアヴェリと同様、ホッブスが近代政治学の嚆矢か否かを議論するのはある種のアナクロニズムのリスクを伴う。だが、今日のわれわれにとって馴染みのある政治の概念や理論――しかもそれらがマキアヴェリやホッブス以前に自明視されていなかったというのであれば――それらを「近代」的要素として扱うことは牽強付会ではないかもしれない。私自身、「近代」という名称にそこまで思い入れがあるわけではないが、ピンポイントに使用すれば有用だと思うので、以下においてそれを特定したうえで議論を進めたい。

ここで特に注目したいのは、《国家のフィクション性》と《二重の非人格性》、《主権の抽象性》、《権力機構の自律性》、ならびにそれらを前提とした《代表観念》である。これらがすべて揃うことによって「近代国家」的な枠組みとなるとしよう。但し以下にみるように、個々の要素は時代区分としての近代に先駆けて存在していたし、逆に後にホッブス的理論が、神話などホッブスの想定しなかった要素と結びついたりすることがあったのも事実である。

国家のフィクション性とは、第一章で触れたとおり、国家が自然物ではなく人間が言葉によってつくり出した作為の産物だ、ということである。ただ既述のように、いかなる政治権力もオピニオンによってボトムアップに構成される限り、国家のフィクション性はいつの時代についてもいえる。ここで重要なのは、それをどこまで自覚し、理論に取り入れているかである。

国家の非人格性とは、国家が具体的な個人や人間集団と同一視されていないということを指す。そして国家は理念上、具体的な支配者からも具体的な被支配者からも独立しているという意味において、二重の非人格性を体現している。またこれは主権の抽象性とも権力機構の自律性とも表裏一体の関係にある。

一方で、国民を構成する個々の具体的な人びとが国家でないことは、国民の成員が常に入れかわっていることからも明らかだろう。日々、死ぬ人もいれば、生まれてくる人もいる。他方、生身の人間としての「支配者」――デモクラシーにおいては理論上国民が支配者・主権者とされているので、「代表者」と呼んだ方がよいかもしれないが――イコール国家でないことも次のことを考えれば容易に想像がつくと思う。われわれのほとんどは、国家の命令に従う際（例えば税金を納めたり、日本では今のところないが国のために命を捧げたりする場合）、具体的な代表者（首相や大統領や議員）のためにそうするわけではない。この、具体的な誰それのために死ぬわけではないが、代表者の地位に就いた人間の命令に従うという構図は、われわれが意識的にせよ無意識的にせよ、こうした抽象的な観念かつ権力機構としての国家を多かれ少なかれ受け入れ、それに対する正当性を認めていることを意味する。つまり、われわれは権力者と権力の座（職位）とを区別しているのである。

既にみたように、このようなフィクションが成立する背景には一二世紀のローマ法の再発見が重要な役割を果たした。そして中世には徐々に王の二つの身体という形で、生身の人間としての王と政治的身体（職位ないし権力機構・法的フィクション）としての王が分離して後者が自立し、王と王国の永続性を体現することになった。また、一三世紀から一六世紀の間のイタリア都市国家で共同体の自由や市民的自治の重要性が（特に帝権や教権に対抗する形で）唱えられるなか、統治権力が具体的な支配者の権力と同一視されなくなったという経緯もみた。スキナーによればまさにこうした過程において、「国家」（state）の語源としての status やマキアヴェリが重視した stato の意味が、支配者の地位や威厳・都市や王国の状態から、自律した統治機構へと変容していったのだ(371)。

一六、一七世紀に台頭した絶対主義思想においては、既にその点が明確に前提とされている。そして人民が政治権力の源泉であり、政治の目的が共通善ないし社会全体の利益の実現であることが広く認められるなか、ホッブスもそれを前提にしつつ、しかし人民が権力を放棄し、単一にして絶対的な主権的権力を創出する必要性を説く。しかもそこでは、国家権力は人民の権力からも、権力の座を（一時的に）占め主権的権力を行使する具体的な支配者からも区別されるのである。

代表にまつわる理論は、国民・人民がどのように代表されるのかを問題にする。しかし国民の利益や意志を代表者が代表するといった場合、その国民とは誰でありどのようにその利益や意志が表明されるのか。ホッブスが指摘しているように、国民という実体は存在しない。存在するのは個々の人間である――ホッブスは「群衆」(multitude) という。だとすると、国民の利益や意志の実体性も否定されることになる。よく「政治家は国民の意志を反映しなければならない」というが、国民の意志というものが初めから存在していて、それを正確に読みとって代表すればよいということにはなかなかならない。国民の意志は世論調査で調べるのか、あるいは選挙結果によってか。だがそれは流動的だし、そもそも単一のものではない。他方、法は一つであり、一律に適用される。これも複雑な問題を含むが、あえて単純化すると、国民と国民の意志とは最初からあるのではなく、立法権を行使する代表者たちがいわばトップダウンに創出するものということになる。もちろん、そうした制度がボトムアップで承認され正当であるとみなされるからこれが可能になるのだが（権威付与）、これについてはホッブスの代表理論を扱うところで説明する。

最後に、今後の議論において中心的に扱われる自由の問題に簡単に触れることにしよう。古代ギリシア以来、西洋では、多義的ではあるものの「自由」という言葉と概念が多かれ少なかれ重視されてきた。もちろん、自由より真理や愛や幸福や安全などが優先される局面もあったが、本書で扱ってきた思想家は、程度の差こそあれ、自由を重視した。その思想史的意義を問うことはテーマとして大きすぎるのでここではしない。だが、次の点だけは確認しておきたい。つまり、一四世紀あたりから（あるいはそれ以前から）、人民・市民の自由や同意が、政治権力の正当性の言説のなかで大きな比重を占めるようになり、しかも次第に人民・市民の明示的同意が重視されるようになっていったことである。イタリアの都市国家においてはバルトルスがこうした傾向に拍車をかけ、一七世紀には多くの論者がそれを自然権ないし生得権として主張するほど一般化した。さまざまな思想が存在し、さまざまな闘争が繰り広げられてきたが、自由と明示的同意を要求する声は時代とともに大きくなっていくという傾向を見て取ることができる。すると、代表者も人民の代表であることを強調するようになり、権力の正当化にとって次第に神の代表より重要となる。

なぜそのような歴史的傾向がみられるのか。この問いに簡単に答えることはできないが、私は価値の多元化が大きく作用していると考える。価値が一定の均一性を保っているところでは、黙示的同意による共同体の維持はそんなに難しいことではない。

中世ヨーロッパのある時期までは、人間の行為の規範としてとりわけ慣習・慣行が重視されていた。それは人がどのように行動し、どのように行動すべきでないかを示す、安定的にして実効的な基準を内包していた。こうした慣習が安定していたのは、農業が主流だった時代において、人や物の動きは比較的限定的で、時間がゆっくりと過ぎるという観念、つまり今日は昨日とはさほど変わらず、明日も今日と大して変わらないだろうという考えが支配的であったからである。そこでは連続性の感覚が共有され、ゆえにルールや法律は多くの場合あえて成文化される必要もなかった。こうした変化の少ない世界において黙示的同意は安定的かつ継続的に確保され、それが慣習法の基礎をなしていたのである。

しかも、黙示的同意の方が明示的同意より重視されることも珍しくなかった。これは現代人からすれば奇妙に思われるかもしれない。だが、中世においてはしばしば逆の見方が支配的であった。なぜなら、「私は同意する」という一時的な言明は、気まぐれや無知に左右されかねず、長い歴史のなかで培われてきた慣行と黙示的同意ほど頼りにならないとされてきたからである。確かに、共有される規範が安定的かつ連続的で、長い歴史と伝統の所産であると考えられる場合、それは納得のいく見方であるとともに実用的でもある。エドマンド・バークは、一八世紀に入ってからもまだこうした考えにこだわり、瞬間的な明示的同意（ルソー的社会契約）を批判する立場から次のように主張したのである。「確かに社会とは一種の契約です。……国家は、現に生存している者の間の組合たるに止まらず、現存する者、既に逝った者、はたまた将来生を享くべき者の間の組合となります」[372]。

黙示的同意重視から明示的同意重視への移行は、いずれヨーロッパ全土でみられることになるのだが、この変化をもたらした一般的な要因は先程述べた価値の多元的な分裂競合と、それに伴う伝統的共有理解の希薄化であると思われる。つまり、明示的同意を不要とさせていた条件の衰退により、ルール・法制定が明示的同意に依らざるをえなくなったのである。社会契約論とは、こうしたことを前提としつつ、すべての人間が自由で平等な自然状態という前国家的状態から出発して国家理論を構築しようとする試みにほかならない。これは既存の価値や特定の歴史とは独立に展開される理論という意味で、ある種の普遍性を有する――いや、そのように主唱者は考えていたとするのが正確かもしれない。だがルソーの章でみるように、一定のコスモロジーが存在しない――もしくは共有されない——世界において、自由な同意を重視する理論はあらたなアポリアに直面することになるだろう。

三　ホッブスの科学的世界観

いつもながら前置きが長くなったが、以下、ホッブスに注目することにしよう。

先に、ホッブスは新たな合理的体系によって安定した国家の実現を目指したと書いた。いいかえればそれは伝統的な摂理観に頼らず、科学的なコスモス観にもとづいて運命・偶然性を可能な限り排除する試みだったのではないだろうか。ホッブス自身はもはや「運命‐徳パラダイム」には言及しない。彼は人文主義的言説には精通しているし、人文主義的レトリックを用いたり徳について論じたりもするが、基本的には科学（science）とその方法論にこだわった。一七世紀は科学革命の世紀でもあり、ホッブスはデカルトやガリレオらと交流し、自然科学の分野でも研究を進めていた。そして、神的な"what is"が認識不可能であることをいわば論証しつつ[373]、この世の現象（そこには人間の心的メカニズムも含まれる）は物体とその運動によって説明可能としたのである。なおscienceを「学問」と訳した方がよい場合もあるが、以下、文脈ごとに適切と思われる訳語をあてる。

ではホッブスの科学的な世界観とはどのようなものだったのだろうか。この点について、深く立ち入る余裕が本書にはない。彼の考察の対象は広範に及び、しかも一見相互に矛盾する要素を含んでいるため、詳しく考えはじめるとドツボにはまるからである。例えばホッブスは、この世にはそもそも物体しか存在せず、すべては一定の因果律に従って必然的運動を展開している、だから人間の自由意志も存在しないと述べる[374]。ホッブスがしばしば現代の研究者によって機械論的自然観、決定論、唯物論の主唱者といわれるゆえんである。こうした主張は当時の文脈においても特異な位置を占めている——デカルトの心身二元論とはもちろん異なるし、科学的手法としての実験を軽視したうえ、真空の存在を否定したという意味で必ずしも「近代的」とはいえない[375]。ホッブスは概して演繹的な方法を重視し、確実な知を導く科学のモデルとしては幾何学――「神がこれまでに人類に与えてくださった唯一の科学」[376]――を重視した。

その一方で、ホッブスは唯名論を唱えてもいる――「この世のなかに、名辞のほかには普遍的なものはなく、なぜならば、名づけられたものごとは、それらひとつひとつが個別的で特殊的なのだからである」。この立場からすると、「真実と虚偽は、ことばの属性であって、ものごとの属性ではない。そして、ことばがないところには、真実も虚偽もない」ことになり、科学も次のように理解されることになる。

名辞のただしい定義に、ことばの最初の効用があり、それが科学の獲得である。そして、まちがった定義あるいは定義の欠如に、最初の悪用があり、そこからすべての虚偽で無意味な教説がでてくる。[377]

こうした主張が彼の機械論的自然観、決定論、唯物論と矛盾しないのか、はたまた『リヴァイアサン』第一部九章に登場する諸学問領域の関係性を示した図は妥当といえるのか、はたしてホッブス独自のものなのか。これらの論点をめぐっては諸説ある。[378]そもそもこうした言語論や認識論を扱った『リヴァイアサン』の第一部（人間論）と、政治理論を展開する第二部とが論理的につながっているのか否かという点をめぐっても研究者の間で意見がわかれている。彼の思想体系を一義的に整合的なものとして提示するのは、本当に容易ではないのだ。そもそも決定論を徹底すれば moral transformation もへちまもないことになるはずなのだが、ホッブスは明らかに言葉によって人びとを説得しようとしているし、大学で自分の著書が読まれれば――そしてアリストテレスが読まれなくなれば――世の中はよくなると考えていた（ホッブスの決定論やそれと自由意志との関係をめぐっても論争があるが、本書では立ち入らない[379]）。

そう、ホッブスにも moral transformation の意図はあった——どれだけ科学的でニュートラルな知を目指そうとも、そうした科学的真理観や思考方法そのものが社会で広範に共有されていない時代であれば、それさえも moral transformation の要請とならざるをえない。例えば、「人間は自己保存を求める動物である」というもっともらしい命題の真実性を論証したところで、多くの人間がその命題も論証も受け入れないのであれば、その命題を前提として構築された政治理論や制度は期待通りの効果を発揮しないだろう。だからホッブスは、世界や現実のメカニズムを科学的に証明するだけでなく、科学的証明自体の重要性も訴える。そしてその際彼は、万人が理性という能力を具えている点を拠りどころとする。

したがって、自殺する人も他人のために自らの命を犠牲にする人も現に存在するのだから、ホッブスの想定する理論的前提——人間は自己保存を求める——は間違っているという批判は、ホッブスにとっては的外れなのだ。彼はそんなことは百も承知である。当時は今日よりはるかに多くの人間が名誉・忠誠や魂の救済や良心の自由のために命を捨てることをいとわなかった。そしてホッブスはこれも平和と秩序を乱す大きな要因と考えたのである。したがって、人間は皆自己保存を何よりも重視するという主張は、合理的に考えればそうなるはずだという科学的根拠にもとづいたものであると同時に、しかし実際多くの人びとはそのように考えていないので、そう説得しなければならないという moral transformation の主張と連動している。神のこともあの世のこともわれわれは知りえない、名誉や忠誠も無制限ではありえない、人間は自己保存を求め苦痛を避けようとする動物である、といったことを合理的に示し、理性の命令と力に目を向けさせ、恐れるべきものを恐れさせるように導くことによってホッブスは人びとの意識改革を目指した。そのためにこそ彼は科学的証明という方法にこだわったのであり、こだわることを通じて科学的証明を真理の根拠として受け入れるよう moral transformation に挑んだのだ。

以下においては、ホッブスの政治思想および人間論の一部のみを扱い、その体系の一貫性や整合性を問うのではなく、ホッブスの意図を重視する形で、また本書の主題に引きつけながらその理論を再構成してみたいと思う。

四　ホッブスの自然観

まずは、ホッブスが政治理論を展開するにあたって、人間と自然と政治社会をどう捉えたかに注目してみよう。ホッブスによれば、政治社会とは自然的なものではなく、また人間も最初から社会的属性をそなえているわけではない。その点、アリストテレスやトマス・アクィナス、そして中世の伝統とは対照的である（もちろん、彼らとて政治の作為性を否定したわけでないが(380)）。ホッブスは自然的なものと作為的なものを徹底的に峻別し、理念上、構成物を最小単位まで分解してそれらの相互作用や法則性を明らかにし、そこから再び部分を統合する理論を構築しようとする。

人間社会にその方法を適用することによって、自然状態とは国家も政治権力も社会も上下関係も所有権も正も不正も存在せず、バラバラの個人が自らの自己保存を追求する「完全に自由」な状態であるという結論が導かれる。そしてその自然状態が政治理論を構築するための出発点・前提となるのである。

だが不思議ではないか。ホッブスのいうような自然状態は現実には存在しないし、過去に存在したかどうかすら定かではない。ヨーロッパ人が到来する前のアメリカをホッブスは想定していたという研究者もいれば、ホッブスの自然状態は単なる想像上のもの、仮説に過ぎないとする研究者もいる。いずれにしても、当時のイギリスはもちろんのこと、それ以外の国や地域においても自然状態を見出すことはできない――国家間の関係をある種の自然状態とみなすことは可能かもしれないが、これは別次元の話である。しかも、繰り返すが、このみたことも聞いたことも下手すると存在したこともない自然状態が、彼の政治理論の拠りどころ、出発点・前提となるのである。

だが、次のように考えるとある程度理解可能になるのではないだろうか。ホッブスは科学者ガリレオとの交流があり大きな影響を受けたといわれるが、ガリレオの慣性の法則に似ているといえなくもない。慣性の法則は真の自然法則とされるが、現実にはその完全な作用を観察することはできない。よほど完全な真空状態を作り出さない限り、一定の抵抗が作用し、運動している物体はいずれ静止する。(381) 同じようにホッブスは、自然状態が現に観察できなくても、それを真の自然状態とする科学的根拠があると――思考実験によってすべての人工的要素を取り除けば、明らかになると考えたのである。合理的に思考してみると国家も権力も法も慣習も人間の作為の産物であることがわかる。いつ、誰がつくったかはわからなくても、人間がつくったものであることは疑いない。また、人間から後天的な要素を取り除き人間の認識能力に注目すると、認識可能な諸概念はすべて「感覚」(sense) に由来し、意志も欲求または嫌悪の連鎖（熟慮の過程）から帰結することがわかる。少なくともホッブスはそう考える。そしてこのようにいわば機械論的に人間の内面的および外面的行動を理解するがゆえに、意志の自由も、意志と理性との必然的つながりも否定されることになるのである。

熟慮において、行為またはそれの回避に附着する、最後の欲求または嫌悪は、われわれが意志 Will とよぶもの、意志するという行為（能力ではなく）である。そして、熟慮を有する獣は、かならず意志をも有するにちがいない。スコラ学派によってふつうに与えられている意志の定義、すなわち、それは理性的欲求であるという定義は、よくない。というのは、そうであったならば、そのばあいには、理性に反する意志的行為は、ありえなかっただろうからである。……したがって、意志とは、熟慮における最後の欲求なのだ。(382)

この引用文からもわかるように、ホッブスは意志の形成という観点からは人間と他の動物との間に大差はないと考える。だが、人間と動物とのれっきとした違いも存在する。それは人間が言葉を使用することである。「それなしには、人びとのあいだには、獅子や熊や狼のあいだにとおなじく、コモン－ウェルスも社会も契約も平和も」存在しえない。[383] ホッブスによれば、政治社会も国家も言葉によって創造される作為的なフィクションである。

ここで現代のわれわれであれば、この言葉はどこからきたのか、これも人間の作為の産物なのではないか、なぜ自然人が言葉をもっているのかと問うかもしれない。後にルソーはこうした点などを指摘し、ホッブスの自然状態は本当の自然状態ではないと批判するが、今はそのことを深く追求しないことにし、ホッブスが言葉の起源を神に求めた点だけを指摘するにとどめる。

詳しく説明する余裕はないが、ホッブスはさらに人間には推理能力としての理性が自然的に具わっており、それも言葉と不可分の関係にあると考えている。推理とは「われわれの思考をしるしづけ marking、あらわす signifying ために同意された一般的諸名辞の連続の計算（すなわちたしひき）」と定義される。[384] このような理性はそれ自体が正不正を指示せず、いわば道具的、手段的なものになる。後のヒュームと近い理性観であるが、ホッブスもまた目的を定めるのは欲求・欲望であり、その実現のための手段となるのが理性と考えていた。

さて、このような人間がばらばらの個人として存在する自然状態が政治理論の前提だとすると、政治社会ないし国家の必要性や政治的義務の正当化が大きなチャレンジとして立ちはだかることになる。すべての自然人が自由ならば、その状態にとどまっていてもいいじゃないか、なのになぜ従わねばならないのか、誰・何に従うのか、という問いへの答えをいちいちゼロから用意しなくてはならないからだ。ここで神や摂理や自然を持ち出さず、理性と言葉のみによって完全な答えを作り上げようとするホッブスの試みをアンビシャスと呼んだ意味は、ここにある。そしてこれら権威や義務の根拠にまつわる問いに対してホッブスは、徹底してそれは各人の自由な同意による、と答え続けたのである。

五　自然状態からの脱却――自然法・信約・時間

では人びとは、なぜ完全な自由を自ら放棄してまで国家を形成することになるのか。国家はどのようにしてつくられるのか。言葉と推理能力としての理性（自然理性）はどのような役割を果たすのか。以下、簡単にホッブスのロジックを追ってみよう。

まず、自然状態においては共通権力が存在しないためすべての個人は完全に自由かつ平等であり、体力的にも知的にも大差ないとされる。だがこの平等が相互の不信をつのらせ、各々が自らの判断にもとづいて自己保存を追求する結果、「各人の各人に対する闘争の状態」が帰結することになる。(385) そして当然、殺し合いになれば人は長生きできず、人生は「孤独、貧困、不快、殺伐そして短命」にならざるをえない。こうして合理的な思考実験によってある種のパラドックスが示されるのだ――完全な自由は自由の消滅をもたらすという逆説が。

だが、なぜ自然状態は戦争状態になるのだろうか。このロジックを理解するためには、ホッブスの自然権と自然法の概念に注目する必要がある。いうまでもなく、自然権と自然法の用語そのものは長い歴史を持ち、多くの思想家によって重視されてきた。ただ、ホッブスはこれらの用語を伝統的な意味では使用しない。グロティウスの影響も指摘される次の一文は、このことを如実に物語っている。

すなわち、この主題についてかたる人びとは、権利と法 *Jus* and *Lex*, *Right* and *Law* を混同するのがつねであるが、しかし、両者は区別されなければならない。なぜならば、権利は、おこなったりさしひかえたりすることの自由に存し、それに対して法は、それらのうちのどちらかに、決定し拘束するのであって、したがって法と権利は義務 Obligation と自由がちがうようにちがい、同一のことがらについては両立しないのだからである。(386)

伝統的な言説においては、自然法という客観的な上位規範から自然権や人定法・権利が帰結するというふうに、義務を規定する法的枠組みが先にあってそこから権利が導かれると理解されていたのに対して、ホッブスは両者の違いを強調するとともに、以下にみるように自然権の優位性を強調するのである。ホッブスによれば、自然権は次のように規定される。

著作者たちがふつうに自然権 Jus Naturale とよぶ自然の権利 RIGHT OF NATURE とは、各人が、かれ自身の自然すなわちかれ自身の生命を維持するために、かれ自身の意志するとおりに、かれ自身の力を使用することについて、各人がもっている自由であり、したがって、かれ自身の判断力と理性において、かれがそれに対する最適の手段と考えるであろうような、どんなことでもおこなう自由である。(387)

ここに「どんなことでもおこなう自由」と記されているが、そこには人を殺す権利まで含まれているのである。自然状態において自らの生命を維持するためならば「各人はあらゆるものに、相互の身体に対してさえ、権利をもつ」とされ、(388)そもそも「正邪 Right and Wrong と正不正 Justice and Injustice の観念は、そこには存在の余地をもたない。共通の権力がないところには、法はなく、法がないところには不正はない」とホッブスはいい切るのだ。(389)

自然状態においては共通の権力が存在しないため、各人が自らの判断に基づいて自然権を行使する。だがこの条件はすべての人間にとって同じであり、お互いが疑心暗鬼になれば、しかも先制攻撃も許されるのであれば、自然状態は必然的に戦争状態へと転化し、自由も生命も保障されない危険な状態が到来する。そして、そうした状況におかれた自然人は死を恐れ、快適な生活や勤労の果実が保障される平和を求めるはずである。自らの理性を使用することによってそれを実現するための諸条件——つまり自然法——を求めるはずである。[390] ここで注目すべきは、この自然法は最初からいわば実体として存在するわけではなく、自然人がまずは情念（死への恐怖など）に動かされる形で平和を求め、次にそれを実現するために推理能力としての理性を使用し、いわば頭のなかで考え出した「戒律」ないし「一般法則」であるということである。

自然の法 LAW OF THE NATURE（自然法 Lex Naturalis）とは、理性によって発見された戒律すなわち一般法則であって、それによって人は、かれの生命にとって破壊的であること、あるいはそれを維持する手段を除去するようなことを、おこなうのを禁じられ、また、それをもっともよく維持しうるとかれが考えることを、回避するのを禁じられる。[391]

なお、ホッブスは自然法の具体例として一九も挙げている。そして興味深いことに、そのなかには虚栄、傲慢、自慢、尊大といった古代ギリシア的な「ヒュブリス」を彷彿とさせる心的態度を回避するよう指示するものもある。また正義、報恩、謙虚、公正、慈悲などが「道徳的な徳」（moral virtues）として尊ばれ、「あなたが自分自身に対して、してもらいたくないことを、他人にたいしてしてはならない」というキリスト教的な戒律まで挙げられる。[392]

とはいえ、ホッブスは単に伝統的な言説に訴えているわけではない。というのも、繰り返すが、ホッブスの自然法は実体的なものではなく、理性の戒律に過ぎないからである。であればこそ、それは無条件に従うものではなく、実現可能な時にのみ尊重すべき指針ということになる。第一の自然法は「平和をもとめ、それにしたがえ」だが、同時に「各人は、平和を獲得する希望があるかぎり、それにむかって努力すべきであり、そして、かれがそれを獲得できないときには、かれは戦争のあらゆる援助と利点を、もとめかつ利用していい」ということになる。[393]

そして平和を求める場合は、次の第二の自然法が導かれることになる。

> 人は、平和と自己防衛のためにかれが必要だとおもうかぎり、他の人びともまたそうであるばあいには、すべてのものに対するこの権利を、すすんですてるべきであり、他の人びとに対しては、かれらがかれ自身に対してもつことをかれがゆるすであろうのとおなじおおきさの、自由をもつことで満足すべきである。[394]

このように自然法にしたがって自然人は契約ないし信約を結び、自然状態から脱却し、社会状態を形成することになるわけだが、それが可能となるためにはそもそも契約・信約が守られなければならない。これが第三の自然法になる――「人びとは、結ばれた信約を履行すべきだ[395]」。これはある時点における意志（言葉）がどのようにして未来の行為を拘束できるのかという時間の問題に関わる。

ホッブスは「契約」（contract）と「信約」（covenant）に厳密な定義を与え、両者の違いを明示しているが、ここでは話を単純化するためにこれらを同義的に扱うと同時に、「信約」に含まれている時間性の要素を強調することにする[396]。契約とは権利の相互的な譲渡であり、信約もある種の契約ではあるが、後者の場合、契約の時期と契約履行の時期との時間差およびその間の信頼が重要となる。つまり、契約は言葉を交わすことによって成立するが、契約者双方がそれを履行するまでは、一方もしくは双方が相手を信頼しなければならない。したがって、信約が有効となるためには「約束の遵守」（keeping of promise）ないし「誠実」（faith）が不可欠となる。

自然状態において完全に自由な自然人が信約・契約を結ぶ時に――また後にみるように社会状態において平和と秩序を維持する際にも――まさにこの時間と信頼の問題を解決しなければならない。もし人びとが約束を守らなかったら、当然戦争状態は終結しない。だが、国家も警察も存在しない自然状態において、自由にしてほぼ平等な自然人がなぜ約束を守るのか。今日のゲーム理論でも似たような問題が扱われるが、みんなが約束を守っているなかで自分だけが守らないのが一番の得策である。だが、みんなが同じように考えるのであれば、結局誰も約束を守らないのだから、戦争状態は続き、自己保存という至上命題は果たされないことになる。

話はかなり単純化したものの、ホッブズは自然法について長々と論じる章（一四章、一五章）で、何よりも信約を守ることの合理性、そして信約からいかにして、いかなる義務が生じるか——そこに先述の「道徳的な徳」（moral virtues）も含まれる——を論証しようとしているのである。これはホッブズの政治理論の最もコアな主張の一つであり、一六四二年に刊行された『市民論』でも同じ点が強調されている。[397] くどいようだが、ホッブズは科学的アプローチにこだわり、そこから合理的に導かれる知見は真であるとともにすべての人間が（合理的に思考すれば）同意できるものであると考えている。だからこそ信約の遵守は正義と同一視され、「理性の法則」であると同時に自然法の一つとみなされるのである。[398]

だが、現在の約束が未来に遵守されることの合理性が証明されればそれで一件落着というわけではない。というのも、どれだけ自然法を尊重することが理に適っていようとも、現実に多くの人間は自らの欲望に従う形でそれを反故にしてしまうからである。ホッブズはこのことを百も承知であり、だからこそ一方で「自然法は、内面の法廷においていて *in foro interno*〔良心を〕義務づける」としつつも、他方で「外面の法廷においいて *in foro externo* すなわちそれらを行為にうつすことには、つねに拘束するのではない」と説明するのだ。[399]

なぜなら、ある人が謙虚で従順であって、かれのすべての約束を、他のだれもが履行しない時と所において、履行するとすれば、それはかれ自身を他の人びとの餌食にし、かれ自身の確実な破滅をまねくだけであって、そのことは自然の保存を目指すすべての自然法の基礎に反するのだからである。[400]

事実、「人の言葉〔約束〕ほどやぶられやすいものはない」のであり、人が約束を守るのは「それをやぶることからくるなにかのわるい帰結への、恐怖によって」であるとされる。(401) であるならば、恐怖をもたらす権力機構が必要ということになるが、この恐怖の必要性も合理的思考の結論であるからこそ、自然状態における自然人はそうした権力機構（国家）を立ち上げるために自由に同意・信約するということになる。

このようにホッブスはどこまでも合理的説明にこだわり、これこそが混乱した世の中、多様な価値やコスモス観が競合する現実において、唯一万人の同意を調達できる理論であると考える。もちろん、実際に万人の同意が得られるかといえば、識字率が著しく低い時代においてそれはありえなかった。にもかかわらず、ホッブスは自分の理論が科学的根拠を有しているためそれは原理的に可能であるし、民衆にはそのポテンシャルがあると主張した。ホッブスは自らの著作が高度な教養の持ち主でなければ理解できないとおそらく考えていたであろうが、それでも彼は大衆の無知を蔑むエリートらに次のような辛辣な言葉を向ける。

しかしながらかれらはさらに、たとえ諸原理がただしくても、一般人民は、それらを理解させられるだけの十分な能力をもっていない、というのである。もし、王国の富裕で有力な臣民たちや、もっとも学識があるとされている人びとの方が、それらの人民よりも、無能力でないとすれば、私はうれしいのだが。けれども、この種の学説への妨害は、ことがらの難しさよりもおおく、それをまなぶべきものの利害から生じることを、すべての人びとは知っている。有力な人びとは、かれらの感情を制御する権力を樹立することならば、どんなことでも、ほとんど理解しないし、学識ある人びとは、かれらの誤謬を発見しそれによってかれらの権威を減少させることならば、なにも、ほとんど理解しないが、それに反して、一般人民の精神は、有力者への依存によってけがされたり、かれらの博士たちの意見を書きちらされたりしていなければ、白紙のようなものであって、公共的権威によって銘記されるものを、なんでも、うけいれるに適しているのである。[402]

六　ホッブスの代表理論

それでは次にホッブスの国家論を検討するが、特に彼の代表理論とフィクション論を中心に扱うこととする。ここでもホッブスの合理的思考へのこだわりがみられると同時に、それが当時の論敵の論駁を意図したものであることが明らかになるだろう。

まずホッブスの代表理論が先の自然法の章（一四章、一五章）に続く章（一六章、一七章）で展開されている点に注目したい。これが、自然状態を脱却し信約によって国家を設立する際、いかに代表理論が重要となるかを示唆していると思われるからである。

さて、既述のとおりホッブスは国家のフィクション性を強調するわけだが、一六章で彼はそもそも「擬制（フィクション）によって代表される（represented）ことができないものは、ほとんどない。教会、慈善院、橋のような無生物は教区長、院長、橋番によって、人格化 Personate されうる」と述べている（傍点は筆者）[403]。

ここで登場する「フィクション」、「代表」、「人格（化）」という言葉は相互に密接に関連している。結論からいえば、国家とは人間が人工的につくりだしたフィクションであり、代表（者）はその国家の作為的な人格（artificial person）を担い、すべての臣民の意志を体現するということになる。そしてこのような国家を生み出すロジックが、代表理論のコアをなす「権威付与」（authorization）である。だがこれだとわけがわからないと思われるので、順を追って説明することにしよう。

ホッブスはいつもの科学的な方法へのこだわりからまず定義を示す。

人格 PERSON とは、「かれのことばまたは行為が、かれ自身のものとみなされるか、あるいはそれらのことばまたは行為が帰せられる他人またはなにか他のもののことばまたは行為を、真実にまたは擬制的に代表するものとみなされる」人のことである。

それらがかれのものとみなされるならば、そのばあいにはかれは、自然的人格 Naturall Person とよばれる。そして、それらがある他人のことばと行為を代表するものとみなされるならば、そのばあいには、かれは仮想の Feigned または人為的な Artificiall 人格である。(404)

ここで重要なのは後者の方であり、わけても人為的人格が他人の言葉または行為を擬制的に代表する点である。ひとまず、国家機能を担う代表者の意志と行為が国民の意志と行為を代表しているような状況を想像していただきたい。

さて、このような人為的人格（＝代表者）は、自然状態におけるばらばらの個人の各々が相互に信約を結ぶことによって生まれるとされる。その際、次のような「権威付与」（authorization）がなされる。

「私は、この人、また人びとのこの合議体〔議会〕を権威づけ Authorize、それに自己を統治する私の権利を、与えるが、それはあなたもおなじようにして、あなたの権威をかれに与え、かれのすべての行為を権威づけるという、条件においてである」(405)（傍点は著者）

すると、人為的人格（＝代表者）の意志が、信約したすべての人間の意志とみなされるような国家（権力機構）

が創出される。

人為的人格のうちのあるものは、かれらのことばと行為が、かれらが代表するものに帰属Ownedする。そしてそのばあい、その人格は行為者〔役者〕であって、かれのことばと行為が帰属するものは、本人AUTHORであり、こういうばあいに、行為者は、本人の権威《オソリテイ》によって行為するのである。(406)

日本語だとなかなかニュアンスが伝わらないのだが、「本人」author——作者とも訳せることから大本の製作者を想起させる——が「権威づけ」authorizeするというのは語呂がいい。またactorは「行為者」のみならず「役者」をも意味するので、巧みなメタファーとなっている。ホッブスが説明しているように「人格」(person)はラテン語のpersonaに由来し、もともとは仮面などを意味する舞台・劇場用語であった。「それだから、人格とは、舞台でも日常の会話でも、役者Actorとおなじであって、扮するPersonateとは、かれ自身や他の人を演じるActこと、すなわち代表するRepresentことであり、そして他人を演じるものは、その人の人格をになうとか、かれの名において行為するとかいわれる」(407)。

そしてこのことの政治的含意は次のとおりである。人為的人格＝代表者＝行為者は、王のような一人の人間でも複数の人間から構成される議会でもよい。但し行為者としては共同体における唯一の存在であり、かつその行為者が判断し意志することはすべての臣民によって自らの意志として受け止められねばならない。しかも、代表者の意志を否定することは許されない——代表者の意志に異議を唱えるのは、自分自身の意志に異議を唱えるのと同じことであり、ありえないからだ。唯一例外とされるのは、自らの自己保存が危うくなった時である。そもそも自己保存を理由に信約を結んだので、そうした最低限の自然権は放棄されない(408)。このことをもってホッブスに抵抗権があるとかないとかいった論争があるが、ここでは立ち入らない。

目下注目すべきは、ホッブスがこうした論を展開することによって、一方で神や良心への義務を理由に抵抗する者たちを、他方で人民を団体とみなしその代表を標榜する者たちを同時に批判していることである。前者に対しては既述のように人間の認識能力の限界を指摘し、また国家においては国法が公共的良心であってそれが私的良心に優位すると訴えた。[409]後者は古代ギリシア・ローマの書物から大きな影響を受けた「民主的著作者たち」（Democratical writers）であり、スキナーによれば、ホッブスは特にヘンリー・パーカーら議会派の団体（universitas）理論に基づいた人民主権論を論敵に想定していたという。[410]『リヴァイアサン』第二巻一八章では、彼らの掲げる「主権をもつ王たちに関して、かれらはその臣民たちのおのおのよりもおおきな権力をもつ、よりおおきな諸団体 *singulis majores* ではあるが、しかもそれらは、かれら〔臣民〕のすべてをいっしょにしたよりもちいさな権力をもつ、よりちいさな諸普遍者 *universis minores* である」という主張が批判されている。[411]

ホッブスにとって人民が団体として構想されえないのは、そもそも人民とは国家においては統一的意志ないし人格をもった存在ではなく、個人からなる群衆にすぎないからである。今日の憲法学でいう絶対代表制に近い考えであるが、ホッブスは代表者の統一性はトップダウンでしか成立しえないという。

人間の群衆 a Multitude of men は、かれらがひとりの人、あるいはひとつの人格によって、代表されるときに、ひとつの人格とされる。だからそれは、その群衆のなかの各人の個別的な同意によって、おこなわれる。なぜなら、人格をひとつにするのは、代表者の統一性であって、代表されるものの統一性ではないからである。そして、その人格をになうのは、代表者であるが、しかしひとつの人格をになうのであり、統一性ということは、群衆については、このようにしか理解されえない。[412]

もちろん、トップダウンとはいえ代表者は各々のすべての個人によって権威づけられているので、国家形成後にも臣民の意志が蔑ろにされることはない。代表者の意志＝臣民の意志なのだから、それはある種の自己支配を意味し、次節でみるように、自由が維持されている状態でもあるのだ。

以上のことを考慮するならば、『市民論』に登場する以下の一文もさほど奇妙なものとは思われなくなるかもしれない。

民主政と貴族政においては、市民たちは群衆であるが、議会は人民である。また君主政においては、臣民たちは群衆であり、（逆説的ではあるが）王は人民である。(413)

いずれにしても、ホッブスは相手の土俵の上で論敵の主張を論駁し、自らの論理の正しさを証明しようとしている。例えばヘンリー・パーカーも王や為政者の権威・権力は、自由にして自発的な「本人・製作者」（author）たる人民に由来するとしている。(414) スキナーが指摘するように、こうした語彙は一六四〇年代の議会派や急進的な論者の間で広く使用されていた、いわば言語慣習の一部なのである。そして上述のように、ホッブスはこの前提にのっとったうえで、人民はばらばらの個人（群衆）であり人民の統一的意志は団体理論的には構想しえないことを示し、権威付与を旨とする代表理論によって自身の国家理論の正しさを説いているのである。

だがなぜホッブスはこれほど強硬に人民を団体とみなすことに反対したのか。既にみたようにホッブスとて議会が人民の代表者になりえないといっているのではない。ホッブスが断固として反対するのは、議会が人民という団体の代表ないしイメージとみなされることである。(415) もし王政のもと団体としての人民が存在するとなると、王という人民の代表者と議会という人民の代表者といったように、代表者が複数となり主権が分裂することになるだろう。あくまでも国家の一体性を平和の条件と考えるホッブスにとって、こうした分裂——混合政体であろうと何であろうと——は到底認められなかったのだ。

冒頭で述べた主権の絶対性とは、こうした一体性の論理と不可分の関係にある。さらにそれは権威付与が一回限りのものであることによって補強される。定期的に信約をやり直すのではなく、一旦権威づけを行なったらそれ以降は代表者＝主権者の意志がトップダウンで臣民の意志になり、生命の危機に直面した時以外こうした関係は変わらない。このような絶対的主権をもつ国家の創造は、人間が巨大な怪物ないし神——ホッブスは「可死の神」と断るが——をつくるようなものであるとホッブスはいう。

> このことがおこなわれると、こうして一人格に統一された群衆は、コモン－ウェルス、ラテン語ではキウィタスとよばれる。これが、あの偉大なリヴァイアサン、むしろ（もっと敬虔にいえば）あの可死の神 Mortal God の、生成であり、われわれは不死の Immortall 神のもとで、われわれの平和と防衛についてこの可視の神のおかげをこうむっているのである。[416]

また『リヴァイアサン』の口絵からもわかるように、ホッブスは伝統的な政治の身体的メタファーを利用しながらも、それが人間によって合理的につくられた「人工的人間」である点を強調している。

> すなわち、技術によって、コモン－ウェルスあるいは国家（state——ラテン語ではキウィタス）とよばれる、あの偉大なリヴァイアサンが、創造されるのであり、それは人工的人間にほかならない。ただしそれは、自然人

よりも形がおおきくて力がつよいのであって、自然人をそれが保護し防衛するようにと、意図されている。そして、そのなかで、主権 Sovereignty は全身体に生命と運動を与えるのだから、人工の魂であって、為政者たち Magistrates とその他の司法と行政の役人たちは、人工の関節である。賞罰（……）は、神経であって、自然の身体においてと、おなじことをする。すべての個々の構成員の富と財産は、力であり、人民福祉 Salus Populi（人民の安全）は、それの業務であり、それが知る必要のあるすべてのことを、それに対して提示する顧問官たちは、記憶であり、公正 Equity と諸法律は、人工の理性と意志であり、和合は健康、騒乱は病気で、内乱は死である。[417]

繰り返しになるが、ホッブスは「権力をもつ人びとについてではなく、権力の座について（抽象的に）かたっている」ので、ここで語られている主権も具体的・自然的な人間ではなく、国家という二重の意味で非人格的な権力機構において、一定の代表的機能を担う人為的人格・「公共的人格」（public person）ということになる。[418] だから主権は特定の人間にではなく国家そのものに帰属し、主権と主権者とは区別されるのである。

七　ホッブスの自由論

さて既にみたように、すべての個人の自由な同意に国家の正当性と臣民の政治的義務が由来するとホッブスは考えたわけだが、ここでいう自由は独特の意味合いを有している。ホッブスは自由についても言葉のイノベーション（概念操作）を行なったのだ。そしてその狙いはやはり一方で科学的アプローチに適合させること、他方で具体的な論敵の主張を論駁することにあった。いずれも平和と安定の実現にとって不可欠と考えてのこと、という点でもホッブスの立場は終始一貫している。

以下、ホッブスの自由論の検討を通じて、この二つの狙いがどのように実現されたのかを簡単にみるが、まずは次のような疑問からはじめることにしよう。

既述のようにホッブスは、人が言葉・約束をやぶらないためにも法を守るためにも恐怖が必要であると考え、また恐怖が不可欠だと認識することが合理的であると論じた。そしてそもそも自然状態における各人の暴力による横死への恐怖こそ、国家設立の動機であると断じている。したがって恐怖は、ホッブスの政治理論にとって極めて重要な位置づけを与えられている。だが、こうした恐怖ははたして自由と両立しうるのだろうか。恐怖にかられてなした行為は、自由な行為とはいえないのではないか。今日のわれわれはそう疑問を抱くかもしれない。いや、一七世紀の人間もこの点は変わらないだろう。

しかしホッブスはまさにこの両立可能性を主張し、合理的ないし科学的に基礎づけようとするのである。彼は、自然状態において恐怖によって結んだ信約は有効で、それを守る義務が生じるという。さらには、国家が成立した後でも基本的に同じで、恐怖による約束は、仮にそれが盗賊に対してであろうと有効なのだという――「もし私が、盗賊にたいして金を約束することによって、自分をかれから請けださざるをえないとすれば、市民法が責務を解除するまで、私はそれを支払うように拘束される」(419)。

こうした主張はいかにして可能になるのだろうか。まずは彼の自由の定義をみることにしよう。

自由とは、このことばの固有の意味によれば、外的障害が存在しないことだと理解される(420)。

自由 LIBERTY or FREEDOM とは、(ほんらいは) 反対の欠如をあらわし (反対と私がいうのは、運動の外的障害の意味である)、それは、非理性的な非生命的な被造物についても、理性的なものについてとおなじく、もちいることができる[421]。

ホッブスがここで「ことばの固有の意味によれば」とか「ほんらいは」とあえて強調しているように、これがホッブスにとっての真の自由ということになる。そしてこの自由の定義は、いくつかの意味で当時の一般的な自由理解から逸脱している。

まず第一に、自由が消極的に捉えられているということ。ここでいう消極的とは、やる気がないの意味ではない。何かへ向かうのではなく何かの欠如・不在によって定義づけられている、つまり自由の目的が何かは問われず、単に障害がないという点だけが重視されるのだ。このように自由を定義したため、ホッブスは現代の研究者によってしばしば「消極的自由」（negative liberty）概念の提唱者とみられる（なお、目的論的な自由概念は「積極的自由」〔positive liberty〕と称される[422]）。今日のリベラルな自由概念は消極的自由の一種とみなされているため、われわれの多くはホッブスの定義にそれほど違和感を覚えないかもしれない。だが、長い間、自由は目的ないし理性と表裏一体のものとして理解されていた事実（そもそも理性が一定の目的を指示する能力として理解されていたことを思い出そう）を忘れてはならない。

ただ現代人でも、自由を阻むものを「外的障害」とする点、また自由概念が「非理性的な非生命的な被造物」についても同様に値するという点には、ついていける人とついていけない人にわかれるだろう。まず後者の点についてみよう。ホッブスは動物と水の例を挙げる。

すべての生きている被造物については、それが壁や鎖で監禁されたり拘束されたりしているばあいに、われわれはそう［それ以上に自由をもたない］というのだし、また水については、それが堤防や容器によってそのなかに保持され、そうでなければ、よりおおきな空間にひろがるだろうというばあいに、われわれはそれらのものが、そういう外的障害がないときにうごくであろうようには、うごく自由をもたない、というのをつねとする。[423]

もっとも、「水が自由に流れる」という表現はそれほどショッキングではないかもしれない。ただ、こうした主張の背景にある唯物論まで受け入れるかどうかは別問題である。というのも、前者の「外的障害」の点と関わることだが、ホッブスは自由を阻止できる障害として「外的」なもの、つまり物体しか認めないのである。これは逆にいうと、内的障害——例えば恐怖——を、自由の障害とはみなさないということを意味する。

このことを理解するためには、ホッブスの「人間の自由」の定義をみる必要がある。彼はこういう。

自由な人とは、「かれの強さと知力によってかれがなしうるものごとのうちで、かれがする意志をもつものごとを、おこなうのをさまたげられない人である」。[424] しかし自由な Free および自由 Liberty という語が、物体でないものに適用されるばあいには、悪用されるのである。

既にみたように、ホッブスにとって「意志とは、熟慮における最後の欲求」にすぎず、熟慮とは欲求または嫌悪の連鎖にすぎない。つまり、「人の意志のあらゆる行為および、あらゆる意欲と性向は、ある原因から生じ、それはさらに他の原因から、継続的な連鎖をなして（その最初の環は、すべての原因の最初のものである神の手中にある）、生じる」ため、「自由と必然は両立する」ものと理解される——そして当然ながら自由意志の存在は否定される。[425] すると、このように必然的に形成される意志を阻止できるのは物体としての外的障害のみということになる。水のアナロジーは、もはや単なるメタファーではない。同じ構造・メカニズムにもとづいているのである(426)。そして恐怖は外的障害とはみなされないので、「恐怖と自由は両立する」ということになる。したがって、ホッブスによれば自発的行為はすべて自由な行為である(427)。

と、いいきってしまったが、そして実際ホッブスはそのようなことをいうのだが、彼は例を挙げる際に先の定義と一見矛盾しているような要素を示唆する。それゆえに研究者の間ではホッブスの自由概念が一貫しているのかどうかが議論になったりする。ここでこの論争に触れる余裕はないので、私がシンパシーを抱くスキナーの解釈を中心に（若干私自身の解釈も交えつつ）論じたいと思う。

ホッブスは主として『リヴァイアサン』第二部二一章（「臣民の自由について」）で右にみたような自由論を展開する。そこでは一方で「人が、船がしずむだろうという恐怖から、かれの財貨を海中に投じるばあい、それでもかれは、そのことをきわめて自発的におこなう」のだからそれは「自由であった人の行為である」というように先の定義と符合する例を挙げるのだが、他方で次のような例も挙げる。

> そしてわれわれが、贈与が自由であるというとき、贈与することの自由が意味されているのではなくて、贈与者が、それを与えよとのどんな法や信約にも拘束されたのではないという、かれの自由が意味されているのである。おなじく、われわれが、自由にはなすときには、それは声や発音の自由ではなくて、人が、かれがはなしたのとちがうようにはなすことを、いかなる法によっても義務づけられないという、人間の自由なのである(428)。

ホッブスは自由を「外的障害が存在しないこと」と定義した。だがここでは法の不在が自由だといわれ、法は（物体としての）外的障害ではない——矛盾しているではないか。

という疑問が生じても不思議ではないのだが、スキナーは先の定義の自由が真の自由（「ことばの固有の意味」における「ほんらい」の自由）であり、ホッブスは意識的にそれを法に制約される「臣民の自由」と区別しているという。「臣民の自由」は「法の沈黙に依存する」と定義されているので、当然それは法によって制限される。だがスキナーによれば、法に縛られるというのは「比喩的」（metaphorical）な表現にすぎない(429)。

平たくいうと次のようになる。法は意志すれば破ることができる。一方通行の道路でもやろうと思えば逆走できる。物理的に止められなければ（外的障害）、自由な行為となる。だが逆走して警察に捕まると罰金を科されることになるので、それを恐れてルールに従うのが一般的である。この場合、ルールに従うという意志が（たとえ恐怖が原因だとしても）形成され、それが外的障害によって阻止されないので、その行為も自由な行為とみなされる。法を守るにせよ守らないにせよ真の自由は存在し続ける。ホッブスはそれを承知のうえで、「法」「拘束」「義務」「臣民の自由」といった語彙で状況を（極めて紛らわしくてはた迷惑だが）「比喩的に」表現したのだ――というのがスキナーの解釈である。

そうとすれば、ホッブスが一見矛盾する自由論を唱えたことにさらなる意図を読み込めるのではないだろうか。彼が一貫して追求するのは真の自由（外的障害の欠如としての自由）を最大限に保全するシステムである。そのために彼は、いわば自然状態と国家状態とを天秤の両皿に乗せて真の自由の実現度を量ろうとする。自然状態の自然的自由は、各人が自己保存のために何をしてもよいことを意味し、しかも国家も法も存在しないためその自由が完全な状態で実現されるはずである。それに対し、国家も法も存在する「臣民の自由」は法が拘束しないところにのみ認められ、裏返せば法による制限を課せられている。

言葉の使い方のみに注目すれば、自然的自由においてこそ真の自由は十全に実現され、臣民の自由はいかにも不自由であるかのように感じられるだろう。だが実際はどうか。スキナーの解釈が正しければ、臣民の自由を制限する「法の拘束」はただの比喩であり、法の有無にかかわらず真の自由は損なわれない。むしろ法を自主的に守ることによって自己保全の可能性が向上し、真の自由は高いレベルで保たれるといえる。ひるがえって、自然的自由がむしろ自己保存を危うくし真の自由の妨げとなることは、すでに述べたとおりである。そもそも自然状態も自然的自由も思考実験の装置であり、そこで実現するはずの「完全な自由」こそが、まさに紙の上に存在するだけの仮想的《メタフォリカル》な自由なのだ。真の自由を量る秤の向きはここで完全に逆転する。ホッブスの自由論の表面上の矛盾は、この逆転をより鮮やかにみせる逆説となり、人びとに国家状態を選択させる合理的な根拠を浮き彫りにしているとさえ思われてくる。

なお、以上は自然状態から信約によって国家を立ち上げるモデルだが、ホッブスはこれを「設立によるコモン－ウェルス」と呼んでいる。しかしそれとは別に「獲得によるコモン－ウェルス」もあるといい、しかもそれは「設立によるコモン－ウェルス」と同様に正当であるという。「獲得によるコモン－ウェルス」は次のように定義される。

> 獲得 acquisition によるコモン－ウェルスとは、主権者権力が強力によって獲得されるコモン－ウェルスである。そして強力によって獲得されるとは、人びとが個別的に、あるいはおおくのものがいっしょに多数意見 plurality of voices によって、死や枷 bonds への恐怖にもとづいて、かれらの生命と自由を手中ににぎる人または合議体の、すべての行為を権威づける（authorize）というばあいである。[430]

したがって、例えば国家が統治不能状態に陥っているなかで征服者が現われ、恐怖からその征服者に権威づけという形で服従を誓った場合、その征服者ないしその権力機構は正当な主権（者）になるということである。

ところで、「設立によるコモン‐ウェルス」であれ「獲得によるコモン‐ウェルス」であれホッブスは人びとを法に従わせるためには恐怖が必要だと考えているが、だからといってここで秘密警察などに常に監視されている二〇世紀の全体主義国家のようなことをイメージしてはならない。またホッブスが人民を食い物にする恣意的支配を擁護しているわけでもない。彼はある意味で（ナイーブに？）人間の理性の力にかけているのだ。合理的に考えれば、主権者と人民の利益は一致する。そしてよき法とはこれを実現するものとされるのである。以下の法に関する考えと比喩は、意外にもロック――ホッブスとは対照的に絶対的主権を否定したにもかかわらず――と似ているとさえいえる。

> 主権者の配慮には、よい諸法をつくることが属する。しかしよい法とは何か。私がよい法というのは、ただしい法のことではない。法は不正ではありえないからである。法は主権者権力によってつくられるのだし、そういう権力によってなされるすべてのことは、人民のおのおのによって正当とされ、自己のものとされるのであり、そして、各人がそのようにしてもつものを、だれも不正だとはいえないのである。……よい法とは、人民の善 Good of the People のために必要であり、そのうえ、わかりやすいものである。
> 　すなわち、法（……）の効用は、人民を、すべての意志的行為をしないように拘束することではなくて、かれらを、自分たちの無茶な欲求や性急さや無分別によってみずからきずつけないような運動の範囲に、みちびき保持することにある。それはちょうど、垣根が、旅人をとめるためにではなく、道をあるきつづけさせるために、もうけられるのとおなじである。したがって、必要でない法は、法の真実の目的をもたないのだから、いいものではない。法は、それが主権者の便益になるばあいには、人民にとって必要ではなくても、いいものだと考えられるかもしれないが、そうではない。なぜなら、主権者と人民との善は分離されえないからである。[431]

さて、ここまではホッブスの政治理論を構成するロジックのみに注目してきたが、以上のことが当時のコンテクストにおいていかなる政治的インプリケーションを有していたのか、そしてホッブスが何を意図していたのかを検討することにしよう。

八　ホッブスのイデオロギー的試み

既述のように、ホッブスは自由と恐怖は両立すると説いた。これにはいかなる政治的効果が期待されたのだろうか。

このことを理解するためには、当時の政治状況と思想状況を理解する必要がある。『リヴァイアサン』は一六五一年に刊行されたが、これはイギリスにおいて共和国が成立している時期である。なぜ王党派の人びととパリで暮らしていたホッブスはあえてこの書物をこの時期に出そうとしたのだろうか。

スキナーは次のように説明する(432)。当時、クロムウェルを筆頭とする共和国政権には正当性がないという言説が広範にみられた。共和国政権は力によって権力を奪取したのであって、人民の自由な同意にもとづいていないと。人民や神の名においてチャールズ一世に対抗した人びとからも共和主義的自由を尊ぶ人びとからも批判が噴出したのだ――結局は僭主が入れかわっただけではないか、と。こうしたなか、時の政権を擁護した一部の論者たちは「勝てば官軍」の論理に訴えた。正当性とは力に付随するものなのだから、征服者に対しても実効的支配を実現していれば服従する義務があると。

だが、ホッブスはそのような事実性のみ重視する（デ・ファクトな）主張には与せず、あえて批判者の土俵の上で相手を論駁しようとしたのである。一方で正当な権力および政治的義務は自由な同意に由来するという主張を受け入れる。だが他方で論敵の自由理解が間違っていると示すことで、イギリスの人民は時の政権に対して従う義務を負っていることを証明しようとしたのである。

一例を挙げてみよう。本書の他の章でもみたように、共和主義的自由は市民の政治参加を要請する。ホッブスはこうした自由観が間違っているとし、イタリア共和国ルッカに言及しつつ次のような皮肉を述べる。

ルッカ市のやぐらには、今日もなお、おおきな文字で自由 LIBERTAS という語が書かれているけれども、そのことから、そこではある個人が、コンスタンティノポリスにおいてよりもおおくの、自由すなわちコモン－ウエルスへの奉仕の免除をもっているとは、だれも推論しえない。コモン－ウェルスが君主政治的であろうと民衆的であろうと、自由はいぜんとしておなじなのである。(433)

共和国の市民は個人としての自由を享受していたわけではなかった。だが真の自由とはまさに個人の自由のことであり、それは政体の様式とはまったく関係ない。しかも共和主義的自由にばかりこだわると国家の安定は損なわれるので、自由を正しく理解したうえで、先の代表理論に即した国家を設立・維持することが何よりも重要だと、ホッブスはいう。

そして彼の唱える正しい自由は恐怖とも両立するので、イギリスに新たに誕生した政権に対して大半の人民が抵抗していない、恐怖のためかもしれないが従っているという事実は、その政権が自由な同意によって成立したことを意味すると結論づけるのだ。論敵の前提を受け入れ同じ語彙を用いながら、合理的な根拠とともに語の意味内容を操作し、相手の結論をまるきりひっくりかえしてしまう。ホッブスの論争の手腕は実に鮮やかである。

ところで、『リヴァイアサン』を一六五一年に刊行した意図は、表面的には時の共和国政権の正当性を示すということになるが、しかし彼が共和政そのものにコミットしていたわけではない点も強調しておくべきだろう。彼が擁護したのは、彼の考える平和と自由と人民の福祉を実現できる国家＝人工人間であって特定の政体でも人物でもない。そして一旦国家が成立すれば、権威付与は取り消しがきかないので、自分の生命が危うくなるとか国家が消滅するということがない限り、政治的義務は果たし続けなければならない。だから、チャールズ一世に抵抗し内乱を起こした人びとに対しても、ホッブスはすこぶる批判的であったのだ。

第八章　ロック

一　革新的にして敬虔なるジョン・ロック

ホッブスの合理的な思想体系は“what is”を“what seems”の領域（物体からなる世界）に引きずり下ろし、人間の認識能力の限界内で科学的に普遍を追求する試みだった。そのなかで彼は国家の建設を、自由な人間の言葉による「可死の神」・「リヴァイアサン」の創出として描いている。

これがいかにアンビシャスにして人間中心的かは言を俟たない。いくら神が言葉や運動のはじまりをもたらした存在として重要な位置づけを与えられていようとも、これは政治思想史上の一大パラダイム転換だったといっても過言ではない。だからこそホッブスの理論には、人びとに科学的・合理的認識の重要性（“what matters”）を認識させる moral transformation も同時に含まれていたのだ。

ただ注意しなければならないのは、『リヴァイアサン』以降、政治思想がみな同じように人間中心的および科学的になったわけではないということである。ホッブスの政治理論は以降多くの思想家に大きな影響を及ぼすことになるが、彼の狙いどおりに受容されていったとはいいがたい。ホッブスの科学や個人の自由へのこだわりにもかかわらず、それが捨象されて絶対的主権の概念枠組みやイメージ／メタファーだけが重視され、ホッブスが否定したような王権神授説と結びつけられることも珍しくなかった（例えばボシュエ）。また当然のごとく、批判も多く浴びている。立憲主義者からはもちろん、聖職者や敬虔な論者からも危険視されたのだ。もちろん、ホッブスの論駁を試みる時点で多かれ少なかれ彼の影響を受けているとみなすことはできる。

ともあれ、一ついえるのは『リヴァイアサン』以降もしばらくの間、政治思想や世の中は依然としてキリスト教を世界の基盤としていたということである。もちろん、キリスト教理解も多様化していくし、無神論的主張がまったく存在しなかったわけでもない。ただ「無神論者」を公然と自称する者はほとんどいなかったし、大抵の場合は論敵に対する罵り言葉として使用されたのである。少なくとも一七世紀の間、総じて人びとは敬虔であった。

ジョン・ロック（一六三二年－一七〇四年）は宗教的対立が政治的対立と連動する時代に、いわば「コンフェッショナリズム」においてそれと対峙する形で活躍した。ホッブスより四〇歳以上年下だが、名誉革命に先立つ混乱のなかでロックもまた国外への亡命を余儀なくされている。そして名誉革命が成就すると同時にオランダより帰国し、一六八九年にコンフェッショナリズムに終止符を打つ目的で『寛容書簡』を、一六九〇年に名誉革命を正当化するため『統治二論』を（但し匿名で）刊行する。

と、ロックについてよくいわれることをひとまず簡潔に述べたが、名誉革命正当化のために『統治二論』云々というところは若干敷衍する必要がある。確かに『統治二論』の「緒言（まえがき）」にはそうした説明と符合するような文言が記されている。そして高校の世界史の教科書などでもロックはしばしば名誉革命を正当化した人物として紹介される。だがロック研究者および大半の政治思想史研究者の間ではもはや常識となっているように、『統治二論』の執筆時の意図は名誉革命とは関係なかった。名誉革命に先立つこと一〇年、一六七九年にカトリックであったヨーク公ジェイムズ（後のジェイムズ二世）からの王位継承権の剥奪を旨とする法案が議会に提出され、そこから三年ほど国王チャールズ二世との対立が激化し危機的状況（「排斥法危機」）が続くわけだが、この法案支持派議員の筆頭にしてロックのパトロンであるシャフツベリ伯の立場を擁護するために『統治二論』は執筆されたのだ。したがって、ロックの唱える抵抗権や革命権は、名誉革命を事後的に正当化するためではなく、既存の体制に対抗するよりラディカルな政治的意味を込めて著されたものである(434)。

加えて、もう一つ注意しなければならないのは、ロックの主要な論敵はホッブスではなく、『パトリアーカ（家父長制論）』の著者ロバート・フィルマー（一五九〇年頃－一六五三年）であったことだ。彼の没年からもわかるように、「排斥法危機」が生じる大分前にフィルマー本人は死去している。だがこの危機がエスカレートするうち、国王を支持する王党派は王権の絶対性を正当化するためにフィルマーの著作を次々と刊行したり再刊したりしはじめる。『パトリアーカ』（一六三〇年代に執筆、一六八〇年にはじめて刊行）は、そのタイトルが示唆するように家父長制的な論理――またそれが神授権説と融合するのだが――によって王権の絶対性を擁護している(435)。そしてこの著作が王党派のイデオロギー闘争の武器となるのに対抗して、ロックは論駁を試みるのである。したがって、『統治二論』も単に政治の抽象的にして合理的な理論的考察ではなく、同時に眼前の危機を解決することを目的に構想された（第二テーゼ）(436)。その際、ロックもまた政治共同体の公共善が統治の目的でなければならないと考えている（第一テーゼ）。そして危機において絶対主義擁護に振れる振り子を、ロックは主権制限論へと引き戻そうとしたのだった（第三テーゼ）。

とはいえ、彼がホッブスをまったく意識していなかったわけではない。否、それどころか随所にホッブス批判を見て取ることができるし、ロック自身、ホッブスや『リヴァイアサン』に言及することがある。したがって、本章では必要に応じてホッブスとの比較も行う。

以下、ロックの『統治二論』を中心に彼の政治思想を検討するが、その前にもう一つロック解釈をめぐる大きな変化に着目する必要がある。ロックは長い間、「リベラリズムの父」とみなされ、今日でもそのように理解する論者は多く存在する。これは一概に間違いとはいえない（リベラリズムをどう定義するかによる）し、アメリカ合衆国建国の父たちをはじめ、多くのリベラルといわれる人びとがロックの影響を受けたことも否定しがたい事実である。またロック的なロジックを部分的に援用することによって今日のリベラリズムを説明したり発展させたりすることも可能である。

だがロックが世俗的なリベラリズムの理論を意図し構築したというのであれば、それは明らかな誤りということになろう。まずは数十年前に起きたロック解釈の大きな転換に簡単に触れたうえで、ロックの政治理論をより詳細に検討していこう。

アメリカの独立宣言に含まれる有名な文言「生命、自由、幸福の追求」がロックの有名な主張「生命、自由、財産」に酷似しており、また彼が統治権力の正当性は人民の自由な同意によらねばならず、政治的共同体の目的が「生命、自由、財産」の保全であると明示的に述べていることから、ロックは長い間、現代でも模範とすべきリベラルな思想家の典型とみなされてきた。だが一九六〇年代末にジョン・ダンという政治思想史家がロックの政治思想の神学的基礎を指摘して以来、徐々にその新解釈がメインストリームとなり、今日では大半のロック研究者がその立場をとっている。[437] 日本では『統治二論』（岩波文庫新訳）の訳者・加藤節がジョン・ダンと連携する形でこの「神学的パラダイム」を唱え、西洋と同じように日本の政治思想史研究者の間でもオーソドックスな解釈になったと思われる。[438] したがって、以下の議論ではこの「神学的パラダイム」に即したロック解釈を中心にみていくとしよう。

二　ロックの神学的パラダイム

ロックによれば人間は「神の作品」であり、人間の義務は神の意志ないし神の定めた目的によって規定される。

そして世界と人間の創造主たる神は、人間がその目的・義務を果たせるように「プロパティ（固有権）」すなわち「生命、自由、財産」を、また神の意志ないし自然法を認識しそれを追求するために理性という能力を人間に授けた。「神学的パラダイム」を一言でいえば、こういうことになる。そしてこれが彼の思想体系の根底にあり、政治も道徳も哲学も認識論も何もかもを規定しているため「神を取り去ることはすべてを解体することである」と考え、寛容論者として名高いロックは無神論者を寛容の対象から外したのである。(439)

さて、ここで一旦いつもの図式をロックにも適用してみることにしよう。前章のホッブスと対照的なのは、超越的な"what is"を何よりも重視していること、自然法を客観的に実在するものとみなしていることである。むしろこの点ホッブスの方が変わり種であり、ロックは単に伝統に回帰しただけじゃないかと思われるかもしれないが、以下みるように、それも違う。ともかくロックは、"what seems"を"what is"へ導き、人間の目的（"what matters"）を"what is"によって規定しつつ「自らの魂に自ら配慮する」ことを要請しているのだ。

しかしホッブスは人間が理性の使用によって神の観念や超越的・来世的なものを認識するのは不可能だと示したはずではなかったか。ロックはそれを無視していわば神秘主義的ないし信仰の飛躍によってそれを求めようとしているのだろうか。むろんそうではない。ロックは『人間知性論』という（『統治二論』とほぼ同時期に刊行された）著作において理性をホッブスに似た仕方で、いわば推理能力と定義している――「理性とは（……）既知の原理もしくは命題から未知の真理を演繹する能力にほかならない」(440)。また理性と信仰とは対立するものではないとして、各々の領域を厳密に確定しようと試みている(441)。これらの論証にロックが成功しているかどうかは置いておいて、神の存在が自明視され（もっとも神の存在に関してはホッブスも疑っていない――少なくとも字面の上では）、そのことを論証可能としている点は彼の神学的パラダイムと結びつく(442)。ならば彼のいうとおり、人間は理性を用いて自然法を認識することができるのか。ロックはその論証を究極の目的として長年にわたる研究を続けたわけだが、ジョン・

ダンや加藤節によれば最終的にそれに失敗ないし挫折している。にもかかわらず信仰は失われなかったため、後年の『キリスト教の合理性』(一六九五年)においては人間の目的と義務の理解に際して「聖書における啓示」を重視するという主張を展開することになる。(443)

いずれにしても、ロックは終生、理性と信仰が二律背反の関係にあるとは考えなかった。そして理性とは推理能力であるとしつつも、感覚や直観から得られる観念と結びつき——よく知られているようにロックは生得観念を否定し、生まれた時点での人間の心は「白紙状態」(タブラ・ラサ)であると主張した——また最終的には信仰に導かれることによって、「いかに生きるべきか」という神への義務と連動した実存的問いに対する答えに導かれるはずだと信じつづけた。また当然、彼は自らの構築した体系が合理的にして神の意に適っているゆえ、普遍性を有し、理性を使用すれば万人に共有されるものであると確信していた。

現代人の目からすると、こうしたロックの態度は非科学的と映るかもしれない。だが科学革命の世紀と呼ばれる一七世紀において、多くの科学者が敬虔なクリスチャンであったことも認識しておく必要がある。例えば、ロックの友人ニュートンも同じような態度から神の意志・自然法を知ろうとして物理の法則を探究した。彼にとって宇宙は神の身体であり、万有引力の法則も神の定めた法だからこそ普遍と考えられたのである。ニュートンが聖書研究にも熱心だったことはよく知られているが、それは彼の歴史観にも反映されている。一方で「絶対時間」や「絶対空間」というすこぶる科学的なテーゼを打ちだしながら、他方で聖書の分析を通じて地球が誕生したのは紀元前四〇〇〇年と算出したのである。ニュートンもロックも神の創造したコスモスとその合理性を自明視しつつ、そのコスモスを司る原理の探求こそ自らの使命と理解していたのである。(444)

三　ロックの自然状態と政治社会

『統治二論』に話を戻そう。ホッブスと同じようにロックも自然状態を想定し、そこから政治社会の必要性を説き、政治権力の正当性理論を構築しようとする。その意味で、ロックのアプローチも哲学的である。そして自然状態における人間は「完全に自由な状態」にあると述べる。しかしこのように同じような表現が用いられるにもかかわらず、自然状態の性格、そして人間の自由の意味合いが異なるため、自ずとそこから帰結する政治理論も異なってくる。

その違いをもたらしているのは、自然法の定義である。先にみたようにロックの自然法は神の定めたもの——つまり成文化されていなくても客観的に実在するリアルなもの——であり、人間の認識に先立って存在し自由もそれに拘束される。したがって「完全な自由」といっても何でもありというわけではなく、自然法の許す範囲内でという条件がつくことになる[445]。そしてこのような大きな制約があり、そもそも自然法は人間の目的と義務を定め、自由に方向性を指示するゆえ、自由は好き放題に行為する「放縦」（licence）から区別される——「この自然状態は、自由の状態ではあっても、放縦の状態ではない[446]」。ロックによれば、自由は理性に裏打ちされていなければならないし、理性と自然法とは表裏一体の関係にあるのだ[447]。

さらに自然状態は「平等な状態」であるとされるが、それはいかなる人間も自然的に他の人間に対して支配権を有することがないことを意味し、それも神の意に適ったことであると説明される[448]。またそうであれば、誰も他人の固有権を侵害してはならないという自然法の内容もおのずと明らかになるし、その自然法が人類規模での固有権の保全を要請していることも自明であるとされる。

自然状態はそれを支配する自然法をもち、すべての人間がそれに拘束される。そして、その自然法たる理性は、それに耳を傾けようとしさえすれば、全人類に対して、すべての人間は平等で独立しているのだから、何人も他人の生命、健康、自由、あるいは所有物を侵害すべきではないということを教えるのである。というのは、人間が、すべて、ただ一人の全能で無限の知恵を備えた造物主の作品であり、主権をもつ唯一の主の僕であって、彼の命により、彼の業のためにこの世に送り込まれた存在である以上、神の所有物であり、神の作品であるその人間は、決して他者の欲するままにではなく、神の欲する限りにおいて存続するべく造られているからである。……各人は自分自身を保存すべきであり、勝手にその立場を放棄してはならないのだが、それと同じ理由から、自分自身の保全が脅かされない限り、できるだけ人類の他の人々をも保存すべきであり、また、侵害者に正当な報復をなす場合を除いては、他人の生命、あるいはその生命の維持に役立つもの、すなわち、自由、健康、四肢あるいは財貨を奪ったり、損ねたりしてはならないのである[449]。

以上からロックの自然状態とホッブスの自然状態がいかに異なるかは明らかだろう。ロックの自然状態は戦争状態でないどころか、最初から従うべき法（自然法）が存在する比較的平和な状態である。だがそうだとすると、そもそもなぜ人びとは自然状態から脱却し、政治社会をつくらなければならないのだろうか。

ロックは、自然状態においては「不都合」（inconveniences）が存在するからだという。そしてその不都合は、自然状態において自然法の執行が各人の手に委ねられていることに由来する――「すべての人間は自然法の侵犯者を処罰する権利をもち、自然法の執行者となるのである」[450]。だが各人が自分自身の係争事件の裁判官になったら、当然バイアスがかかって混乱が――つまり「不都合」が――生じることが予想される。したがって、公平な判断・裁きを可能とするためには自然状態を脱却し政治的統治を実現することが必要となるわけだが、だからといって絶対的な権力を特定の人間に委ねるのは非合理的かつ危険であるとロックはいう。「絶対君主もまた人間にすぎない」のに「彼のなすことなら、それが、理性、誤謬、激情のいずれによって導かれたものであれ服従しなければならない」というのであれば、まだ自然状態の方がましだ。(451)絶対君主を求めるのは、まるで「スカンクやキツネからの危害を避けることには注意するが、ライオンに喰われることには満足する」ようなものだ、と。(452)

それではロックはどのような政治社会への移行を考えたのか。彼によれば、政治社会の目的は公共善の実現と各人の固有権の保全であり、政治社会を形成することは神の意志に適っている。だから神はそれが可能になるよう人間に知性と言語を授けた。(453)このように常に神の意志が議論の大前提にあるわけだが、それにもかかわらず、いやロック的にいえばそれゆえに、政治社会は各人の自由な同意に基づいて形成されねばならない――「人間はすべて、生来的に自由で平等で独立した存在であるから、誰も、自分自身の同意なしに、この状態を脱して、他者のもつ政治権力に服することはできない」(454)。そして人びとは自由な同意によって自然法を執行する権力など自然的自由を放棄し、それを公共の手に委ねて社会へと結合する。すなわち社会契約である。ここから社会の成員となった人民が公共善の実現を目指して法をつくり統治機構を整えるプロセスに入るわけだが、その最初の段階では多数派の決定に服することになるとロックはいう。(455)結果、立法権力を多数派が握るなら民主政、少数者に委ねれば寡頭政、一人に委ねれば君主政になる、といったように伝統的な政体論を彷彿とさせるような議論も展開している。(456)

ここで特筆すべきは、その後選択された統治形態が何であれ根源的には人民全体に最高権力が帰属すると考える点で、ロックが人民主権的なモーメントを常に重視しているということである。このことは後にみる抵抗権や革命権の議論において顕在化する。さらに忘れてはならないのは、自由な同意がどれだけ重要であろうと、それが自然法の範囲内でしか有効たりえないことである。(457)したがって、人民の同意があろうとなかろうと、自然法と矛盾する行為や支配服従関係は決して正当とはみなされない。だから多数派であっても固有権の侵害は絶対に容認されないのだ[458]。

またフィルマーと対抗するなかで強調される点でもあるが、所有権は同意の産物ではない。『統治二論』後篇第五章で展開される有名な主張だが、ロックは所有権の起源を労働に求めるのである。それも神の意志に適い、そしていうまでもなく所有のあり方（例えば富の蓄積の許容範囲）も神の定めた自然法の拘束を受けることになる。

さて、既述のように最高権力は究極的には人民全体に帰属する。だが、その権力の担い手は状況ないし段階によって異なる[459]。創設時において政治社会は人民の水平的結合からなる独立の共同体であるため、権力は依然として人民全体に帰属する。いわゆる国家（ロック自身は「国家」という言葉をほとんど使用しない）を国家たらしめる統治機構・統治形態はまだ確立されていない。したがって次に、本来の目的――つまり各人の固有権の保全――を効果的に実現するために政治権力を司る「立法部」（legislative）を人民の「信託」（trust）によって樹立することになる。ロック曰く「すべての政治的共同体の第一の、そして根本的な実定法は、立法権力を樹立することにある」、しかも「立法権力は、政治的共同体の最高権力であるだけではなく、共同体がひとたびそれを委ねた人々の手中にあって神聖かつ不変の権力でもある」のである[460]。

とはいえ、人民の同意と同様、「立法部の権力は、その範囲をどんなに大きく見ても、社会の公共善に限定されるる」のであって、立法者も当然ながら自然法の拘束を受けねばならない。

それゆえ、自然法は、万人に対して、すなわち立法者に対してもそれ以外の人々に対しても、永遠の規範として存続する。立法者が他の人の行動のために制定する規則は、立法者自身の行動および他の人の行動と同じように、自然法、すなわち神の意志に合致しなければならない。自然法とは、神の意志の宣言に他ならないからである。そして、基本的な自然法は人類の保全ということにあるのだから、いかなる人的制裁も、それに反する場合には正当でも妥当でもありえないであろう。[461]

またロックは権力の恣意的行使を回避し公共善を実現するためには、立法権力と執行権力の担い手がわかれることの重要性、また立法権力の執行権力に対する優位性を主張する。[462] これはある種の権力分立論であり、絶対王政はこの原理にも抵触することになる。[463]

だがロックは議会が立法部で国王が執行権力の担い手だから議会が国王に優位するといっているわけではない。「他の権力はすべて立法権力に由来し、それに従属しなければならない」というのは機能上の関係を表しているのであり、実際は当時のイギリスの国制がそうであったように、国王、貴族院、庶民院が共同で立法権を担うことも十分正当でありえた。

いずれにしても、立法部が一旦創設され統治機構が始動すれば、「統治」(government) が実現し、それが存続する限り、政治権力が人民に戻ることはない。[464] こうして立法部は人びとに代わって公共善に適った法をつくる権威を獲得し、また人びとはその法に従うとともに、法の執行に助力する義務を負うことになるのである。[465]

なおロックは、政治権力が恣意化しないためのさまざまなメカニズム（権力分立など）を構想するが、同時に統治が効果的に行われるための機能ないしそのフレクシビリティにも配慮している。例えばロックは「政治的共同体の外部にあるすべての人びとや共同体に対して、戦争と和平、盟約と同盟、その他すべての交渉を行なう権力」を「連合権力」と呼んで立法権力および執行権力から区別するが、大抵の場合連合権力と執行権力は同一の担い手によって掌握され、しかもそれが理に適っていると述べている。[466]

こうしたある種プラクティカルな側面は「大権」という概念にもっと顕著に表れる。政治には不測の事態がつきものという認識から、立法権力の定めた法を執行権力が杓子定規的に執行するというのではなく、執行権力にも（公共善を実現するための）一定のフレクシビリティを認めるのである。これが国王の有する「大権」であり、その説明にまるまる一章（後篇一四章）をあてている。

法の規定によらず、ときにはそれに反してでも、公共の善のために思慮にもとづいて行動するこの権力が大権と呼ばれるものに他ならない。というのは、統治によっては、法を作る権力が常に存在しているわけではなく、また、通常はその任に当たる人の数が多すぎて行動がどうしても緩慢になるため、法の執行に必要とされる迅速な措置が取れず、また、公共性に関係する偶発事や必要事をすべて予見し、法によってそれらに備えることは不可能であり、さらには、容赦のない厳しさをもって執行されても、あらゆる状況において、そして関係するあらゆる人に何の害ももたらさないような法を作ることはできないために、法が規定しておらず、任意の選択に委ねられる多くのことをなす自由が執行権力の手に残されることになるからである。(467)

もちろん、こうした大権には限度がある。それは法規で明記されていなくても、公共善という目的からの逸脱は許されない――「大権とは、法規によることなしに公共の善を行なう権力に他ならないからである」(468)。しかも大権が認められるのは、執行権と立法権が分離している時である。だが、大権を持つ執行権力と立法権力とが権力の正しい行使をめぐって対立した場合、それを裁決するのは誰か、という疑問も自ずと生じるであろう。これに対してロックは「地上の裁判官はありえない」と答え、「天に訴える」必要性を説くのである。(469)

同じような状況は立法権や執行権の担い手が人民の固有権を侵害した場合にも生じる。それは信託違反を意味するので、統治は解体し、政治権力は人民全体に戻るとされる。だが統治が解体しても社会（つまり社会契約によって成立した水平的結合体としての人民）は解体しないので、その人民の多数派が再び新たな統治を設立することになる。いうまでもなく、これは抵抗権・革命権の議論と連動する主張である。ただホッブスの場合とは異なり、統治（ホッブスの言葉でいえば国家）の解体によって人びとは再び自然状態ないしアナーキーの状態に戻るわけではない。社会は依然として存続するのである。またそうであるがゆえ、ホッブスのようにオール・オア・ナッシングにはならず、信託違反に対する抵抗・革命権が根本的な秩序を破壊しない形で行使可能となる。そしてそれがいかなる条件や状況において、いかなる形で可能となるかについて、ロックは「統治の解体について」と題する最終章で詳しく論じることになる。

四　ロックに関する仮説の提示――批判的思考のサンプル

さて、以上の説明はすべて受け売りである――一応、メインストリームの解釈を紹介したつもりではあるが、受け売りには違いない。そこで次に私独自の解釈を示したい、といいたいところだが、それほど自信をもって提示できるようなものではない。私はロック研究者でもないし、ロック関連の研究書を渉猟したわけでもない。だがロックの著作を読んでいる間にある疑問が生じ、またそれへの答えにつながる糸口がみえたような気がした。それは現時点では十分な根拠づけがなされていない、いわば仮説である。

そんなものを教科書で披露するなよ、と読者は思われるかもしれない。だが、私には次の意図がある。研究論文を書く際の試行錯誤を伴う探求のプロセスを追体験していただきたいということである――これはむしろ思考の方法を学ぶ教科書にふさわしい記述ではないだろうか。仮にスタンダードな教科書でこんな記述がみられないとしても、このテキストは既に十分変わっているので、この際やってしまおう。ノリや自棄や開き直りで書くのではない。ともかく、私はここで大恥をかくリスクを負うことになるのだ。もしかしたらそれはとんでもなく頓珍漢な解釈かもしれないし、あるいは逆にあまりにも当たり前で数百年前にいわれていることかもしれない。あるいは、数百年前にいわれて、その後に否定されたものかもしれない。

論文執筆にありがちなことだが、あるアイディアが浮かんだとしても、その後にいろいろ文献を読み進めるなかでオリジナリティが半減、いやゼロパーセントになることもよくある。私自身、せっかく自分で思いついた考えが過去に既にいわれていたということは幾度もある――しかも、数百年どころか、二千年以上も前にいわれていたことを発見することもしばしばである。その意味で、無から直観のみに頼って思考するのではなく、少なくとも研究においては、先行研究を一定量読んでから問題を設定する必要がある。にもかかわらず、ひたすら先行研究を読めば自ずと新しいアイディアがでてくるわけでもない。ということで、卒業論文でも同じことだが、ある程度先行研究を読みながらも、単に情報を受動的に吸収するというのではなく、同時に思考してほしい。序論でも述べたが、重要なのはクリティカルに読むことで、まさに学問にとって批判的思考のプロセスこそが重要なのである。いろいろ試行錯誤を繰り返しながら思考し続けたのであれば、実は最終的に卒業論文にそれほどオリジナリティがなくてもよい、とさえ私は思う。修士論文や博士論文になるとオリジナリティも必要になってはくるが、それでも思考プロセスそのものは同じである。

と、いささか長い前置きになったが、以下、『統治二論』最終章の批判的考察を試みることにしよう。

まずこの著作の執筆意図と刊行意図とが必ずしも一致しないという点を思い起こそう。書かれたのは「排斥法危機」の時期である。だが刊行されたのは、名誉革命後であり、既述のように「緒言」には名誉革命の正当化が狙いであるとするような記述がみられる。したがって、このような多様なコンテクストに引きつけてロックの主張を解釈しようとする研究書が当然存在する。またその際、議会におけるウィッグ対トーリーとかウィッグ内での対立とか、ロックが誰を説得しようとしていたのか、といったこともしばしば考慮される。いずれにしても、チャールズ二世という国王に対する抵抗ないし革命が重視されるので、そこからロックの議会主義あるいは恣意的に支配権を行使した君主への批判が解釈枠組みとして想定されることが多い。これらは当然間違いではない。

他方、なぜロックが抽象的ないし哲学的な議論を展開したのかに注目する研究書もある。既にみたように、ロックは自然状態から出発して政治社会の正当性理論を構築しようとする。もちろん、ホッブスも同じような理論的装置を使ったのだからそんなに驚くほどのことではないといわれるかもしれないが、しかし当時の趨勢《すうせい》はむしろ具体的なイギリスの歴史や制度や法の伝統に訴える「古来の国制」（ancient constitution）の議論であり、事実、名誉革命後、新たな体制はその言説によって正当化されるのが一般的であった。そしてロックの理論はメインストリームにならなかったどころか、そのラディカルな政治的含意ゆえ仲間たちからさえ警戒されたのである――革命前は体制を転覆するような主張が歓迎されても、革命後に新たな体制が成立すると、かつての革命家までもその革命を止めるためにラディカルな言説を避けようとする傾向はしばしばみられる。

だがロックは古来の国制の議論をまったく展開しない。それどころか、当時の主要アクターの固有名詞もほとんど出てこない。ホッブスと同様、非常に抽象的な議論が展開されるのである。その理由はホッブスと大して変わらないかもしれない。つまり、ロックは喫緊の政治的問題・危機に対処すると同時に、より恒常的な安定と安寧を求めつつ原理的考察を行っているからである。こうした見方によれば『統治二論』は単なるイデオロギー的な政治パンフレットではないということになる。

どちらも一理あるし、両立可能だし、重要な指摘だとも思う。だが私は読んでいる間、次のような点にひっかかった――「なぜ?」あるいは「ん?」と思うことが何度かあった。ちなみに、論文を書く際にまさにこの「なぜ?」・「ん?」が発見につながることがあるので、何かが気になった時は、気にし続けることをおすすめする。私がひっかかったのは、「君主」や「王」という言葉が頻出するにもかかわらず、「議会」という言葉が稀にしか登場せず、逆に「立法部」・「立法権力」という言葉が繰り返し使用されている点だった。

もちろん既にみたように、ロックは立法権と執行権の機能上の関係に注目しているからともいえるし、当時は国王も貴族院も庶民院も共同で立法権を担っていたからともいえる。またロックが明示的に国王、貴族院、庶民院の三者に言及することもある[470]。だが、逆になぜそれ以外のところでは「立法部」・「立法権力」・「執行権」という言葉を使うのだろうか、一層気になってしまう。

そして次のような仮説を思いついた。つまり、ロックは具体的なコンテクストとして排斥法危機や名誉革命だけでなく、それ以前の一六四〇年代の内乱と六〇年まで続いた共和政のことをかなり意識していたのではないか。国王も貴族院も庶民院も（制度上）存在した排斥法危機や名誉革命の時期にとらわれず、それらがすべて揃っていない状態である王政復古以前の時期を議論の射程に入れるために、あえて抽象的な言葉を選んだ。しかもそれによってコンテクストを離れ、遠い先の不確定な未来をも考慮することができる。つまりロックの『統治二論』は、内乱期から名誉革命までを射程に入れた具体的問題に対する解決策であると同時に、恒久的にして神の意志に適った政治的共同体を実現するための哲学的な理論を目指したものではなかったか。そして一見曖昧で定まらない言葉の選択は、その複合的な執筆意図のうち彼がどの面に焦点を合わせているかを表しているのではないだろうか。

このような仮説を立てたなら、まずはそれとロックの議論が合致するかを検証することになる。『統治二論』の最終章の内容をみてみよう。

五　『統治二論』の検証

『統治二論』最終章は、ロックが統治の解体について論じた箇所である。彼によれば統治の解体をもたらす事態には二通りあり、一つは立法部の改変、いま一つは立法部と執行権による信託違反とされる。したがって当然人民およびこれらの権力主体相互の関係性が問題になるわけだが、その呼び名がころころ細かく変わる点に注目してみよう。

まず立法部の改変について説明している部分では、ロックが（珍しく）君主、貴族院、庶民院を名指しして論じている。そして基本的には君主の恣意的な権力行使によって立法部の改変および統治の解体が引き起こされる、という主張は排斥法危機と名誉革命の両コンテクストに妥当するものといえる。ただし「暴政を予防する権利」（二二〇節）として抵抗権・革命権が扱われているところをみると、いくぶん排斥法危機の方にウェートが置かれているかもしれない。

この抵抗権・革命権は統治解体のもう一つの理由、すなわち「立法部あるいは君主のどちらかが、彼らに寄せられた信託に背いて行動した場合」（二二一節）にも密接に関連している。「立法者が、人民の固有権を奪い、また破壊しようとするとき、あるいは、人民を恣意的な権力に服する隷属状態へと追いやろうとするときには、立法者は常に人民との戦争状態に置かれる」（二二二節）。そして立法部が失った権力は人民に戻り、人民は新たな立法部を設立する権利を回復するのだが、その直後にこれは「最高の執行権者についてもまたあてはまる」とロックはいうのである。あえて「最高の執行権者」と呼び君主と呼ばないのは、ここで残部議会とクロムウェルを示唆する意図がロックにあったからではないだろうか[471]。

もちろん選挙人に裏で働きかけるようなことを非難する例から、排斥法危機が念頭にあったことは間違いないだろう。だが「最高の執行権者」という一見回りくどい言葉づかいによって、君主もクロムウェルも、またいつか現れるかもしれない彼らのような存在も、批判の矛先にとらえることをロックは狙ったのではないか。

またこのように抵抗権・革命権論を展開した後、彼はそれが人民を無駄に刺激して世の中を不安定にする、あるいは内乱や内紛を誘発するような危険なものではないことを長々と（さまざまな状況を想定しつつ）論証しようとする。そしてロックはここでもしばしば「立法者」による固有権の侵害を問題とする（二二六、二二七節）が、そのなかで彼は叛逆の定義を逆転させる。つまり、君主であれ立法部であれ人民であれ「誰であれ、実力をもって」信託違反を行なった者こそが「真に叛逆者と呼ばれるにふさわしい」（二二六節）とされるのだ。叛逆者は「人間がなしうるおそらく最大の犯罪を犯す」「人類の共通の敵であり、害虫であると見なされるべきであり、それにふさわしい扱いを受けるべきなのである」（二三〇）。こうした大上段にふりかぶった言葉の選択には、固有のコンテクストに縛られない一般性、普遍性をそなえた理論を構築しようというロックの執筆動機のもう一面が反映されているように思う。

そして最後の四節では「君主あるいは立法部が信託に背いて行動しているかどうかを誰が裁決すべきなのか」が問題となる。興味深いのは、二四二節では信託違反を犯し人民との戦争状態に陥るのがおもに君主として語られている点だ。クロムウェルらを想定した二二二節とは逆に、ここでは喫緊の課題に即した言葉を選択したのかもしれない。だがそれでも一度だけ「君主であれ、行政に携わる誰であれ」と言い換えがなされているのは、できるだけ議論の射程を広げておきたいロックの意図の表れだろうか。

以上、仮説にもとづいて『統治二論』最終章のテクストを辿ってみた。『統治二論』を世に問うたロックには、排斥法危機および名誉革命という目前の課題があり、それと大きく状況が違うとはいえ当時の英国民の脳裏になお血腥く色濃く残っていた内乱と共和政の記憶があり、そしてさらに神の与えたもうた理性を用いて人間社会のあるべき姿にたどり着きたいという敬虔な野心があった。その複合的多面的なプリズムを通すと、「議会」「君主」の一言で済みそうなものが、「立法者」「立法部」「立法権力」「執行権」「最高の執行権者」と彼の求めるニュアンスにそった様々な言葉で表されたのではないか――「ん?」という違和感からだいぶ先に進んだ感はある。少なくとも、幾何学マニアのホッブスに比べると随分言葉づかいがいい加減でテキトーで行き当たりばったりでもしかしてあまり深く考えてないんじゃないかこの人、というような第一印象よりは個人的に腑に落ちるところまできた。

だが学問的な解釈としてはまだまだである。閃いた当初、もっと何か大きな発見をしたと思ったのだが、あらためて読み直してみると大したサプライズはない。オリジナリティがあるのかすら定かではない。至って当たり前のことを難しく書いているだけかもしれないし、ひょっとするとロックが存外フィーリングで物を書くタイプなだけということもある。へたするとこれは試行錯誤の錯誤の部分かもしれない。論文執筆とはこうした一定のフラストレーションを伴うものである。めげずにここからさらに肉付けし根拠を固めていくためには、ロックの先行研究のなかから例えばコンテクストに着目しているものにできるだけ目を通し、あるいは彼の独特の文体や言葉選びに関する研究などがあれば飛びついてみたりすることになる。その過程では、似たような主張が出てきてオリジナリティが削られたり、全否定するような論拠が出てきて解釈自体を放棄せざるをえなくなったり、逆に決定的な証拠になってくれる事実を発見して大いに自信をつけたり、またはまったく別のもっと蓋然性の高い解釈を思いついたり、とさまざまな紆余曲折が待っているはずだ。

研究とはこのように、せまい机の上でエベレストに登ったり滑落して谷底にのまれたりハイになったりローになったりするものだが、学問とはその一連のプロセスを意味し、それが醍醐味でもある。そしてすべては「ん？」という程度のひっかかりからはじまるということを、読者には覚えておいていただきたい。またそれが論文や新しい学説にならなければ一切無駄というわけでもない。最終的に誰かが既にいっていることと完全な見解の一致をみてしまったとしても、このプロセスを経た結果ならば、それはあなた自身の意見であり解釈なのだ。

六　ロックにおける約束・時間・自由――ホッブスとの対話

最後に、ロックにおける約束と時間と自由の問題をホッブスとの比較でみてみることにしよう。思想史の授業などではルソーとまとめて社会契約論三兄弟のように語られる彼らだが、実はロックが直接ホッブスに言及している箇所は意外に多くない。既述のとおり、『統治二論』における主たる論敵もホッブスではなくフィルマーである。だがホッブスと『リヴァイアサン』への言及がないわけではなく、暗にホッブスを指しているのではと推測しうる箇所もある。また『人間知性論』など他の著作にも、明らかにホッブスと対決していると思われる議論が含まれている。したがって両者の思想上の影響関係などはまた解釈のわかれるところなのだが、例えば約束と時間の問題はホッブスとの比較によってロックの特徴が浮き彫りになると考えられるため、以下いくつか両者の議論を対比して本章の締めくくりとしたい。

まずは約束と時間についてのホッブスの努力を思い出してみよう。前章でみたように、彼は分析ツールを自ら推理能力と定義した人間理性に限定し、それによって約束を守ることの合理性を証明しようとした。ホッブスにとって自然法は理性の戒律（頭のなかで合理的に導いた非実体的な原理）にすぎないので、第三の自然法（「人びとは、結ばれた信約を履行すべきだ」）も合理的に説明されなければならない。なぜある時点における約束を未来の時点において履行しなければならないのか。なぜ人は過去の約束に縛られるのか。このような約束の遵守の必要性を合理的に説明するのは容易ではないが、ホッブスはチャレンジした。

対してロックは、そのような合理的基礎づけは不可能であると考えた。既述のように、ロックも理性を推理能力と解したが、その理性だけでは人間は自分の利害を超えて自然法を認識しそれに従うことが困難である。しかしロックはさらに神学的パラダイムのなかで、理性を神の意志に適った義務と目的を果たすための手段ととらえていた――理性は神の意志としての自然法を認識するための（神が人間に授けた）能力なのである。こうして約束は神学的基礎をもって人間を拘束する。それどころか、『統治二論』では（君主の約束遵守が論じられるコンテクストではあるが）神でさえ約束に縛られるというのである。

誰も、またいかなる権力も、その永遠の法への義務から君主を免れさせることはできない。この義務は、約束の場合にはきわめて大きく、またきわめて強いものであって、全能の神自身をさえ縛ることができる。認可とか約束とか宣誓とかは、全能の神をさえ拘束する絆なのである。(472)

そして既に確認したように、「神の作品」としての人間は「決して他者の欲するままにではなく、神の欲する限りにおいて存続するべく造られて」おり、自然法は「自分自身の保全が脅かされない限り、できるだけ人類の他の人々をも保存すべき」と指示するのであるから、現在の人民だけでなく、未来の人びとのことも考慮しながら振舞う義務が神より課されることになるのである。

さてこのように約束も、過去と現在、現在と未来をつなげるロジックも神学的パラダイムに依拠しているとなると、当然ながら神は社会的紐帯にとって不可欠の存在となり神を信じることも必然的な要請となる。だからこそ、ロックは一方で宗教的寛容を重視しつつも、無神論者を寛容の対象外としたのである。『寛容書簡』には次のように記されている。

神の存在を否定する人々は、決して寛容に扱われるべきではありません。人間社会の絆である約束とか契約、誓約とかは、無神論者を縛ることはないのです。たとえ思想〔頭〕のなかだけのことにしても、神を否定することは、すべてを解体してしまいます。(473)

では両者の自由論にはどのような相違が認められるだろうか。

既にみたとおり、ホッブスは自由を外的障害の欠如と定義し、自由と必然と恐怖が両立すると主張した。そして自由な行為を自発的行為と同一視した。だから盗賊に対して恐怖のもと交わした約束をも守る義務が生じるとホッブスはいう。

一方ロックは『統治二論』のなかでホッブスと似た例を挙げつつ、ホッブスと逆の結論を導く。

泥棒が私の胸にピストルを突きつけて財布を要求した際に、私が自分のポケットに手を入れ、それを泥棒に手渡したとしても、それは、暴力を許したことにも、権利を譲渡したことにもならない。それと同じように、私は約束したと言ったところで、事情はいささかもかわらないのである(474)。

ロックは外的障害だけでなく、恐怖のような内的障害によっても自由は奪われると考え、またすべての自発的行為が自由な行為であるともみなしていない。それが単にコモンセンスに訴えた常識人の主張にとどまらないのは、ロックが『人間知性論』第二一章（「力能について」）で本格的な自由論を展開し、こうした問題に対する哲学的論駁を試みるからである。

まずはロックの自由の定義に注目してみよう。

自由の概念は、ある行動者のうちにある力能、すなわち、ある特定の行動を行うと抑止するとのどちらかを他方より選択する心の決定ないし思惟に従って、この行動を行ったり抑止したりする力能の観念なのである(475)。

この定義からわかるように、ロックは自由を力能（power）の観念と捉えつつ、選択の契機を重視している。そしてホッブスが主として自由の行為を問題にするのに対して、ロックは自由な人間（自由という力能を有する人間）に注目する(476)。ホッブスの外的障害の欠如としての自由が、水のような非生命的な被造物にも適用されたのに対し、ロックの自由は知性と意志と選択能力を有する人間にしか妥当しない観念なのである。そしてロックはホッブスのように自由な行為と自発的行為とを同一視する考えを否定する。ロック曰く、「自由は、有意（volition）いいかえれば好むこと（preferring）に属する観念ではなく、心が選んだり（choose）指示したりするのに応じて行なったり行なうのを抑止したりする力能をもっている人物に属する観念である(477)」。そしてこのことを次のような例によって示そうとする。

ある人が拉致されて部屋の中に監禁される。だがその部屋には彼が長年会いたかった人物も閉じ込められていた。そのため拉致されてきた人は喜んで部屋にとどまることにする。これは自発的な行為である。だが監禁されている彼にそもそも出ていくという選択肢はない。したがってロックの定義上、部屋にとどまるのを自由な行為とはいえないのだ(478)。

さらにロックは、自由を阻止できるものが外的障害のみではないことも、次のように説明している。

私たちの心の思惟の場合も、身体の運動の場合と同じである。ある思惟を心の選択に従って取り上げたり捨てたりする力能が私たちにある、そういった思惟である場合、私たちは自由である。……けれども、身体にとってのある運動と同じように、心にとってある観念は、ある事情では心が避けられず、できるかぎり力いっぱい努力しても、なくせないような観念である。〔たとえば〕拷問台上の人間は、苦痛の観念を捨てて他の観想に気をまぎらす自由にない。時には、烈風が私たちの身体を烈しく動かすように、荒れ狂う激情が私たちの思惟を烈しく動かして、むしろ選びたく思う他の事物《もの》を考える自由を私たちに残さない。が、心が、こうした外なる身体の運動あるいは内なる思惟のどれかをとめたり続けたり、始めたり抑止したりするうちのどちらかを他方より選択するのがよいと考えるに従って、そうする力能を取り戻すやいなや、私たちはそのときまた、その人を自由な行動者と考えるのである。(479)

ロックが神学的パラダイムを前提としつつ、いかに哲学的・合理的な探求を進めたかがここからも明らかになろう。ちなみに、この自由の定義にも突っ込みどころがないわけではない。というのも、「なくせないような観念」といってもこれは主観的な要素を含んでいるので、人によって異なることもありうるし、本当になくせないのかどうかも検証もほぼ不可能である。とすると、ある人が自由だったか否かを他人が客観的に判断することはできなくなるのではないか。あるいは次のような例はどうだろうか。恋は盲目、お互い以外なんにも目に入らない状態のカップルがそのままの勢いで突っ走って結婚した場合、それは自由な結婚ではなかったことになるのだろうか——といったように、(一見くだらない疑問に思えたとしても)批判的に吟味することは重要なのである。(480)

第九章　ルソー

一　稀代の人気者の理想と現実

次に一八世紀までプチ・ワープして、ジャン＝ジャック・ルソー（一七一二年－一七七八年）に注目することにしよう。とはいえ、彼の思想をきれいに整理してわかりやすく説明するのは至難の業である。まずその射程の広さの問題がある。近代の政治、哲学、文学に与えた彼の影響は絶大であるし、音楽への影響も無視できない（「むすんでひらいて」のメロディーの原型はルソーによって作曲された(481)）。しかもそれらが相互にどう関連しているかが自明ではない。そのうえ、それぞれの著作をめぐる解釈が異常なほど多様である。次に彼の思想はプラトン同様、現実政治の領域でもさまざまなアクターによってさまざまに援用され、曲解され、イデオロギー的に利用されてきた。例えばルソーは次のような多様なイメージと結びつけられる。革命、人民主権、共和主義、民主主義、貴族主義、絶対主義、近代主義、啓蒙主義、反近代主義、反啓蒙主義、文明批判、古典古代への憧憬、合理主義、ロマン主義、個人主義、集団主義、全体主義、平和主義、愛国主義、等々。ある人びとにとってルソーは自由の旗手であり英雄である。その遺骸はフランス革命期にパンテオンに移され、今日もそこに眠っている。だが他の人びとにとっては危険なイデオローグにほかならない。皮肉屋バートランド・ラッセルは端的にこういい切ったのだ、「ヒトラーはルソーの帰結である」と。

いずれにしても、古今東西、ルソーは多くの人の関心の的であり続け、その勢いは一向に衰える気配をみせない。つい最近でもルソー生誕三〇〇年を記念する行事が世界中で催され、関連書籍も大量に刊行され、フランス語のルソー全集も新たに二種類も刊行された(482)。

こうした人気の背景にはさまざまな理由が考えられるが、一つ挙げておきたいのは彼のレトリックの妙である。文学者として小説も著したキャリアは伊達ではなく、彼の著作は一個の芸術品として人を魅了する力をそなえている。翻訳とはいえそれを読者にも実感してもらいたいので、この章はいくぶん引用が多くなっている。

そして特筆すべきは、ルソーの代表的な政治的著作『社会契約論』が、「歴史を動かした書」と評されるほど現実政治に大きな影響を及ぼしたにもかかわらず、その内容はおよそ近代主権国家に適合的ではないということである。ルソー自身は社会の青写真や改革案・革命プランを提供したつもりはなかった。それどころかおよそ実現不可能にみえる理想論を展開したのにもかかわらず、その世界観が世界を席巻したのである。いや、そんなことはない、ルソーは当時のジュネーヴにおける政治闘争を念頭に置いて『社会契約論』を著したのだという解釈があるのも事実である(483)。それも大いに傾聴に値する。だが、ジュネーヴはおよそ近代主権国家の典型ではないし、ルソーの思索がすべてそこに収斂していったわけではないだろう。そもそも大半の読み手がそう解さなかったという事実もある。少なくとも、フランス革命期の革命家たちにとっては、ルソーの意図が何であれ、別の意味でリアリティを有していたのである。

ルソーの場合も、本書でみてきた他の思想家同様、当人の意図と他のアクターによる解釈との間で乖離が生じる。いや、ルソーにおいてこのギャップは特に顕著であり、それに匹敵するのはプラトンくらいかもしれない。そしてプラトン同様、ルソーの思想がどのように理解され曲解され、当人の意図を超えてさまざまな仕方で政治的に利用されていったかを把握することも政治思想史の重要な課題であると思う。本章ではごくごく簡単にこの両方を試みるつもりである。

この本では基本的にジュディス・シュクラーにならい、ルソーを「最後のユートピスト」と位置づける——ルソーは何よりも既存の政治体制を批判し見極めるための道徳的規準、そして政治社会が正当とみなされるための条件・原理を追求したのだと。(484) その点、プラトンと似ているところと似ていないところがある。政治と人間の事実的現象に左右されない不動の座標軸を求める点は共通する。そして両者とも政治的共同体の一体性——必ずしも均質性ではない——を、個と全体の調和という形で要請する。彼らの理論は個々の魂に配慮するモーメントを内包しており、後述するように、そこからは全体のために個を犠牲にしてもよいといった全体主義的論理は帰結しない。もっとも、それにもかかわらずルソーもプラトンも全体主義のイデオローグという批判を時折浴びせられた点でも似通っている。加えて、ふたりとも一見現実離れしたような思想を唱えつつも、それが多くの現実主義的な思想よりはるかに強力に現実に作用したというアイロニーも共有している。こうした現象が往々にして危機の時代にみられる点は既に述べたとおりである。

それでは、ルソーの思想にも今まで繰り返し反復されてきた三つのテーゼが妥当するのだろうか。第一テーゼは当然当てはまる。ルソーは共同体全体の意志・利益を実現することこそ政治の目的であると考える、筋金入りの人民主権論者である。ところが、第二テーゼは必ずしも妥当しない。ルソー自身はフランス革命の一一年前に死去しており、少なくとも外面的には危機の時代に生きたとはいえない。もちろん、ヨーロッパ文明の精神的危機と対峙したと解するのであれば話は別であるが、それでも今までのパターンとは少しニュアンスが異なる。さらに第三テーゼも完全にはフィットしない。彼の思想の理論構成に絶対主義的な要素を認めることができないわけではない——例えば、主権の絶対性や抵抗権の否定などだ。だが、これは現実政治の危機に対する応答というよりは、彼の構想する共和国の論理的帰結と解するべきだと思われる。

それでは、もう一つの図式との関係ではどうなるであろうか。ルソーは一方で"what seems"に対してすこぶる批判的であるといえる。特に文明的精神の表層性――表面的な作法やしきたり、徳より富を重んじる態度・慣行――を糾弾し、偽善を排した精神の透明性・真正性を"what matters"として求める。それは"what is"に依拠しつつなされるといえるが、ルソーの場合、それはプラトンのような現象界の外にあるイデアではない。では、アリストテレスのように"what seems"に内在する目的論的なものかというと、それも違うように思える。ルソーにとっての"what is"は個々人の精神の内奥にある自然的なもの（人間の内的自然）、彼が時折「良心」とか「自然法」と結びつけるものであると私は考える。ただ、それは常に純粋なものとして各人の心中に刻印されており適宜参照すればよい、というようなものではない。というのもルソーによれば、大抵の場合――特に文明社会においては――それが当事者にも認識できないほど腐敗しているからである。であればこそ、moral transformation は重要な課題となる。ルソーが『エミール』で教育論を試みたのも『社会契約論』で政治的共同体の理想像を打ち立てたのも、それらが実現すれば文明社会でも腐敗を免れた人間のあるべき姿を取り戻すことが可能だと考えたからである。もちろん、ここでいう可能とは「本来人間にはそうなる潜在能力があるはずだ」という可能性であり、蓋然性としての可能性ではない。

以下、ルソーの政治的著作の検討を通じて彼の政治社会の構想を概観し、主要な論理を析出することにする。そして次章では、それがどのように現実政治のなかで曲解され、政治的に利用されていったかをみることにする。

二 『学問芸術論』と『人間不平等起原論』

まずはルソーの『学問芸術論』と『人間不平等起原論』に注目してみよう。

ルソーの生まれ故郷はジュネーヴ共和国であり、父親は時計職人であった。母親は彼の生後間もなく死去する。一五歳でジュネーヴを離れてからの紆余曲折は省略するとして、ルソーは三七歳の時にフランスで『学問芸術論』という小論を著し、これによってフランスのみならずヨーロッパで一躍名声を博することになる。この小論は一七四九年度のディジョン・アカデミーの懸賞論文であり、その内容は論題「学問と技芸の復興は人間の習俗を純化するのに役立ったか」への応答であった。

この小論の執筆に至る興味深いエピソードがあるが、それも省略して主要な論点を挙げると次のようになる。フランス一八世紀はいわゆる啓蒙の時代である。科学技術や文芸などが目覚ましい発展を遂げ外面的には世の中が豊かになり歴史が進歩しているようにみえたわけだが、ルソーは通常は肯定的に捉えられるそうした「学問と技芸」が人間精神に致命的な打撃を与えると糾弾した。それは痛烈な文明社会批判であり、彼は徳の喪失を嘆き、奢侈と不平等への敵意を示したのである。そして、手放しではないが古典古代や原初状態への憧憬を表明した。彼の言葉をいくつか紹介してみよう。

政府や諸法律が、人間集団の安全と幸福とに応じるのに対して、学問、文学、芸術は、政府や法律ほど専制的ではありませんが、おそらく一そう強固に、人間を縛っている鉄鎖を花環でかざり、人生の目的と思われる人間の生まれながらの自由の感情をおしころし、人間に隷属状態を好ませるようにし、いわゆる文化人を作りあげました。(485)

無為の中に生まれた学問が、こんどは無為をはぐくみます。そして取りかえしのつかない時間の浪費こそ、学問が必然的に社会に与える第一の害です。道徳においてと同じように、政治においても、すこしも善をしない

ことは、大きな悪です。(486)

が、他のもっと大きな悪が、文学や芸術にはつきまとっています。それは奢侈で、文学や芸術と同じように、人間の無為と虚栄とから生まれたものです。(487)

むかしの政治家たちは、習俗と徳とを、たえず口にしていました。現代の政治家たちは、商業と金銭のことしか口にしません。(488)

ほかにも引用したい文章が山のようにあるのだが、読者には是非原典をお読みいただきたい。辛辣な文明批判と流麗なレトリックを見事に融合させてしまうルソーの魅力がきっと実感できることと思う。ともかく、この小論は大きな反響を呼び、ポーランド王まで反論を寄せるなど当時の超話題作となった。付言しておくと、ルソーは一方でホッブスやスピノザを批判しつつも、ベーコン、デカルトとニュートンは称賛している。彼は人間の知的営為そのものをトータルに否定したのではなく、評価に値するものとそうでないものとに峻別したのである。(489)

しかし、この『学問芸術論』に既にルソーの思想を形づくる主要なモチーフがあらわれているとはいえ、理論的な枠組みはまだ提示されていない。その課題に取り組んだのが『人間不平等起原論』である。

『人間不平等起原論』においてルソーは人類の歴史をいわば発展段階的に叙述する（実はこれもディジョン・アカデミーに提出された論稿だが、この時は入賞しなかった）。つまり、自然状態からはじまり、徐々に社会が形成され、文明社会へと移行するプロセスが理論的に説明されるのだ。但し、ここで描かれるのは進歩の歴史ではなく、人間精神の堕落の過程である。

その際、ルソーは事実重視の歴史叙述ではなく、自然科学に似た方法による事物の自然――ここには当然ながら人間の自然が含まれる――の探究を行なうのだと述べる。

まずすべての事実を無視してかかろう。なぜなら事実は問題に少しも関係がないのだから。われわれがこの主題について追求できる研究は歴史的な真理ではなく、ただ臆説的で条件的な推理だと見なさなければならない。そうした推理は、自分の真の起原を示すよりも事物の自然〔本性〕を示すのに適しているのであり、われわれの自然学者たちが毎日のように世界の生成について行っている推理に似てもいる。(490)

それでは、以下、ごく簡単にそのプロセスを概観してみよう。

ルソーもまた自然状態を議論の出発点とする。だが、彼は徹底的に「根源的なものと人為的なものとを識別」することにより、ホッブスやロックとは大分異なる自然状態を想定することになる。(491)

自然状態における人間は動物と大して変わらず、理性がまだその能力を発揮していないため、道徳観念も存在せず、徳も不徳もない。森のなかを独りでさまよう存在であり、仕事もせず、言葉も話さず、家族も家もない。また、めったにほかの人間に遭遇しないため、欲望も情念も際立っておらず、いわんや他人に危害を加えようとするような敵対感情とは無縁である。したがって、ホッブスらの自然状態も自然人も誤った認識に基づくものとされる――「彼らは未開人について語りながら、社会人を描いていたのである」と。(492)そしてホッブスを批判しつつ、未開人にとってのもっとも自然的な感情は「憐れみの情」(pitié) であり、それは馬や象など一部の動物にもみられる自然的な徳であるという。(493)この感情は「自己愛」(amour de soi-même) と表現されることもあり、理性による反省とは無関係に存在し、「種全体の相互保存」に寄与するものとされる。(494)

だが人間には自由と「改善能力」（perfectibilité）が具わっているので、いつまでもこの状態にとどまることはないとルソーは説明する。そして皮肉にもこの二つの能力が腐敗の歴史をもたらすのだが、それは一気に起こるのではなく、段階的に進む。

まず「最初の革命の時代」に簡単な住居をこしらえたり土地を耕したりして原初的な私有財産が成立するとともに家族が形成される(495)。こうした交流と言語の発展は時を同じくしているが、言語の起源そのものは難問として残る。それはさておき、複数の家族が集まると原初的な社会が成立し、共同生活の中で新たな感情が芽生えてくる。交流が深まるなかで恋愛感情および嫉妬心があらわれるなど、優しくて甘い感情とともに激しい情念が生じる。そして自ずと他者を意識するうちに観る観られるの関係性が尊敬のような新たな価値をもたらし、それが不平等や悪徳への途を開くことになる。

次のような情景をルソーは描くが、これは今日でも十分想像可能である。人びとが集まって歌ったり踊ったりしていると、当然歌のうまい人や踊りのうまい人が注目されることになる。美しい人、強い人、巧みな人、雄弁な人も尊敬の対象となる。このように他者と同時に自己を意識しはじめ、比較を行なうようになると、注目の的となる人びとの間では虚栄心と軽蔑心が、尊敬を得られない人びとの間では恥辱や羨望・嫉妬といった感情が生まれる。これらの感情は「自尊心」（amour propre）に結実し、人類を徐々に堕落へと導く。そして最終的には「他人の意見のなかでしか生きられない」社会人・文明人を生み出し、自然の傾向を喪失することになる——そこで支配的となるのは「欺瞞的で軽薄な外面、つまり徳なき名誉、知恵なき理性、幸福なき快楽」である(496)。但し、まだこの原初社会の段階では家族愛が優勢なので人類史における「もっとも幸福」な時期であり、「人間にとって最良の状態であった」といわれる(497)。

しかし第二の革命が起きるとこうした事態は一変し、人類は本格的に堕落の途を辿りはじめる。この革命は冶金

どんエスカレートすることによってホッブス的な戦争状態がもたらされるとルソーは説明するのである。

と農業の発明によって誘発される。(498)この発明は文明化を促すと同時に土地の分配を促進し、理性が活発化し技術が発展する一方、不平等はますます顕著となり、支配と服従、暴力と略奪がみられるようになる。そしてこれがどんどんエスカレートすることによってホッブス的な戦争状態がもたらされるとルソーは説明するのである。

このようにしてもっとも強い者、またはもっとも貧困な者が、その力または欲求を、他人の財産に対する一種の権利――彼らによれば所有権と等価なもの――としたので、平等が破られるとともにそれに続いてもっとも恐ろしい無秩序が到来した。つまり、このようにして富める者の横領と、貧しい者の掠奪と、万人の放縦な情念が、自然的な憐れみの情とまだ弱々しい正義の声とを窒息させて、人々を強欲に、野心家に、邪悪にした。強者の権利と最初の占有者の権利とのあいだに、はてしない紛争が起り、それは闘争と殺害とによって終息するほかはなかった。生まれたばかりの社会はこの上もなく恐ろしい戦争状態に席を譲った。(499)

さて、『人間不平等起原論』ではこの次の段階で契約が結ばれることになる。だがそれは、われわれが今までみてきたような、自然人の境遇を改善するような契約ではない。契約以前の社会において人びとは、ホッブスの自然状態と同じように安全と安寧を得られないどころか、公的な正義の観念も制度も存在しないなかで「運命の気まぐれ」に翻弄されつづける。したがって、人びとにはこうした状態を脱却する動機があるわけだが、ここで提案される契約は、富者が自分たちの富を安定的に確保するために思いついたいわば詐欺的な契約であるとルソーはいう。富者は貧しい人びとにむかって次のように呼びかけるのである。

弱い者たちを抑圧からまもり、野心家を抑え、そして各人に属するものの所有を各人に保証するために団結しよう。正義と平和の規則を設定しよう。それは、すべての者が従わなければならず、だれをも特別扱いをせず、そして強い者も弱い者も平等におたがいの義務に従わせることによって、いわば運命の気紛れ（les caprices de la fortune）を償う規則なのだ。要するに、われわれの力をわれわれの不利な方に向けないで、それを一つの最高の権力に集中しよう、賢明な法に則ってわれわれを支配し、その結合体の全員を保護防衛し、共通の敵を斥け、われわれを永遠の和合のなかに維持する権力に。(500)

そして「だれもかれも自分の自由を確保するつもりで、自分の鉄鎖へむかって駆けつけた」――これが社会と法律の起源だとルソーは断じたのだ。この契約が詐欺的なのは、根本的な不平等の問題が解決されるどころか、富者がその不平等を制度化し、自らの富を安定的に確保しようとするところに由来する。こうした考え――権利の形式的平等が確保されても実質的不平等が解決されるどころか、それを固定化する――は、後にマルクスなどにも大きな影響を及ぼすことになる。

ともあれ、こうして生じた社会には腐敗が蔓延しており、しかも不平等が一層顕著となり極限状態に達すると、最終的には専制支配が帰結し、すべての個人が無と化し、主人の意志が絶対的となり、これが「新しい自然状態」をもたらす。この自然状態はいうまでもなく人類の初期段階にみられた「純粋」なものではなく、「過度の腐敗の結果」到来するものである。(501)

さて、『人間不平等起原論』はこのようにすこぶるペシミスティックに終わる。救いも希望もへちまもない。「自然に帰れ」と後戻りの逃げ道を教えてくれているわけでもない――しばしばルソーのものとされるこの標語を、ルソー自身は主張したことがない。それどころか、社会化した人間はもはや森に帰って熊と一緒に暮らすことはできないとはっきり述べている。(502)一旦精神が腐敗してしまったら、純粋さを取り戻すことは不可能なのである。

では、本当にお先真っ暗なのだろうか。文明人は救いがたいほど腐敗していて、もはや改善の余地すらないのであろうか。ここでも解釈はわかれる。ルソーのペシミズムを強調する論者も、逆に彼の一定のオプティミズムを強調する論者もいる。そして『社会契約論』が『人間不平等起原論』のいわば続編であり、そこで文明人を救う道筋が示されているという論者もいる。相変わらず意見は多様だが、『社会契約論』が文明人を想定しつつ正当な政治的共同体のあり方について論じていることは確かなので、次にその内容を検討することにしよう(503)。

三　『社会契約論』

『社会契約論』第一編一章は次の有名な言葉からはじまる。

人間は自由なものとして生まれた、しかもいたるところで鎖につながれている。自分が他人の主人であると思っているようなものも、実はその人々以上にドレイなのだ。どうしてこの変化が生じたのか？　わたしは知らない。何がそれを正当なものとしうるか？　わたしはこの問題は解きうると信じる(504)。

この衝撃的なレトリックに革命家を含む多くの人間がメロメロになった（フランス語だとインパクトはさらに強くなる）。しかもこれは単なるレトリックではなく、後に展開するロジックすべてがここに凝縮されているのだ。

人間は本来自由な存在である。人間を人間たらしめるものは自由である。しかし社会のなかで生きる限り、支配権力や法律などさまざまな拘束によってその自由は制限されざるをえない。しかも不正な社会においては支配者も被支配者も同じく精神が腐敗していて本当の意味で自由ではない(505)。人間が共同に生を営もうとする限り、完全な自由はありえず、必ず何らかの拘束＝鎖が必要となる。鎖そのものから逃れることはできない。だが、どのようにすれば不正な鎖が正義の鎖になりうるかはわかる、とルソーは述べるのである。

以下、ごく簡単に『社会契約論』における論理展開に注目することにしよう。ルソーは冒頭で表明した課題を、次のような問いとして提起し、それに答えようとする。いかにして社会の各成員がすべての人びとと結びつきながら、しかも自分自身にしか服従せず以前と同じように自由であることができるか——わかりやすく言い換えれば、いかにして人が法に従いながらも依然として自由でいられるかである。

ルソーは固有の共和主義理論ないし人民主権論を構築するが、その大まかな特徴は非常に合理主義的で法重視を貫いている点である。したがって、ルソーは一方でマキアヴェリや他の古典的共和主義者と同じように法制度とそれを支える徳・公共精神を重視しつつも、「運命－徳パラダイム」にはあまり論及しない。そのかわり主権概念にこだわり、それを「一般意志」(volonté générale) という概念と連動させることにより、そもそも運命ないし不測の事態が問題とされなくなるような体系の構築を試みる。既述のように、ルソーが目指すのは、具体的にどのようにして現実政治の問題を解決するかではなく、正当な政治的共同体とはどのような原理にもとづいているかを明らかにする正当性理論なのである。

というのが基本路線であるが、独裁官について論じる際には、「運命－徳パラダイム」に通じる古典的要素も導入されたりする。これについては順を追って説明する。そしてここで唐突に出てきた「一般意志」という用語であるが、これについては順を追って説明することができない。非常に重要な概念であるため以降の説明でも頻出するのだが、ルソーはその働きを述べるだけでわかりやすい定義を与えておらず、したがって例によって解釈がばらばらである。共同体における意志決定が正当であるか否かは、すべてこの一般意志に合致しているかどうかで決まるというのに、それが何であるかはわからないのだ（わかる人にはわかるらしい、実にそこがまた話をややこしくする原因である)。議論の核がブランクなのだから読みにくいことこの上ないと思うのだが、「共同体にとって何が最善で正しいかの答えを常に握っている何だかとてもすごくて大事な何か」ぐらいにアバウトに考えておいたうえで、読者は以降読み進めてもらいたい。

政治的権威の正当性

まず政治的権威の正当性根拠に関するルソーの立場を確認することからはじめよう。ホッブス〔そしてある程度はロック〕と同様、ルソーもまた個人の自由な同意ないし約束にそれを求めている。「いかなる人間もその仲間にたいして自然的な権威をもつものではなく、また、力はいかなる権利をも生みだすものでない以上、人間のあいだの正当なすべての権威の基礎としては、約束だけがのこることになる」[506]。

なお、自由とは自己支配を意味する――つまり、自分が自分の主人になることである[507]。これは自律と表現することもでき、社会契約において実現する自由とはまさにこの自由を指す。そしてそれは自然的自由の放棄と同時に、市民的自由という一般意志に制約され道徳性に裏づけられた「道徳的自由」の獲得を意味する。ルソー曰く、「たんなる欲望の衝動〔に従うこと〕はドレイ状態であり、自らに課した法律に従うことが自由の境界」なのである[508]。

先の問いに対するルソーの答えは、一言でいえば以上のような社会契約を通じた自由の意味変容である。だが、これはよく考えると「以前と同じように自由である」ことを意味しない。それどころか、ホッブスやロックとは異なり、人間ないし人間の性質そのものが変化を被ることになる。つまり、ルソーの理論は moral transformation を全人格的に要請しているのだ。以下、社会契約の論理を追ってその特徴を明らかにしていこう。

社会契約の諸条項は基本的に次のように集約されるとルソーはいう――「各構成員をそのすべての権利とともに、共同体の全体にたいして、全面的に譲渡する」[509]。こうした権利の全面譲渡はロックとは対照的であり、後に多くのリベラルな思想家によって批判されることになる。だが、ルソーによればこれは個々の構成員にとって不利な状況をもたらさない。というのも、すべてを与えるという条件がすべての人に適用されるからである。それどころか、次のようなメリットがあるとされる。

要するに、各人は自己をすべての人に与えて、しかも誰にも自己を与えない。そして、自分が譲り渡すのと同じ権利を受け取らないような、いかなる構成員も存在しないのだから、人は失うすべてのものと同じ価値のものを手に入れ、また所有しているものを保存するより多くの力を手に入れる[510]。

ルソーはさらに一般意志と結びつけて、社会契約の本質を次のように表現する――「われわれの各々は、身体とすべての力を共同のものとして一般意志の最高の指導の下におく。そしてわれわれは各構成員を、全体の不可分の一部として、ひとまとめとして受けとるのだ」。この一般意志こそが政治的共同体に正当性を付与するものである。この結合行為から「一つの精神的で集合的な団体」が生まれ、それは「公的な人格」を有し、「共和国」(République)ないし「政治体」(Corps politique)と呼ばれる。しかも、これとの関連で「国家」、「主権者」など他の用語も定義されることになる。

それ〔共和国ないし政治体〕は、受動的には、構成員から国家(État)とよばれ、能動的には主権者(Souverain)、同種のものと比べるときは国(Puissance)とよばれる。構成員についていえば、集合的には人民(Peuple)という名をもつが、個々には、主権に参加するものとしては市民(Citoyens)、国家の法律に服従するものとしては臣民(Sujets)とよばれる[511]。

さて、こうした議論を展開するなかで、ルソーは主権と立法権を等値し、法の役割の重要性を強調する。主権も法も一般意志の行使とみなされるのである。[512] しかも「主権者は立法権以外のなんらの力ももたないので、法によってしか行動できない」[513]。とはいえ、ルソーが立憲主義的な「法の支配」を唱えていると考えるべきではない。なぜなら、ルソーの一般意志および主権には立憲的制限が設けられていないからである。「主権者の権力は臣民にたいしてどんな保証も必要としない」[514]。ルソーは立法過程に全市民が参画することを共和国の——そしてその主権および一般意志を生み出すための——条件とするわけだが、主権の絶対性はそのコロラリーとされる。なお、主権は絶対でありながらも約束の限界を超えないとルソーは述べるが、これについては後述する。

さらっと述べたが、ルソーが立法過程への全市民の参画を一般意志形成の必須条件として求めたという点は重要であるとともに、フランス革命期以降のルソー主義者に難問をつきつけることになった。というのも、『社会契約論』のルソーは代表制を一切認めないからである。

主権は譲りわたされえない、これと同じ理由によって、主権は代表されえない。主権は本質上、一般意志のなかに存する。しかも、一般意志は決して代表されるものではない。一般意志はそれ自体であるか、それとも、別のものであるからであって、決してそこには中間はない。[515]

ということは、「人民の代議士は、だから一般意志の代表者ではないし、代表者たりえない」ことを意味する。そしてこの主張の後にイギリスの代議制を批判する有名な言葉がつづく。

イギリスの人民は自由だと思っているが、それは大まちがいだ。彼らが自由なのは、議員を選挙する間だけの

ことで、議員が選ばれるやいなや、イギリス人民はドレイとなり、無に帰してしまう。(516)

一般意志と強制的自由

ことほどさように、ルソーの理論において一般意志の存在は重く大きい。ではそれは何なのだ、というところにやはり問いは戻ってしまうのだが、先程よりいくらかその答えを具体化してみよう。一般意志は、先にみた条件ですべての個人が自由な同意・約束を交わして共同体を形成する時に生まれる。そして彼らが全員そろって立法過程に加わり、共同体全体の利益に関わる法を定めるときにのみ、実現が可能となる（必ず実現するわけではない）。共同体の設立以降、人びとはこの一般意志に由来する法に従う形で自由を享受するわけだが、この自由は自然的自由より道徳的であり優れている、とルソーは主張する。

ソーファーソーグッドである。だが、ここらへんからルソーにとっては自明だが、われわれにとっては必ずしもそうでない論理が展開されることになる。この点を明らかにするために、なぜルソーにとって一般意志に従うことが自由（＝道徳的自由）と同一視されるのか、その論理に着目してみよう。

自由とは自己支配であり、自己支配のためには自分の意志が尊重される必要がある。一般意志は市民共通の意志である。だがそれは同時に各人の意志でもあるので、それに従うことは自由を意味する。しかも協同してつくった意志なので他者に配慮する道徳的な要素を含んでいる。これも問題ないだろう。しかし、単純に自分がやりたいこと・欲しいものと一般意志とが一致しない場合はどうなるのだろうか。自分は自由なのか、不自由なのか。ルソーはこのように二種類の意志が存在することを認めており、個人に固有の意志を「特殊意志」と称し、一般意志と区別する。しかも両者がしばしば一致しない（あるいは対立する）ことも認める。

ところで、プロセスとしては、一般意志は多数決によって決まるとされる。だが、ルソーは単なる特殊意志の総和は「全体意志」にすぎず、概念的にそれは「一般意志」とは区別されるという。この点は後に触れるので、とりあえずここでは一般意志形成において多数決原理が導入されるとしよう。すると当然ながら、一般意志＝法は多数派の意志を反映し、少数派の意志が尊重されない状況を生み出す。であれば、この少数派の特殊意志が一般意志に席を譲るということになるのだが、その場合少数派の市民は自由なのか不自由なのか。

ルソーによれば、一般意志が実現されるのなら、すべての市民は自由である。しかも少数派の市民は「自由であるように強制される」という――これが一部の自由主義者によって全体主義の原理として批判されるものである。自由であれば強制はないし、強制があれば自由はない。多数決で法律を制定するのはデモクラシーの基本原理だからよいとしても、マイノリティーがそれを強制されることによって自由になるという論理はいただけない、と。だが、これをルソー一流のレトリックと捉えれば、理解できなくもない。強制的自由について触れている前後の文章もあわせてみてみよう。

社会契約を空虚な法規としないために、この契約は、何びとにせよ一般意志への服従を拒むものは、団体全体によってそれに服従するように強制されるという約束を、暗黙のうちに含んでいる。そして、この約束だけが他の約束に効力を与えうるのである。このことは、〔市民は〕自由であるように強制される、ということ以外のいかなることをも意味していない。(517)

社会契約によって国家を形成し、そこでは同一の法を一律に適用するのが原則である。少数派が多数派の決定に従わなかったら、統治は機能不全に陥ってしまう。だから一般意志に由来する法は強制力を伴わなければならない。しかもこうした国家のなかでしか自由と自己保存を最大限に保障することはできず、加えて少数派になる可能性も承知で契約したはずなので、いささか挑発的ではあるにせよ「自由であるように強制される」という表現の内実はわりに常識的なのではないか。このように解釈するのであれば、リベラルな論者も受け入れられるかもしれない。しかし、ルソーはそこでとどまらない。というのも、(バーリンが述べたように)ルソーは人間の自我の分裂を前提に論を展開しているからである。[518] つまり、各人のなかに真の意志としての一般意志と経験的意志としての特殊意志があって、前者が後者に優先されねばならない。しかも両者が乖離した場合は、特殊意志はある種の虚偽の意志とみなされるのだ。ルソーはこのことを次のように説明している。

わたしの意見に反対の意見がかつ時には、それは、わたしが間違っていたこと、わたしが一般意志だと思っていたものが、実はそうではなかった、ということを、証明しているにすぎない。もしわたしの個人的意見が、一般意志に勝ったとすれば、わたしの望んでいたのとは、別のことをしたことになろう。その場合には、わたしは自由ではなかったのである。[519]

ここまでくると、リベラルな原理に抵触することになるだろう。というのも、一般的にリベラリズムは、自由の理解において個人の経験的意志を優先するからである——もちろん、統治の原理として(人権など侵害しない限り)多数派意志が少数派意志に優位することを認めつつである。

だがルソーはさらに踏み込んで、一般意志を決定するのに多数決原理を採用しているのは妥協ではなく、これも実は全会一致を意味するのだと主張している。重要なのは投票の際にすべての票がカウントされていることであり、その条件さえ満たされていれば、多数決を実質上の全会一致とみなすことができる。というのも人びとは社会契約(原始契約)において、政治社会成立後は多数決原理に則って一般意志を表明することに同意しているからである。

ただ、この最初の社会契約だけはどうしても全会一致の同意を必要とする(520)。

さて、ここまでみた限りでは万能であるかに思える一般意志だが、事はそう簡単ではない。ルソー自ら、地上での実現が危ぶまれるほど多数の条件を次々と一般意志に付与していくのだ。そもそもこれまでのロジックは正当な政治的共同体が存在するという前提で成り立つ論理だが、政治的共同体が正当であるためには一定の条件が揃っていなければならず、それが揃っていない場合は多数決から一般意志が帰結しないのである。それどころか、そのような状況においては、全会一致ですら一般意志とみなされない。

ルソー曰く、一般意志は多数決原理を通じて表明されるものの、「全体意志」とは明確に区別されるのである。

全体意志と一般意志のあいだには、時にはかなり相違があるものである。後者は、共通の利益だけをこころがける。前者は、私の利益をこころがける。それは、特殊意志の総和であるにすぎない(521)。

一般意志は単に算術的に導かれるものではなく、そこに必ず公共的利益の追求が、しかもそれだけが存在しなければならない。だから「一般意志は、つねに正しく、つねに公の利益を目ざ」し、「つねに存在し、不変で、純粋である」とされ、市民の特殊意志の単なる総和としての全体意志と概念的に区別されるのである(522)。そして一般意志が実現可能となるためにはさまざまな条件が揃う必要がある。全市民の立法過程への参画は既に触れた。が、さらに一般意志が「本当に一般的であるためには、その本質においてと同様、またその対象においても一般的でなければならない」。つまり、「一般意志は全部の人から生まれ、全部の人に適用されなければならない」ので、それが「何らかの個人的な特定の対象に向かうときには、その本来の正しさを失ってしまう」のである(523)。加えて、国家の領土や人口が小規模であること、市民間の貧富の差が大きくないこと、徒党や部分的団体・社会が存在しないこと、過度に文明化された社会でないこと、健全な習俗・慣習があること、などの条件も課される。逆にこれらの条件が揃えば、多数決から一般意志が帰結することになる。特殊意志の総和であっても、「これらの特殊意志から、相殺しあう過不足をのぞくと、相違の総和として、一般意志がのこる」とされるからである。[524] だが果たして、これだけのものをクリアして正当に一般意志を掲げることのできる共同体が、現実にどれほどあるだろう――と疑問に思わずにいられない。

これだけ多くの制約を設けているのだから、ルソーを全体主義のイデオローグとするのは不当といえよう。だが、批判者が問題視するのは強制的自由だけではない。そこで次に、しばしば危険視されてきた彼の立法者論に注目してみることにしよう。これはまさにルソーの思想における moral transformation の問題と関わる。

立法者

先に moral transformation はルソーの思想において全人格的な仕方で要請されると述べた。ルソーは、人間が自然状態から社会状態へ移行することによって、単にもとから有していた自由や権利をより効率的に保全するというのではなく、人間そのものの性質が変化を被るという。

自然状態から社会状態への、この推移は、人間のうちにきわめて注目すべき変化をもたらす。人間の行為において、本能を正義によっておきかえ、これまで欠けていたところの道徳性を、その行動にあたえるのである。[525]

このようにして有徳な市民が生まれるのだが、この主張にはルソー自身が認めざるをえなかったアポリアを含んでおり、「結果が原因になる」という逆説か、もしくはある「奇跡」なくしては脱却しえない袋小路につきあたるのである。

生まれたばかりの人民が、政治の健全な格律を好み、国是の根本規則にしたがいうるためには、結果が原因となること、制度の産物たるべき社会的精神が、その制定自体をつかさどること、そして、人々が、法の生まれる前に、彼らが法によってなるべきものになっていること、などが必要なのであろう(526)。

つまり、一般意志を正しく認識できる有徳な市民が存在することによってはじめて一般意志の論理とメカニズムが作動することになるわけだが、有徳な市民自体は一般意志の産物のはずである。すると、既に有徳な市民が存在するような政治的共同体においては、市民が有徳であるゆえ、全市民の立法過程への参与を通じて一般意志が適宜形成され自由も保全されることになるが、しかしこうした政治的共同体がそもそもどのようにして形成されるのかを、ルソーはそれまでの一般意志論の枠内では説明できない。そしてこの難問に対する解決をルソーは「立法者」という共同体外の存在によってはかろうとする。この立法者が、ばらばらで自分のことばかり考えている人間から有徳な市民を創造するというのだ。これはいうまでもなく全人格的な moral transformation を伴う。

一つの人民に制度を与えようとあえてくわだてるほどの人は、いわば人間性をかえる力があり、それ自体で一つの完全で、孤立した全体であるところの各個人を、より大きな全体の部分にかえ、その個人がいわばその生命と存在とをそこから受けとるようにすることができ、人間の骨組みをかえてもっと強くすることができ、われわれみなが自然から受けとった身体的にして独立的な存在に、部分的にして精神的な存在をおきかえることができる、という確信をもつ人であるべきだ。ひとことでいえば、立法者は、人間から彼自身の固有の力を取り上げ、彼自身にとってこれまで縁のなかった力、他の人間たちの助けをかりなければ使えないところの力を与えなければならないのだ。(527)

また、立法者の必要性は、人民の能力に対するルソーのペシミズムからも導かれる。

人民は、ほっておいても、つねに幸福を欲する。しかし、ほっておいても、人民は、つねに幸福がわかるとはかぎらない。一般意志は、つねに正しいが、それを導く判断は、つねに啓蒙されているわけではない。……個人は、幸福はわかるが、それをしりぞける。公衆は、幸福を欲するが、これをみとめえない。双方ともひとしく、導き手が必要なのである。個人については、その意志を理性に一致させるように強制しなければならない。公衆については、それが欲することを教えてやらなければならない。そうすれば、公衆を啓蒙した結果、社会体の中での悟性と意志との一致が生まれ、それから、諸部分の正確な協力、さらに、全体の最大の力という結果が生まれる。この点からこそ、立法者の必要が出てくるのである。(528)

ルソーの立法者は「天才」・「異常」にして「奇跡的」存在であり、歴史には稀にしか登場しない（ルソー自身が念頭においているのは、リュクルゴスのような建国者である）。しかも啓蒙されていない人民に理性の言葉は届かないゆえに、立法者は暴力以外の説得的手段、つまり人民に理解できるような権威――特に「神の権威」――に訴えなければならない（ちなみに、ルソーがどこまでも暴力を忌避する点は特筆に値する）(529)。そしてそこからは自ずと「宗教が政治の道具として役立つ」という主張が導かれることになる。(530)

この立法者論の危うさは、あえて指摘するまでもないだろう。「東洋のルソー」と呼ばれ、「自由ならしめんがた

めに強制する」という考えを積極的に擁護した中江兆民でさえ立法者論には困惑したといわれる。(531)

とはいえ、ルソーの意図を汲み取り、ルソーの思想世界のなかに位置づけるのであれば、その危うさゆえに彼を非難するのはお門違いということになるかもしれない。『社会契約論』は未来社会の青写真でも具体的な改革案・革命プランでもない。またここで論じる余裕はないが、彼の moral transformation の考えをオール・オア・ナッシング的に否定するのも問題である。それどころか、そこには積極的に評価すべき点も含まれていると思われる。(532) いずれにしても、ここで立法者に「人間性をかえる力」があるという場合、そこで二〇世紀の全体主義的なイデオロギー教化や洗脳を想像してはならない。逆説的で誤解を招くのみならず、難題とリスクが満載ではあるが、ルソーは個人としても集団としても自律した市民をつくるための手段として、立法者論を位置づけているのである。

だが、そうしたことを十分考慮したうえで、またルソーの政治思想的意義を評価したうえで、なおバンジャマン・コンスタンのようなポスト革命期に活躍した自由主義者がルソーを批判せざるをえなかったという点も無視しえない。ルソーの意図がどうであれ、彼はあまりにも専制政治に都合のよい危険な武器をつくりだしてしまったという批判もありうるのである。(533) 革命期にルソーの思想が曲解され、抑圧やテロルを正当化するために利用されたことを目の当たりにした者がそう考えたとしても不思議ではないだろう。だが、これについては次章で簡単に触れるとして、ここではもうしばらくルソーの思想を内在的に捉えることにしよう。

なぜ抵抗権は不要なのか

まず、主権の絶対性の問題に注目してみよう。既述のように、ルソーは「主権者の権力は臣民にたいしてどんな保証も必要としない」と述べている。つまり、ロックが主張したような抵抗権は一切認められないし、主権も制度的には制限されない。ルソーにとって主権は不可譲、不可分にして不可謬である。彼は主権が恣意化したり、個人や少数派を不当に扱ったりすることはありえないと主張する。

主権は、いかに絶対的であり、いかに神聖であり、いかに侵すべからざるものであろうとも、一般的な約束の限界をこえないし、また、こえられないこと、そしてすべての人は、こららの約束によって彼にのこされているかぎりの彼の財産、自由を十分に用いることができる、ということである。したがって、主権者は、臣民のあるものに、他のもの以上の負担を課する権利をもたない。なぜなら、その場合には、事がらは個別的となり、主権者の権限はもはやそこまでは及ばないからである。(534)

正当な政治的共同体であれば、個々の構成員の利益に反する利益はもっておらず、もつこともできないとルソーは考えている。したがってその主権を制限することも抵抗権を認めることもナンセンスとなるのだ。こうした論理は後にカントにも継承されるだろう。さらにルソーはプラトンと同じように、全体が部分の痛みを感じるような共同体を構想している。ルソー曰く、正当な政治的共同体が存在する場合、「その団体を攻撃することなしに、構成員の一人といえども傷つけることはできない」のである。(535)

また一方で徳を重視し、市民としての義務と一定の自己犠牲を要請するが、これは社会契約の論理的帰結とされる。「他人の犠牲において自分の生命を保存しようとする人は、必要な場合には、また他人のためにその生命を投げ出さねばならない」。ここでは相互性と一般性が重視され、「市民は、法によって危険に身をさらすことを求められたとき、その危険についてもはや云々することはできない」のである。(536)したがって、「統治者が市民に向かって〈お前の死ぬことが国家に役立つのだ〉というとき、市民は死なねばならぬ」とルソーはいう。だからといって滅私奉公的に市民の自己犠牲が要求されるわけではなく、『政治経済論』という別の著作においてではあるが、ルソーは次のように述べている。

全体のためにたった一人の犠牲で済むのならばよし――このフレーズが、自らの意志と義務とに基づいて祖国の安寧に死をも厭わず身を捧げるような気高く有徳な同胞の口からもれたものなら、私も賞賛するのにやぶさかではない。だがもしこれを、多数者の安穏とした暮らしのためにひとりの無辜の人間を犠牲に捧げることが政府には許されている、という意味に取るなら、この文章は私にとってこれまで暴政が捏ね繰り上げてきたなかでも最も呪うべき格率、人間の口から語られうる偽りの極み、人びとが許容する危険な準則の最たるもの、社会の基本法に最も直接に抵触する教えとなるだろう。全員のために一人が滅ぶのではなく、むしろ全員が財産と生命とを、自分たちの同胞一人ひとりを守るために捧げるべきなのである。そうしてはじめて、個々の力弱さが公的な権力によって――国民一人ひとりが国家によって絶えず保護されることになるのである。(537)

さて、以上は政治的共同体の正当性原理に関わる議論だが、先に述べたように、ルソーがまったく現実政治における運命の気紛れな作用などを考慮していなかったわけではない。この点を独裁官の議論に即してみることにしよう。

独裁官

マキアヴェリが独裁官を共和政にとって不可欠な制度として認めたことは既にみた。ルソーも同じように、独裁官（dictateur）を重視し、その議論に一章（第四編六章）をあてている。

ルソーはこう説く。よき制度がよき結果を完全に保証してくれるのであれば、問題はいかにそのような制度を打ち立てるかであり、それが達成されればリーダーは不要となる。しかし政治とは実際そういうものではない。どれだけ立派な制度や法を確立したところで、必ず既存の制度や法では対処しきれない問題が生じ、それを解決するために有能なリーダーが必要となる。ゆえに、政治においては、「立法者が少しも考えておかなかった場合が無数に起りうるから、人はすべてを先見することはできない、ということに気づくことが、きわめて必要な先見なのである」[538]。

そしてルソーはさらに次のような二種類の危険を想定し、それぞれに適した対処法を提示する。

〔1〕危険に対処するためには政府の活動力を増しさえすればよい場合には、その成員の一人あるいは二人に、政府〔の権力〕を集中する。そうすれば、変えられるのは、法の権威ではなくして、その執行の形式だけである。〔2〕法という道具立てが、危険を防ぐ障害となるような場合には、すべての法律を沈黙させ、主権を一時停止するような最高の首長を一人任命する[539]。

ここでルソーが想定しているのは、共和政ローマにおける執政官（コンスル――〔1〕の場合）と臨時独裁執政官（ディクタトール――〔2〕の場合）である。このようにルソーは、マキアヴェリ同様、不測の事態への対処と公共の自由の保全を独裁官に期待しており、またそれが法・制度の軽視にはつながらないという点でも両者の見解は一致している。

古代ローマの独裁官は、国家的危機から脱却するために必要と判断すれば裁判なしに誰でも有罪にし処刑する権限すら与えられたが、だからといって法の支配を完全に無視してその権力を行使してもいいというわけではなかった。というのも、独裁官には六ヶ月という任期が定められていたうえ、その権限は危機から国家を救うのに必要な範囲にしか及ばなかったからである。

ルソーは次のように述べる。「立法権の停止は決してその廃止ではない。この行政官〔独裁官〕はそれを沈黙させたのだから、それに語らせることはできない。彼は、それを支配はするが、それを代表することはできない。彼はなんでもできるが、法をつくることはできない」(540)。

以上からもわかるように、ルソーは非常事態を想定しながらそれに対処する方法を模索しつつ、しかし現代のカール・シュミットなどとは異なり、例外状況における（もしくは例外状況に関する）決断者が主権者だとはいわない。先にみたように、独裁官が活躍する間、「主権は一時停止」させられるのである。したがって、ルソーは、例外状況を理論的始発点としていわば無から秩序を創出する指導者を想定するのではなく、あくまでも例外状況を例外とみなして、法の源泉たる主権を終始人民に帰属させつづけるのである。

ルソーは次のようにもいう。「当時〔ローマ共和政初期〕は習俗〔の立派さ〕が、ほかの時代なら必要としたであろうような多くの用心を無用としたので、独裁官が自分の権威を乱用するとか、期限以上にそれを保持しようと願うとかの恐れはなかったのである。それとは反対に、こんなに大きな権力は、授かった人には重荷となったらしく、それからまぬがれることを急いだほどである。あたかも、法の代わりになることは、あまりにも苦痛で危険なつとめであるかのように」(541)。このように市民とリーダーの公共的精神が健在であり相互の信頼関係が確立しているところでは、法が一時的に停止しても法（の精神）は尊重され続け、リーダーが一時的に絶対的権力を掌握してもそれは恣意化せず、自由と秩序の維持という目的が見失われることはない。しかしこれは逆に、そのような公共的精神が失われた場合には、リーダーの資質や制度がいかに立派であろうと、自由が失われ、権力は恣意化することを意味する。したがって、ルソーもマキアヴェリも徳の重要性を強調するのである。

四　徳と人間性の両立

ここからは『社会契約論』を少し離れて、ルソーが徳一辺倒の思想家でないことに触れておきたい。彼は徳の過酷さも十分認識しており、『エミール』でスパルタの母の例をあげている。スパルタのある母親は、戦場に送り込んだ息子五人全員が戦死したとの知らせにも動じず、スパルタの勝利を喜び神に感謝を捧げたという――「これが市民の妻だ」(542)。

しかしここでルソーがいわんとしているのは、われわれもそれを目指すべきとか、それが理想形だということではない(543)。古代人のように共同体の利益がすべてと思い定めればよいが、近代人にそれは難しい。普通は市民としての自分と、自然な感情を持った人間としての自分との矛盾に苦しみ、中途半端で不幸な人生を辿ることになる。その矛盾を取り除き、幸福な人間を作り上げようという目標を掲げて、ルソーは『エミール』という壮大な思考実験を行うのである。

ルソー（あるいは『エミール』の家庭教師）は繰り返し強調する。「人間よ、人間的であれ」(544)。エミールはまず自然人として育てられ、次に他者への愛着を教えられ、最後に国家と国民の在り方を学び、市民および人間として完成する。エミールは自分と人とに愛着をもち、それゆえに有徳な人間として他者に対する義務に従い、また足るを知る自然人として必然に逆らわないことで幸福な人間のひな形となる。そしてエミール自身が父となり、教育すべき子を持つところで叙述は終わる。

ある種胡散臭いほど綺麗な幕引きなのだが、ルソーの一筋縄でいかないところは、未完の続編『エミールとソフィ』で妻ソフィに裏切られるエミールの姿を描いたところだろう(545)。だがおそらくこれは『エミール』の否定ではない。『エミール』の理想が苛酷な現実のなかでなお真であるかという、思考実験の第二段階なのではないか。現に不幸のどん底に落ちたエミールは、自らが受けた教育の原点を思い出すことで立ち直りはじめる。妻子と離れ孤独になってなお運命を甘受し、社会のなかに生きる道を切り開いていくエミールと、スパルタの母――彼らは同じ類の人間なのだろうか、それとも似て非なる存在なのだろうか。

他者への愛着と徳とが単純な二律背反にならないのは、ルソーのもう一つの有名な書簡体小説『新エロイーズ』も同様である。男爵令嬢ジュリとその家庭教師である平民サン＝プルーは最初身分違いの恋に、ついでジュリの結婚後は不貞を犯す危険に苛まれつづける。単純に考えれば貞操を守れば美徳の勝利、過ちを犯せば愛の勝利となるはずだが、そこはルソーである。当初、恋人たちに情念を抑制させるのは冷静な道徳観念だけではなく、愛する者から名誉と徳を奪うことはできないという愛情そのものでもあるのだ。そしてジュリが意に染まぬ結婚をするのも、父親への愛情ゆえである。

だが愛か徳かの二者択一を迫る問いは、常に二人の間に潜在しつづけ、危機を迎えた時に顔を出す。結婚の際にジュリは恋愛を迷い、幻影、幻想と呼び「ただ徳のためにのみ犠牲に捧げられる値打ちのあるもの[546]」と断じる。そして以降、貞淑な妻として慈愛に満ちた三児の母親としてかつての恋人に接するのだが、事故がもとで死の床についた最期の手紙ではこの態度を有益な「思い違い」だったと振り返る。つまり自分は変わらずサン＝プルーを愛していたのであり、「もう一日でも生き延びれば罪を犯すところだった」が事故により命を落とすことで救われたという。

　否応なく残ってまいりましたこの感情〔サン＝プルーへの愛〕は意志の埒外にあったのでして、少しもわたくしの潔白の思いにはなりませんでした。わたくしの意志に属することはすべてわたくしの義務の領分でした。わたくしの意志に属さない心はあなたのご領分であったとしましても、それはわたくしにとって責苦ではございましたけれど罪ではございませんでした。わたくしはなすべきことをいたしました。徳は汚れなくわたくしに残っておりますし、愛は良心の呵責なく残っておりました。……徳は地上でこそわたくしたちを隔てましたけれど、永遠の住み家ではわたくしたちを結び合わせてくれましょう。(547)

果して徳と愛は矛盾するのか、融合しうるのか。融合が死によってはじめて可能になるのであれば、ジュリがたどり着いた境地は矛盾の解決と呼べるのか。

だがここで重要なのは、これらの問いに答えを出すことではない。市民に対し冷厳に徳を強制し「スパルタの母」になるよう求め、全体主義へのレールを敷いたと思われがちなルソーの思想世界が、そうしたイメージよりもはるかに複雑であり、人間的な感情と愛への考察を疎かにしない豊かなものであったことを読者におわかりいただければよいのだ。

五　ルソーにおける時間・約束・自然法

最後に、ルソーにおける時間と約束ないし契約の問題に触れることにしよう。ルソーは『社会契約論』のなかで次のように述べる。

いかなる種類の基本法〔憲法〕も、社会契約でさえも、全人民という団体に義務を負わすことはなく、また負わすことはできないことは明らかである。(548)

意志が未来のことに関して自らを鎖につなぐ、というのはバカげたことである。(549)

いついかなる場合にも、人民は、自分の法を――それが最善のものである場合すら――変えることが常に自由にできるのである。(550)

国家には廃止できないような基本法はなにもなく、社会契約すらそうである……なぜなら、もし全市民があつまり、満場一致でこの契約を破棄すれば、この破棄が、きわめて合法的であることは疑いの余地がないから。(551)

これらが意味するところは、常に現在の人民の意志が優先されるということである。つまり、現在の人民は過去の約束――それが憲法であれ社会契約であれ――に縛られない。別のいい方をすると、現在の人民は未来の人民を縛れない。こうした立場を「現在主義」と称することにしよう。

さて、この「現在主義」は個人の自由な同意に正当性の根拠を求める人民主権論の論理的帰結であるといえる。(552)コスモス観や自然法などいわば超越的な規範が多元化したり、衰退したりすると、自ずと生じる現象であると思われる。われわれは既に（第七章二節）において、価値の多元化が進むにつれて明示的同意が重視されていくという一般的傾向を確認した。またホッブスとロックがどのようにして約束の遵守を基礎づけようとしたかもみた。彼らもまた個人の自由な同意を正当な政治権力の源泉とみなしたため、政治社会や人類の存続という時間性の問題を、個々人の約束の遵守の問題と関連して論じた。そしてホッブスの場合は絶対的主権に結実する固有の自然法論と代表理論に、ロックの場合は神学的パラダイムに解決の糸口を見出した。だがルソーの場合、右の引用文にあるように現在主義を明示的に認めているだけに、問題解決は一層困難とならざるをえない。

この問題がいかに深刻であり、デモクラシーへの大きなチャレンジとしてわれわれの前に立ちはだかるかについては、容易に想像できよう。現在の人民が過去の約束に拘束されないのであれば、例えば憲法で保障されるような人権、いや人民主権までをも、一時的な利益追求などの理由で否定することが可能となる――デモクラシーをデモクラシーによって否定できるのかという問題は難問として残るが。いずれにしても、憲法など基本法の安定性は損なわれるだろうし、事実、次章でみるように、フランスではまさにそれが深刻な問題を引き起こすことになる。

あるいは、まだ生まれていない未来世代の福祉を犠牲にする形で、現在の人民が自らの利益を極大化することもできよう。そうなれば環境問題、エネルギー問題、食糧問題なども解決不能となる。もちろん、現在の人民が義務・縛りとしてではなく、主体的に過去の決定を尊重し、未来世代の利益を考慮し、自己抑制的に振る舞えばよいともいえる。そうだとしても、そこではまさに有徳な市民が存在しなければならず、グローバル的問題の解決には地球規模で有徳な市民が求められることになる。

もっとも、現在主義を否定し、過去の約束が現在を、現在の約束が未来を拘束するとするのであれば、いわゆる「死者による支配」(rule of the dead) や「現状の専制」(tyranny of status) の帰結する恐れがあり、それはデモクラシーの理念に反するという意見もある。アメリカの建国の父トマス・ジェファーソンはまさにこうした事態を危惧し、一九年に一度(彼の計算では世代が交代するたびに)憲法を制定し直すべきだと訴えた。(553)

だがひとまず、ここではルソーに議論を限定しよう。はたして『社会契約論』のロジックはこうした危うさを抱えているのだろうか。既にみたように、ルソーは正当な政治的共同体が実現するためのさまざまな条件を列挙した。こうした条件を満たす国民が存在すれば、危険性はないのかもしれない。だがルソー自身が述べているように、それに該当するのはコルシカくらいしかない――「わたしは何となく、いつかこの小島がヨーロッパを驚かすであろうという予感がする」。(554) 歴史のアイロニーだが、ルソーの予言はまったく予期せざる形で半分あたった。というのも、『社会契約論』が刊行された七年後、コルシカでナポレオンが生を享けたからである。

加えて、ルソーは秩序と法を継続的に支えるものとして、時間の所産たる習俗、慣習、世論も重視している。彼によれば、それ自体ある種の法であり、しかも最も重要なものだとされる。

これら三種の法〔根本法、民法、刑法〕に、第四の法、すべての法の中でもっとも重要な法が加わる。この法は、大理石や銅板にきざまれるのではなく、市民たちの心にきざまれている。これこそ、国家の真の憲法をなすもの、日々新たな力をえて、他の法が老衰し、または亡びてゆくときに、これにふたたび生命をふきこみ、またはこれにとって代わるもの、人民にその建国の精神を失わしめず、知らず知らずのうちに権威の力に習慣の力をおきかえるものである。わたしのいわんとするのは、習俗、慣習、ことに世論である。(555)

つまり共同体の市民たちは、彼らの心のなかに時間を超えて受け継がれていく「法」に従う義務がある。これは成文法ではないため、市民に対して法的拘束力を持つわけではない。したがってルソーの現在主義は揺るがない。だが社会契約後の自由が他者への配慮を含む道徳的自由とされるのと同じく、現在の市民たちはこの「法」ゆえに過去や未来の市民とつながり、彼らに配慮しながら自らの権利を行使することが求められるのだ。それがルソーの理想とする正当な政治的共同体のあり方であり、有徳な市民の有徳たるゆえんといえよう。

さらにルソーの思想における自然法の役割を考えれば、なおさらルソーにとって現在主義の弊害も立法者論の全体主義的解釈も想定外だったことがわかるだろう。もっとも、ルソーは時折「自然法」という言葉を使用したにもかかわらず、その概念を否定したという解釈もあるので、もう少し説明を加えるべきかもしれない。(556)ルソーが自然法論者か法実証主義者かという問いをめぐっては研究者の間で意見がわかれているし、自然法論者と位置づける方が優勢にみえるものの、その場合でもさまざまな解釈がある。また『社会契約論』だけに注目するのであれば、法実証主義者説も一理あるようにみえたりする。だが、『人間不平等起原論』や『エミール』などもトータルに捉えるのであれば、やはりルソーにとって自然法は重要だったといえるように私には思える。(557)

ただその自然法はロックの想定するような実体的にして理性的なものではなく、個々人の精神の内奥にある自然的感情と連動するものである――少なくとも、第一義的にはそうであると思う。ルソーは概してホッブスに対して批判的であるが、『人間不平等起原論』のなかに珍しくホッブスを評価するような記述がある。曰く、「ホッブスは自然法の近代のすべての定義の欠陥を非常によく見てとった」。(558) ルソー自身あまり詳しく説明していないので、異なる解釈の余地もあるかもしれないが、これは自然法を外在的・客観的な存在とする見解の否定だったのではないだろうか。われわれは既に『人間不平等起原論』においてルソーが自然的感情（憐れみの情）を重視した点を確認したが、以下の引用文からわかるように、これもまた自然法と密接に関連があるとされる。ルソーは理性に先立つ二つの原理について次のように述べる。

その一つはわれわれの安寧と自己保存とについて、熱烈な関心をわれわれにもたせるものであり、もう一つはあらゆる感性的存在、主としてわれわれの同胞が滅び、または苦しむのを見ることに、自然な嫌悪を起こさせるものである。じつは、このほかに社交性の原理などをもってくる必要は少しもなく、右の二つの原理を、われわれの精神が協力させたり、組み合わせたり、できることから、自然法のすべての規則が生じてくるように思われる。(559)

そして「後になって、理性がその継続的な発展によって、ついに自然を窒息させてしまったとき、理性はこれらの規則をまた別の基礎の上にたて直さなければならなくなるのである」という文がこれに続くのだが、これが『社会契約論』で目指されることなのではないだろうか。またここでは省略せざるをえないが、『エミール』で重視される「良心」の概念も、こうした自然法と連動しているのではないかと思われる。

もしこれが正しいとすれば、moral transformation がいかようにも可能であり、立法者あるいは人民が好きなように人間精神を形づくったり操作したりできるということには決してならないだろう。人間の外部にある実体的なものではないにせよ、人間の内的自然を司る規律、ある意味で普遍的で本来の正しさを指示する原理をルソーは認めていたということになるのではないか。あるいはこれをコスモスと呼ぶことも可能だろう。こうした内的自然と自然法が、moral transformation が行われる際もその方向性と範囲を規定する。そして内面にそれらを宿す人びとがつくる共同体であればこそ、そこに一般意志が生まれえ、その正しさを担保する原理となるのではないだろうか。

このように理解するならば、一見極端で過激な理論にもルソーがいかに苦心して有形無形の制限を加え理想の共同体像を描き出そうとしたかがわかる——と私は思うのだが、そう考えなかった人びとが歴史上少なからず存在したのである。フランス革命以降、ルソー主義を標榜した多くのアクターはそうした側面を等閑視し、さまざまな仕方でルソー的論理を政治的に利用していく。また、そうすることによって現在主義の問題もより危うい形で顕在化していったのだった。章を改めてこの問題をみることにしよう。

第一〇章　その後

一　フランス革命——人民主権を求めた苦闘の果て

本書で扱ったヨーロッパの政治的正当性をめぐる言説において、人民という存在が忘れられ置き去りにされることはなかった。既にみたとおり絶対王政期においてさえ、（たとえ言葉の上だけだとしても）人民の幸福を慮るのでなければ正しい政治とは呼ばれえなかったのだ。[560]それゆえに、フランスでは誰が人民を正当に代表しているかを競って王権やパルルマン（高等法院）の間で鞘当てが続いていた。その人民の代表をめぐる闘争が沸点に達した時、フランス革命は起きたといえよう。[561]いまや人民は臣民ではなく主権者である。そして革命家たちは、ついに勝ちえたその現実と自分たちの理想とを重ね合わせるには、旧体制を倒す以上の苦しい闘いが必要であると思い知ることになる。

以下では、フランス革命期において人民主権という制度と思想を根拠づけるためにどのような議論や試みがなされたかを概観する。その過程でルソーがルソー主義者たちによっていかに援用され、曲解され、政治的に利用されていくかが明らかになるだろう。だが彼らは彼らなりに理想と現実とを架橋する術を模索していたのであり、それがいかに困難だったかは彼らの代表制をめぐる議論と moral transformation の試みに表れている。そして革命家たちの苦闘は、自ら意識していなかったデモクラシーのアポリアを如実に描き出すこととなった──伝統的なコスモスを共有しない時代における現在主義の問題である。だがわれわれにとっても切実なこの論点はのちに扱うとして、まずはフランス革命に目を向けることとしよう。

人権宣言

ダヴィッドの高名な絵画《球戯場の誓い》には、第三身分の議員として全国三部会に参加していたシエース、ロベスピエール、ミラボーら革命の立役者たちが数多く描かれている。国民議会の成立を宣言して三部会の議場から追い出された彼らは、テニスコートに集まり「この議会（国民議会）の全構成員は、王国の憲法が定められ、確固たる基礎の上に根づくまでは、決して解散しない」ことを熱狂的に誓ったのだった。

だがこのフランスの憲法を「定める」（fixer）という課題そのものが、彼らの結束を危うくしていく。そもそもフランスにかつて憲法が存在したのか、自分たちの行おうとしているのが憲法の改正なのか新たな制定なのかすら、意見の一致をみなかったのである。(562) この時、後者の立場をとったのが「ルソー主義者」(563)たちにほかならない。彼らは、「主権とは一般意志の行使」であり、「国家には廃止できないような基本法〔憲法〕はなにもなく、社会契約すらそうである」というルソーの人民主権の原理を援用して憲法の「制定」を主張した。

こうして歴史を重んじる穏健派と哲学原理を掲げる急進派が入り乱れるなか、妥協と紆余曲折を経て、国民議会は「フランスの君主政の伝統も尊重しつつ憲法を創造する」ことで一応の同意をみる。だが人権宣言を作成する段になってまたしても深刻な見解の齟齬が生じ、ひととおり対立・混乱・妥協・合意のプロセスを経たのち、ようやく「人および市民の権利の宣言」（Déclaration des droits de l'homme et du citoyen）が完成する。全一七条の文言をつぶさにみていくと、たとえば第三条「すべての主権の源泉は、本質的に国民に存する」、第六条「法律は一般意志の表明である」といったルソー主義的な原理と同時に、第一六条「権利の保障が確保されず、権力の分立が定められていないすべての社会は、憲法をもたない」といった立憲主義的原理（モンテスキューや英米の理論からの影響を反映）も盛り込まれているのがわかる。

リュシアン・ジョームによれば、この人権宣言の時点で既に、「法律中心主義」（légicentrisme）と後に呼ばれフランスの法制度と法文化を規定することになる原理の萌芽がみられるという。「法律中心主義」とは単純化すると、国民の代表機関たる議会（立法府）の意志が一般意志であり、ゆえにそれは絶対的であるという立場である。そして行政権力も司法権力も一般意志に導かれる存在であり、それに対抗することが認められないので、フランスには長い間違憲立法審査という制度が存在しなかった。状況が変わったのは二〇世紀後半に入ってからである。

こうした立場は、基本的人権の不可侵性を唱えるようなリベラルな原理を危うくするとジョームは考える。フランス人権宣言に「自然法」という言葉が登場しないことがそれを象徴している、という彼の指摘は傾聴に値する。確かに一方で、人権宣言は人権を「自然権」と規定しているし、抵抗権をも自然権として認めている。だが、第四条には「これらの限界は法律によってのみ規定することができる」と記されている。つまり自然権の範囲を国民議会の代表者が決めることができるのであり、これは自然権からその超越性を奪うことを意味する。自然権が実定法に規定されるのである(564)。

国民――むしろ国民の代表である議会の意志は絶対であり、何者にも規制されず拘束も受けないという思想を、国民議会を名乗る彼ら自ら採用したことの危うさは、続く憲法制定の過程で顕在化していくことになる。

一七九一年憲法

人権宣言成立時点ではまだ諸派の間に一定のコンセンサスが存在しえた。しかしいざ憲法の具体的な内容に関する議論がはじまると、もはや対立は原理的で折衷が不可能であることが露呈する。決定的な分裂は王の拒否権の問題をめぐって起きた。国民の代表のされ方に関して根源的な意見の相違があったのである。つまり、フランスのような人口の多い国においては代表制の導入が不可避であるという認識は共通していても、議会が独占的に国民を代表するのか、それとも国王も代表者なのか、あるいは議会外の集団も代表者とみなされうるのかが、国民の代表たる彼ら自身にも自明ではなかったのだ。

穏健派[565]は国王の意志と議会の意志との一致から一般意志が生じると考え、国王も国民の代表者とみなし国王に絶対的拒否権を与えることを主張した。同時に二院制の採用も求めた彼らのなかには、分立と均衡がなければ権力の恣意専断を避けることは不可能であるという危機意識があった。

だがルソー的人民主権論を掲げる急進派とシエースは、これに真っ向から反対する。彼らは、憲法制定権力(pouvoir constituant)が人民・国民に帰属し、王権はその権力に基づいて設立されるものであり、ゆえにそれによって再建されうる憲法的諸権力(pouvoirs constitués)の一つに過ぎないと主張したのである。この二つの権力概念はシエースが『第三身分とは何か』で構想し急進派の共通認識となっていたのだが、結局代表制そのものの位置づけをめぐって、ルソー主義者たちとシエースもまた対立せざるをえなくなる[566]。

ルソー主義者のジレンマは、ルソーに完全に忠実であることが不可能だったという点にある。既述のように、ルソーは立法過程への全市民の参加を一般意志形成の不可欠な条件と定め、代表制を否定した。しかし、フランスのような大国において、すべての市民が政治に参加することは不可能である。ならばせめて、議会の意志と一般意志とが齟齬をきたした時のために、何らかの策が必要となる。かつてルソー自身が妥協案として命令的委任(代表者が選挙民の意志に拘束されること)を挙げたこともあったのだが、ルソー主義者の大半は国王の停止的拒否権を介することによってルソー的人民主権の理想に近づこうとした。すなわち議会が一般意志から乖離した場合には、国王が停止的拒否権を行使し直接に人民（つまり第一次集会を構成する選挙人団）に訴えるのだ。

だがシエースの目には、このような「人民への上訴」（l'appel au Peuple）はフランスを分断させる危険な幻想と映った。そこで彼は絶対代表制の主張をもってこれに応酬する。[567] 国民の一般意志と代表機関（議会）の意志とは同一であり、国民は代表者を介してのみ一体性と実体性を獲得する[568]──ここには、個々人が信約によって代表と国家を創出した後は代表者の意志が彼らの意志と完全に同一視される、というホッブスの代表観念の影響が表れている。ゴーシェによれば、シエースはホッブスを接ぎ木することによってルソー主義的人民主権論を完成させたのである。[569]だが、シエースが一方でホッブスとは立場を異にして「国民はすべてに優先して存在し、あらゆるものの源泉である」とも述べている点は注目に値する。こう考えるがゆえにシエースからは、有徳な代表者が国民をつくる、あるいは作り直すという後のジャコバン派のような発想が出てこないのだ。

シエースは「人民への上訴」も命令的委任も国王の停止的拒否権も否定する。そして穏健派による国王の絶対的拒否権という案に対しては、一般意志の形成には個人的意志しか関与しえないとするルソーを援用して反対した。[570]権力の分立に関しても、ルソー方式で執行権を立法権へ完全に従属させる垂直的権力分立論を掲げるシエースにとって、執行権である王権が立法過程に参与することは論外であった──そもそも執行権は法律制定後にしか行使しえない。国王は「第一市民」として、すなわち一個人ないし一代議員として立法府で投票しうるのみである。

では、立法過程から誤謬や気まぐれや情念の支配を排除するためにはいかなる方策がありうるのか。シエースの用意した解決策は、単一の立法府（一般意志が単一不可分なので一院制でなくてはならない）を二つか三つの部会に分割し、それぞれの部会で別々に討議するというものだった。彼によればたとえ別々に討議を行っても、また別々に投票しても、すべての票が集計されれば立法府全体の意志の単一性は保たれる。「立法府に統一性と不可分性をもたらすのは、決議の統一性であって討議の統一性ではない」[571]。シエースが一方で絶対代表制による国家の一体性を唱えながらも、他方では個人的自由の保障と秩序維持のために権力抑制機能の必要性を認識していたことは確かである。ただ彼は、それが統一的な制度機構の内的調整機能によって充分に達成可能だと考えていたのである。

だが現実に憲法に採用されたのは、いくつかのルソー主義的原理と他の多様な憲法原理のちぐはぐな寄せ集めであった。一院制が導入されたことは穏健派の敗北を、国王の停止的拒否権が認められたことはシエースの敗北をそれぞれ示している。しかもこれだけの議論と調整を経て一七九一年にようやく制定された憲法は、翌年の王権廃止によってあっけなく破綻し、わずか三〇〇日あまりで紙屑と化したのだった。

ジャコバン派の台頭

革命の混乱はまだ続く。理論上も現実政治の場でも、優位に立とうとして革命家たちは激しく争いつづける。国民を誰がどのように代表しどのように権力を行使するかをめぐって、ルソー主義者の間でさえコンセンサスが実現しない。議会内では一定の支持を調達した党派が実権を握り、国民の名において政敵を排除するような政治闘争も激化していく。妥協と政争の産物でしかない憲法には大半の人間が愛着を持たず、立法を担う人びとでさえそうした態度を示すなかで、国のどこをみても遵法精神が醸成される気配はない。

そして王政廃止後の混乱とともに、ついにジャコバン独裁と恐怖政治が到来する。ここではルソーを敬愛したとされるジャコバン派のリーダーの代表観念と moral transformation に関する考えを簡単にみることにしよう。

まず注目に値するのは、ジャコバン派の代表制に関する考え方が、政権奪取の前と後とで著しく異なっているということである。広く知られているように、反対勢力だった頃のジャコバン派は絶対代表制に対し絶えず批判的でありつづけ、ロベスピエールも例えば一七九二年の時点では「人民の受託者たちと主権者との関係は……召使と家長との関係と同じである」と述べていた(572)。

それが一旦政権を掌握すると、反転して議会（国民公会）をフランス人民の唯一正当な代表者であるとみなし、これに対する服従を説くまでになる。だがジョームが指摘するとおり、このことはジャコバン派にとって必ずしも矛盾を意味していなかった。統治する代表者が有徳であれば、いかに少数であろうともそうした代表者が「人民とほぼ同一視される」（ロベスピエール）ことになる、と彼らは考えたのである。(573) そして徳を介して統治者と被治者を同一化するこのロジックが、有徳な代表者への権力の集中と無制限的主権とを正当化し、批判する者を「人民の敵」として弾圧する恐怖政治のロジックへと転化していくのにそう長くはかからなかった。

さらに代表観念自体も、その内実を完全にすり替えられていく。今や「より実質的な代表」が尊重され、少数の有徳者が「一切の行き過ぎを知らず、常に道徳、正義そして理性の側に立つ」（ロベスピエール）人民のイマージュにしたがって、「新しい人民」ないし「再生した人民」を作り出す、あるいは「腐敗した多数者」を作り直す、という考えが登場してくるのである。(574) これがいかにルソーの思想と似て非なるものであるかは説明するまでもないだろう。

Moral transformation の合理的および非合理的試み

そもそも既存の国制を転覆させ社会に一大変革を巻き起こすのが革命である以上、それが国民の moral transformation なしに完遂されることはありえない。すでに人権宣言の起草時から、革命の中心的アクターらはその必要性を認識し課題としていたといえる。なぜなら人権宣言とは、人びとに主権者としての自覚を促し市民を創造する試みでもあったからだ。これを皮切りに、革命家らは旧体制の正当性を謳う言説を徹底的に相対化する一方、新体制のための正当性理論を創造しそれを人民に教化しようとあらゆる努力を重ねる。

まずはじめに旧来の組織原理・しきたり・行事からシンボルまで何もかもが廃止され、否定され、捨て去られた。

封建的特権の撤廃、中間団体の廃止、ローマ教会との決別、教会領の没収などが断行され、一七九三年には歴代の王の遺骨が路上や集団墓地に投げ捨てられる形で王の象徴的身体という考え方が視覚的にも破壊された。(575)

翻って、新しい正当性原理を定着させるためにはすこぶる合理的な改革が進められた。行政区は伝統的な境界線を無視して再編成され、一層の中央集権化が図られ、度量衡が改められ（十進法の導入）、暦まで一新された。この最後の点がその徹底性を象徴している。キリスト教の暦を否定して共和歴を導入し、一七九二年を共和歴元年と定めたのだ――これは明確な過去との断絶、そして歴史の新たなはじまりを宣言したに等しい。(576) 一年は従来どおり一二ヶ月からなるが、各月の名称は葡萄月・霧月・霜月・雪月・雨月・風月・芽月・花月・牧草月・収穫月・熱月・果実月に変更された。各月は三〇日に固定され、各週は一〇日からなる。一〇日目は休日で、教会に行くかわりに共和政精神を鼓舞するための祭典などに参加することになる。余った最後の五、六日は年末の休日として「徳の祝日」などと呼ばれ、共和国への忠誠を確認し合う日とされた。この暦は一八〇六年にナポレオンによって廃止されるが、パリ・コミューンの際に一時的に再導入される。なお、右の暦に加えて一時間は一〇〇分、一分は一〇〇秒と定められ、この方式の時計まで製造されたそうだが、こちらは定着しなかったため早くも一七九五年に廃止された。ちなみにこの制度だと一時間は従来の一四四分にあたる。

このようないわば不条理なまでの合理主義的精神は、人権宣言が「最高存在の庇護の下」と理神論的概念に依拠した点にも通じる。革命家たちは伝統も慣習も歴史も薙ぎ払い、あたかも何もなくなった机のうえに理性の力ひとつで新たなコスモスを生み出そうとするかのように、国民の生活のあらゆる場面を塗り替えていく。(577) これが、習俗や慣習を第四の「最も重要な法」と位置づけたルソーの思想とどれほどかけ離れているかはいうまでもない。

ジャコバン独裁の時期になると、「理性の祭典」や「最高存在の祭典」などによって新たなフィクションの教化政策がさらに推し進められる。彼らは、コスモスの構築には理性のみで事足りると考えていたとしても、その伝播と浸透には非理性的な手段も必要であることを十分に認識していたのだ。そもそも識字率の低い社会において、ルソーの『社会契約論』や憲法のロジックを理解できる人間はさほど多くない。であるがゆえに、逆説的ではあるが、ジャコバンたちは合理的言説を非合理的言説によって訴えようとしはじめる。パリのノートルダム寺院は「理性の神殿」と改名され、その主祭壇を理性の女神の祭壇として理性教の礼拝が執り行われた。ルソーは遺骸を「偉人の殿堂」パンテオンに移送され、そこで聖人のように祭られた。こうしたことが大真面目に国家行事として実施されたのである。

だがどれだけ多様な手段を講じて国民に訴えても、結局こうした人間理性に過度に頼るイデオロギーはフランス革命期においてさほど浸透しなかった。伝統的・超越的価値観の枷が外れれば、多元化が進むのは道理である。それは確かに価値転換をはかる好機となるかもしれないが、人心はただ旗を振ればついてくるものではない。彼らの moral transformation はあまりに新奇であまりに急だった。あるいはジャコバン独裁がもう数年続いていたら、結果は違ったかもしれない。だがいかんせん、彼らに許された時間は短かった。

ルソーをそれこそ崇拝していたロベスピエールは、共和国と革命の存続は市民の徳にかかっていると訴える。彼は有徳な市民を自らの手で作り出せると本当に信じていた——それも正義の名を冠した暴力によって。彼がこの時ルソーの立法者論を思い浮かべていたかはわからない。バートランド・ラッセルなら頷くだろうか。確かにルソーは立法者が有徳な市民を創出するのであり、しかもその方法は理性的なものだけでは足りないだろうと述べた。だが前章でもふれたように彼は暴力を徹底的に忌避した。恐れさせるのではなく魅了するのがルソーの処方箋だったはずだ。しかしルソーの最も熱狂的な信徒はその点だけを読み落としたかのように突き進んでいく。

既に述べたとおり、フランス革命は人権宣言の時点でもはや正義とは何か、徳とは何かを参照するための超越的規範を捨て去ってしまっていた。その危険性がここで最も悲惨な形で顕在化する。誰が有徳な市民であり共和国の敵かを決められるのは人民であり、つまり人民の代表たる議会であり、要するにその実権を握るロベスピエールら公安委員会だったのだ。こうして恐怖政治ははじまった。そしてたとえロベスピエールらの意図が高潔であったとしても、やはり恐怖は徳よりも疑念と怨念と敵意のほうを多く生み落としたのである。ジャコバンの独裁は一年ともたずに瓦解する。(578)

そしてロベスピエールらが断頭台に上ったわずか五年後、「革命は終わった(579)」と宣言したのが後のフランス皇帝ナポレオン・ボナパルトである。ナポレオンが自らの政治的地位を築き上げ盤石のものとするために用いたプロパガンダは、ジャコバンのものとは対照的だった。彼は合理的な言説と非合理的な言説を組み合わせるのに天才的な手腕を発揮した。(580)何より効果的だったのは、古代帝政ローマやキリスト教など人びとの心に訴える伝統的な価値やシンボルを人民主権的な要素に結合させた点である。ローマ法王が見守るなか黄金の月桂冠を戴きシャルルマーニュの杖を持つナポレオンの姿は、フランスの国民にいかにも支配者として受け入れやすいものだったろう。当然ながらこうした手段は万能ではない。少なくともナポレオンの威信を敗戦から救うだけの力はなかった。だがそれでも、人心を動かすにはまず魅了すること、そしてそのために伝統や歴史という要素が大きな助けになることをナポレオンは知っていたのである。

デモクラシーのアポリア

フランス革命が終わっても、その合理主義的コスモス観がすべて跡形もなく消えたわけではない。三色旗は現在のフランス国旗であり、人権宣言をはじめとする人民主権の理想を具現化した成果は西洋の政治思想史上に大きなインパクトを残した。そして皮肉なことに人間理性で新たなコスモスを創り出そうとする試みさえもが、後代の他の国々においてさらに強力な体制とともに復活したのだった。何事にも功罪両面あるとはいえ、この理性のヒュブ

リスに起因する悲劇（それへの反動も含めて）は無視しえない。(581)

フランス革命の理想と負の遺産とがそれほどの影響力を人類史に持ちえたのは、そこで起きた出来事がフランス固有の現象であるとともに、デモクラシーに普遍的な課題を内在させていたからにほかならない。その一つが、代表制と現在主義の問題だろうと私は考えている。ルソーのように、立法に人民全員が参加するからこそ一般意志は共同体で最高の権限を持ち、既存の何ものにも拘束されないのだという現在主義の立場を取るのであれば、市民が意志表明を他者に託したのち沈黙する代表制は否定せざるをえないはずなのだ。だが革命家たちがその困難を認識していたとおり、現代においても、代表制を採用せずにデモクラシーを運営できる規模の国家などほとんど存在しない。

またルソーは現在主義の危うさを感じていたがゆえに、法的拘束力を持たない「最も大事な法」として人民の決定への自制を求めた。しかし革命家たちが伝統も慣習も自然法も否定したのと同様、現代のわれわれには共通して参照できる普遍的にして超越的な上位規範などほとんど残っていない。さらにいうならば、共通了解が希薄化したことが黙示的同意を不可能にし、そのためますます明示的同意を正当性の根拠として追い求める現在主義が加速するのである。もはや議会の決議は一般意志の表明ではなく、誰が党派抗争に勝ったかというトロフィーに過ぎなくなる。

超越的な規範を持たないままに相反するはずの二つの要素を結合させ、実際は少数者である議会を一般意志と同一視しあらゆる決定が可能であると考えた時から、フランス革命が悲劇と紙一重の道を歩みはじめたとしたら――その結末がわれわれの日常と無縁であると、本当にいい切れるだろうか。

代表制、現在主義、そして普遍的コスモスの不在。ウロボロスの蛇が三匹からまっているようなこの複雑な問題を、これまでの本書の議論と関連づけてもう少し考えてみたい。

二　現代のデモクラシー

本書を通じ、一貫してコスモス、運命、時間、法の問題を取り扱ってきた。そしてそれらのカテゴリーを中心に政治思想の歴史的展開、また政治思想と現実政治とのアンビヴァレントな関係を、ワープを伴いながらも通時的に辿るというのが本書の課題だった。

大きな流れのなかで際立った傾向を指摘するのであれば、こういえるだろう。古代から近代にかけてコスモスは常に重要な概念でありつづけたが、多様化も確実に進んでいた。もちろん反動もあったにせよ、それも多様化のコインの裏側である。秩序と平和的共存、そして自由を追求するなかで人間が共同体を形成するというのは、時代を超えた普遍的現象かもしれない。また認めようが認めまいが、人間が運命に翻弄されるというのも普遍的現象である。少なくとも、自らの運命を完全に統御できる個人や共同体など存在しない。それでも共同体単位で安定と永続性を求める論理が常に構想され、多くの場合、法がその手段として働いたこともわれわれはみてきた。言い換えれば法は、過去と現在と未来の時間をつなぐための有効なフィクションとして機能していたのである。

コスモスの多元化

政治思想史の叙述では近代から現代にかけてコスモスが衰退ないし喪失するというシナリオがしばしば採用される。そしてその結果、政治の権力性が顕在化することになる、と。本書では別の立場をとった。コスモスは多元化していくが消失することはない。そして多元化するがゆえに同意が重視され、権力性の顕在化は一定の秩序と安定を実現しようとする試みの表れだったのではないか。その一連の流れを理解するためには、いかにしてコスモスが多元化し変化してきたのかを知る必要があるだろう。

一九世紀には自然法は通用しなくなった、法実証主義の時代に移行したのだと多くの人が主張する。だが当時にも自然法を重視した法学者や思想家は少なからず存在した。一九世紀とは、自然法にまったく信を置かない法学者や思想家と彼らが並び議論を交わしたまさに多元化の時代なのである。大きな、つまり多くの人間によって共有されるコスモロジーは依然として理性的な言説のなかにも生きていた。コンスタンのペルフェクティビリテ論、ヘーゲルの歴史哲学、メーストルの摂理観、ギゾーの文明史観、コントの人類教、ミルの卓越主義、マルクスをはじめとするさまざまな進歩史観、マニフェスト・デスティニー、さまざまな科学主義や自然主義、植民地主義的な選民意識、社会進化論、等々、例は枚挙にいとまがない(582)。そのなかでもマルクス主義は、二〇世紀後半のある時期まで多数の人間の思想と運命に対する大きな影響力を保持し続けた。学説や理論を離れるならば、一部の宗教や神話についても同じことがいえるだろう。

こうしたコスモス観は往々にしてそれを信奉している個人や集団に対し、他の主張の正当性を認めることを許さない。社会の事実上の多元性やそれを担保する制度・ルールはある程度受け入れても、思想上の多元性は許容しないという立場をとるのが常だった。時にそれが戦争を呼び虐殺の引金となったのは、何も宗教戦争の時代だけのことではない。つい数十年前のことである。

だがフランスの思想家マルセル・ゴーシェはフランス、あるいは西ヨーロッパにおいて一九七〇年前後に前代未聞の精神的変化が起きたと主張する。すなわち「私にとってはこれが真理だけど、あなたにとっては別のものが真理であって、まあいろいろな考えがあって、それぞれ好きな仕方で追求すればいいんじゃない」といった態度が一般的になったという(583)。彼はそのことを「頭のなかの多元性」(pluralisme dans la tête) と説明している。ピエール・マナンはゴーシェに同調しつつ、こうした変化が生じたのを第二バチカン公会議（一九六〇年代前半）あたりとみる(584)。いずれにしても、これは人類が前人未到の領域に足を踏み入れたことを意味するのだと彼らは訴える。もしコスモス観の衰退や喪失を語るのであれば、むしろこのタイミングではあるまいか——もちろん非西洋地域において必ずしも同様のことがいえるわけではないのだが。

それでも一般的な傾向として、多元化の傾向は洋の東西を問わず確実に進みつつあるように思える。また部分的にそれに対する反動もみられる。しかも両方ともグローバリゼーションによって一層顕著になり、危機が到来すればより大きな反動へ向かう誘惑も強くなるだろう。そしてそれはさらなる脅威へとつながりかねない。

現在主義

本書では、コスモス観ないし価値観の多元化が進むにつれて政治的正当性の言説における明示的同意の位置づけが重要となり、それが集団（また場合によっては個人）の同意や約束の遵守に対して難しい問題を提起するという「現在主義」の問題もみてきた。そして先のフランス革命の例からもわかるように、人民が正当性の源泉となり自由な同意が決定的な重要性を帯びるとき、価値観の分裂は同意の産物としての法や制度の軽視につながりかねない。現在の人民の優位性と特権的地位は、人民が有徳であれば確かに「死者の支配」より望ましいかもしれない。だが徳をめぐって解釈が対立し、それが血なまぐさい闘争に発展する時、やはり現在主義はその負の側面を露わにするのだ。

そして多くの場合、共通了解や紐帯原理の希薄化の上に展開する権力闘争は社会の混乱と無秩序を誘発し、それはさらなる権力的なリアクションを招来することになる。英雄待望論や攻撃的なナショナリズムはその一例といえよう。フランスは革命以降、「開かれたナショナリズム」も「閉ざされたナショナリズム」も経験する。(585) そしてフランスに限らず歴史が証言しているとおり、崩壊の経験を経ると往々にして後者の、つまり攻撃的なナショナリズムあるいはそれに類する反動的政治が帰結する。(586) 危機は極端な反動を呼び込み、しかも多くの人間は一時的にそれに縋りつく――"what seems"が困難に溢れているからこそ、"what is"に救いと希望を求めるのだ。プラトンやルソーは、一見ラディカルな moral transformation を主張していたがゆえに、こうした対立の反動として一様な人間を創り出すのに都合のよい部分だけを切り取られてしまったのである。本来の彼らの思想がそれとは似ても似つかないものだったことは、各章でできるかぎり示したつもりである。

本書でみた他の思想家たちも、大半が危機と対峙しながら混沌に秩序をもたらそうと努力し、恒久的な解決を求めていた。なにも moral transformation を試みたのはこの二人だけではない。現状を変えようと願うなら、人びとの精神のありようを変えぬわけにはいかない。ホッブスでさえ例外ではなかった。そして彼らもまた、さまざまなアクターによってさまざまに利用され、アンビヴァレントな作用をもたらしてきたのである。

デモクラシーのために

ではどれだけ思想や理論が正しい答えを目指しそれに近づこうとも、その理論が現実に正しく伝わることはないのだろうか。

おそらくないだろう。そしてよしんば正しく伝わったとしても、それに異を唱え否を叫ぶ人びとが必ず出てくるだろう、彼らなりの正しさを掲げながら。したがって、一つの思想のなかに正解を探すことに意味はない。

これから思想史を勉強しようというのに教科書が希望もへちまもないことをいうな、と思われるかもしれない。しかし、政治思想と政治的現実とのアンビヴァレントな関係を知り、そこに安易な解決策が存在しえないと学ぶことは、対立がもたらす危機を乗り越える道につながる。過度にオプティミスティックにもペシミスティックにもならずにいるのは、確かに楽でも簡単でもない。だが楽で簡単な方を選んだために取り返しのつかない悲劇へと引きずり込まれていった人びとが多数いたことも、歴史が教えている。

デモクラシーは危機を招きやすいと同時に危機を解決する能力にも長けているという見方もある。[587] それも傾聴に値するが、ある一定の臨界点に達したら、地球環境問題などと同じようにもう逆戻りはできなくなるだろう。

現在主義はデモクラシーに不可避的に伴う傾向性だと思われる。これは運命である。しかしそれが時間性のなかでどのような作用をもたらすかは、われわれ次第といえる。普遍的コスモスの不在、代表制、現在主義を運命づけられた現代のデモクラシーは、みようによっては単に人間を勝者と敗者とに振り分ける制度にすぎない。だがそうなってはそれこそ希望もへちまもへったくれもない。ものの見方が問題であればこそ、"what matters"を問い直す moral transformation がデモクラシーには不可欠なのではないだろうか。多様な価値観と意見が存在するなかで、まさに討議ないしコミュニケーションを通じて、自由でありながらも他者と結合し、未来へと時間をつないでいく。そのためには、おそらく自分も他者もある程度変わらなければならない——大切なものを保守するためには時に革新が必要だといわれるように。それが市民になるということなのではないだろうか。

いささか説教臭いことを述べてしまったが、教師とは多少そういうところのあるものとして諦めていただきたい。思想家が思想の変化を求めなければ本など書かないように、教師とて学んでほしいことがなければ教科書など書かないのである。そして本書にここまで目を通してくださった読者であれば、きっとこの説教臭さを鼻で笑いながら私のいうことに一つ二つ反論を練り上げてくださるものと、期待している。もし何も反論が思いつかなかったというなら、その方には私の友人になっていただくか——思考の材料やヒントを見つけるために本書をもう一度はじめから読み直すことを、おすすめしておこう。[588]

註

序論

（1）「驚き」と学問ないし哲学との関係については、プラトン『テアイテトス』一五五D、アリストテレス『形而上学』九八二bを参照。

（2）福田歓一『政治学史』東京大学出版会、一九八五年（『福田歓一著作集』第三巻、岩波書店、一九九八年）は古典中の古典である。

（3）古賀敬太編著『政治概念の歴史的展開』シリーズ（晃洋書房）を参照。

（4）川出良枝・山岡龍一『西洋政治思想史――視座と論点』岩波書店、二〇一二年。

（5）前者は小野紀明『西洋政治思想史講義――精神史的考察』岩波書店、二〇一五年、後者はデイヴィッド・ミラー『政治哲学』山岡龍一・森達也訳、岩波書店、二〇〇五年。

第一章

（6）丸山眞男「肉体文学から肉体政治へ」『丸山眞男集』第四巻、岩波書店、二〇〇三年、二一五-二一六頁。なお、社会学の領域でもフィクション論は注目されている。有末賢『生活史宣言――ライフヒストリー社会学』慶應義塾大学出版会、二〇一二年、磯部卓三・片桐雅隆編『フィクションとしての社会――社会学の再構成』世界思想社、一九九六年、バーガー&ルックマン『日常世界の構成』山口節郎訳、新曜社、一九七七年。

（7）ここでは話を極端に単純化したが、より厳密には（「政治的なもの」の場合と同様に）時間の問題が絡んでくる。貨幣の場合、それ自体に価値が内在していないにもかかわらず、人びとが事実上貨幣を貨幣とみなし（これはしばしば過去において貨幣が貨幣として通用してきたという歴史的事実に対する人びとの主観的共通了解に由来する）、しかもそれを将来的に誰かが一定の価値をもつ貨幣として受け入れてくれるという期待があるからこそ、貨幣は貨幣としての価値を認められることになる。「期待」とはもちろん未来という時間を意識した行為ないし心情であり、同時に主観的なものである――但し、共同体で共有される主観的意識でなければならないが。これは貨幣が一定の循環論法の上に成り立っていることを意味し、資本主義経済においては固有の形で一定の効用やリスクを伴うことになる。詳しくは岩井克人『貨幣論』ちくま学芸文庫、一九九八年を参照。

（8）岩井は同書で次のように述べている。「貨幣が今まで貨幣として使われてきたということによって、貨幣が今から無限の未来まで貨幣として使われていくことが期待され、貨幣が今から無限の未来まで貨幣として使われていくというこの期待によって、貨幣が今ここで現実に貨幣として使われる」（二〇一頁）。

（9）デイヴィッド・ヒューム『市民の国について』上巻、小松茂夫訳、岩波文庫、一九五二年、二二六頁（但し、訳は若干変更した）。ヒュームについて深く知りたい方は、以下を参照。坂本達哉『ヒュームの文明社会』創文社、一九九五年、坂本達哉『ヒューム　希望の懐疑主義』慶應義塾大学出版会、二〇一一年。

（10）ヒューム『人間本性論』第二巻（「情念について」）、石川徹他訳、法政大学出版局、二〇一一年、一六三－一六四頁。

（11）ヒューム『人間本性論』第三巻（「道徳について」）、伊勢俊彦他訳、法政大学出版局、二〇一二年、一二三頁。

（12）Christopher B. Coleman, *Constantine the Great and Christianity: Three phases, the historical, the legendary, and the spurious*, New York, Columbia University Press, 1914. なお、ダンテは『神曲』で寄進状について次のように述べている。「ああ、コンスタンティンよ、いくその悪の母となったは、おんみの帰正にあらず、最初の富める教父が、おんみから贈られたあの卑出物！」（『神曲　地獄篇』寿岳文章訳、集英社文庫、二〇〇三年、第一九歌）。興味深いことに、この偽書でさえアンビヴァレンスと無縁ではなく、世俗権力擁護の言説として利用されることもあった。Coleman, *Constantine the Great and Christianity*, p. 181.

（13）トゥキュディデスの挙げる例（虚偽というよりは誤伝だが）については、『歴史』第一巻二〇章を参照。古代ギリシアから現代に至る政治的虚偽の功罪に関する議論・言説を分析した研究書として、以下は興味深い。Martin Jay, *The Virtues of Mendacity: On lying in politics*, Charlottesville, University of Virginia Press, 2010.

（14）この引用文はケインズ『一般理論』より。この著作の全訳は岩波文庫から刊行されているが、ユーモアはここに引いた訳文の方がうまく表現できていると思うので、私が学部時代に使った教科書からあえて引用する。福岡正夫『ゼミナール経済学入門（第三版）』日本経済新聞社、二〇〇〇年、三－四頁。

（15）例えば、クェンティン・スキナー『思想史とはなにか』半澤孝麿・加藤節編訳、岩波書店、一九九九年。ケンブリッジ学派の方法論とそれをめぐる論争については、拙稿「ケンブリッジ・パラダイムの批判的継承の可能性に関する一考察（一・二）」『法学研究』第七二・七三巻一二・三月号、一九九九－二〇〇〇年も参照されたい。

（16）Chris Bryant, *Parliament: The Biography*, vol. 1, Transworld Digital, 2014, Kindle version, no. 128, 4075.

古代ギリシアにおける「コスモス」の意味とその多義性については、以下を参照。山川偉也『古代ギリシアの思想』講談社学

術文庫、一九九三年、二二一－二二六、三九一－三九七頁。Gregory Vlastos, *Plato's Universe*, Parmenides, 2006, pp. 3-10 (originally published in 1975 by the University of Washington Press); Charles H. Kahn, *Anaximander and the Origins of Greek Cosmology*, Indianapolis, Hackett, 1994, pp. 219-230.

（17）Max Tegmark, *Our Mathematical Universe*, New York, Alfred A. Knopf, 2014.

（18）「〈宇宙（コスモス）〉と〈自然（フュシス）〉という二つの言葉のうち、いっそう基本的なのは明らかに後者であった。このことは、たとえば、初期ギリシア哲学者たちが書いたとされる圧倒的多数の書物の表題が、『フュシスについて』とされ、しかも、あきらかにアンチ・コスモロジストであったパルメニデスの書物ですら、この名称を付されていることからも知られる。初期ギリシア哲学者たちは〈フュシス〉という言葉を手掛かりとして〈コスモス〉を発見するにいたったのである。〈コスモス〉は発見されねばならなかったが、〈フュシス〉はすでに既成のものとしてギリシア人たちの伝統的概念枠組みのなかに存在しており、初期ギリシア哲学者たちは、それを精錬するだけでよかったのである」（山川偉也『古代ギリシアの思想』三二一－三二三頁）。ソクラテス以前の多様な「自然」概念については、以下を参照。William Chase Greene, *Moira: Fate, Good, and Evil in Greek Thought*, Harper and Row, New York, 1963, pp. 228-232. 自然概念の概念史的考察については、森川輝一「自然」古賀敬太編『政治概念の歴史的展開』第八巻、晃洋書房、二〇一五年。

（19）ギリシアの運命概念の多義性については、以下も参照。木田元『偶然性と運命』岩波新書、二〇〇一年、八八－八九頁。

（20）ヴァシリー・ゴラン『ギリシア人の運命意識』一柳俊夫訳、風行社、二〇〇二年、一一六－一二五頁。

第二章

（21）F.M. Cornford, *From Religion to Philosophy: A study in the origins of Western speculation*, New York, Dover Publication, 2004, pp. 12-13.

（22）ホメロス『イリアス』一・二〇六－二一四〔松平千秋訳、岩波文庫、一九九二年〕。

（23）仲手川良雄『歴史のなかの自由』中公新書、一九八六年、一一－一三頁。ちなみに、仲手川自身はこうした解釈を卓見としつつも手放しで賛同するわけではない。現代人が尊ぶ自由を古典的著作のなかに見出そうとするのではなく、古代ギリシア人が自由をどのように理解していたかを解明すべきとの主張はごもっともである。

（24）仲手川良雄『歴史のなかの自由』九－一〇、一九－三六頁。もっとも、「エレウテロス」の意味と語源に関しては文献学者の間で侃々諤々の議論がなされている。

(25)『イリアス』三・一六一―一七〇。
(26)藤縄謙三『ホメロスの世界』新潮選書、一九九六年、九四―九五頁、藤縄謙三『ギリシア神話の世界観』新潮選書、一九七一年も参照。
(27)『イリアス』一九・七四―一一三。
(28)『オデュッセイア』一・三三二―三三六〔松平千秋訳、岩波文庫、一九九四年〕。
(29)仲手川良雄『古代ギリシアにおける自由と正義』創文社、一九九八年、二七―三一、九三、四九七―五三八頁。
(30)『イリアス』一・一七二―一八七。アガメムノンとアキレウスとの口論を宥めようとするネストルも次のように訴える。「アガメムノンよ、あなたはいかに身分が高くとも、この男から娘を奪うようなことはせず、はじめアカイアの子らが分配したままにしておかれるがよい。またそなたも、ペレウスの子〔アキレウス〕よ、王に逆らって争おうなどと思ってはならぬ。ゼウスから栄爵を授けられ王笏を保持する王たる者には、並みの者とは異なる権限が与えられているのだ。また、そなたは武勇にすぐれ、女神を母に持つ身とはいえ、こなたは遥かに広大な領土を治めているお人であるから、そなたよりは身分の高いお方なのだ」(一・二五三―二八四)。
(31)『イリアス』二・二一一―二四二。
(32)岩田靖夫『ギリシア思想入門』東京大学出版会、二〇一二年、七頁。岩田靖夫他編著『西洋思想のあゆみ――ロゴスの諸相』有斐閣、一九九三年、五―七頁も参照。
(33)仲手川良雄は『歴史のなかの自由』(四六―八八頁)でこうした歴史のアイロニーについても説明している。
(34)もちろん、だからといって戦争や僭主政が必ず自由な市民の意識をもたらすということにはならない。もしそうだとすれば、世界には自由な市民しか存在しないことになるだろう。また、既にある程度自由が尊ばれる気風があったからこそポリス意識の興隆が可能になったと解することもできる。ただ当然ながら、これとて可能性を示唆するだけで、必然性を保証するものではない。歴史的に戦争が重要な役割を果たしたからといって、戦争がなければ自由が生じえないということにならないのもいうまでもないだろう。歴史的な因果関係と論理的・道義的なそれとは一致することがあっても同一ではない。
(35)仲手川良雄『古代ギリシアにおける自由と正義』九六頁。
(36)ヘロドトス『歴史』五・七八〔松平千秋訳、岩波文庫、中巻、一九七二年〕。但し、「独裁者」には「僭主」の訳語をあてた。
(37)トゥキュディデス『歴史』第二巻三七〔藤縄謙三訳、京都大学学術出版会、第一巻、二〇〇〇年〕。ペリクレスの葬送演説の背景に関しては、以下を参照。仲手川良雄『古代ギリシアにおける自由と正義』一〇二－一〇七頁。

(38) アリストテレス『政治学』一三一七b〔牛田徳子訳、京都大学学術出版会、二〇〇一年〕。

(39) Jacqueline de Romilly, *Problèmes de la démocratie grecque*, Paris, Hermann, 1975, pp. 9-14. なお、Romilly は民主政において籤が導入された理由を別のところに求めている。

(40) そもそもギリシアの神々は一貫して特定のポリスや人間を守ってくれるわけではない。『イリアス』からもわかるように、神々は気変わりすることも、人間を見放すこともある。

(41) 仲手川良雄『古代ギリシアにおける自由と正義』一〇七－一一二頁。仲手川は以下の文献に依拠。Arnold W. Gomme, "Conception of freedom", in David A. Campbell (ed), *More Essays in Greek History and Literature*, Oxford, Blackwell, 1962, pp. 139-155. 対照的な解釈としては、フュステル・ド・クーランジュ『古代都市』田辺貞之助訳、白水社、一九九五年。「イセーゴリア」が最も古く、ヘロドトスが使用。スローガン的表現としては六世紀末頃から。「自由に語る」（エレウテロス・レゲイン）とそれに類する表現はアイスキュロス以来。但し、パレーシアが現れると、おおかた吸収され使用も稀になる。最も遅く現れたのが「パレーシア」（「すべてをいってもよい権利」）――前四二八年上演のエウリピデス『ヒッポリュトス』が初出。

(42) 『政治学』一三一七b。

(43) Alfred North Whitehead, *Process and Reality: An essay in cosmology*, New York, The Free Press, 1978, p. 53.

(44) アテナイのパルテノンもデモクラシーの殿堂のように扱われ、多くのヨーロッパの建造物もその建築様式をまねているが（裁判所、学校、政府の建物）、そもそもパルテノンは宗教的な施設であり、建立時がデモクラシーの最盛期と一致するものの、それはむしろミュトス的なものを表現し称揚する目的でつくられた。Joan Breton Connelly, *The Parthenon Enigma: A new understanding of the world's most iconic building and the people who made it*, New York, Knopf, 2014.

(45) こうした可能性を示唆する研究として以下を参照。G.E.R. Lloyd, "Democracy, philosophy, and science in ancient Greece", in John Dunn (ed), *Democracy: The unfinished journey*, Oxford, Oxford University Press, 1992, pp. 41-56 at p. 46; Greene, *Moira*, p.8. 特に法（廷）の言説との関係性が重視される。

(46) 岩田靖夫他『西洋思想のあゆみ』二六〇頁。なお、「ロジック」（論理）という言葉は、「ロゴス」に由来する。ちなみに、知性、精神、理性と訳され直感の要素も含んでいる「ヌース」（nous）という言葉も重要だが、ここでは議論を複雑化しないために本文では触れないことにする。

(47) 山川偉也『古代ギリシアの思想』四五－五六頁。既述のように「コスモス」という言葉自体はホメロスの時代から使用されていたが、「宇宙秩序」や「世界秩序」を示すようになったのは紀元前五世紀以降のことである。山川偉也が指摘しているように、この言葉は自然哲学者によって学術用語として用いられるようになったのであり、当初は「学問・知識とは無縁な一般のひとびとが、奇異な感じをもつことなく、なにげにつかえるような日常語ではなかった」（『古代ギリシアの思想』二三頁）のである。さらに「ピュタゴラスは、宇宙の〈秩序〉を〈コスモス〉という言葉で表現した最初の人物であった」（同八五頁）。三宅剛一『時間論』岩波書店、一九七六年、八頁も参照。なお、Charles Kahn は、W. Jaeger, *Paideia*, 3 vols., tr. by G. Highet, 2nd edition, Oxford University Press, 1986, vol. 1, p. 160 の見解にならって、「コスモスの発見」をアナクシマンドロスによるものとしている。ちなみに、Kahn はピュタゴラスが天界をコスモスと命名した最初の人物であるという見方には異議を唱えている。Kahn, *Anaximander and the Origins of Greek Cosmology*, p. 219. Vlastos はコスモスの物理的側面に着目しつつ、ヘラクレイトスの画期性について述べる。Gregory Vlastos, *Plato's Universe*, pp. 4-6.

(48) Vlastos, *Plato's Universe*, p. 22.

(49) F.M. Cornford, *From Religion to Philosophy*, p. 7.

(50) 岩田靖夫他『西洋思想のあゆみ』四四頁。

(51) 真木悠介『時間の比較社会学』岩波現代文庫、二〇〇三年、一五八－一六五頁、O・クルマン『キリストと時』前田護郎訳、岩波書店、一九五四年、三六頁。

(52) 但し、こうした図式に批判的な見解として以下を参照。Arnaldo Momigliano, "Time in ancient historiography", *History and Theory*, vol. 6 (1966), pp. 1-23.

(53) 真木悠介『時間の比較社会学』一六五－一六六頁。真木は以下の文献を参照している。G.E.R. Lloyd, "Views on time in Greek thought", in L. Gardet et al. (ed), *Cultures and Time*, UNESCO Press, 1976. 神話世界における時間は、直線的とも円環的とも異なる「振動する時間」であったと真木は（『時間の比較社会学』一六〇頁）以下の文献を参照しつつ述べている。エドマンド・リーチ『人類学再考』青木保・井上兼行訳、思索社、一九九〇年、二一五－二二一頁。

(54) 『時間の比較社会学』一六五頁。

(55) 「事物は、みずから発生してきたところの元のものへ、もう一度帰ってゆくのが定めである。なぜならもろもろの事物は、みずからの不正のために、時間（クロノス）の秩序づけに従って、相互につぐないをして満足させあうからである」。このアナクシマンドロスの断片は『時間の比較社会学』一六六頁より引用。

(56)「出来事がある周期のなかで回帰する」（『時間の比較社会学』一六六－一六七頁）。

(57)「一つのものと多のものが時の円環のまわるにしたがって優勢を占める」（エムペドクレス『断片』二一b一七）。『時間の比較社会学』一六六－一六七頁。

(58)『時間の比較社会学』一七七－一七八頁。プラトンは時間の起源について次のように述べた。「しかし、永遠を写す、何か動く似像のほうを、神は作ろうと考えたのでした。そして、宇宙を秩序づけるとともに、一のうちに静止している永遠を写して、数に即して動きながら永遠らしさを保つ、その似像をつくったのです。そして、この似像こそ、まさにわれわれが〈時間〉と名づけて来たところのものなのです」（プラトン『ティマイオス』三七D〔種山恭子訳『プラトン全集』第一二巻、岩波書店、一九七五年〕）。アリストテレスによれば「時間とはまさにこれ、すなわち、前と後に関しての運動の数」（『自然学』二一九b〔出隆・岩崎允胤訳『アリストテレス全集』第三巻、岩波書店、一九六八年〕）である。

(59)真木はヘレニズムの円環する時間概念が、オルフェウス教の輪廻転生思想に多くを負っていることを前提としつつも、ヘレニズムの本質として「数量化するロゴス」に着目すべきだと唱える。『時間の比較社会学』一七九頁を参照。

(60)『時間の比較社会学』一七一頁。

(61)「トゥスクルム荘対談集」第五巻四・一〇〔木村健治・岩谷智訳『キケロー選集』第一二巻、岩波書店、二〇〇二年〕。

(62)Cynthia Farrar, *The Origins of Democratic Thinking: Invention of politics in classical Athens*, Cambridge, Cambridge University Press, 1988, p. 43, 77; Greene, *Moira*, p. 221 fn. 9.

(63)納富信留『ソフィストとは誰か？』人文書院、二〇〇六年、二八－三二頁。ただ、納富が指摘しているように、西欧におけるソフィストの復権は既にヘーゲルにはじまっているといえよう。

(64)但し、ファラーがプラトンとアリストテレスを目の敵にするのに対して、ユーベンは悲劇詩人とプラトン・アリストテレスとの類似性を指摘する――悲劇は理論的で、理論は悲劇的であると。Farrar, *The Origins of Democratic Thinking*, p. 1. ファラーは民主主義の政治理論家としてプロタゴラス、デモクリトスとトゥキュディデスを重視する。以下も参照。Cynthia Farrar, "Ancient Greek political theory and democracy", in John Dunn (ed), *Democracy*, p. 29; Peter Euben (ed), *Greek Tragedy and Political Theory*, Berkeley, University of California Press, 1986, pp. xi-xii, 2, 6; Peter Euben, *The Tragedy of Political Theory*, Princeton, Princeton University Press, 1990, pp. 56-57.

(65) Farrar, *The Origins of Democratic Thinking*, pp. 15-20, 38, 43.

(66) 川島重成『アポロンの光と闇のもとに』三陸書房、二〇〇四年、三〇、三三－三四頁。

(67) ヒュブリスについては、以下を参照。Douglas M. MacDowell, "'Hybris' in Athens", *Greece and Rome*, vol. 23, no. 1, 1976, pp. 14-31; N.R.E. Fisher, *Hybris: A study in the values of honour and shame in ancient Greece*, Warminster, Aris and phillips, 1992.

(68) 「ペイシストラテスがこの神（Dionusos Eleuthereus）の祭りをアテナイに導入し、アクロポリスの南面に神殿と劇場を建設したのがギリシア悲劇成立の端緒である」（岩田『ギリシア思想入門』六三頁）。また、アテナイの大ディオニューシア祭で国家的行事として悲劇が上演されるようになったのはクレイステネスの改革後間もなくとされている。以下も参照。

(69) 川島重成『アポロンの光と闇のもとに』二四－二六頁、平田松吾「ギリシア悲劇」地中海文化を語る会編『ギリシア世界からローマへ』彩流社、二〇〇一年、九三頁。

(70) 但し、ホメロスの叙事詩には「モイラ」（より決定論的であるとともに神の正しい支配を反映する運命）への言及はあっても、「テュケー」（より偶然性を強調する運命）は登場しない（Greene, *Moira*, p. 14-16）。ホメロスにおける運命と自由意志の関係についてはIbid, pp. 22-23。なお、ヘシオドスの『仕事と日々』の中心的課題の一つはヒュブリスに対する抗議と正義への訴えであった（Ibid., p. 29）。

(71) Greene, *Moira*, p. 8.

(72) 平田松吾「ギリシア悲劇」、一一六－一一七頁。

(73) 『縛られたプロメーテウス』九三七－九四〇〔呉茂一訳、岩波文庫、七四頁〕。

(74) 『縛られたプロメーテウス』一〇一－一〇五。解説者が述べているように、「ここの運命は〈アイサ〉で、〈頒ち与えられた定め〉であるが、スコリア（古註）の記すごとくモイラに近い。これに対し〈必然〉としたのはアナンケーで、時には女神とされる。背くこと外れることを許さない〈必然〉〈必須〉〈どうしても、そうならざるを得ぬ〉〈よんどころない〉ところ、悲劇詩人のひとしく愛用することばである」（八八頁）。

(75) プロメーテウス「三様の姿をたもつ運命《モイライ》女神と、執念深いエリーニュスらだ」
コロス「では、この方々より、ゼウスさまは力が弱いのでしょうか」
プロメーテウス「いかにも彼とて、運命の定めるところは逃れは得まい」（五一六－五一八）。

(76) 「盲の希望」もいろんな仕方で解釈されてきた。プロメテウスが予見力は与えなかった帰結という解釈もあれば、無根拠の希望を与えたという解釈もある。

（77）『縛られたプロメーテウス』におけるヒュブリスの位置づけについては、以下を参照。Greene, *Moira*, pp. 121-122.

（78）Jacqueline Champeaux, *Fortuna: Recherches sur le culte de la Fortune à Rome et dans le monde romain des origines à la mort de César*, t. 2, p. 39.

（79）川島重成『アポロンの光と闇のもとに』五一頁。次も興味深い。「ソポクレス悲劇研究の泰斗R・C・ジェッブは、この箇所のテュケーについて、つぎのごとき注釈を記している。〈テュケーは宇宙の統治における神的な秩序の否定ではなく、単にその成り行きを人間が理解したり、予見したりすることができないということを含意している〉」（同書一四四–一四五頁）。オイディプスが主観的に良かれと思ってする行為が、客観的には正義の掟に反し、その報いを受けなければならないという例は「アガメムノン」にもみられる。川島重成『ギリシア悲劇』講談社学術文庫、一九九九年、九〇頁。

（80）Greene, *Moira*, pp. 140-142. 異なる解釈については、例えば以下を参照。Joel Schwartz, "Human action and political action in *Oedipus Tyrannos*", in Peter Euben (ed), *Greek Tragedy and Political Theory*, pp. 183-209 at p. 188.

（81）川島重成『アポロンの光と闇のもとに』一八七頁。

（82）アリストテレス『詩学』一四五二a–b〔松本仁助・岡道男訳、岩波文庫、一九九七年〕。

（83）Magali Paillier, *La Katharsis chez Aristote*, Paris, L'Harmattan, 2004, pp. 41-48. 但し、「カタルシス」についても多様な解釈がある。G.E.R. ロイド『アリストテレス』川田殖訳、みすず書房、一九九八年、二四六頁、渡辺浩司「アリストテレスの『詩学』における〈悲劇に固有の快〉」『フィロカリア』七号、一九九〇年、永井龍男「アリストテレス『詩学』における〈浄化（カタルシス）〉の意味について」『富山大学人文学部紀要』二四号、一九九六年。

（84）川島重成『アポロンの光と闇のもとに』一七一–一七八頁。Greene, *Moira*, pp. 139-140; N.R.E. Fisher, "'Hybris' and dishonour: II", *Greece and Rome*, vol. 26, no. 1 (1979), pp. 32-47 at p. 41.

（85）川島重成は次のようにも述べている。「オイディプスを通して、老ソポクレスがアテナイに切々と語りかけている遺言とは、一言で表せば、〈ヒュブリスに陥るな〉という教えであった」（『アポロンの光と闇のもとに』二五三頁）。

（86）Jacqueline de Romilly, *Time in Greek Tragedy*, New York, Cornell University Press, 1968.

（87）なお、オレステイア三部作におけるヒュブリスの位置づけについては、以下を参照。Greene, *Moira*, pp. 127-128; N.R.E. Fisher, "'Hybris' and dishonour: II", pp. 39-40.

（88）『慈しみの女神たち』一〇四五–四九〔『ギリシア悲劇全集1』岩波書店、一九九〇年、二六六–二六七頁〕。

(89) むしろ、神的秩序からの自律と市民による共同の決定に力点を置く解釈もある。Farrar, *The Origins of Democratic Thinking*, p. 36.

(90) ヘロドトス『歴史』第七巻一〇二。

(91) 『アンティゴネー』四五〇－四五九〔岡道男訳『ギリシア悲劇全集』第三巻、岩波書店、一九九〇年〕。

(92) Jacques Maritain, *The Rights of Man and the Natural Law*, tr. by Doris Anson, New York, Charles Scibner's Sons, 1943, p. 78; George H. Sabine, *A History of Political Theory*, 4th edition, Hinsdale IL, Hold Saunders, 1973, pp. 42-43.

(93) アリストテレス『弁論術』一三七三b〔戸塚七郎訳、岩波文庫、一九九二年〕。

(94) Tony Burns, "Sophocles' *Antigone* and the history of the concept of natural law", *Political Studies*, vol. 50 (2002), pp. 545-557. Burns は同様の解釈をとるものとして以下の文献にも言及。Bernice Hamilton, "Some arguments against natural law theories", in Illtud Evans (ed), *Light on Natural Law*, London, Burns and Oates, 1965; P.E. Sigmund, *Natural Law in Political Thought*, Cambridge MA, Winthrop, 1971. Burns は『アンティゴネー』における法の対立を、「慣習法」と「実定法」との対立とみている (p. 552)。

(95) Greene, *Moira*, p. 144; Warren J. Lane and Ann M. Lane, "Politics of *Antigone*", in Peter Euben (ed), *Greek Tragedy and Political Theory*, pp. 162-182.

(96) John R. Kroger, "The philosophical foundations of Roman Law: Aristotle, the Stoics, and the Roman theories of natural law", *Wisconsin Law Review*, no. 905 (2004), pp. 905-944 at p. 916.

(97) トゥキュディデスと悲劇との類似性、そしてヒュブリスがアテナイの帝国主義的側面との関係で問題視されていることについては、Jacqueline de Romilly, *Thucydide et l'impérialisme athénien*, Paris, 1947, p. 268.

(98) デモクラシーを前提としつつも制度ではなく市民のエートスや判断力を重視した点については、以下を参照。Cynthia Farrar, "Ancient Greek political theory as a response to democracy", in John Dunn (ed), *Democracy*, pp. 17-39 at esp. p. 37.

(99) Greene, *Moira*, p. 269.

(100) Greene, *Moira*, p. 268 fn. 270.

(101) ヒポクラテスの影響の可能性についてはGreene, *Moira*, p. 269 fn. 265。

(102) リアリズムの伝統ではしばしばトゥキュディデス、マキアヴェリ、ホッブスが重視されるが、一七世紀にホッブスがトゥキュディデス『歴史』を英訳したことは有名である。ホッブスのトゥキュディデス論については、藤本興「党争と情念――トマス・ホッブズにおける〈幾何学への恋〉以前の時代」『論文集』〔慶應義塾大学大学院法学研究科〕五五号、二〇一五年を参照。

(103) 国際政治学におけるトゥキュディデスとホッブスの位置づけについては、以下の文献を参照。ハンス・モーゲンソー『国際政治――権力と平和』上巻、原彬久訳、岩波文庫、二〇一三年、一一二頁、ジョゼフ・ナイ・ジュニア／デイヴィッド・ウェルチ『国際紛争――理論と歴史〔原書第九版〕』田中明彦・村田晃嗣訳、有斐閣、二〇一三年。David Welch, "Why International Relations theorists should stop reading Thucydides", *Review of International Studies*, vol. 29, no. 3 (2003), pp. 301-319; David Armitage, *Foundations of Modern International Thought*, Cambridge, Cambridge University Press, 2013, pp. 59-74. なお、政治家ではあるが、アメリカ合衆国のコリン・パウエル元統合参謀本部議長（後に国務長官）のオフィスには、トゥキュディデスの言葉と称して次の文言が卓上の目の届くところに置かれていた――「あらゆる権力行使において、人にもっとも感銘を与えるのは（自己）抑制である」（"Of all manifestations of power, restraint impresses men most"）。実際トゥキュディデスの『歴史』にこれと一致する文言はみられないが、第六巻一一章に収録されている演説のパラフレーズと解することは可能である。Simon Hornblower and Charles Stewart, "No history without culture", *Anthropological Quarterly*, vol. 78, no. 1 (2005), pp. 269-277 at p. 269.

(104) 『歴史』第一巻二一。

(105) 『歴史』第一巻二二。疫病患者らが神殿に赴き神力にすがったにもかかわらず御利益が得られなかったので、次第に誰もそれをあてにしなくなったことについては第二巻四七を参照。

(106) Greene, *Moira*, p. 270.

(107) 『歴史』第三巻八二。

Farrar, *The Origins of Democratic Thinking*, pp. 156-157; Pierre Huart, *Le Vocabulaire de l'analyse psychologique dans l'oeuvre de Thucydide*, Paris, Klincksieck, 1968; Lowell Edmunds, *Chance and Intelligence in Thucydides*, Cambridge, Mass., Harvard University Press, 2013; A. Geoffrey Woodhead, *Thucydides on the Nature of Power*, Cambridge, Mass., Harvard University Press, 2013.

(108) 『歴史』第二巻六二。

(109) 『歴史』第五巻八九。訳者は注で次のような解説を付している。「強者が弱者を支配するのは当然であり、強者と弱者の間には正義は存在しないという考え方には、当時のソフィスト思想の影響が見られる。〈正義とは強者の利益である〉と主張するトラシュマコス（プラトン『国家』三三八Ｃ）や、〈自然本性に即していえば、優秀者は劣等者よりも多くを持つのが正義である〉と語るカリクレス（プラトン『ゴルギアス』四八三Ｄ）に代表される思想が、帝国支配正当化のために援用される」。

(110) 『歴史』第五巻一〇五。

(111) ファラーはこのように解釈しているように思われる。

(112) Farrar, *The Origins of Democratic Thinking*, p. 151. なお、状況に応じて原理の正しさを判断するのであれば、ペロポネソス戦争に先立ってなされたアテナイ使節の次の演説は警告ではなく、別のニュアンスを含んでいたことになろう。「かくして、吾々が与えられた支配権を受け取り、名誉心と恐怖と利益という最も強い力に負けて、それを放棄しなかったとしても、吾々は決して驚くべきことや人間性から離れたことを為してきたわけではない。また吾々が最初にかかることを始めたわけでもない。むしろ弱者が強者によって征服されるは常に定まっていることである」(第一巻七六)。

(113) 『歴史』第四巻一八。また第一巻八四には次のような記述がみられる。「そして、この吾々の特長は、特に賢明なる慎重さを意味する。この性格のおかげで吾々のみが成功しても高慢にならず、悲運に遭遇しても他の人々ほど挫けはしない。また人々が吾々を賞讃して吾々自身の考えに反して危険へと駆り立てても、それに気を好くして唆されはしない。誰かが吾々を非難して立腹させようとしても、それだけ余計に激怒して同調することもない」。

(114) 『歴史』第二巻六五。

(115) トゥキュディデスはデモクラシーには有能なリーダーが不可欠だと考えた。次の一節もそうした文脈で理解されるべきであり、デモクラシーの否定を意味するわけではない。「ともかく彼ら〔アテナイ市民〕が時宜を得ずに高慢に勇み立っているのを見れば、〔ペリクレスは〕言葉で威嚇して恐れさせ、また逆に理由もなく恐怖に落ち込んでいる場合には、再び勇気へと戻してやった。かくして言葉の上では民主制であったが、実際には第一人者による支配になっていたのである」(第二巻六五)。但し、これをトゥキュディデスによる貴族政擁護と見る解釈もある。いずれにしても、有能なリーダーの存在は前提となる。また、後代においては王政擁護の根拠としてこの一節が援用されることも珍しくなかった。

(116) 第一巻一四〇。

(117) ミシェル・フーコー『自己と他者の統治』阿部崇訳、筑摩書房、二〇一〇年、二一九–二二〇、二二八–二二九頁。但し、フーコーは「パレーシア」との関連で論じ、デモクラシーに内在するある種のパラドックスを問題にしている。

(118) 『歴史』第二巻六四。

(119) 次も参照。Farrar, *The Origins of Democratic Thinking*, p. 134.

(120) 納富信留『ソフィストとは誰か?』は、ソフィストの解釈史とその知的営為の特徴についてそれらの現代的レレバンスも考慮しつつ、画期的な考察を行っている。

(121) 岩田靖夫他『西洋思想のあゆみ』六五頁。
(122) Farrar, *The Origins of Democratic Thinking*, p. 77.
(123) 『ソクラテス以前哲学者断片集　第五分冊』内山勝利他訳、岩波書店、一九九七年、二八頁。
(124) 「あるもの（のみ）があると語りかつ考えねばならぬ。なぜならば、それがあることは可能であるが、無があることは不可能だから」（断片六）、「なぜならば、思惟することとあることとは同じであるから」（断片三）。『ソクラテス以前哲学者断片集　第二分冊』藤原令夫他訳、岩波書店、二〇〇八年、八一、七九頁。
(125) 岩田靖夫によれば「プロタゴラスは、人間が事物の存在や非存在の尺度である、と言っているのではなく、事物がどのように在るかという事物の在り方の尺度である、と言っているのである。……プロタゴラスのこの言葉でもっとも重要な点は、もしも事物の在りかたがそれを知覚する人間の認識に相関的であるならば、認識する人間を離れて事物そのものの在りかたを語ることは無意味になる、という相対主義もしくは人間中心主義の主張にあるのである」（岩田靖夫他『西洋思想のあゆみ』六五－六六頁）。
(126) プラトン『プロタゴラス』三一八E－三一九A。但し、邦訳は加藤守通「プロタゴラスと民主主義」『東北哲学会年報』一五号、一九九九年、五頁より引用。
(127) 『ソクラテス以前哲学者断片集　第五分冊』三一頁。
(128) 納富『ソフィストとは誰か?』二四頁。
(129) 岩田靖夫他『西洋思想のあゆみ』六六－六七頁。
(130) 加藤守通「プロタゴラスと民主主義」五頁。
(131) 加藤守通は次のような興味深い指摘を行っている。「プロタゴラスが懲罰を肯定したのも、懲罰がこの目的〔ポリス的な人間の形成〕に到達するための手段となり得るからであった（三二四A－C）。個人がポリスにとって有害な見解ないし性向を持っているとき、懲罰は、肉体的・精神的な苦痛を与えることによって、その見解ないし性向がその個人自身にとって望ましくないようにする。そうすることによって、懲罰は、個人が共同体と同じように考え感じるように強いる。そして、その結果、懲罰は、個人の真理を共同体の真理と強制的に一致させるのである」（加藤守通「プロタゴラスの教育思想」『東北大学教育学部研究年報』四三集、一九九五年、三頁）。
(132) 加藤守通は異なる解釈として以下の文献をあげつつ、それらに反論している（加藤守通「プロタゴラスの教育思想」八頁、注八）。E. Barker, *The Political Thought of Plato and Aristotle*, New York, 1959, p. 72; F.M. Cornford, *Plato's Theory of Knowledge*, London, 1960, p. 82 fn. 2; G. Simmons, "Protagoras on education and society", in *Paedagogica Historica*, vol. 12 (1972), pp. 518-537 at p. 525. この問題については以下も参照。C.C.W. Taylor and Mi-Kyoung Lee, "The sophists", *The Stanford Encyclopedia of Philosophy*, Spring 2011 edition. http://plato.stanford.edu/archives/spr2014/entries/sophists/

（133）Farrar, *The Origins of Democratic Thinking*, pp. 88-94; G.B. Kerferd, "Protagoras' doctrine of justice and virtue in the 'Protagoras' of Plato", *The Journal of Hellenic Studies*, vol. 73 (1953), pp. 42-45.

（134）岩田靖夫他『西洋思想のあゆみ』六九－七〇頁。

（135）Greene, *Moira*, p. 222.

（136）加藤守通「プロタゴラスの教育思想」七頁。

第三章

（137）『法律』七一六C〔森進一他訳、岩波文庫、一九九三年〕。

（138）『ソピステス』二六八C〔藤原令夫訳『プラトン全集』第三巻、岩波書店、二〇〇五年〕。

（139）なぜ「不知の自覚」であって、「無知の知」でないかについては、納富信留『哲学者の誕生――ソクラテスをめぐる人々』ちくま新書、二〇〇五年、第六章を参照。

（140）『ゴルギアス』五二一D〔加来彰俊訳、岩波文庫、一九六七年〕。

（141）「魂の向け変え」については、特に『国家』第七巻を参照。

（142）リヴィオ・ロセッティ「プラトン『ポリテイア』は論文にあらず」宮崎文典訳『学術の動向』（日本学術協力財団）二〇一一年一月号、一八－二六頁。なお、この章の脱稿後に刊行されたため参照することはできなかったが、以下も対話の意義を追求している。納富信留『プラトンとの哲学――対話篇をよむ』岩波新書、二〇一五年。

（143）もっとも、これは一つのパターンにすぎず、対話篇にもいろいろある。ジャン＝フランソワ・マテイが指摘しているように、弁論術的対話篇、教導的対話篇、神学的対話篇、解釈学的対話篇、記号論的対話篇、語用論的対話篇など、さまざまに分類することが可能である。ジャン＝フランソワ・マテイ『プラトンの哲学――神話とロゴスの饗宴』三浦要訳、白水社、二〇一二年、三六頁。また『国家』では、最初はポレマルコスやトラシュマコスらの主張を批判する形で対話が行われるが、話が進むにつれて対話者（特にアディマントスとグラウコン）は論敵というより聞き役に回るようになる。

(144)『メノン』九八B（藤原令夫訳、岩波文庫、一九九四年）。

(145)『国家』三六七C（藤原令夫訳、岩波文庫、一九七九年）。

(146)『国家』三六一E－三六二A。

(147)『国家』第四巻。なお、節制はすべての階層の人間に必要とされ、階層間の調和と同意の要とされる。特に四三二Aを参照。また、魂の諸部分間の調和は自然本来のあり方に符合するものとされる。「〈正義〉をつくり出すということは、魂のなかの諸部分を、自然本来のあり方に従って互いに統御し統御されるような状態に落着かせることであり、〈不正〉をつくり出すとは、それらの部分が自然本来のあり方に反した仕方で支配し支配されるような状態をつくり出すことではないかね」（四四四D）。

(148)『国家』四一五A－D。

(149)『国家』三八九B－C、四五九C－D。

(150)『国家』四三一D、四四二C－D。その場合、「節制」が重要となる。「まさにこのような合意こそが〈節制〉にほかならないと、きわめて正当に主張することができるだろう――すなわちそれは、国家の場合であれひとりひとりの個人の場合であれ、素質の劣ったものとすぐれたものの間に、どちらが支配すべきかということについて成立する一致協和なのだ」（四三一A）。

(151)プラトンの思考様式は多分に数学的ないし幾何学的要素を含んでいるといわれるが、次のようなことを考えればわれわれ現代人にも少し理解できるかもしれない。世の中に三角の形をしたものはたくさんある。だが、どれだけ完璧な三角形に見えても、よく見てみるとどこか歪んでいる。しかし、頭を使うことによって三角形を定義で捉えることもできる。同一線上にない三点を結ぶ三つの線分に囲まれ、内角の総和が一八〇度になる多角形、と。こちらは完璧である。なお、ここでは「分有」によるイデアと個物との関係性を説明したが、実際はもっと複雑であり、プラトンの中でも変遷が認められる。これについては、以下を参照。佐々木毅『プラトンと政治』東京大学出版会、一九八四年、二五二－二五四頁。

(152)『国家』五一八D。

(153)例えば、次を参照。「この宇宙は、神の先々への配慮によって、真実、魂を備え理性を備えた生きたものとして生まれたのである」（『ティマイオス』三〇B－C）。但し、製作者たる神が（魂の宿る）宇宙をつくる際にモデルとしたイデア的存在は、動的／静的や時間を超えて同一を保つ、永遠・不滅・不動なものとされる。

(154)『国家』五〇八E。

(155)『国家』五〇九Ｂ。
(156)『国家』第七巻。
(157)『国家』四五九Ｃ－四六〇Ａ。
(158)『国家』四五四Ｃ－Ｅ。
(159)『政治家』二九三Ａ－二九四Ｂ、二九七Ｄ－Ｅ、三〇〇Ｃ。なお、プラトンはしばしば医者や医術の比喩を用いる。最善にして理想的な国家は、依然として『国家』で示されたような哲人王によるものである。「立法にかんする知識が〈王者の持つべき知識〉のなかにひとつの要素として含まれていることは、もちろんある意味で明らかなことだ。けれども、最善の理想的な状態というものは、法律が強力であるということではなくて、知性をそなえていて王者たるにふさわしい人物、これが強力であることなのだ」（『政治家』二九四Ａ〔水野有庸訳『プラトン全集』第三巻、岩波書店、一九七六年〕）。だが、次善策についても次のように述べている。「われわれの考えによれば、さきに述べたあの政体だけが唯一の正当な政体であることに変わりはないのだけれども、これ以外のあらゆる政体も、この唯一の政体が作成した法典を活用しているかぎり、大切に存置されるべきであることが、きみにいま理解できるだろうか。だからまた、現代の社会でひろく是認されている法規は、完璧に正当であるようなものなどではないけれども、ともかくこの法規を実施している種々の政体も、この存置されるべき政体のうちに含まれてくるわけだが」（『政治家』二九七Ｄ）。法重視の立場については、例えば以下を参照。「法律が支配者の主人となり、支配者が法律の下僕となっているような国家においては、その国家の安全をはじめとして、神々から国家に恵まれる善きことのいっさいが実現される」（『法律』七一五Ｄ）。
(160)『政治家』二九一Ｄ－Ｅ、二九二Ａ、二九七Ｄ－Ｅ、三〇一Ａ－Ｃ、三〇二Ｃ－Ｅ、三九一Ｃ。なお、「強圧手段の行使」、「自由意志による服従可能性への顧慮」、「貧乏と富裕」が判断基準としてあわせて考慮されることもある。また、『国家』では、「間違ったあり方の国家」として四種類の国制が挙げられ――「名誉支配政」、「寡頭政」（「財産の評価にもとづく国制」）、「民主政」、「僭主政」――僭主政が最悪の国制とされる（『国家』五四四Ｃ）。そして〈優秀者支配政〉→〈寡頭政〉→〈民主政〉→〈僭主政〉という国制の解体過程が描かれる（『国家』第八巻）。
(161)『政治家』三〇二Ｅ、三〇三Ａ－Ｂ。
(162) 原語の「ミュートス」（muthos）にどの訳語を与えるか――「物語」（story, tale）か「神話」（myth）か――をめぐっても学者の間で意見がわかれる。Catalin Partenie (ed), *Plato's Myths*, Cambridge, Cambridge University Press, 2011, p. 1-6. Partenie らは myth を

用いているが、本書では『国家』の邦訳（岩波版）にしたがって「エルの物語」とする。

(163) これについては、以下を参照。Charles H. Kahn, "The myth of the Statesman", in Partenie (ed), *Plato's Myths*, pp. 148-166.

(164) 多様な意見については以下を参照。Partenie (ed), *Plato's Myths*, pp. 6-21. なお、「高貴な嘘」は哲学に向いていない者を説得するための神話とされることもある。

(165) 『国家』第一〇章。なお、プラトンは運命との対峙の仕方においても詩人を批判する。詩人は感情を無駄にたかぶらせ、「魂の低劣な部分を呼び覚まして育て、これを強力にすることによって理知的部分を滅ぼしてしまう」（六〇五Ｂ）。それに対してプラトンは、逆境においても理にしたがって熟慮する必要を説き、それこそが「運命に対する最も正しい対処の仕方」（六〇四Ｄ）であるとする。

(166) 「君はそれを作り話（ミュートス）と考えるかもしれない、とぼくは思うのだが、しかしぼくとしては、本当の話（ロゴス）のつもりでいるのだ。というのは、これから君に話そうとしていることは、真実のこととして話すつもりだからね」（『ゴルギアス』五二三Ａ）。したがって、プラトンのミュートスを合理的ないし哲学的神話と位置づける研究者もいる。特に以下を参照。Julia Annas, "Plato's myths of judgement", *Phronesis*, vol. 27, no. 2 (1982), pp. 119-143. なお、Annas は『国家』、『ゴルギアス』、『パイドン』に登場する神話を比較しつつ、それらの違いを明らかにしている。

(167) クセノフォン『ソクラテスの思い出』一・一一－一五（佐々木理訳、岩波文庫、一九五三年）。

(168) なお、岩波訳では「エイコース・ミュートス」(eikos muthos) に「ありそうな物語」という訳語があてられているが、バーンイートはより合理的なニュアンスを含む訳語をいくつか提案する。M.F. Burnyeat, "*Eikos muthos*" in Partenie, *Plato's Myths*, pp. 167-186. 次も参照。Annas, "Plato's myths of judgement", pp. 119-143 at p. 121.

(169) プラトンのコスモス論と政治理論との関係について論じた邦語文献は少ないが、佐々木毅『プラトンと政治』は非常に充実している。プラトンのエルの物語における運命については、ゴラン『ギリシア人の運命意識』一七二－一七六頁を参照。

(170) 『国家』六一七Ｄ－Ｅ。

(171) 『国家』六一九Ｂ。

(172) 『国家』六二〇Ｂ－Ｄ。

(173) 『国家』六一九Ｂ－Ｃ。

(174) Kenneth Dorter, "Free will, luck, and happiness in the Myth of Er", *Journal of Philosophical Research*, vol. 28 (2003), pp. 129-142. なお、「ア

ナンケー」〈必然〉の意味が『国家』と『ティマイオス』とでは必ずしも同一ではないとの指摘があるものの（Greene, *Moira*, p. 304）、また人間の自由について直接論じているわけではないとはいえ、次の『ティマイオス』における記載も興味深い。「何故なら、この宇宙の生成は、〈必然〉と〈理性〉との結合から、〔両方の要素の〕混成体として生み出されたからです。このさいにはしかし、〈理性〉のほうが、〈必然〉を説き伏せて、生成するものの大部分を最善へ導くようにさせたということで、〈必然〉を指導する役割を演じたのでして、このようにして、このような仕方で、〈必然〉が思慮ある説得に伏することによって、最初に、この万有は構成されたわけなのです」（『ティマイオス』四八A）。

(175) 『国家』六一九D－E。

(176) 「われわれが発見したのは、正義はそれ自体として魂それ自体にとって最善のものであるということ、そしてギュゲスの指輪をもっていようといまいと、さらにはそのような指輪に加えてハデスの兜をもっていようといまいと、魂は必ず正しいことを心がけなければならぬ、ということだったのだね？」（『国家』六一二B）。

(177) 『国家』六一二B－六一三E。

(178) Julia Annas, "Plato's myths of judgement", pp. 119-143.

(179) 『ティマイオス』三七C－D。

(180) なおプラトンの合理性重視の思想体系からして、「ヒュブリス」は悲劇作家におけるような中心的扱いを受けないが、しかし一部の研究者が指摘しているように、その言葉は頻繁に登場する。その多義性と思想的意義については、Fisher, *Hybris*, pp. 453-492参照。

(181) 佐々木毅『プラトンの呪縛』講談社学術文庫、二〇〇〇年、一八頁。

(182) ロバート・P・エリクセン『第三帝国と宗教――ヒトラーを支持した神学者たち』古賀敬太・木部尚志・久保田浩訳、風行社、二〇〇〇年。

(183) 例えば、ウェーバーは以下のように述べている。「以上のような学問の意義に関する諸見解、すなわち〈真の実在への道〉、〈真の芸術への道〉、〈真の自然への道〉、〈真の神への道〉、また〈真の幸福への道〉などが、すべてかつての幻影として滅び去ったこんにち、学問の職分とはいったいなにを意味するのであろうか。これにたいするもっとも簡潔な答えは、例のトルストイによって与えられている。かれはいう、〈それは無意味な存在である、なぜならそれはわれわれにもっとも大切な問題、すなわちわれわれはなにをなすべきか、いかにわれわれは生きるべきか、にたいしてなにごとをも答えないからである〉と。学問がこの点に答えないということ、これはそれ自身としては争う余地のない事実である。問題となるのはただ、それがどのような意味で〈なにごとも〉答えないか、またこれに答えないかわりにそれが、正しい問い方をするものにたいしてはなにか別のことで貢献するのではないか、ということである」（『職業としての学問』尾高邦雄訳、岩波文庫、一九八〇年、四二－四三頁）。「およそ政治というものは、それが目指す目標とはまったく別個に、人間生活の倫理的な営みの全体の中でどのような使命を果たすことができるのか。言ってみれば、政治の倫理的故郷はどこにあるのか。もちろんそこでは、究極的な世界観が衝突し合っていて、われわれとしては結局その中のどれかを選択しなければならないわけである」（『職業としての政治』脇圭平訳、岩波文庫、一九八〇年、八二頁）。

(184) 丸山眞男『日本の思想』岩波新書、一九六一年。なお、丸山は日本と西洋の知的伝統の違いを説明するために「タコツボ」という言葉を用いたが、今日においては西洋においても同様のことがいえよう。

(185) 中村勝己『近代文化の構造――キリスト教と近代』講談社学術文庫、一九九五年。

(186) ウェーバーは次のように述べている。「これこれの実際上の立場は、これこれの究極の世界観上の根本態度……から内的整合性をもって、したがってまた自己欺瞞なしに、その本来の意味をたどって導きだされるのであって、けっして他のこれこれの根本態度からは導きだされないということがそれである。このことは比喩的にいえばこういうことである。もし君たちがこれこれの立場をとるべく決心すれば、君たちはその特定の神にのみ仕え、他の神には侮辱を与えることになる。なぜなら、君たちが自己に忠実であるかぎり、君たちは意味上必然的にこれこれの究極の結果に到達するからである。学問にとってこのことはすくなくとも原則上可能である。哲学上の各分科や、個別学科のなかでも本質上哲学的なもろもろの原理的研究は、みなこの仕事をめざしている。そして、われわれもまた、われわれの任務をわきまえているかぎり……各人にたいしてかれ自身の行為の究極の意味についてみずからの責任を負うことを強いることができる、あるいはすくなくも各人にそれができるようにしてやることができる」（『職業としての学問』六三－六四頁）。

(187) 『国家』五九一E、五九二B。ウェルナーについては特に以下を参照。Werner Jaeger, *Paideia: The ideals of Greek culture*, 3 vols., tr. by Gilbert Highet, Oxford, Blackwell, 1944-1946, vol. 3, p. 295, 347-357. 佐々木毅『プラトンと政治』二三六－二三八頁も参照。

(188) 『国家』四六四B－E。

(189) 『国家』四六二C－D。

(190) イェーガー自身、ルソーに言及している。Jaeger, *Paideia*, vol. 3, p. 200.

(191) バートランド・ラッセル『西洋哲学史3（近代哲学）』市井三郎訳、みすず書房、一九七〇年、六七八頁。

(192) カール・ポパー『開かれた社会とその敵――第一部・プラトンの呪文』内山詔夫・小河原誠訳、未来社、一九八〇年。

(193) 佐々木毅『プラトンの呪縛』三〇二－三一〇頁。ワイルド曰く、プラトンの僭主制批判に注目するのであれば「プラトンに耳を傾けたから全体主義体制が成立したいう議論はおかしいのであって、むしろ、プラトンを無視し、ないがしろにしたために全体主義体制が成立したということになる」（同三〇八頁）。ジョン・ワイルドの著作は以下。John Wild, *Plato's Theory of Man: An Introduction to the realistic philosophy of culture*, Cambridge, Mass., Harvard University Press, 1946; *Plato's Modern Enemies and the Theory of Natural Law*, Chicago, Chicago University Press, 1953.

第四章

(194) このへんの事情については、山本耕平「スコラ哲学の意味」『新岩波講座・哲学　哲学の原型と発展――哲学の歴史1』岩波書店、一九八五年を参照。

(195) 『政治学』翻訳の経緯と「アリストテレス革命」については、将基面貴巳『ヨーロッパ政治思想の誕生』名古屋大学出版会、二〇一三年、七七－一〇五頁を参照。

(196) 詳しくは、以下を参照。Cary Nederman, *Medieval Aristotelianism and Its Limits: Classical traditions in moral and political philosophy, 12th-15th centuries*, Variorum, 1997.

(197) アリストテレス『ニコマコス倫理学』一〇九六ａ（高田三郎訳、岩波文庫、一九七一年）。

(198) 『政治学』一二八八ｂ、一二八九ａ。アリストテレスはさらに次のように述べる。「したがって明らかに、国制についても、以下のことを研究するのはすべて、同一の知識〔学〕のなすべきことである。すなわち、最善の国制とは何か、また、外的な障害がないかぎり、人が理想とするものと完全に一致して設立されたら、どのようなものになるだろうかを研究すること。また、どんな国制がどんな種類の人びとに適しているかも――というのは、多くの人が最善のものを得るのはおそらく不可能であろうから、善き立法家と真の政治家は〈絶対的に最善〉の国制と同時に、〈状況からみてできるかぎりの最善〉の国制を念頭にいれておくべきだからである――。さらに第三に、〈想定による〉国制がある。つまり、与えられた国制にしても、それが最初に生じたのはどのようにしてであったろうか、そしていったん生じたからには、できるだけ長く安全を保つにはどのような仕方によれば可能であろうか、といったことを研究できるのでなくてはならないからである」（『政治学』一二八八ｂ）。

(199)『政治学』第三巻第七章、第四巻第一二章。『ニコマコス倫理学』第八巻第一〇章も参照。なお、アリストテレスは国制を次のように定義している。「国制は、国家のさまざまな公職、とりわけすべてをつかさどる至高の権限〔主権〕をもつ公職の秩序ある組織である。というのは、どこでも国家の統治機関が主権をもち、統治機関が国制を代表しているからでる。わたしが言うのは、たとえば、民主制では民衆が主権をもち、これと逆に寡頭制では少数者が主権をもつということである」(『政治学』一二七八b)。正しい国制、逸脱した国制の基準については、『政治学』一二七九aを参照。ちなみに、アリストテレスは、プラトンの政体論と自分のそれとが異なることもアピールしている(『政治学』一二八九b)。

(200)『政治学』一二八九b。

(201)『政治学』第五巻第一一、一二章。

(202)『政治学』第三巻第一七－一八章。但し、あまりにも能力的に突出している人間は「神のような存在」なのであり、ポリスにはふさわしくないという見方も示される。これはプラトン批判でもある。「なぜなら、徳と国政の能力にかけて、これほど等しからざる人たちに他との平等性を求めるとすれば、それは、彼らに対して不当な扱いをすることになるからである。このような人びとは、人間のうちにあって神のごとき存在であるのはけだし当然である。ここから明らかになるのは、立法もまた、生まれにおいても、能力においても平等な人びとに対してなされなければならないということ、しかしこのような人びとに対しては法は存在しないということである」(一二八四a)。

(203)「しかし、最初に述べられた難問〔前章で提起された「国家の主権をもつべきは何か」という難問〕がなによりも明らかにしているのは、ほかでもない、法こそが、もし正しく制定されるならば、主権をもつべきだということである。そして支配の座にある者は、一人であろうと、多数であろうと、法が精密に定めることのまったくできない事柄――というのは、あらゆることについて一般的規定を尽くすことは容易でないからであるが、――そうした事柄に関してだけ権限をもつべきだということである」(『政治学』一二八二b)。

(204)市民は次のように定義される。「かくして、市民とはいかなる者かは、以上の考察から明らかである。すなわち、審議と裁決に参与する資格のある者、これをいまやわれわれは当の国家の市民であると言う。そして、このような人びとが集まり、生活の自足性のために十分な多さにまで達した集合体を、端的に言って、われわれは国家と呼ぶ」(『政治学』一二七五b)。支配のあり方については、以下を参照。「しかし、おなじような生まれの自由な市民を治めるという支配がある。これをわれわれは〈国家的支配〉と呼ぶ。支配する者は、支配されることによって、それを学ばなければならない……そして支配する者と支配される者の徳は異なるにもかかわらず、善き市民は、支配されることと支配することの双方の知識をもち、かつその能力があるのでなければならない。そして自由人の支配というものを、その両面において知ることが市民の徳にほかならない」（『政治学』一二七七b）。「しかし、最善の国制に関するかぎり、それは、徳に応じた生を目指して支配されることも、支配することも、ともになしうる能力があり、かつともに選択する者にほかならない」（『政治学』一二八四a）。さらに『政治学』第七巻第一四章を参照。

(205) 『政治学』一二八一b。

(206) 「大衆があまりにも奴隷のように堕落しないかぎり、たとえ個々別々には知っている者〔専門家〕より劣る判定者であるとしても、全員が集まれば全体としてはいっそう優れた判定者になるか、少なくとも劣ってはいない判定者になれるからである」（『政治学』一二八二a）。

(207) 『政治学』一二八二a。

(208) 「つまり、〈国制〉とは、かんたんに言えば、寡頭制と民主制との混合形態なのである。しかしながら、それらの混合形態のうち、民主制のほうに傾くものを〈国制〉と呼ぶのに対して、寡頭制のほうにいっそう傾くものを貴族制と呼ぶのが一般のならわしである」（『政治学』一二九三b）。「つまり、貴族制の基準は徳であり、寡頭制の基準は富、民主制のそれは自由である」（『政治学』一二九四a）。なお、「民主制の原則と特徴」については、第6巻第二章を参照。「民主的国制の基本的原則は〈自由〉である。彼ら民主制論者はいつもこれを標榜しているが、その意味はこの国制においてのみ人は自由というものに与かることができるということである。というのは、どんな民主制も自由を目指していると彼らは主張するからである。ところで自由の一つの要素は、支配を受けることと支配を行なうことを交替にすることである。というのは民主制的な〈正しさ〉は、価値によらず、数にもとづき等しい配分に与かることだからである。……その結果、民主制においては無産者が有産者より力が勝ることになる」（一三一七b）。「他方、もう一つの自由の要素は、各人自分が欲するように生きることである。なぜなら、欲するように生きられないことが隷属者の特徴であるなら、これは自由であることの特徴であると、彼らは主張するからである。かくてこれが民主制の第二の原則である。そこから、いかなる者によっても支配されないという要求がでてきた。しかしそれがかなわぬならば、せめて支配と被支配を交替して行なうことを要求する。第二の原則はこのようにして、平等にもとづく自由に貢献するのである」（一三一七b）。

(209) 『政治学』第四巻第一一、一二章。第五巻第一、八章の以下の主張にも注目。「また中間階層よりなる〈国制〉は、少数派の国制よりも民主制にいっそうちかいものである。それは、こうした種類の国制のなかでもっとも安定した国制である」(『政治学』一三〇二a)。「そして無産者の階層と有産者の階層を融合させるか、あるは中間層を増やすように努めるべきである。なぜなら中間層の増加は、不平等に負うところの国内分裂を解消させるからである」(『政治学』一三〇八b)。

(210)「すなわち、倫理に関する論述〔『ニコマコス倫理学』〕において、幸福な生とは、徳に適って生きることがなんら妨げられないものであり、徳とは中庸にほかならないと語られたのであるが、もしそれが正しいならば、中庸的な生……が最善の生でなければならない」(一二九五a)。「なぜなら共同体は人びとの友愛にもとづくものだからである。というのは、人は、敵とは道さえもともに歩むことを欲しないからである。しかるに、国家は可能なかぎり平等で同質な人びとよりなることを目指すのであるが、そうした特徴はとりわけ中間的な人びとにおいて見いだされる」(一二九五b)。『ニコマコス倫理学』第二巻第六章、第七巻第一三章も参照。友愛については『ニコマコス倫理学』第八巻第一章 - 第九章を参照。

(211)「しかしたとえ法律がよく制定されていても、人がそれに従わないならば、それはよい法秩序のうちにあることにはならない。それゆえ、よい法秩序のうちにあるというのは、一つには制定された法律に従うこと、いま一つには人びとが遵守する法律がよく制定されていることと考えるべきである」(『政治学』一二九四a)。

(212)「また、技術を比較のモデルにするのは誤りである。技術を革新することと、法を変えることには類似性がない。なぜなら法は、習慣による以外には、人をしてそれに服従させるいかなる力ももっていないからである。そして、それは長い時間をかけなくては得られない。したがって現行の法を、異なる新しい法に容易に変えることは法の力を弱めることである」(『政治学』一二六九a)。

(213)「しかし、国制の存続のために語られたすべてのなかで最重要であるが、今日すべての人によって軽んじられていることは、国制に適した教育がなされるべきことである。なぜなら、たとえなににもまして有用な法律が制定され、国制下にある者がみなそれに賛同しているとしても、もし彼らが国制の精神のなかで――その法律が民主制に属するなら民主制の精神のなかで、また寡頭制に属するなら寡頭制の精神のなかで――習慣づけられ、教育されているのでなければ、そのような法律たりともなんの役にも立たないからである」(『政治学』一三一〇a)。『政治学』一三三七aも参照。具体的な出産、子育て、教育プログラムについては『政治学』第七巻第一四章以降および第八巻を参照。

(214)「なぜなら個人にとっても公共にとっても同じもの〔善き生と幸福〕が最善であって、立法家はこれを人びとの魂の内部に作らねばならないからである」(『政治学』一三三三b)。

(215)『政治学』一二六一a。さらに、次のように述べる。「ソクラテス〔プラトン〕の誤謬の原因は、彼のあの想定が正しくなかったからだと考えなければならない。なぜなら、家も国家もある程度は一つになるべきであるけれども、完全に一つであってはならないからである。というのは、国家が一つになる方向にむやみに進んでゆけば、ある地点では国家でなくなるだろうし、ある地点ではまだ国家ではあるが、国家でなくなる寸前に欠陥国家になるだろうからである」(『政治学』一二六三b)。

(216)『政治学』第二巻第二―五章。

(217)「〈ある〉と言われるものども〔諸存在〕のうち、その或るものは自然によって存在し、他の或るものはその他の原因によって存在する。自然によって存在するものども〔自然的諸存在、自然物〕は動物とその諸部分や植物や単純な物体、たとえば土、火、空気、水などである。……けだし、これら〔自然的に存在するものども〕の各々はそれ自らのうちにそれの運動および停止の原因〔始動因〕をもっている」(『自然学』一九二b)。

(218)『政治学』一二五三a。

(219)『政治学』一二五三a。以下も参照。「すべての共同体はなんらかの善を目標にするのであるが、それらのうちでも最高の共同体、他のすべてを包括する共同体は、あらゆる善のうち最高の善のために、最大の努力をもってそれを目指すのである。これが国家〔ポリス〕と呼ばれるもの、すなわち国家共同体にほかならない」(『政治学』一二五二a)。「それ〔国家=ポリス〕は、人びとが生きるために生じたのであるが、彼らが善く生きるために存在するものである。それゆえ、いやしくも初期段階の共同体が自然によってあるからには、どんな国家も自然によってある。なぜなら国家はそれらの共同体の終局目的であり、また自然は〔すべて自然によってあるものにとっての〕終局目的だからである」(一二五二b)。但し、ポリスの自然と人間の自然とでは若干意味が異なる。集合体としてのポリスは、生命組織体のような自然的存在なわけでも、それ自体に運動原理が内在しているわけでもない。この点については、以下を参照。Fred Miller Jr, "Naturalism", in Christopher Rowe and Malcolm Schofield (ed), *The Cambridge History of Greek and Roman Political Thought*, Cambridge, Cambridge University Press, 2005, pp. 321-343 at p. 328.

(220)『政治学』一二五三a。

(221)「国家に参与できないか、それとも自足性のゆえに他のいかなるものも必要としないのであるなら、国家のいかなる部分でもない。したがってそれは、野獣か、神かである」(『政治学』一二五三a)。また、『ニコマコス倫理学』には次のような仕方でポリス>個人という図式が明示される。「まことに、善は個人にとっても国にとっても同じものであるにしても、国の善に到達しこれを保全することのほうがまさしくより大きく、より究極的であると見られる。けだし、もとより善は単なる個人にとってても好ましきものであるが、もろもろの種族やもろもろの国にとってはそれ以上にうるわしく神的なものなのだからである。われわれの研究はこうしたことがらを希求するものであり、この意味でそれは一種の政治学的な研究だといえよう」（『ニコマコス倫理学』一〇九四b）。

（222）「このことは、だが、最も有力な最も棟梁的な位置にあるところのものに属すると考えられるであろう。ところで、こうした性質をもつと見られるものに政治なるものがある。というのは、国においていかなる学問が行われるべきか、各人はいかなる学問をいかなる程度まで学ぶべきであるかを規律するのは〈政治〉であり、最も尊敬される能力、たとえば統帥・家政・弁論などもやはりその下に従属しているのをわれわれは見るのである」（『ニコマコス倫理学』一〇九四a－b）。

（223）『ニコマコス倫理学』一一八一b。

（224）『ニコマコス倫理学』一〇九九b。

（225）「事実、人間よりもその本性の遥かに神的なものが他に存在しているのであり、われわれの眼にもっともあらわに映ずるこの種のものとして、天界を組成するところのものがあるのである」（『ニコマコス倫理学』一一四一b）。なお、今道友信が指摘しているように、アリストテレスは『形而上学』第一二巻第八章においてこの星々と神々とを同一視している。そして『動物部分論』第一巻第五章の一節を引きつつ、星々（天体）が自然的存在者であると説明している。今道友信『アリストテレス』講談社学術文庫、二〇〇四年、二五七－二四九頁。なお、こうした知的にして神に近い神々しい存在としての星を、トマス・アクィナスが天使と読み替えたという興味深い指摘については、同二五六－二五七頁を参照。

（226）「国家に参与できないか、それとも自足性のゆえに他のいかなるものも必要としないのであるなら、国家のいかなる部分でもない。したがってそれは、野獣か神かである」（『政治学』一二五三a）。

（227）若干ニュアンスは異なるものの、バートランド・ラッセルは次のように述べている。「アリストテレスの形而上学は、大まかにいえば、常識によって薄められたプラトン説だ、と評することができよう。彼が難解であるのは、プラトンと常識とが容易に混じりあわないからである」（『西洋哲学史1（古代哲学）』市井三郎訳、みすず書房、一九七〇年、一六七頁）。

（228）『ニコマコス倫理学』一〇九六a－b。

（229）『ニコマコス倫理学』第六巻第三章を参照。

（230）「われわれはもろもろの正しい行為をなすことによって正しいひととなり、もろもろの節制的な行為をなすことによって節制的なひととなり、もろもろの勇敢な行為をなすことによって勇敢なひととなる」（『ニコマコス倫理学』一一〇三a－b）。また、アリストテレスは「知性的卓越性（徳）」と「倫理的卓越性（徳）」とを区別し、後者について次のように述べる。「これらの倫理的な卓越性ないしは徳は、だから、本性的に生れてくるわけでもなく、さりとてまた本性に背いて生ずるのでもなく、かえって、われわれは本性的にこれらの卓越性を受け入れるべくできているのであり、ただ、習慣づけ（エートス）によってはじめて、このようなわれわれが完成されるにいたるのである」（『ニコマコス倫理学』一一〇三ａ）。

(231) 気になる方は『ニコマコス倫理学』第六巻第六－七章を参照。

(232) なお、随意的行為と選択の考察については、『ニコマコス倫理学』第三巻第一－三章を参照。また、実践重視ということは、経験も重要になってくるので、理論的学問が得意な子供であっても実践的学問は容易に習得できないとされる（『ニコマコス倫理学』一〇九五ａ、一一五二ａ）。以下も参照。「同じひとが知慮あるひとたると同時にまた抑制力のないひとたること、こうしたことはやはり不可能である。なぜなら、すでに示されたごとく、知慮あるひとは、同時にまた倫理的性状（エートス）におけるすぐれたひとなのである。のみならず、ひとは単に知っていることによって知慮あるひとたるのではなくして、それを実践しうるひとたることによってそうなのであるが、抑制力のないひとというのはこのような実践のできないひとにほかならない。このことは、しかし、怜悧な、利口なひとが抑制力のないひとたることを妨げるものではない。……けだし、怜悧とか利口とかいうものは上述のような仕方で知慮とは異なったものなのであって、すなわち、怜悧はことわり（ロゴス）という点にかけては知慮に近似的であるが、しかし〈選択〉のいかんを含意しないものなる点において知慮とは異なるものだからである」（『ニコマコス倫理学』一一五二ａ）。

(233) 『ニコマコス倫理学』一一〇六ａ。次も参照。「かくして、徳とは〈ことわりによって、また知慮あるひとが規矩とするであろうところによって決定されるごとき、われわれへの関係における中庸〉において成立するところの、〈われわれの選択の基礎をなす（魂の）状態〉にほかならない」（『ニコマコス倫理学』一一〇六ｂ－一一〇七ａ）。

(234) もちろん、不可能なことを願望することは可能だが、アリストテレスはこれを選択と明確に区別する。「これ〔選択〕に反して願望は不可能なこと――たとえば不死――にもかかわる」（『ニコマコス倫理学』一一一一ｂ）。

(235) ここでは話をすこぶる単純化したが、アリストテレスは「選択」についても精緻な議論を展開している。例えば、『ニコマコス倫理学』で、「〈選択〉は不可能なことがらにはかかわらない」とし、「総じて〈選択〉とはわれわれの力の範囲内にあるものについてのみなされるもの」と述べている。そして、「〈選択〉は目的へのもろもろのてだてにかかわる」と（一一一一ｂ）。また、次のようにも述べている。「〈選択されることがら〉とはわれわれの力の範囲内に属することがらのうち思量を経て欲求されるところのものであるとすれば、〈選択〉ということは、われわれの力の範囲内に属することがらについて思量的な欲求である」（一一一三a）。このように思量が重視されるゆえ、必然からも偶然からも切り離される形で選択、さらには自由と責任が根拠づけられることになる。詳しくは、一一一二a、一一一三bを参照。

(236) 『ニコマコス倫理学』一〇九四b。この一節に関してはさまざまな解釈が存在する。例えば以下を参照。Michael Bertram Crowe, *The Changing Profile of the Natural Law*, The Hague, Martinus Nijhoff, 1977, pp. 21-23.

(237) 詳しくは、以下を参照。John Dudley, *Aristotle's Concept of Chance: Accidents, cause, necessity, and determinism*, Albany, State University of New York Press, 2012.

(238) 『ニコマコス倫理学』一〇九九b。

(239) 『ニコマコス倫理学』一一〇一a、一一五三b。

(240) 『ニコマコス倫理学』一一〇〇b。以下も参照。John Dudley, *Aristotle's Concept of Chance*, pp. 199-235.

(241) 『政治学』一三二三b。しかもこのことは個人だけでなく、国家の問題としても論じられる。「かくして、われわれが述べたことから導きだされるのは、善きもののうちのあるものは、はじめから用意されているべきであるが、あるものは、立法者がこれを供給しなければならないということである。それゆえ、願わくば、幸運の賜物が国家の組織に与えられんことをわれわれは祈る——幸運にそれをつかさどる力を認めてよいことだから——。しかし、国家が有徳になることはもはや幸運のわざではなく、知識と選択意志の仕事である。しかし国家の有徳性は、国制に参加する市民が有徳である事実に負うのである」（『政治学』一三三二a）。

(242) 『ニコマコス倫理学』一一〇〇b。次も参照。「まことに、真の意味における善きひと・賢慮のひとは、われわれは思うのであるが、いかなる運命をも見事に堪え忍び、与えられたものをもととして常に最もうるわしきを行うものなのである」（『ニコマコス倫理学』一一〇一a）。「かくして、求められるところの持続性は、幸福なひとにおいてはすでに存在しているのであり、幸福なひとは生涯を通じて幸福であることをやめないであろう。なぜなら彼は常に、ないしは何びとにもまさって、卓越性に即して実践しかつ観照するであろうし、またいろいろの運不運を最もうるわしく、あらゆる仕方あらゆる意味において適宜に耐えてゆくだろうからである」（『ニコマコス倫理学』一一〇〇b）。

(243) 『ニコマコス倫理学』一一三四b。また、人の支配ではなくロゴスの支配という点も重要である。「われわれが人間をして支配せしめないで〈ことわり〉をして支配せしめるのもこのゆえである。人間は自己のためをはかって以上のごとき行為をなし、

(244) 僭主たるにいたることがあるのだから」(『ニコマコス倫理学』一一三四a－b)。以下の政治思想研究者によるプラトンとアリストテレスの時間概念比較論は、通説を相対化しているという点で興味深い。W. von Leyden, "Time, number, and eternity in Plato and Aristotle", *The Philosophical Quarterly*, vol. 14, no. 54 (1964), pp. 35-52. 以下の文献も参照。村上恭一「アリストテレスの時間論」『法政大学教養部紀要』二八号、一九七七年。Robert E. Cushman, "Greek and Christian views of time", *The Journal of Religion*, vol. 33, no. 4 (1953), pp. 254-265. なお今日、依然としてアリストテレスの時間論は哲学的に有効であると主張する論者もいる。Tony Roark, *Aristotle on Time: A study of the Physics*, Cambridge, Cambridge University Press, 2011.

(245) 『政治学』第七巻第二－三章。

(246) 『ニコマコス倫理学』一一四一a。第一〇巻第七－八章も参照。さらに『形而上学』でも観照の優位性が説かれる。次の『形而上学』の冒頭の一節はあまりにも有名である。「すべての人間は、生まれつき、知ることを欲する。その証拠としては感官知覚〔感覚〕への愛好があげられる。というのは、感覚は、その効用をぬきにしても、すでに感覚すること自らのゆえにさえ愛好されるものだからである。しかし、ことにそのうちでも最も愛好されるのは、眼によるそれ〔すなわち視覚〕である。けだし我々は、ただたんに行為しようとしてだけでなく全くなにごとを行為しようともしていない場合にも、見ることを、言わば他のすべての感覚にまさって選び好むものである。その理由は、この見ることが、他のいずれの感覚よりも最もよく我々に物事を認知させ、その種々の差別相を明らかにしてくれるからである」(『形而上学』九八〇a〔出隆訳、岩波文庫、一九五九年〕)。

(247) 『ニコマコス倫理学』一一七八b。

(248) 『政治学』一二五四b。

(249) 『政治学』一二五四b。

(250) ルイス・ハンケ『アリストテレスとアメリカ・インディアン』佐々木昭夫訳、岩波書店、一九七四年、松森奈津子『野蛮から秩序へ――インディアス問題とサラマンカ学派』名古屋大学出版会、二〇〇九年を参照。

第五章

(251) 例えば、宇野重規『西洋政治思想史』有斐閣、二〇一三年。

（252）鷲見誠一『ヨーロッパ文化の原型』南窓社、一九九八年、田上雅徳『入門講義・キリスト教と政治』慶應義塾大学出版会、二〇一五年、将基面貴巳『ヨーロッパ政治思想の誕生』名古屋大学出版会、二〇一三年。

（253）ディオゲネスはとても興味深い人物であり、彼に関する数々の面白い逸話が存在するが、ここではそれらに触れる余裕がないので、興味のある方は山川偉也『哲学者ディオゲネス——世界市民の原像』講談社学術文庫、二〇〇八年を参照。

（254）例えば、以下を参照。Michael J. White, "Stoic natural philosophy (Physics and Cosmology)", in Brad Inwood (ed), *The Cambridge Companion to the Stoics*, Cambridge, Cambridge University Press, 2003, pp. 124-152; Dorothea Frede, "Stoic determinism", in *The Cambridge Companion to the Stoics*, pp. 179-205. 近藤智彦「〈運命愛〉はストア的か?」『思想』九七一号、二〇〇五年。

（255）Michael J. White, "Stoic natural philosophy (Physics and Cosmology)", pp. 137-144.

（256）Dorothea Frede, "Stoic determinism", pp. 184-186. なおこの論文では、ストア派におけるコスモス的一元性のなかにも一定の多元性が認められることが指摘される。

（257）このへんの説明は、基本的に以下の文献に依拠している。Myles McDonnell, *Roman Manliness: Virtus and the Roman Republic*, Cambridge, Cambridge University Press, 2006, pp. 84-95.

（258）以下も参照。W. Warde Fowler, "Caesar's conception of Fortuna", *The Classical Review*, vol. 17, no. 3 (1903), pp. 153-156; Elizabeth Tappan, "Julius Caesar's luck", *The Classical Journal*, vol. 27, no. 1 (1931), pp. 3-12.

（259）Jacqueline Champeaux, *Fortuna: Le culte de la Fortune à Rome et dans le monde romain*, t. 1, Rome, Ecole française de Rome, 1982; Jerold Frakes, *The Fate of Fortune in the Early Middle Ages: The Boethian tradition*, Leiden, Brill, 1988.

（260）なお『運命について』の原題は *De Fato* であり英語の fate と同様、定めというニュアンスが強いので、『宿命について』と訳すことも可能である。事実、『キケロー選集』第一一巻、岩波書店、二〇〇〇年、所収の *De Fato* は『運命について』という邦題が与えられているが、『世界の名著・キケロ、エピクテトス、マルクス・アウレリウス』（中央公論社、一九八〇年）所収のものは『宿命について』となっている。

（261）『法律について』第一巻一六（岡道男訳『キケロー選集』第八巻、岩波書店、一九九九年）。

（262）『義務について』第一巻二〇（高橋宏幸訳『キケロー選集』第九巻、岩波書店、一九九九年）。

（263）『義務について』第一巻二〇－二一。

（264）『義務について』第一巻二五。

(265)『法律について』第一巻七。ここでは「法」(ius)と「法律」(lex)が区別されている。「法」とは慣習を含む一般的法規範(正しい行為のための規範)、「法律」とは制定された法律を意味する。

(266)『法律について』第二巻、五。

(267)『国家について』第一巻、二五。

(268)『国家について』を参照。権力均衡については『法律について』第三巻一二を参照。

(269)Arnaldo Momigliano, "Time in ancient historiography", pp. 1-23.

(270)アウグスティヌスの時間論は『告白』第一一巻で展開される。「ではいったい時間とは何でしょうか。だれも私にたずねないとき、私は知っています。たずねられて説明しようと思うと、知らないのです」という有名な言葉から始まる時間の考察は、哲学的であると同時に神学的関心(無からの天地創造をめぐる問い)に裏打ちされおり、時間も神によってつくられたものであり、被造物たる人間の精神(魂、心)の中に存在するものとされる。これはある種の「心理的時間」の立場であり、哲学的には今日依然として一定の有効性をもつと主張する論者もいる。そして三つの時間(過去、現在、未来)が精神の働きとして捉えられ、過去は記憶として現在に、現在は直観として現在に、未来は期待として現在にあると考えられるのである。「三つの時がある。過去についての現在、現在についての現在、未来についての現在」――つまり、すべては現在であり、これはある種の「現在主義」の主張となるわけだが、これが人間の精神のなかにあり、しかも神の永遠の相のもとにあるというコスモロジーに包摂されることにより、近代以降にみられるような「現在主義」の不安定性を回避することができる。なお、こうしたアウグスティヌスの考えにはプロティノスの思想が色濃く反映されているといわれる。アウグスティヌスの時間論および歴史哲学については、以下を参照。柴田平三郎『アウグスティヌスの政治思想』未来社、一九八五年、一四五―二〇四頁、河野一典「アウグスティヌスの創造論におけるギリシア哲学概念の変容――永遠・時間と形相・質料」『新プラトン主義研究』第九号、二〇〇九年。

(271)本来であれば、新プラトン主義についても言及すべきだが、本書ではその余裕はない。興味のある方は、水地宗明他編著『新プラトン主義を学ぶ人のために』世界思想社、二〇一四年を参照。

(272)聖書からの引用はすべて日本聖書協会『新共同訳・新約聖書』による。

(273)「西洋の思想において、個体が本当に問題になるのは、キリスト教の成立以降である。人間の個的実存のかけがえのなさの自覚は、健全な九九匹の羊をさしおいて、迷った一匹の羊を探しにゆくあの羊飼いの物語に始まるのである(『ルカによる福音書』第一五章四－七）」岩田靖夫他『西洋思想のあゆみ』二〇頁。

（274）主に日本のコンテクストを問題としているが、宮田光雄『国家と宗教――ローマ書十三章解釈史＝影響史の研究』岩波書店、二〇一〇年は興味深い。

（275）Vincent Cioffari, *Fortune and Fate from Democritus to St. Thomas Aquinas*, Ph.D. dissertation submitted to Columbia University, New York, 1935, pp. 78-91. ここでは fatum（宿命）との関係も論じられている。なお、ボエティウスはローマの伝統にしたがって運命を女神と表現することがあったが、アウグスティヌスはこうしたローマ的伝統を徹底的に批判した（Ibid., p. 81）。ボエティウスの運命論とその後代への思想的影響についてはJerold Frakes, *The Fate of Fortune in the Early Middle Ages* を参照。

（276）Greene, *Moira*, p. 3.

（277）半澤孝麿『ヨーロッパ思想史のなかの自由』創文社、二〇〇六年、一〇二頁。

（278）柴田平三郎『アウグスティヌスの政治思想』二九四－三〇三頁を参照。

（279）『神の国』第四巻四。

（280）『君主の統治について』柴田平三郎訳、岩波文庫、二〇〇九年、一七頁。

（281）興味のある方は、『君主の統治について』に付された柴田平三郎による解説（二〇四－二一七頁）を参照。

（282）但し、『神学大全』では混合政体が最善とされる。

（283）『君主の統治について』六九頁。但し、善き王の統治が愛から生じるということを例証する文脈で両者が挙げられているのであり、彼らの武勇が讃えられているわけではない。

（284）「君主の鑑」の伝統についても柴田平三郎の解説（『君主の統治について』一三九－一七八頁）を参照。

（285）したがって、次のようにも述べられる。「しかし人間は徳にしたがって生活しながら、既に上述したように、神の享受のうちにあるより高次の目的に向かって秩序づけられているので、多数の人間の目的と一人の人間の目的は同一のものでなければならない。それゆえ会い集う民衆の最終目的は徳にしたがって生きることではなく、有徳な生活を通して神の享受へと到達することなのである」（『君主の統治について』八七頁）。

（286）『君主の統治について』九一頁。

（287）「いまや王が神に報酬を頼るのは正しいことである。というのは僕はその務めの報酬を主人に頼るものだからである。実際王は人民を統治することによって神の僕なのである。使徒は『ローマの信徒への手紙』〔一三：一－四〕で〈神に由来しない権威はない〉、〈かれは神に仕える者として、悪を行う者には怒りをもって報いる〉と述べている。そして『知恵の書』〔六：三〕では〈王は神の僕である〉と記されているのである。それゆえ王はその支配に対して神に報酬を頼らねばならない」（五四頁）。「そのような王に対して神が約束されるのは地上の報酬ではなく、天上の報酬であり、しかも他の何人においてでなく神ご自身においてである」（五五頁）。

(288) 半澤孝麿は次のように述べている。「わが国での従来の教科書的理解によれば、中世においては、封建制と教会の支配の下、すべての秩序は神与の自然として、まったく固定的、静態的に考えられていた。それに対して、人間の自由な作為による政治秩序の構想に向かったのが〈近代〉の政治思想であるとされてきましたが、私は、そうした非歴史的な概括的理解を修正するための最大の鍵がトマスの政治論にあると思います」（『ヨーロッパ思想史のなかの自由』一二八頁）。

(289) 興味のある方は、以下を参照。Vincent Cioffari, *Fortune and Fate from Democritus to St. Thomas Aquinas*, pp. 103-118; John Bowlin, *Contingency and Fortune in Aquinas's Ethics*, Cambridge, Cambridge University Press, 1999.

(290) 鷲見誠一「マルシリウス・パドゥアの国家観」『法学研究』四二巻四号、一九六九年、鷲見誠一「マルシリウス・パドゥアにおけるアリストテレース受容の問題——その政治学的考察」『法学研究』四三巻一号、一九七〇年、鷲見誠一「マルシリウス・パドゥアの実定法理念」『法学研究』四八巻九号、一九七五年、鷲見誠一「マルシリウス・パドゥアの自然法思想」『法学研究』五〇巻八号、一九七七年、将基面貴巳『ヨーロッパ政治思想の誕生』第五・六章。Takashi Shogimen, *Ockham and Political Discourse in the Middle Ages*, Cambridge, Cambridge University Press, 2010; Francis Oakley, *The Watershed of Modern Politics: Law, virtue, kingship and consent (1300-1650)*, New Haven, Yale University Press, pp. 36-50.

(291) もちろん、「神の代理人」という言葉にはさまざまなバリエーションがあり、それをめぐる多様なコンテクストや論争・闘争がある。例えば、エルンスト・カントロヴィッチ『祖国のために死ぬこと』みすず書房、一九九三年、八三－八四頁、エルンスト・カントロヴィッチ『王の二つの身体』小林公訳、平凡社、一九九二年、一一二－一一九頁を参照。

(292) カントロヴィッチ『王の二つの身体』二一五－二六〇頁。

(293) 甚野尚志『中世ヨーロッパの社会観』講談社学術文庫、二〇〇七年を参照。

(294) 両剣論については将基面『ヨーロッパ政治思想の誕生』七一－七五頁を参照。「無から何かをつくる」という教義が最初は教皇によって援用され、後に皇帝によっても用いられるようになったことについては、カントロヴィッチ『祖国のために死ぬこと』一二一－一二七頁。

（295）鷲見誠一『ヨーロッパ文化の原型』を参照。

（296）将基面貴巳『ヨーロッパ政治思想の誕生』五六－六〇頁。「横溢する権力」という言葉の使用については、五世紀の教皇レオ一世まで遡ることができる。この言葉の意味内容の変遷過程については、以下を参照。Robert L. Benson, "Plenitudo potestatis: Evolution of a formula from Gregory IV to Gratian", *Studia Gratiana*, vol. 14（1967）, pp. 195-217.

（297）なお、「絶対権力」は「通常の権力」（potestas ordinata）と対になっている概念であるが、その概念的区分が有する政治的含意および神学における対概念（「絶対的な機能」と「通常の権能」）との違いについては、将基面貴巳『ヨーロッパ政治思想の誕生』五八－六〇頁を参照。

（298）一二世紀までは法の正不正を判断する際に注目されたのは法の内容であった——法は道徳と公正と理性に適っていなければならないとされた。だが、新しく登場した理論は法の源泉に着目し、その源泉を支配者の「意志」（voluntas）に求めることになるのである。これはいずれ、正当な統治者の意志が正しい法をつくり出すという主張へと結実することになる。Kenneth Pennington, "Politics in Western jurisprudence", in Andread Padovani and Peter G. Stein（ed）, *The Jurists' Philosophy of Law from Rome to the Seventeenth Century*, Dordrecht, Springer, 2007, pp. 157-211 at p. 165.

（299）Mommsen et al.（ed）, *The Digest of Justinian*, tr. by Alan Watson et al., 4 vols, Philadelphia, University of Pennsylvania Press, 1985, vol. 1, pp. 13-14; Denis Richet, "La monarchie au travail sur elle-même?", in Keith Michael Baker（ed）, *The Political Culture of the Old Regime*, Oxford, Pergamon Press, 1987, pp. 25-39; A. Esmein, "La maxime *Princeps legibus solutus est* dans l'ancien droit public français", in Paul Vinogradoff（ed）, *Essays in Legal History*, Oxford, Oxford University Press, 1913, pp. 201-214. ジャン＝マリー・アポストリデス『機械としての王』水林章訳、みすず書房、一九九六年、八四－八五頁。

（300）詳しくは、以下を参照。将基面貴巳『ヨーロッパ政治思想の誕生』六六－六七頁。Joseph Canning, *A History of Medieval Political Thought 300-1450*, London, Routledge, 1996, pp. 172-173; Joseph Canning, "The corporation in the political thought of the Italian jurists of the thirteenth and fourteenth centuries", *History of Political Thought*, vol. 1, no. 1（1980）, pp. 9-32; Joseph Canning, "Law, sovereignty and corporation theory, 1300-1450", in J.H. Burns（ed）, *The Cambridge History of Medieval Political Thought*, c.350-c.1450, Cambridge, Cambridge University Press,1988, pp. 454-476.

（301）「擬制的人格」（persona ficta）は法的フィクションであるが、フィクションの性質（抽象度、意志と行為の捉え方、具体的な成員との関係など）に関しては、中世の法学者の間でも今日の研究者の間でも多様な意見・解釈がある。Joseph Canning, *The*

Political Thought of Baldus de Ubaldis, Cambridge, Cambridge University Press, 1987, pp. 190-193.

(302) カントロヴィッチ『王の二つの身体』三〇〇－三〇九頁。

(303) カントロヴィッチ『王の二つの身体』三一二－四三七頁。

(304) 例えば、『勅法彙纂』一・一・八・一。また『学説彙纂』の冒頭では、法律家と裁判官が「正義の司祭」と称され、これも神授権的に解釈される。カントロヴィッチ『王の二つの身体』一三六－一四六頁。森征一「バルトルスの慣習法理論における〈同意〉（序説）」『法学研究』第六七巻一一号、一九九四年にも次のように記されている。「例えば、『新勅法 Novellae』Nov. 七三・一が〈天上の神は帝国を創造せり〉と定めるように、コルプス・ユリウスにも、これを基礎づけるような法文が含まれていた」（五頁）。

(305) 王法理論の両義性については、カントロヴィッチ『王の二つの身体』一二五－一二七頁。加えて、ローマ法には君主（皇帝）が自らを法によって拘束することが望ましいという立憲主義的に解しうる原理（lex digna vox）――テオドシウス二世の勅法――も含まれている。「皇帝は自ら法律に拘束されると宣言せねばならない、なぜなら皇帝の権威は法律に基づくものであり、法律に従うことが皇帝の権威の徴だからである」（C一・一四・四――訳文はピーター・スタイン『ローマ法とヨーロッパ』屋敷二郎監訳、ミネルヴァ書房、二〇〇三年、七八頁より）。但しこれも両義的であり、君主権の絶対性を擁護した論者はこの「拘束」が君主の意志にもとづくものである点を強調した。ただ、絶対的権力を求める論者でも、多くの場合は自然法に従う義務や人民の利益などを尊重する必要性を説いた。Joseph Canning, "Law, sovereignty and corporation theory, 1300-1450", pp. 455-456; Kenneth Pennington, "Law, legislative authority, and theories of government, 1150-1300", in *The Cambridge History of Medieval Political Thought, c.350-c.1450*, pp. 424-453 at pp. 431-442; Janelle Greenberg and Michael Sechler, "Constitutionalism ancient and early modern: The contributions of Roman Law, Canon Law, and English Common Law", *Cardozo Law Review*, vol. 34, no. 3 (2013), pp. 1021-1047.

(306) Jean Bodin, *Les six livres de la République*, Paris, Fayard, 1986, liv. 1, pp. 204-205, liv. 6, pp. 212-214. Julian Franklin, *Jean Bodin and the Rise of Absolutist Theory*, Cambridge, Cambridge University Press, 1973, pp. 72-73. 但しボダンは人民の権威・権力の委譲が不可逆的な場合は主権的な権力が生じるとも述べている。Bodin, Ibid., liv. 1, pp. 185-186. しかしさらに、これはフランスでは妥当しないとして予防線を張っている。また同時にボダンは、オートマンなどの mos docendi Gallicus の立場から抵抗を正当化する議論をも論駁しなければならなかった。Julian Franklin, *Jean Bodin and the Sixteenth Century Revolution in the Methodology of Law and History*, New York, Columbia University Press, 1963, pp. 36-58. 本書でボダンについて論じる余裕はないが、彼とて主権者は自然法や慣習法に拘束さ

れると述べているし、権力の恣意性を擁護しているわけではない。ボタンの政治思想については、佐々木毅『主権・抵抗権・寛容――ジャン・ボダンの国家哲学』岩波書店、一九七三年を参照。なお話は中世に戻るが、なぜ皇帝が神授権説と同時に王法理論に依拠したかというと、神が唯一の権力の源泉とされた場合、より神に近いとされる教皇が皇帝に対する優位性を主張できるからである。すべての状況に妥当するわけではないが、次のカントロヴィッの指摘は重要である。「もちろん、一二、一三世紀以降のローマ法学者は、帝権が直接に神から由来するということを指示する傾向にあった。しかし、彼らはまた、古代ローマの〈人民〉が帝権の最終的源泉であることを要求したことについては、それがそれなりに正しい行為であったと疑いをもたずに考えていた。ただ、中世の都市ローマの人々が、それを要求できるのか、あるいはそれ以上に、中世のすべての〈人民〉がそれを要求できるのかについては意見が分かれていた。だが最終的に、皇帝が直接神に服するのではなく、教皇にまず服するとした神政政治理論の非妥協性に対抗するかたちで、ローマ法学者や穏健な教会法学者は、皇帝権力が人民に起源することを認め、また人民主権の理念を、教皇の要求を締め出す手段として用いたのである」(『祖国のために死ぬこと』七三頁)。

(307) カントロヴィッチ『祖国のために死ぬこと』五四頁。*Symbolum Veritatis: Truths Notable Conspiracy*, London, 1643: "So then the King is here at London after a more full and ample manner than he is at Oxford or elsewhere". 以下より引用。Edmund Morgan, *Inventing the People*, New York: Norton, 1988, p. 55.

(308) 『祖国のために死ぬこと』五五頁。さらに奇妙なことに「国庫」が「キリスト」と同一視されることもある。同五五－六二頁。カントロヴィッチ『王の二つの身体』一七八－一九九頁。

(309) Joseph Canning, *A History of Medieval Political Thought 300-1450*, p. 10.

(310) Pennington, "Politics in Western jurisprudence", p. 164.

(311) Pennington, "Politics in Western jurisprudence", p. 163.

(312) Pennington, "Politics in Western jurisprudence", p. 163; John Kroger, "The philosophical foundations of Roman Law", p. 905.

(313) 森征一「バルトルスの慣習法理論における〈同意〉(序説)」一頁。

(314) Joseph Canning, "Law, sovereignty and corporation theory, 1300-1450", p. 471.

(315) カントロヴィッチ『王の二つの身体』二一八頁。Joseph Canning, *The Political Thought of Baldus de Ubaldis*, pp. 187-188.

(316) ここの説明は、次の文献に依拠した。森征一「バルトルスの慣習法理論における〈同意〉(序説)」。Joseph Canning, *The Political*

Thought of Baldus de Ubaldis, pp. 96-97. なお、バルトルスは一方で『学説彙纂』のユリアヌスによる法文(一・三・三二)とヘルモゲニアヌスによる法文(一・三・三五)に依拠したのだが、森征一の前掲論文にはこれらの邦訳が載っているので、ここに引用する。「長年の慣習法が法律のごとく守られるのには、理由がないわけではなく、これは、習いによって設定された法といわれている。なぜなら、法律それ自体が拘束する根拠も、国民の決定によって法律が受け入れられたということのほかにはなく、そのことは、国民が成文化することなしに承認したことがすべての人々を拘束するということにも、当てはまるからである。というのも、国民が投票によってその意思を表明することと、事柄や行為によって表明することとにどんな差があるというのであろうか。したがって、法律が立法者の投票だけでなく、すべての人々の黙示の同意 tacitus consensus による不使用の慣習によっても廃棄されるということが認められたのも、至極もっともである」。「長年の慣習により是認され、かつ多年にわたり遵守されてきたものは、市民の黙示の合意として成文法と同様に遵守されるべきものとする」。

(317) スキナー『近代政治思想の基礎』六六-八二頁。

(318) マルシリウスの政治思想の内容と位置づけ、その解釈の多様性については、将基面『ヨーロッパ政治思想の誕生』一五二-一七六頁。

第六章

(319) 『君主論』第三章。邦訳は佐々木毅『マキアヴェッリと「君主論」』講談社学術文庫、一九九四年、一八四頁より。以下、引用文の邦訳はすべて佐々木訳。

(320) 『君主論』第一八章〔二六九頁〕。

(321) 『君主論』第一八章〔二七一頁〕。

(322) Isaiah Berlin, *Against the Current*, Oxford, Clarendon, 1989, p. 35〔「マキアヴェッリの独創性」佐々木毅訳『バーリン選集1 思想と思想家』福田歓一・河合秀和編、岩波書店、一九八三年、一二頁〕.

(323) ルソー『社会契約論』第三編六章〔桑原武夫・前川貞次郎訳、岩波文庫、一九五四年、一〇三頁〕。さらに注では次のように述べている。「マキアヴェッリは、誠実な人、よき市民であった。しかし、メディチ家と結びついたために、祖国の圧制のうちにあって、自由への彼の愛を偽装しなければならなかった」。

(324) 佐々木毅『マキアヴェッリの政治思想』岩波書店、一九七〇年、四-五頁を参照。

(325) 政治思想史研究者はこうした書物を往々にして無視する。だが数年前、私の学部ゼミに所属していた学生がこのジャンルの書物を渉猟・分析し、その成果を世に問うた。森裕大「マキャヴェリアン・アナクロニズム」慶應義塾大学法学部政治学科ゼミナール委員会編『政治学研究』四二号、二〇一〇年、森裕大「現代マキアヴェリズムの〈神話〉」慶應義塾大学法学部政治学科ゼミナール委員会編『政治学研究』四五号、二〇一一年。

(326) Stato（ラテン語の status に由来）は後の時代に「国家」（state）になるが、この語の概念史研究については、以下を参照。Skinner, "The state", in Terence Ball et al. (ed), *Political Innovation and Conceptual Change*, Cambridge, Cambridge University Press, pp. 90-131.

(327) マキアヴェリにおけるポリビュオスの政体循環論の影響は『ディスコルシ』第一巻二章にみられる。また、以下の引用文に出てくる「循環の道」はよりコスモロジカルであり、しかも「革新・刷新・改革」の必要性が説かれることによって政治とも宗教とも連動している。「この世のすべてのものに寿命があることは、疑いようのない真理である。しかし、すべて天によってたどるべき循環の道が完全に定められており、その道を踏み外すことは許されていない。そして、一定の法則のもとにその存在に変化がないように保たれており、たとえ変化があったとしても、有害な方向ではなく、健全な方向へ進むものである。／さて、ここでは共和国とか宗派のような複合的な存在について述べるのだから、それらを本来の姿にひきもどす働きは有益であると言いたい。／制度の力でしばしばみずから改革したり、あるいはその制度の力をかりずに、なんらかのきっかけで改革と同様の成果をつかみとるような共和国や宗派は、より整然たるもので、さらに永続的な生命をもつものである」（『ディスコルシ』第三巻一章、二八五頁）。次も参照。「いったいに、世の中というものは、いつの時代になってもそうそう変わるものではなく、良い点も悪い点もさしたる変動はありえないものだ、といってよい」（『ディスコルシ』第二巻〔はしがき〕、一六六頁）。

(328) Maurizio Viroli, *Machiavelli's God*, tr. by Antony Shugaar, Princeton, Princeton University Press, 2010, p. 27, 35.

(329) Viroli, *Machiavelli's God*, pp. 43-88.

(330) マキアヴェリの『ディスコルシ』における次の言葉は、トゥキュディデスの考えに近い。「世の識者は、将来の出来事をあらかじめ知ろうと思えば、過去に目を向けよ、と言っている。この発言は道理にかなったものだ。なぜかといえばいつの時代をとわず、この世の中のすべての出来事は、過去にきわめてよく似た先例をもっているからである。つまり人間は、行動を起こすにあたって、つねに同じような欲望に動かされてきたので、同じような結果が起こってくるのも当然なのである」（『ディス

(331) コルシ』第三巻四三章、四〇一頁)。人間本性の不変性については、次のように述べている。「現在や過去の出来事を考えあわせる人にとって、すべての都市や人民の間で見られるように、人びとの欲望や性分は、いつの時代でも同じものだということが、たやすく理解できる。したがって、過去の事情を丹念に検討しようとする人びとにとっては、どんな国家でもその将来に起こりそうなことを予見して、古代の人びとに用いられた打開策を適用するのはたやすいことである。また、ぴったりの先例がなくても、その事件に似たような先例から新手の方策を打ちだすこともできないことではない」(『ディスコルシ』第一巻三九章、一一一頁)。『君主論』では人間性のダークな側面を強調している。「人間は恩知らずで気が変わり易く、偽善的で自らを偽り、臆病で貪欲である。君主が彼らに対して恩恵を施している限り彼らは君主のものであり、生命、財産、血、子供を君主に対して提供する。しかしこれはすでに述べたようにその必要が差し迫っていない場合のことであり、その必要が切迫すると彼らは裏切る。したがって彼らの言葉に全幅の信頼をおいている君主は他の準備を整えていないために滅亡する」(『君主論』一七章、二六四頁)。似たような記述は『ディスコルシ』にもみられる(『ディスコルシ』第一巻三章、二〇頁)。

(332) Hans Baron, *The Crisis of the Early Italian Renaissance*, Princeton, Princeton University Press, 1966.

(333) Baron, *The Crisis of the Early Italian Renaissance*, pp. 48-54, 61-54, 71, 99-100, 118-125, 146-163. ジョン・ポーコック『マキャヴェリアン・モーメント』田中秀夫他訳、名古屋大学出版会、二〇〇八年、四九頁。

(334) Francis Oakley, *The Watershed of Modern Politics*, pp. 62-67. 別の視角からではあるが、バロンのテーゼに批判的な最近の研究として以下が挙げられる。James Hankins, "Machiavelli, Civic Humanism, and the Humanist Politics of Virtue", *Italian Culture*, vol. 32, no. 2 (2014), pp. 98–109.

(335) 特に以下の文献を参照した。佐々木毅『マキアヴェッリの政治思想』、スキナー『近代政治思想の基礎』、スキナー『マキアヴェッリ』塚田富治訳、未来社、一九九一年。Francis Oakley, *The Watershed of Modern Politics*. なおスキナーとオークリーは、バロンに対してすこぶる批判的である。私はジョン・ポーコックの『マキャヴェリアン・モーメント』(田中秀夫他訳、名古屋大学出版会、二〇〇八年)も一部参照しているが、オークリーはポーコックに対しても辛口である。

(336) スキナー『マキアヴェッリ』五一 - 五二頁。

(337) 以下の引用文は、佐々木毅『マキアヴェッリの政治思想』八三頁(注八)より。

(338) 『君主論』第二五章(三〇九頁)。有名な破壊的な川と堤防の比喩については、同書第二五章(三〇九 - 三一〇頁)。

(339) スキナー『マキアヴェッリ』五四頁。
(340) 『君主論』第二五章〔三一三頁〕。
(341) 『君主論』第一五章〔二五六頁〕。『ディスコルシ』第一巻（はしがき）〔九頁〕。
(342) 『君主論』第一五章〔二五六頁〕。
(343) 『君主論』第一五章〔二五六頁〕。
(344) キケロ『義務について』第一巻四一〔一五四頁〕。
(345) 『君主論』第一八章、二七〇頁。なおマキアヴェリは第一七章で、君主は恐れられる必要はあるが、憎まれてはならないとも述べる。「このことは君主が市民や臣民の財産や彼らの婦女子に手を出さないならば、必ずや実現されると思われる」〔二六五頁〕と、その実現方法についても記している。
(346) 『ディスコルシ』第一巻五八章〔一五四頁〕、第二巻二章〔一七五頁〕。
(347) 『ディスコルシ』第一巻四章〔二三頁〕。
(348) 例えば『ディスコルシ』第一巻五八章〔一五七頁〕。スキナーは、ヘンリー・ネヴィルの『有名なニコラス・マキアヴェリ著作集』において「ヴィルトゥ」が「公共心」（public spirit）と訳されたことを指摘している。スキナー『近代政治思想の基礎』一九三頁。また、マキアヴェリは次のように人民の世論の力も重視している。「したがって、民の声は神の声に似るといわれているのも、まんざらいわれのないことではない。それというのも、世論というものは、不可思議きわまる力を発揮して先を見通す働きをやってのけるからだ。それはまるで、なにか隠された神通力のようなもので、未来の吉凶をぴたりと嗅ぎわけてしまう。また人民がものごとを判断する能力についても、彼ら人民は、力量（ヴィルトゥ）相伯仲しながらも意見のまったく対立する二人の論客の所論に耳を傾けるばあい世論がすぐれた意見を受けいれなかったり、自分が耳にする真理を評価しないことはきわめて稀である」（『ディスコルシ』第一巻五八章、一五七頁）。
(349) 『ディスコルシ』第二巻二章〔一七五頁〕。
(350) 『ディスコルシ』第二巻三〇章〔二七六頁〕。
(351) 『君主論』第一二章〔二三八頁〕。
(352) 『ディスコルシ』第一巻一七章〔六四頁〕。
(353) 『ディスコルシ』第一巻四章〔二二頁〕、一一章〔四八頁〕、四六章〔一二七頁〕。

(354) スキナー『近代政治思想の基礎』一九九頁。
(355)『ディスコルシ』第一巻二章〔一九頁〕、四章〔二一―二二頁〕、六章〔三一頁〕。
(356)『ディスコルシ』第一巻二章―四章〔一七―二三頁〕。
(357)『ディスコルシ』第一巻三四〔九九頁〕。
(358)『ディスコルシ』第一巻三四章〔九八頁〕。
(359)『ディスコルシ』第一巻三四章〔九八頁〕。
(360)『ディスコルシ』第一巻三七章〔一〇六頁〕。マキアヴェッリのカエサル批判については、『ディスコルシ』第一巻二九〔八六―八七頁〕、五二〔一四〇頁〕も参照。但し、ディクタトールは最後の手段であり、可能な限りその設置を避けるべきだともいう。『ディスコルシ』第一巻三四〔九九頁〕。
(361)『ディスコルシ』第一巻一一章〔四六―四七頁〕。
(362)『ディスコルシ』第一巻一一章〔四七頁〕。ここではローマ人のみならず、リュクルゴスやソロンらギリシア人の名も挙げられる。
(363)「今日、一つの国家をつくろうとする人びとにとって、文化の爛熟した都会に住みなれた人間をとりあつかうよりも、文化の光の遠くおよばない山間僻地の住民を対象とするほうが、はるかに事は簡単だということは、疑う余地がない。彫刻家が、すでに誰かの手でへたな下彫りしてある大理石を使うより、大理石の原石を使うほうが、りっぱな彫像をつくりやすいのと同じ理屈である」(『ディスコルシ』第一巻一一章、四七頁)。
(364) キケロについては、『卜占について』や『法律について』を参照。
(365)『ディスコルシ』第一巻一四章〔五六頁〕。

第七章

(366) もちろん、一五九八年にアンリ四世がナントの勅令を発布し、一度宗教戦争は終息している。だが約百年前には寛容令なくして国王でも収めきれなかった宗教的対立を、わずか二代のちのルイ一四世は「カトリック一色のフランス」にもはや寛容は必要ないとして、その存在すら否定したのである。それを可能にしたのはプロテスタントの消滅ではなく、有無をいわさぬ王権の絶対性であった。但し、宗教的政治的には多様性を許さなかったルイ一四世だが、演劇、舞踊、音楽など文化的にはフランスの歴史において最も輝かしい黄金時代の一つを築いたことを付言しておく。

(367)『リヴァイアサン』第二部三〇章〔水田洋訳、岩波文庫、一九六四年、第二巻、二五九頁〕。

(368)『リヴァイアサン』「献辞」〔第一巻、三二頁〕。

(369)以下のホッブズの説明は、多くをクェンティン・スキナーの解釈に負っている。いうまでもなく、ほかにもさまざまな解釈が存在する。ホッブズをデモクラシーの主唱者とみなすものから、逆に人民主権を否定した絶対主義者とみなすものまである。また、本書では論じる余裕はないが、ホッブズの神観についても多様な解釈がある。ホッブズ自身について、彼が無神論者であったという意見から、敬虔なキリスト教徒であったという意見まである。また、彼の政治思想において神はなくてもよい存在だという解釈もあれば、神が重要な位置づけを与えられておりロジックとしても不可欠であるという解釈もある。

(370)『リヴァイアサン』第二部三〇章〔第二巻、二六一－二六二頁〕。もっとも、ホッブズは次のようにも述べる。「道徳哲学と国家哲学の効用は、既知の道徳哲学・国家哲学から私たちが得ている便利よりも、それを知らないことから私たちにふりかかっている災禍によって評価されなければならない。しかるに、人間の努力によって避けることのできる災禍はすべて戦争から、それもとくに内戦から生じる」（『物体論』本田裕志訳、京都大学学術出版会、二〇一五年、第一部一章七節）。

(371)本当はもっと複雑で複層的だが、ここでは単純化せざるをえない。詳しくはSkinner, "State"を参照。

(372)エドマンド・バーク『フランス革命の省察』半澤孝麿訳、みすず書房、一九七八年、一二三頁。

(373)もちろん、ホッブズが論証に成功しているか否かは別問題である。彼は次のように述べる（但し、訳は若干変更した）。「なんであれ、われわれが想像するものは、限定的（Finite）である。したがって、われわれが無限定（Infinite）とよぶ、どんなものについても、なんの観念も概念も存在しない。だれも自分の心のなかに、無限定のおおきさのイメージをもつことはできないし、無限定のはやさ、無限定の時間、あるいは無限定の強力、無限定の権力を、概念することもできない。あるものごとが無限定であると、われわれがいうとき、われわれがあらわしているのはただ、名ざされたそのものごとについて、われわれがその諸端末、諸境界の概念をもつことができない、ということであり、そのものごとの概念ではなく、われわれの無能力の概念をもつのである。したがって、神の名をもちいるのは、かれについての概念をわれわれにもたせるためではなく（なぜなら、かれはつつみこめないもの〔Incomprehensible〕であり、かれの偉大さと権力は、概念できないものであるから）、われわれがかれに名誉を与えうるようにするためである」（『リヴァイアサン』第一部三章〔第一巻、六五頁〕）。

(374)ホッブズの唯名論は次のように表現されている。「この世のなかに、名辞のほかには普遍的なものはなく、なぜならば、名づけられたものごとは、それらのひとつひとつが個別的で特殊的なのだからである」(『リヴァイアサン』第一部四章、〔第一巻、七二頁〕)。

(375) 真空の存在をめぐるボイルとの論争とその政治的含意については、以下を参照。Steven Shapin and Simon Schaffer, *Leviathan and the Air-pump: Hobbes, Boyle, and the experimental life*, Princeton, Princeton University Press, 1985.

(376) 『リヴァイアサン』第一部四章〔第一巻、七五頁〕。ホッブスはユークリッド幾何学と一六二九年に出会い、それと「恋に落ちた」といわれる。

(377) 『リヴァイアサン』第一部四章〔第一巻、七六頁〕。

(378) Tom Sorell, "Hobbes's scheme of the sciences", in Tom Sorell (ed), *The Cambridge Companion to Hobbes*, Cambridge, Cambridge University Press, 1996, pp. 46-61.

(379) この主題に限らず、近年、日本でもホッブス研究が非常に活況を呈している。川添美央子『ホッブズ　人為と自然』創文社、二〇一〇年、梅田百合香『ホッブズ　政治と宗教』名古屋大学出版会、二〇〇五年、鈴木朝生『主権・神法・自由――ホッブズ政治思想と一七世紀イングランド』木鐸社、一九九四年。

(380) ホッブスはしばしばアリストテレスを名指しで批判し、例えば次のように述べる。「そこ〔自然状態〕では、すべての人は平等なのだ。現在あるような不平等性は、市民法によって導入されたのである。私は、アリストテレスが、かれの政治学の第一巻で、かれの学説の基礎として、人びとは自然によって次のようなものであるとしたことを、知っている。すなわち、ある人びとは、より賢明だ……という意味で、支配するのにふさわしく、他の人びとは奉仕するにふさわしい……というのであって、まるで主人と召使が人びとの同意によってではなく、知力のちがいによって導入されたかのようである。しかしそれは、理性に反するだけではなく、経験にも反する」(『リヴァイアサン』第一部一五章〔第一巻、二四八－二四九頁〕)。

(381) 『リヴァイアサン』第一巻二章〔第一巻、四七－四八頁〕。なお、慣性の法則を定式化したのはニュートンであるとか、ホッブスは真空の存在を認めなかったとか、いろいろニュアンスの問題はあるが、ここでは省略する。

(382) 『リヴァイアサン』第一部六章〔第一巻、一一一頁〕。自由意志の問題については、ブラモールとの論争を参照。Nicholas Jackson, *Hobbes, Bramhall and the Politics of Liberty and Necessity: A Quarrel of the Civil Wars and Interregnum*, Cambridge, Cambridge University Press, 2011. 但しホッブスは、感覚は記憶として残り、想像によって意識を構成するというので、ここで説明したほど単純ではない。しかも、デカルト的心身二元論を否定することによって現実と夢を区別する必要がなくなる。さらに時間と空間も想像上のものとみなされることになる。Yves Charles Zarka, "First philosophy and the foundation of knowledge", in Tom Sorell (ed), *The Cambridge Companion to Hobbes*, pp. 62-85.

(383)『リヴァイアサン』第一部四章〔第一巻、六八頁〕。

(384)『リヴァイアサン』第一部四章〔第一巻、六九頁〕。

(385)『リヴァイアサン』第一部一三章〔第一巻、二一〇頁〕、第一部一四章〔第一巻、二一七〕。

(386)『リヴァイアサン』第一部一四章〔第一巻、二一六－二一七頁〕。

(387)『リヴァイアサン』第一部一四章〔第一巻、二一六頁〕。

(388)『リヴァイアサン』第一部一四章〔第一巻、二一七頁〕。

(389)『リヴァイアサン』第一部一三章〔第一巻、二一三頁〕。

(390)「人びとを平和にむかわせる諸情念は、死への恐怖であり、快適な生活に必要なものごとに対する意欲であり、それらをかれらの勤労によって獲得する希望である。そして理性は、つごうのよい平和の諸条件を示唆し、人びとはそれによって、協定へとみちびかれる。これらの条項は、別に自然の諸法ともよばれるものであって、私はそれについてつぎの二章で、さらにくわしくのべるであろう」(『リヴァイアサン』第一部一三章〔第一巻、二一四頁〕)。

(391)『リヴァイアサン』第一部一四章〔第一巻、二一六頁〕。

(392)『リヴァイアサン』第一部一五章〔第一巻、二三六－二五七頁〕。なお、第二の自然法の説明(第一部一四章〔二一八頁〕)でも「福音の法」への言及がある。

(393)『リヴァイアサン』第一部一四章〔第一巻、二一七頁〕。

(394)『リヴァイアサン』第一部一四章〔第一巻、二一八頁〕。

(395)『リヴァイアサン』第一部一五章〔第一巻、二三六頁〕。

(396)『リヴァイアサン』第一部一五章〔第一巻、二二一－二二二〕。

(397)「その結果、人間本性の非常に確固たる要求が二つ生じたのでありますが、そのうちの一つは自然的欲求の要求であって、これによって各人は、共有されている諸事物の使用を自分だけに限ろうと求めます。いま一つは自然的理性の要求であって、これによって各人は、暴力的な死を、いわば自然の最大の害悪として避けようと努めます。この小論においては、右のような諸原理から、約定と信約を守ることの必要性が、そしてさらにそこから、道徳上の徳と市民としての務めの根本要素が、非常に明らかな関連をもって証明されたと、私には思われます」（『市民論』献辞〔本田裕志訳、京都大学学術出版会、二〇〇八年、八頁〕）。

（398）『リヴァイアサン』第一部一五章〔第一巻、二四一頁〕。

（399）『リヴァイアサン』第一部一五章〔第一巻、二五四頁〕。

（400）『リヴァイアサン』第一部一五章〔第一巻、二五六頁〕。

（401）『リヴァイアサン』第一部一四章〔第一巻、二二〇頁〕。さらにホッブスは、次のように述べる。「ことばの力は、……人びとをかれらの信約を履行するように拘束するには、よわすぎるので、それを強化するには、人間本性のなかに、ふたつの補助手段しか考えられない。そして、それらは、かれらの約束を破棄することの帰結への恐怖か、あるいは、それを破棄する必要がないようにみえることの自慢や誇りかである。この後者は、あまりにまれにしかみられないので、あてにすることができないような、寛大さ Generosity であって、人類の最大部分である富や支配や肉体的快楽の追求者たちにおいては、とくにそうである。あてにされるべき情念は、恐怖であり、それについてはふたつのきわめて一般的な対象がある」（第一部一四章〔第一巻、二三二頁〕）。

（402）『リヴァイアサン』第二部三〇章〔第二巻、二六二－二六三頁〕。

（403）『リヴァイアサン』第一部一六章〔第一巻、二六三頁〕。

（404）『リヴァイアサン』第一部一六章〔第一巻、二六〇頁〕。

（405）『リヴァイアサン』第二部一七章〔第二巻、三三頁〕。

（406）『リヴァイアサン』第一部一六章〔第一巻、二六一頁〕。

（407）『リヴァイアサン』第一部一六章〔第一巻、二六〇頁〕。

（408）例えば、ホッブスは次のようにいう。「したがって、だれも、どんなことばまたは他のしるしによっても、それらの権利を放棄したとか譲渡したとか理解されることができないような、いくつかの権利がある。第一に人は、かれの生命をうばおうとして力ずくでかれにおそいかかる人びとに、抵抗する権利を、放置することはできない」（『リヴァイアサン』第一部一四章〔第一巻、二二〇－二二一頁〕）。但し、「臣民の自由は主権者の無制限の権力と両立する」という立場から次のように述べた点も忘れてはならない。「それにもかかわらず、われわれは、こういう自由によって、生死に関する主権者権力が廃止されたり制限されたりすると、理解すべきではない。なぜなら、すでに示されたのだが、主権的代表が臣民に対してなしうることは、どんな口実にもとづいても、不正義とか侵害とかよぶのは正当ではありえないのであって、そのわけはといえば、臣民各人は、主権者がおこなうすべての行為の本人であり、したがってかれ〔主権者〕は、かれ自身神の臣民であって、そのことにより自然の諸法をまもるように拘束されている点をのぞけば、どんなものごとに対しても権利を欠くことはけっしてないのだからである。それで、コモンウェルスにおいて、臣民が主権者権力の命令によってころされてもいいということが、ありうるし、またしばしばおこるのであり、しかもどちらも相手に対してわるいことをするわけではない」（『リヴァイアサン』第二部一八章〔第二巻、九〇－九一頁〕）。

(409) 『リヴァイアサン』第二部二九章〔第二巻、二四二－二四三頁〕。

(410) Quentin Skinner, “Hobbes on Persons, Authors and Representatives”, in Patricia Springborg (ed), *The Cambridge Companion to Hobbes's Leviathan*, Cambridge, Cambridge University Press, 2007, pp. 157-180 at pp. 161-166; Quentin Skinner, “Hobbes and the Purely Artificial Person of the State”, in Hans Blom (ed), *Hobbes: The Amsterdam Debate*, Hildesheim, Olms, 2001, pp. 39-69 at p. 64.

(411) 『リヴァイアサン』第二部一八章〔第二巻、四八頁〕。そのほか国家にとって有害とホッブスが考える思想が『リヴァイアサン』第二巻二九章に列挙されているが、ここでは省略する。

(412) 『リヴァイアサン』第一部一六章〔第一巻、二六五頁〕。

(413) ホッブス『市民論』一二章〔二三九頁〕。但し、訳文は若干変更した。

(414) Quentin Skinner, “Hobbes on Persons, Authors and Representatives”, p. 159.『市民論』では、最初はすべてデモクラシーであると述べている。「国家を樹立するために集合した人々は、ほとんど集合したこと自体によって、民主制をなす。なぜなら、彼らは自らの意志で会合したということからして、多数派の合意によって決定されることに対して拘束されると解され、そしてこのことが民主制なのだからであって、それは会合が続いているか、もしくは一定の日程と場所に繰り延べられるかするかぎり、そうである」（『市民論』第七章〔一五九－一六〇頁〕）。

(415) Quentin Skinner, “Hobbes on Persons, Authors and Representatives”, p. 167.

(416) 『リヴァイアサン』第二部一七章〔第二巻、三三頁〕。

(417) 『リヴァイアサン』序説〔第一巻、三七－三八頁〕。

(418) Quentin Skinner, “Hobbes on Persons, Authors and Representatives”, pp. 173-174.『リヴァイアサン』第三部四二章〔第三巻、三二四頁〕。

(419)『リヴァイアサン』第一部一四章〔第一巻、二三〇頁〕。
(420)『リヴァイアサン』第一部一四章〔第一巻、二一六頁〕。
(421)『リヴァイアサン』第二部二一章〔第二巻、八六頁〕。
(422)マキアヴェリの章で一瞬登場したアイザィア・バーリンの有名な論文「二つの自由概念」『自由論』小川晃一他訳、みすず書房、一九七一年を参照。この論文がきっかけとなり、「消極的自由」と「積極的自由」をめぐる論争が数十年にわたって繰り広げられることになった。
(423)『リヴァイアサン』第二部二一章〔第二巻、八六頁〕。
(424)『リヴァイアサン』第二部二一章〔第二巻、八七頁〕。なお、人間の自由においては能力（「強さと知力」）の問題も重要となる。というのも、能力を超えていることができないからといってその人間が自由でないとはいわないからである。「しかし、運動の障害が、そのもの自体の構造のなかにあるならば、われわれは、それが自由を欠如するとはいわないで、うごく力を欠如するというのがつねである。すなわち、石がしずかによこたわっているときや、人が病気のためにベッドから、はなれられないときのようにである」（第二部二一章〔第二巻、八六頁〕）。
(425)『リヴァイアサン』第二部二一章〔第二巻、八八頁〕。
(426)「水において、それが水路におって下る自由だけでなく必然性をもつように、人びとが意志的にする諸行為においても、同様である。その諸行為は、かれらの意志から生じるものだから、自由から生じるものであるが、しかもそれらは、必然性から生じるものである」（『リヴァイアサン』第二部二一章〔第二巻、八八頁〕）。
(427)ブラモールとの自由意志をめぐる論争のなかで、ホッブスははっきりと自発的な行為を自由な行為と同一視する。ホッブスの自由に関する考えは著作とともに変遷してきた。その変遷過程については、以下を参照。Quentin Skinner, *Hobbes and Republican Liberty*, Cambridge, Cambridge University Press, 2008, pp. 135-138.
(428)『リヴァイアサン』第二部二一章〔第二巻、八七頁〕。
(429)Quentin Skinner, "Hobbes on the proper signification of liberty", in *Vision of Politics*, vol. 3, Cambridge, Cambridge University Press, pp. 223-224.
(430)『リヴァイアサン』第二部二〇章〔第二巻、七〇頁〕。
(431)『リヴァイアサン』第二部三〇章〔第二巻、二七四―二七五頁〕。ロックは『統治二論』のなかで次のように述べている。「もし法がない方が彼らがより幸福になりうるというのであれば、法は、無用なものとして、自ずから消滅するであろう。しかし、われわれを沼地や断崖〔に落ちること〕から守ってくれるものを束縛の名で呼ぶことは適切ではない。従って、誤解を恐れずに言えば、法の目的は、自由を廃止したり制限したりすることにではなく、自由を保全し拡大することにある。なぜならば、法に服することができる被造物のあらゆる状態において、法のないところに自由もないからである」（『統治二論』後篇六章五七〔加藤節訳、岩波文庫、二〇一〇年、三五八－三五九頁〕）。

（432）以下、基本的に次の文献に依拠している。Quentin Skinner, "Hobbes on the proper signification of liberty"; Quentin Skinner, *Hobbes and Republican Liberty*.

（433）『リヴァイアサン』第二部二一章〔第二巻、九三頁〕。

第八章

（434）より詳しくはロック『統治二論』訳者・加藤節による「解説」を参照。『統治二論』の執筆時期を明らかにした研究として、以下のピーター・ラスレット版の序文が有名である。*Two Treatises of Government*, a critical edition with an introduction and apparatus criticus by Peter Laslett, Cambridge, Cambridge University Press, 1960.

（435）フィルマーの思想とその政治的含意については、以下を参照。古田拓也「〈事実があたえられているのに、なぜ虚構を探し求めるのか〉――フィルマーの契約説批判とロックによる再構築」『イギリス哲学研究』第三七号、二〇一四年、古田拓也「なぜ『パトリアーカ』は出版されなかったのか――ロバート・フィルマーの思想的〈変遷〉と〈一貫性〉」『政治思想研究』第一三号、二〇一三年。Cesare Cuttica, *Sir Robert Filmer (1588-1653) and the Patriotic Monarch*, Manchester, Manchester University Press, 2012.

（436）これはロックによる運命との対峙と捉えることもできよう。次の加藤節の一文はこのことを示している。「通常、自己喪失の危機が自己認識への問いを促すように、身をもって人間の〈運命〉を支配する時代の〈嵐〉を経験した時、〈世界の悪に対する自己武装〉として若きロックが開始したのも、やはり、偶然に左右されない人間の確固たる自己同一性の根拠、人間に固有の生の条件の探究であった」（加藤節『ジョン・ロックの思想世界――神と人間との間』東京大学出版会、一九八七年、一六四頁）。

（437）John Dunn, *The Political Thought of John Locke*, Cambridge, Cambridge University Press, 1969; John Dunn, *Locke*, Oxford, Oxford University

Press, 1984（加藤節訳『ジョン・ロック』岩波書店、一九八七年）.

（438）『統治二論』の加藤節による「解説」にも「神学的パラダイム」の説明が含まれているが、詳しくは加藤節『ジョン・ロックの思想世界』を参照。

（439）ロックにおける無神論の問題を深く掘り下げた研究としては、以下を参照。Kei Numao, "Locke on atheism", *History of Political Thought*, vol. 34, no. 2 (2013), pp. 252-272. なおロックは政治的理由からカトリック教徒をも寛容の対象から除外したという説もあるが、これに関してはさまざまな見方がある。ロックにおける自由と罪の問題については、以下を参照。Kei Numao, "Reconciling human freedom and sin: A note on Locke's paraphrase", *Locke Studies*, vol. 10 (2010), pp. 95-112.

（440）ジョン・ロック『人間知性論』第一巻二章九（大槻春彦訳、岩波文庫、一九七二年、第一巻、四七頁）。但し、reason は「理知」から「理性」、faculty は「機能」から「能力」へ訳を変更した。もっとも、ロックは reason にはさまざまな意味があるとして、この語の意味内容について子細な検討を加えている。それについては『人間知性論』第四巻一七章（大槻春彦訳、岩波文庫、一九七七年、第四巻）を参照。

（441）『人間知性論』第四巻一八章。

（442）『人間知性論』第四巻一八章二――「神なるものの存在は、すべての人間が自分自身の存在から絶対確実に知り、自分自身に論証することができよう」（第四巻、二六四頁）。

（443）加藤節『ジョン・ロックの思想世界』第三章を参照。

（444）本書で触れる余裕はないが、一七世紀イギリスにおいて宗教と政治の問題を主知主義的なコスモス観のなかで捉えようとしたケンブリッジ・プラトニストの思想も重要である。原田健二朗『ケンブリッジ・プラトン主義――神学と政治の連関』創文社、二〇一四年。

（445）「それ〔自然状態〕は、人それぞれが、他人の許可を求めたり、他人の意志に依存したりすることなく、自然法の範囲内で、自分の行動を律し、自らが適当と思うままに自分の所有物や自分の身体を処理することができる完全に自由な状態である」（『統治二論』後篇二章四〔二九六頁〕）。

（446）『統治二論』後篇二章四〔二九八頁〕。

（447）「人間の自由および自分自身の意志に従って行動する自由は、人間が理性をもっているということにもとづくのであって、この理性が、人間に自分自身を支配すべき法を教え、また、人間にどの程度まで自らの意志の自由が許されているかを知らせてくれるのである」（『統治二論』後篇六章六三〔三六五頁〕）。

(448)『統治二論』後篇二章四〔二九六頁〕。

(449)『統治二論』後篇二章四〔二九八頁〕。「ロックにとって、自然状態とは、人間が生きる生と、そうした生を生きる人々によって形成される社会とに先立って、神自身が世界におけるすべての人間をその中に置いた状態に他ならなかった。つまり、それが示そうと意図していたのは、人間とはどのようなものであるかではなく、むしろ、神の被造物として人間はどのような権利と義務とをもっているかであったのである」（ジョン・ダン『ジョン・ロック』八〇頁）。

(450)『統治二論』後篇二章八〔三〇一頁〕。政治社会への移行の論理に関しては以下も参照。『統治二論』後篇九章一二三－一三一〔四四一－四四七頁〕。

(451)『統治二論』後篇二章一三〔三〇六－三〇七頁〕。後の章でロックは処罰を決定する権力のことを「立法権力」と称する（後篇七章八八〔三九四頁〕）。これは一般的に主権と呼ばれる権力でもあるが、ロックは「主権」という言葉の使用を避ける。絶対的な権力を彷彿とさせるからであろう。

(452)『統治二論』後篇七章九三〔四〇一頁〕。

(453)『統治二論』後篇九章一二四〔四四二頁〕。そして次のように述べる。「神は、人間を次のような被造物に創造された。すなわち、神は〈人独りいるは善からず〉との判断から、人間を、必要性、便宜、性向という強い拘束の下に置かれて社会をなさざるをえないようにされるとともに、社会を存続させ享受させるために、人間に知性と言語とを与えられたのである」（『統治二論』後篇七章七七〔三八四頁〕）。

(454)『統治二論』後篇八章九五〔四〇六頁〕。

(455)『統治二論』後篇八章九五－九九〔四〇六－四一〇頁〕。

(456)『統治二論』後篇一〇章一三二〔四四八－四四九頁〕。但し、伝統的な政体論とは異なり、善い国制・堕落した国制といった分類は用いない。その点、ロックはホッブスに近いともいえよう。

(457)ロックの政治思想における同意の位置づけについては、以下を参照。John Dunn, "Consent in the political theory of John Locke", *The Historical Journal*, vol. 10, no. 2 (1967), pp. 153-182.

(458)『統治二論』後篇一八章二〇一〔五三八－五三九頁〕。

(459)ロックは明示的に契約の具体的プロセスを説明していない。本書では『統治二論』の最終章の議論――統治の解体と社会の解体との区別――に依拠しつつ、まず最初に社会契約によって社会が形成され、社会の成員（人民全体）が信託によって統治をつくるという図式を採用する。

(460) 『統治二論』後篇一一章一三四〔四五二頁〕。「この立法部こそ、政治的共同体に形態と生命と統一とを与える魂であり、そのさまざまな成員が、相互に影響しあい、共感し、結びつきあうのも、この立法部によってなのである。従って、この立法部が破壊されたり解体されたりするとき、〔統治の〕解体と死とがそれに続く。このように社会の本質と一体性とは一つの意志をもつことに存するから、ひとたび多数派によって立法部が樹立されれば、それはその意志を宣言するものとなるとともに、いわばその意志を保ち続けるものになる」（『統治二論』後篇一九章二一二〔五五二－五五三頁〕）。

(461) 『統治二論』後篇一一章一三五〔四五五頁〕。

(462) 『統治二論』後篇一三章〔四七三－四八七頁〕。

(463) 「絶対王政というものは……政治社会とはまったく相容れず、政治的統治のいかなる形態でもありえないということである。というのは、政治社会の目的は、社会の誰でもが侵害を受けたときや争いが生じたときに訴えることができ、また、社会の誰でもが従わねばならない公知の権威を樹立することによって、すべての人が自分の係争事件の裁判官となることから必然的に生じる自然状態の不都合性を回避し、また矯正することにあるのだから、人々が、相互の不和を決裁するために訴えるべきそうした権威をもたないところでは、彼らはどこにおいてもなお自然状態のうちにあるからである。そして、絶対君主というものは、彼の統治権の下にある人々との関係では、まさにそうした状態にあるのである」（『統治二論』後篇七章九〇〔三九六頁〕）。

(464) 『統治二論』後篇一九章二四三〔五八九頁〕も参照。

(465) 『統治二論』後篇七章八九〔三九五頁〕。以下も参照。『統治二論』後篇九章一三一〔四四六－四四七頁〕。また、「立法権力は、社会の各成員の力を一つに集めて、立法者たる個人または合議体に委ねたもの」（後篇一一章一三五〔四五四頁〕）であるとも述べられる。加えて、「統治が存続している間は、いかなる場合にも立法権力が最高の権力である」（後篇一三章一五〇〔四七四頁〕）。

(466) 『統治二論』後篇一二章〔四六八－四七二頁〕。

(467) 『統治二論』後篇一四章一六〇〔四九〇頁〕。

(468) 『統治二論』後篇一四章一六六〔四九五頁〕。

(469) 『統治二論』後篇一四章一六八〔四九六頁〕。

(470) 『統治二論』後篇一九章二一三、二二三〔五五四、五六四頁〕。

(471) ロック個人のクロムウェルに対する評価はアンビヴァレントで変遷もあったといわれるが、残部議会とクロムウェルを否定的に理解している大勢の人びとに向けられた言葉と解することができるのではないだろうか。ロックのクロムウェル評価については、例えば以下を参照。高濱俊幸「英雄論のなかのオリヴァ・クロムウェル」『恵泉女学園大学紀要』第二六号、二〇一四年、六八頁。Derek Hirst, “Locating the 1650s in England’s 17th Century”, *History*, vol. 81, issue 263 (1996), pp. 359-383. クロムウェルを称賛したロックの詩（「クロムウェルに寄せる歌」）については、ジョン・ロック『ロック政治論集』マーク・ゴルディ編、山田園子・吉村伸夫訳、法政大学出版局、二〇〇七年。なお、クロムウェルの護国卿体制は独裁的な体制として位置づけられるのが一般的だが、その立憲主義的側面に光をあてた研究として以下は興味深い。大澤麦「オリヴァ・クロムウェルの護国卿体制と成文憲法」『法学会雑誌』（首都大学東京）第五六巻、第一号、二〇一五年。ちなみに、ロックが議会とそこにおける自由な討論を重視した点は次の一文から見て取れる。「なぜならば、自分自身の固有権の防壁として、代表者の選択権を保持している人民にとって、その権利を行使する目的は、代表者が常に自由に選ばれ、そのように選ばれた後は、吟味と十分な討論とを経た上で、政治的共同体の必要性と公共の善とにとって求められるものだと判断したところに従って、彼らに自由に行動してもらい、助言を与えてもらうこと以外にはないからである」（『統治二論』後篇一九章〔二二二、五六二頁〕）。

(472) 『統治二論』後篇一六章一九五〔五二八－五二九頁〕。

(473) 『寛容についての書簡』生松敬三訳〔大槻春彦編『世界の名著32　ロック／ヒューム』中央公論社、一九八〇年、三九一頁〕。

(474) 『統治二論』後篇一六章一八六〔五二二－五二三頁〕。別の箇所でも次のように述べる。「例えば、私の家に押し入ってきた強盗が、短刀を私の喉に突きつけて私の資産を彼に引き渡すという証書に押印させたとしても、それは強盗に何らかの権原を与えることになるであろうか。力ずくで私を服従させる不正な征服者が剣によって手にする権原とは、まさにそのようなものなのである」（『統治二論』後篇一六章一七六〔五〇八頁〕）。

(475) 『人間知性論』第二巻二一章八〔第二巻、一三四頁〕。

(476) 既述のように、ホッブスも「自由な人」について論じることがある。しかもその際、「強さと知力」が構成要素として重視される。だが、自由と恐怖と必然が両立するという議論では、往々にして行為としての自由が問題になる。

(477) 『人間知性論』第二巻二一章一〇〔第二巻、一三六頁〕。但し、preferring の訳を「選択すること」から「好むこと」に変更した。

(478)『人間知性論』第二巻二一章一〇（第二巻、一三六頁）。

(479)『人間知性論』第二巻二一章一二（第二巻、一三七－一三八頁）。

(480) 自由の問題との関連では、ロックは意志もある種の力能なので、そして力能の力能ということはいえないので自由意志は存在しないとか、にもかかわらず人間には欲望の遂行を停止する能力があるとか、興味深いと同時にさまざまな疑問を生み出す考えが『人間知性論』でみられるが、ここでは省略せざるをえない。

第九章

(481) 子供用の歌う絵本などには「文部省唱歌ルソー作曲」と記されていることもある。例えば、『ななちゃんとうたおう　むすんでひらいて』学研、二〇〇六年。なお、同じメロディーの日本の軍歌も存在する。この曲の西洋および日本における受容と変遷の過程については、海老沢敏『むすんでひらいて考――ルソーの夢』岩波書店、一九八六年を参照。なお、ルソーの作曲したオペラ『村の占師』は当時大ヒットし、ルイ一六世とマリー・アントワネットとの結婚式でも演奏された。モーツァルトとベートーベンがこのオペラのモチーフを用いて作曲した曲も存在する。

(482) 日本でも生誕三〇〇周年記念国際シンポジウムが開催され、永見文雄・三浦信孝・川出良枝編『ルソーと近代――ルソーの回帰・ルソーへの回帰』風行社、二〇一四年が刊行された。

(483) 小林淑憲「ルソー――反時代的著述家の改革思想」犬塚元編著『岩波講座　政治哲学2　啓蒙・改革・革命』岩波書店、二〇一四年、川合清隆『ルソーとジュネーヴ共和国――人民主権論の成立』名古屋大学出版会、二〇〇七年。Helena Rosenblatt, *Rousseau and Geneva: From the First Discourse to the Social Contract, 1749-1762*, Cambridge, Cambridge University Press, 1997.

(484) Judith Shklar, *Men and Citizens: A study of Rousseau's social theory*, Cambridge, Cambridge University Press, 1969, p. 1. シュクラーは次のようにも述べる。「『社会契約論』は既存の制度を判断するための基準であり、未来社会の計画（plan）などではない。それは尺度であり、政策案（program）ではない」（*Men and Citizens*, p. 17）。もちろん、だからといってルソーが当時のジュネーヴの政治状況を意識していなかったということにはならない。

(485)『学問芸術論』前川貞次郎訳、岩波文庫、一九六八年、一四頁。

(486)『学問芸術論』三三頁。

(487)『学問芸術論』三五頁。

(488)『学問芸術論』三五－三六頁。

(489)『学問芸術論』四九－五二頁。

(490)『人間不平等起原論』本田喜代治・平岡昇訳、岩波文庫、一九三三年、三八頁。

(491)この表現を含む一文を引用しておこう。「なぜなら、人間の現在の性質のなかに、根源的なものと人為的なものとを識別し、さらに、もはや存在せず、恐らくは存在したことがなく、多分これからも存在しそうにもない一つの状態、しかもそれについて正しい観念をもつことが、われわれの現在の状態をよく判断するためには必要であるような状態を十分に認識するということは、そう手軽な仕事ではないからである」(『人間不平等起原論』二七頁)。

(492)『人間不平等起原論』三八頁。

(493)『人間不平等起原論』七一－七四頁。

(494)「だから、あわれみが一つの自然的感情であることは確実であり、それは各個人における自己愛の活動を調節し、種全体の相互保存に協力する。他人が苦しんでいるのを見てわれわれが、なんの反省もなく助けにゆくのは、この憐れみのためである。……すべての丈夫な未開人に、どこかほかで自分の生活物資が見つけられるという希望があれば、か弱い子供や病弱な老人が苦労して手に入れた生活物資をとりあげる気を起こさせないのは、この憐れみの情である」(『人間不平等起原論』七四－七五頁)。

(495)なお、私有財産の起源については、次のあまりにも有名な言葉がある。「ある土地に囲いをして〈これはおれのものだ〉と宣言することを思いつき、それをそのまま信ずるほどおめでたい人々を見つけた最初の者が、政治社会〔国家〕の真の創立者であった」(『人間不平等起原論』八五頁)。

(496)『人間不平等起原論』一二九－一三〇頁。

(497)『人間不平等起原論』九三－九五頁。

(498)『人間不平等起原論』九五－七六頁。

(499)『人間不平等起原論』一〇三頁。

(500)『人間不平等起原論』一〇五－一〇六頁。

(501)『人間不平等起原論』一二六－一二七頁。

(502)『人間不平等起原論』一五七頁。
(503)「わたしは、人間をあるがままのものとして、また、法律をありうべきものとして、取り上げた場合、市民の世界に、正当で確実な何らかの政治上の法則がありうるかどうか、調べてみたい」(『社会契約論』桑原武夫・前川貞次郎訳、岩波文庫、一九五四年、一四頁)。
(504)『社会契約論』第一編一章〔一五頁〕。
(505)あるいは、ヘーゲル的な主人と奴隷の弁証法と捉える論者もいる。
(506)『社会契約論』第一編四章〔二〇―二一頁〕。第一編一章〔一五頁〕も参照。
(507)「両者〔父親と子供たち〕に共通のこの自由は、人間の本性の結果である。人間の最初のおきては、自己保存をはかることであり、その第一の配慮は自分自身にたいする配慮である。そして、人間は、理性の年齢に達するやいなや、彼のみが自己保存に適当ないろいろな手段の判定者となるから、そのことによって自分自身の主人となる」(『社会契約論』第一編二章〔一六頁〕)。
(508)『社会契約論』第一編八章〔三七頁〕。
(509)『社会契約論』第一編六章〔三〇頁〕。
(510)『社会契約論』第一編六章〔三〇頁〕。
(511)『社会契約論』第一編六章〔三一頁〕。
(512)『社会契約論』第二編一章〔四二頁〕、六章〔五九頁〕。
(513)『社会契約論』第三編一二章〔一二七頁〕。
(514)『社会契約論』第一編七章〔三四頁〕。
(515)『社会契約論』第三編一五章〔一三三頁〕。
(516)『社会契約論』第三編一五章〔一三三頁〕。ただ、後の『ポーランド統治論』では代議制を認めることになる。但し、その場合でも可能な限り『社会契約論』のロジックに近づけるために自由委任ではなく命令的委任を主張した。
(517)『社会契約論』第一編七章〔三五頁〕。
(518)バーリンの考えについては、バーリン『自由論』を参照。
(519)『社会契約論』第四編二章〔一五〇頁〕。

(520)『社会契約論』第一編五章〔二八頁〕、第四編二章〔一四八―一四九頁〕。
(521)『社会契約論』第二編三章〔四七頁〕。
(522)『社会契約論』第二編三章〔四六頁〕、第四編一章〔一四六頁〕。
(523)『社会契約論』第二編四章〔五〇頁〕。
(524)『社会契約論』第二編三章〔四七頁〕。
(525)『社会契約論』第一編八章〔三六頁〕。
(526)『社会契約論』第二編七章〔六五頁〕。
(527)『社会契約論』第二編七章〔六二―六三頁〕。
(528)『社会契約論』第二編六章〔六〇―六一頁〕。
(529)例えば、仮に国家連合同盟によって永久平和が実現可能だとしても、それが「狂暴で恐ろしいさまざまな手段」を伴うのであれば、その企画は断念されるべきだと述べている。「だがこの企画が実施されずにいるのは善いことだと考えよう。というのは、この計画は人類に対する狂暴で恐ろしいさまざまな手段によってはじめて行われうるからだ。さまざまな革命による以外に国家連合同盟が設立されることはまったくありえないのだ。……この同盟はおそらく、以後数世紀にわたって防止するに違いない害悪以上の害悪を、一挙にもたらすはずだからである」〔宮治弘之訳「永久平和論批判」『ルソー全集 第四巻』白水社、一九七八年、三六三―三六四頁〕。
(530)『社会契約論』第二編七章〔六七頁〕。
(531)宮村治雄『日本政治思想史――「自由」の観念を軸にして』放送大学教育振興会、二〇〇五年、二九二―二九三頁。ルソーの立法者論に対して兆民が示した「困惑と格闘」については、以下を参照。宮村治雄『開国経験の思想史――兆民と時代精神』一九九六年、東京大学出版会、一一六―一一九頁。
(532)なお、ルソーの立法論の危うさおよびその moral transformation の今日的意義については、以下を参照されたい。拙稿「ルソーと東アジアのデモクラシーの未来」『法学研究』第八五巻六号、二〇一二年。
(533)実はバンジャマン・コンスタンの政治思想が私の専門である。興味のある方は以下を参照されたい。拙著『コンスタンの思想世界』創文社、二〇〇九年。
(534)『社会契約論』第二編四章〔五三頁〕。ルソーは次のようにも述べ、主権の限界と絶対性を両立させる。「社会契約によって、

(535) 各人が譲りわたす能力、財産、自由はすべて、ただ、その使用が共同体にとって不可欠な全体の部分にかぎられる、ということは認められている。けれども、どれだけが不可欠かを決定するのは主権者のみである、ということもまた認めねばならぬ」(『社会契約論』第二編四章〔四九頁〕)。
(536) 『社会契約論』第一編七章〔三四頁〕。
(537) 『社会契約論』第二編五章〔五四頁〕。死刑制度も同じように正当化される。「犯罪人に課される死刑もほとんど同じ観点の下に考察されうる。刺客の犠牲にならないためにこそ、われわれは刺客になった場合には死刑になることを承諾しているのだ。この契約にさいして、われわれは自分自身の生命が左右されると考えるどころか、生命を保障することをのみ考える。そのとき、契約当事者のうちに、自分が首をくくられると予想するものが一人でもあろうとは考えられない」(五四－五五頁)。
(538) Rousseau, *Sur l'économie politique*, in *Sur l'économie politique, Considérations sur le gouvernement de Pologne, Projet pour la Corse*, Paris, Flammarion, 1990, pp. 74-75.
(539) 『社会契約論』第四編六章〔一七一頁〕。
(540) 『社会契約論』第四編六章〔一七一頁〕。
(541) 『社会契約論』第四編六章〔一七一－一七二頁〕。
(542) 『社会契約論』第四編六章〔一七二頁〕。
(543) 『エミール』第一編〔上巻、今野一雄訳、岩波文庫、一九六二年、二八頁〕。
(544) 例によって、まさにそれを目指すべきだとか理想型だといっている、という真逆の解釈も存在することを付言しておく。
(545) 『エミール』第二編〔上巻、一〇一頁〕。
(546) 戸部松実訳「エミールとソフィ」『ルソー全集』第八巻、白水社、一九七九年。
(547) 『新エロイーズ』第二巻、安士正夫訳、岩波文庫、一九六〇年、二九八頁。
(548) 『新エロイーズ』第四巻、安士正夫訳、岩波文庫、一九六一年、二七〇－二七六頁。
(549) 『社会契約論』第一編七章〔三三頁〕。
(550) 『社会契約論』第二編一章〔四三頁〕。
(551) 『社会契約論』第二編一二章〔八一頁〕。
『社会契約論』第三編一八章〔一四二頁〕。

（552）ポスト革命期に活躍した反革命の代表的論者ボナールは、（若干切り口は異なるものの）こうした現在主義の問題を指摘し、ルソーの一般意志論と共和主義思想を批判した。ボナール曰く、共和政においては「すべてが個別化し、すべてが狭小化され、すべてが現在の生に集中する――そこでは現在がすべてであり、未来をもたない」（Louis de Bonald, *Théorie du Pouvoir politique et religieux*, in *Œuvres de M.de Bonald*, t.1, Paris, Adrien Le Clère, 1854, p. 200）。

（553）Stephen Holmes, "Precommitment and the paradox of democracy", in Jon Elster and Rune Slagstad（ed）, *Constitutionalism and Democracy*, Cambridge, Cambridge University Press, 1988, pp.195-240 at pp. 202-205.

（554）『社会契約論』第二編一〇章〔七六－七七頁〕。

（555）『社会契約論』第二編一二章〔八一頁〕。

（556）自然法を否定したと解釈する代表的論者はヴォーンである。C.E. Vaughan, *The Political Writings of Jean Jacques Rousseau*, 2 vols. Oxford, Blackwell, 1962.

（557）ルソーの思想における自然法を重視する研究書に関しては、以下を参照。R・ドラテ『ルソーとその時代の政治学』西嶋法友訳、九州大学出版会、一九八六年、西嶋法友『ルソーにおける人間と国家』成文堂、一九九九年。

（558）『人間不平等起原論』七〇頁。

（559）『人間不平等起原論』三〇－三一頁。

第一〇章

（560）このことはルイ一四世のブレーンであったボシュエの代表観念からも窺い知ることができる。ボシュエによれば、国王は三重の代表機能を果たす――（一）「神の代理人」として、（二）王国・王冠の体現者として（国王は王国を re-present する、すなわち王国を国王が公的表象として再提示・可視化する）、（三）統一性のない人民を自らの人格において統一的に表象し体現する主体（公的人格）としてである。Bossuet, *Politique tirée des propres paroles de l'écriture sainte*, in *Oeuvres complètes de Bossuet*, éd. J.-P. Migne, Paris, Migne, 1865-75, t. 11, pp. 597-602, 607; Keith Michael Baker, *Inventing the French Revolution*, Cambridge, Cambridge University Press, 1990, pp. 225-226. また、ルイ一四世がブルゴーニュ公爵（王太子）の教育のために作らせたとされるフランス公法の講義原稿にも次のような記述がある。「フランスは最大限の意味で君主国家である。国王は国民全体を代表し、各人は国王に対しては単独の個人を代表するに過ぎない。したがって、すべての権力、すべての権威は国王の手中にあるのであり、彼の創出する以外のそれは王国内に存在しえない。……フランスでは国民は独立体（corps）をなさない――それは完全に国王の人格のうちに存するのである」（Pierre-Edouard Lémontey, *Essai sur l'établissement monarchique de Louis XIV*, Paris, 1818, p. 327 n. 3）。いうまでもなくここでは国民の自律性を否定する論理が示されている。にもかかわらず、国民を国王が体現するという形でそれを重視している点は、政治的正当性の言説において国民の存在がいかに大きいかを示唆している。

(561) もちろん、ここで代表をめぐる闘争がフランス革命の原因であったというつもりは毛頭ない。理由はいろいろ考えられるし、相変わらず多様な解釈が存在する。ただ啓蒙思想家による著作の影響を重視する解釈に対してはさまざまな批判がある。識字率の低い社会において大半の国民がそれらを読むことも理解することもできなかったのはいうまでもない。だが字が読める人びとの間でも「低俗」な書物や風刺画の方が広く読まれており、むしろそちらの方が世論形成に、そして旧体制の権威失墜・正当性の衰退に寄与したのではという解釈もある。そうした立場から著された以下の文献は興味深い。ロバート・ダーントン『禁じられたベストセラー』近藤朱蔵訳、新曜社、二〇〇五年、ダーントン『革命前夜の地下出版』関根素子・二宮宏之訳、岩波書店、二〇一五年。加えて、政治と劇場という視角から興味深い分析を施している以下の文献も参照。Paul Friedland, *Political Actors: Representative bodies and theatricality in the age of the French Revolution*, New York, Cornell University Press, 2002.

(562) Baker, *Inventing the French Revolution*, pp. 252-253.

(563) ここではベーカーにならってサル、ペティオン、グレゴワール、ラボー・サン＝テチエンヌらを「ルソー主義者」と称するが、彼らがすべての点でルソーの原理に忠実であったわけではない。『フランス革命事典Ⅰ・Ⅱ』河野健二他監訳、みすず書房、一九九五年、七〇四－七〇五頁。

(564) Lucien Jaume, *Les Origines philosophiques du libéralisme*, Paris, Flammarion, 2010, p. 331, 343.

(565) ムーニエ、ラリー＝トランダルなど。彼らはイギリスの「議会のなかの王」を参考にし、またモンテスキューやド・ロルムの考えを反映した主張を展開していた。そもそも三部会は国王の招集によってはじまったのだから、その国王の権威を超越するものが議会から生まれうるということ自体彼らにとってみればナンセンスであった。

(566) シィエス『第三身分とは何か』稲本洋之助他訳、岩波文庫、二〇一一年。

(567) Emmanuel-Joseph Sieyès, *Dire de l'abbé Sieyès, sur la question du veto royal*, Paris: Baudouin, 1789, pp. 9-10.

(568) 「〔直接〕民主政をとらない国においては、人民が発言し行動するためには代表者たちを介するほかはない」（Sieyès, *Dire de l'abbé Sieyès, sur la question du veto royal*, pp. 18-19）。

(569) マルセル・ゴーシェ『代表制の政治哲学』富永茂樹他訳、みすず書房、二〇〇〇年、五四頁。

(570) Sieyès, *Dire de l'abbé Sieyès, sur la question du veto royal*, p. 8.

(571) Sieyès, *Dire de l'abbé Sieyès, sur la question du veto royal*, pp. 27-28. 以下も参照。シィエス『第三身分とは何か』一三一－一三二頁、ゴーシェ『代表制の政治哲学』五六－五七頁。Baker, *Inventing the French Revolution*, p. 297.

(572) Maximilien Robespierre, *Oeuvres*, 10 vol., Paris, Presses universitaires de France, 1912-67, t. 5, p. 191. 但しロベスピエールの場合、「人民への上訴」に対しても懐疑的であり、ある時点で彼はそれが「幻想」であると否定的に評価している。また、国王の拒否権を否定する際に、ロベスピエールは、「代表者たちの意志は国民の意志としてみなされ、尊重されなければならない」とさえ述べ、奇妙にもシエースと接近することとなったのである。ゴーシェ『代表制の政治哲学』五五頁。この矛盾を解消するために、ロベスピエールはやがて徳の支配を全面的に強調することになる。

(573) ジョーム『徳の共和国か、個人の自由か』石埼学訳、勁草書房、一九九八年、iv頁。

(574) ジョーム『徳の共和国か、個人の自由か』vii-viii、五－六、五八－五九、一〇一、一〇七、一一五頁。

(575) ジャン＝マリー・アポストリデス『機械としての王』水林章訳、みすず書房、一九九六年、八頁。

(576) このように革命家らは歴史の断絶と新たなはじまりを意識していたのだが、トクヴィルやフュレが指摘しているように、革命家らの主観的意図がどうであれ、革命によって樹立された体制は旧体制とさまざまな意味で連続しているといえる。むしろ、中央集権化を志向する制度改革とメンタリティに関しては、絶対王政期にはじまったものが革命期さらにはナポレオン時代に完成したとさえいえるのである。アレクシス・ド・トクヴィル『旧体制と大革命』小山勉訳、ちくま学芸文庫、一九九八年、フランソワ・フュレ『フランス革命を考える』大津真作訳、岩波書店、一八九〇年を参照。日本における最近のトクヴィル研究については以下を参照。松本礼二『トクヴィルで考える』みすず書房、二〇一一年、宇野重規『トクヴィル 平等と不平等の理論家』講談社、二〇〇七年、高山裕二『トクヴィルの憂鬱』白水社、二〇一一年。

(577) 但し、既述のように人権宣言はさまざまな主張の妥協の産物でもあり、「最高存在」という言葉・概念にはキリスト教の神を重視した人びとへの配慮も含まれている。またその意味もコンテクストごとに変わるので、一概に「最高存在」＝理神論的概念とはいえない。

(578) Ruth Scurr, *Fatal Purity: Robespierre and the French Revolution*, Metropolitan Books, 2006.

(579) "Proclamation des Consuls de la République du 24 frimaire an VII (15 décembre 1799)", in Jacques Godechot (éd.), *Les Constitutions de la*

France depuis 1789, Paris, Flammarion, 1970, p.162.

(580) ナポレオン的支配の特徴については、拙著『コンスタンの思想世界』第七章を参照されたい。

(581) 理性のヒュブリスについては萩原能久「理性」古賀敬太編『政治概念の歴史的展開』晃洋書房、二〇一五年を参照。

(582) メーストルの摂理観については以下を参照。川上洋平『ジョゼフ・ド・メーストルの思想世界――革命・戦争・主権に対するメタポリティークの実践の軌跡』創文社、二〇一三年。

(583) Marcel Gauchet, *La Religion dans la démocratie*, Paris, Gallimard, 2001, p. 95.

(584) Pierre Manent, *Cours familier de philosphie politique*, Paris, Gallimard, 2001, pp. 44-45.

(585) ミシェル・ヴィノック『ナショナリズム・反ユダヤ主義・ファシズム』川上勉・中谷猛訳、藤原書店、一九九五年。フランスにおけるナショナリズムとファシズムの問題については、中谷猛『近代フランスの自由とナショナリズム』法律文化社、一九九六年、深澤民司『フランスにおけるファシズムの形成』岩波書店、一九九九年を参照。

(586) 蔭山宏『崩壊の経験――現代ドイツ政治思想講義』慶應義塾大学出版会、二〇一三年を参照。こうした時代状況の中で苦悩したトーマス・マンの精神的軌跡を政治思想的に分析した研究書として、速水淑子『トーマス・マンの政治思想』創文社、二〇一五年を参照。

(587) David Runciman, *The Confidence Trap: A history of democracy in crisis from World War I to the Present*, Princeton, Princeton University Press, 2013.

(588) なおオスカー・ワイルドがいったとされるが、「真の友人とは前から刺してくるやつだ」そうである。なので、反論を思いついた方もお友達になりましょう。なお、シュミット的友敵理論を相対化する試みとしては、以下を参照されたい。堤林剣・堤林恵「Sound of Silence――戦後世界における〈寛容〉の問題性と可能性」萩原能久編『ポスト・ウォー・シティズンシップの構想力』慶應義塾大学出版会、二〇〇五年、堤林剣・堤林恵「love actually――あるいは政治と芸術との臨界」萩原能久編『ポスト・ウォー・シティズンシップの思想的基盤』慶應義塾大学出版会、二〇〇八年。

あとがき

まさかのまさか、ルソーで終わってしまった。タイムアップである。ただ実際の授業でもルソーあたりで時間切れとなるので、またこれ以上紙幅を増やすこともできないので、あといささか強引ながらも現代に連なる枠組みも提示したつもりなので、これでよしとする。当初の予定ではウルリヒ・ベックまでいくはずだったのだが……それはアンビシャスに過ぎるとして、せめてコンスタンとトクヴィルまではという思いもあったのだが、いずれもまたの機会に。

本書は教科書なので、今までお世話になった方々への謝辞は割愛させていただく。ただ、本書の成立に直接携わった方々には御礼を述べさせていただきたい。

慶應義塾大学出版会の堀井健司さんにはいろいろご迷惑をおかけした。四年ほど前に教科書執筆の依頼を受けたとき、私は大風呂敷を広げ、比較政治思想史という新たなジャンルの教科書を書くつもりなので五年くださいとお願いした。だがその後、学内の仕事などに忙殺されるなかで時は二年、三年と流れ、白髪も増えいった。そこで一年半ほど前に当初の計画を断念し、西洋に特化することにした。ただ何か変わったことがしたかったので、解釈の多様性・アンビヴァレンスと思考・試行錯誤のプロセスに力点を置く叙述を目指すことにした。その結果、注がやたら多くなった。注を少なくするのが時代の流れなので、書きながら、もしかしたら編集者に却下されるのではと不安を抱えつつも、ともかく暇を見つけては突っ走った。そして半分くらい書き終わった時点で恐る恐る事情を説明した。堀井さんは微動だにされなかった。ショックで凍りついておられたのだろうか。それとも大洋のような広い心の持主なのだろうか。それともすべてが想定範囲内なのだろうか。いまだ真相は明らかではないが、ともかく暖かく見守ってもらい、終始サポートしていただいたことに心より御礼を申し上げる次第である。

次に感謝したいのは、「タリーズ」八王子アイロード店のスタッフの皆様に対してである。本書の半分以上はそのお店で執筆したからである。職場が家から遠いため、気楽に研究室に赴いて仕事ができない。だが家にいると子供の天才的な戦略に負けて遊びに巻き込まれる——子供はみな天才だというが、このことをつくづく実感する。そこで週末や休みの間は「タリーズ」にエスケープして執筆に専念する。しばしばコンピュータのバッテリーが切れるまでお邪魔した。長居にもほどがあると思い、申し訳ない気持ちいっぱいでコーヒーをいっぱい飲み、カロリーの低そうなケーキも時折注文したが、恐らく焼け石に水だったと思われる。それにもかかわらず、店員さんからは「お客様そろそろ……」的オーラを一度も感じたことがない——もしかしたら単に私が鈍感なのかもしれないが。ともかく、帰るときは目立たないようにそっとお店を出ようとするのだが、毎回スタッフのどなたかに気づかれ、「またのご来店をお待ちしております」と笑顔で見送られる。感謝の気持ちで胸もいっぱいである。なお、脱稿後に「タリーズ」八王子アイロード店のコーヒースクールに何度か参加させていただき、店長兼講師の村上真喜子さんと元店長兼アシスタントの松元駿さんよりコーヒー道の奥義を教わった。おかげさまで最近は自宅でも美味しいコーヒーが淹れられるようになった。

最後に、いつもながら、いやいつも以上に妻に感謝したい。子供が生まれて以来、私はイクメンを標榜し（私なりに）それを実践してきたのだが、ここ一、二年ほど大学の業務も一段と忙しくなり、自由時間も著しく減り、短い休みの間に集中して書かないと終わらないということもあり、以前ほど子育てに貢献できていない。そして暇があれば「タリーズ」に行かせてもらった。しかも原稿が半分ほどできたあたりから、これもいつものことなのだが、プルーフリードをお願いした。ともかく時間との勝負なので、私はほとんど後ろを振り返らず、ただひたすら前に向かって書き進む。ブルドーザーのようにいろんなものをなぎ倒しながら前に進んでいく。そして妻が私の背後にある凸凹の道をきれいに舗装してくれる。しかも時には植木を植えたり標識を立てたりしてくれる。その意味ではほとんど共著といったほうがよいような箇所もある。本当にありがたい限りである。次の著作は共著になる予定だが、今度は妻が執筆して、私がサポート体制に入るつもりである。

二〇一六年一月

堤林　剣

【人名・神名・書名索引】

（本文中の人名・神名・書名のみ）

さ行

た行

【事項索引】

（本文中の事項のみ）

た行

ら行

ABC

堤林　剣（つつみばやし　けん）
1966年生まれ。1989年慶應義塾大学経済学部卒業、1996年ケンブリッジ大学Ph.D取得。現在、慶應義塾大学法学部政治学科教授。専攻は近代政治思想史、フランス自由主義思想。
主要著作に、『コンスタンの思想世界――アンビヴァレンスのなかの自由・政治・完成可能性』（創文社、2009年）、「コンスタン――立憲主義の基礎づけを求めて」宇野重規編『岩波講座　政治哲学3　近代の変容』（岩波書店、2014年）、「ルソーと東アジアのデモクラシーの未来」『法学研究』（85巻6号、2012年）、"Nineteenth Century French Liberalism: Its Belated Victory and New Challenges", *Keio Journal of Politics*, no. 13, 2008、「ケンブリッジ・パラダイムの批判的継承の可能性に関する一考察（一・二）」『法学研究』（72巻11号、73巻3号、1999―2000年）、「自由のパラドックス――ルソー・コンスタン・バーリン」『思想』（883号、1998年）、など。

政治思想史入門

2016年4月25日　初版第1刷発行

著　者――――堤林　剣
発行者――――古屋正博
発行所――――慶應義塾大学出版会株式会社
〒108-8346　東京都港区三田2-19-30
TEL〔編集部〕03-3451-0931
〔営業部〕03-3451-3584〈ご注文〉
〔　〃　〕03-3451-6926
FAX〔営業部〕03-3451-3122
振替　00190-8-155497
http://www.keio-up.co.jp/
装　丁――――桂川　潤
印刷・製本―萩原印刷株式会社
カバー印刷―株式会社太平印刷社

Printed in Japan　ISBN 978-4-7664-2336-5